中国社会科学院创新工程学术出版资助项目
中国社会科学院院级特殊学科"法社会学学科"系列研究成果
中国社会科学院创新工程项目"完善我国法律体系与立法效果评估"2013年度成果

立法后评估的理论与实践

The Theory and Practice of
Ex post Legislative Evaluation

主　编　刘作翔　冉井富

目 录

导论 迈向常态化、规范化的立法后评估 …………………………… / 1

第一章 立法后评估的理论思考

1. 关于立法后评估的思考 ………………………………………… / 23
2. 地方立法后评估的立法质量评价指标体系研究 ……………… / 52
3. 地方立法后评估制度的构建研究 ……………………………… / 70
4. 立法后评估方法论研究 ………………………………………… / 116
5. 西方的立法评估制度 …………………………………………… / 156

第二章 立法后评估的实践探索

1. 上海市立法后评估工作的实践经验 …………………………… / 185
2. 上海地方立法后评估的总结和完善研究 ……………………… / 203
3. **以实施效果检验立法质量**
   ——《上海市历史文化风貌区和优秀历史建筑保护条例》
   立法后评估回顾总结 ………………………………………… / 254
4. **地方立法后评估的实务研究**
   ——以重庆市人大常委会2012年立法后评估为例 …………… / 266

第三章 立法后评估报告

1. 全国人大常委会法工委关于《科学技术进步法》有关制度立法后评估主要情况的报告 …………… / 279

2. 全国人大常委会法工委关于《农业机械化促进法》有关制度立法后评估主要情况的报告 …………… / 301

3. 全国人大内务司法委等关于《中华人民共和国残疾人保障法》立法后评估的报告 …………… / 317

4. 《上海市历史文化风貌区和优秀历史建筑保护条例》立法后评估报告 …………… / 329

5. 《上海市住宅物业管理规定》立法后评估研究报告 …………… / 338

6. 《重庆市产品质量监督管理条例》立法后评估报告 …………… / 379

7. 《重庆市公路路政管理条例》立法后评估报告 …………… / 392

8. 《重庆市城乡居民最低生活保障条例》立法后评估报告 ………… / 407

致　谢 …………… / 425

导　论
迈向常态化、规范化的立法后评估[*]

一　迈向常态化、规范化的立法后评估

近年来，全国各地各机关放慢了法规制定的步伐，转而加强对既有法规实施效果的考察，借以加强法规清理，改进立法工作，提升立法质量。日益普遍开展的这类措施和实践，就是所谓的立法后评估。根据有关报道，我国最早的立法后评估实践可以追溯到 2000 年，安徽省人民政府法制办公室在这一年组织了我国历史上的第一次立法后评估。自此以后，全国各地、各级、各类机关纷纷开展类似的实践，立法后评估从最初的几处试点而一跃成为全国普遍开展的一项立法工作。在这十余年的兴起和演进历程中，立法后评估日益普及，日益常态化、规范化和制度化，并且沿着这一方向继续发展。

（一）日益普遍开展

立法后评估在我国的发展，经历了一个从个别试点到普遍开展的历程。2000 年，安徽省人民政府法制办公室组织了对政府规章的实施效果的评估。综合有关文献报道来看，这是我国最早的立法后评估。就在同一年，山东省人大常委会将"立法回头看"列为工作要点，由省人大法制委员会具体实施，开展了对《山东省私营企业和个体工商户权益保护条例》的立法后评估。2004 年以后，陆续又有一些地方加入试点的行列：2004 年年初，甘肃开展立法后的"跟踪问效"；2004 年云南开展"立法回头看"；2004 年北京开展法规质量评估机制的课题研究，2005 年选定部分地方性法规进行立

---

[*] 此"导论"由本书主编之一冉井富执行研究员撰写。

法后评估；2005年上海开展立法后评估工作，选择本市《历史文化风貌区和优秀历史建筑保护条例》作为评估对象。2006年以后，开展立法后评估工作的机关快速增加，也就是在这一年，国务院法制办公室开始了针对行政法规的立法后评估，标志着立法后评估从地方试点扩展到了中央。截至当前，这项工作已经在全国普遍开展，成为各类立法主体检讨立法效果、提高立法质量的重要手段。

进一步言之，立法后评估工作从个别试点到普遍开展的历程具体体现在两个方面。一方面是从数量上看，在最开始的2000年，全国只有安徽和山东的两个机构开展立法后评估，而发展到现在，全国已有上百个立法主体在开展立法后评估工作。虽然当前具体有多少机构开展这样的工作没有确切的统计数据，但是从有关报道来看，全国多数省级人大常委会和省级人民政府，国务院及其多数工作部门，全国人大常委会，一些地市级的人大常委会和人民政府，一些省级人民政府的工作部门，都先后开展了立法后评估工作，所以可以肯定，这类机构的数量是十分庞大的，粗略统计便在100家以上。

另一方面是从对象上看，立法后评估从最早针对省级政府规章，到现在涵盖了除宪法以外的所有法律、法规类型。根据《立法法》的规定，不同性质、不同层级的国家机关对应着不同类型法律、法规的立法权，所以，不同类型法律、法规的立法后评估，也就是不同性质、不同层级国家机关的立法后评估。根据机构性质的不同，当前的立法后评估既有国家权力机关针对法律或地方性法规的评估，也有国务院及其部委、"较大的市"以上的地方人民政府针对行政法规、规章的评估。从纵向层级上看，立法后评估有对地方性法规的后评估，也有对全国性的法律、法规的后评估。其中，地方性法规的后评估既有省级机关的评估，也包括《立法法》所谓的"较大的市"的评估，比如昆明、武汉、苏州、徐州、广州、深圳等地，就先后开展了立法后评估工作。在全国性的法律、法规的层面，全国人大常委会、国务院、国务院所属的部委等都先后开展了立法后评估。其中，国务院从2006年开始，连续多年开展立法后评估工作；全国人大常委会则从2010年开始，进行了迄今为止最高层次的、针对法律的立法后评估。

（二）日益常态化

在立法后评估兴起之初，人们对于评估的目的、评估的必要性、评的效果、评估的方法和手段等诸多问题都没有清晰的认识，所以，人们以探索的、试点的、做做看的方式开展这项工作。然而，通过试点探索和实践总结，立法后评估对于提高立法质量的必要性逐步获得普遍认可，评估的方法和手段也不断成熟，立法后评估随之从一项探索性的工作，逐步发展为各类立法主体的一项常态化的工作。

立法后评估工作的常态化体现在多个方面。首先，立法后评估从各地自发的试点工作，逐步发展为一项常规的、必须完成的工作任务。国务院2004年发布的《推进依法行政实施纲要》最早提出了这样的要求："积极探索对政府立法项目尤其是经济立法项目的成本效益分析制度。政府立法不仅要考虑立法过程成本，还要研究其实施后的执法成本和社会成本。""建立和完善行政法规、规章修改、废止的工作制度和规章、规范性文件的定期清理制度。要适应完善社会主义市场经济体制、扩大对外开放和社会全面进步的需要，适时对现行行政法规、规章进行修改或者废止，切实解决法律规范之间的矛盾和冲突。规章、规范性文件施行后，制定机关、实施机关应当定期对其实施情况进行评估。实施机关应当将评估意见报告制定机关；制定机关要定期对规章、规范性文件进行清理。"《纲要》中的这些表述，一方面为各级行政机关开展立法后评估工作提供了明确的依据，另一方面也提出了"定期"开展立法后评估的任务，这些要求在推进立法后评估工作常态化方面，具有重要的作用。

2011年6月制定和颁布的《行政强制法》第十五条规定："行政强制的设定机关应当定期对其设定的行政强制进行评价，并对不适当的行政强制及时予以修改或者废止。行政强制的实施机关可以对已设定的行政强制的实施情况及存在的必要性适时进行评价，并将意见报告该行政强制的设定机关。公民、法人或者其他组织可以向行政强制的设定机关和实施机关就行政强制的设定和实施提出意见和建议。有关机关应当认真研究论证，并以适当方式予以反馈。"该规定以法律的方式，对于行政强制设定的立法后评估既提供了法定的依据，也提出了法定的义务，该规定的实施，进一步推动了立法后评估的常态化。

其次，越来越多的机构认识到立法后评估工作常态化的必要性，提出了立法后评估常态化的目标。比如，2008年3月发布的《国务院工作规则》中规定："行政法规实施后要进行后评估，发现问题，及时完善。"吴邦国同志2012年3月9日在《全国人民代表大会常务委员会工作报告》中提出：

"常委会审议了相关报告,要求在认真总结试点经验的基础上,进一步完善立法后评估工作机制,推动这项工作经常化规范化。"2012年6月颁布的《广州市人大常委会立法后评估办法》规定:"法制工委应当于每年十二月制定下一年度立法后评估计划。制定年度评估计划时,应当书面征求常委会各工作机构、办事机构和市政府法制办、相关政府部门的意见。""地方性法规施行五年以内应当进行一次评估。"2011年4月颁布的《重庆市政府规章立法后评估办法》规定,政府规章立法后评估应当按计划进行,政府规章有下列情形之一的,应当进行立法后评估:(1)拟上升为地方性法规的;(2)已不适应经济、社会发展的要求,需要废止或者做重大修改的;(3)公民、法人和其他组织提出较多意见的;(4)与经济社会发展和公众利益密切相关、社会影响面广、社会关注度高,且已经实施5年以上的;(5)同位阶的规章之间存在矛盾或不一致的;(6)有效期满后需要延长施行时间的;(7)市人民政府认为需要评估的。

最后,从具体实践来看,许多机关的立法后评估工作也趋于常态化。比如,自2000年以来,安徽省人民政府法制办公室会同省政府有关部门,坚持每年选择1至4件已施行一段时期的省政府规章实行"回头看",对实施效果情况进行测评,形成制度化的"立法后评估"。[①] 北京市人大常委会于2008年奥运会后,对与奥运相关的18项法规和1项决议开展了立法后评估,之后逐年推进,先后对养犬管理规定、历史文化名城保护条例、实施动物防疫法办法、学前教育条例等法规开展了后评估。[②] 2010年北京市人大常委会主任会议确定,每年选定1至3项法规评估项目。立法后评估的项目来源主要有以下四个渠道:一是在市人大常委会听取专项工作报告或者常委会各工作机构在工作或调研中发现需要对本市地方性法规进行评估的;二是根据人大代表、人民群众反映集中的问题确定需要对法规的主要制度或重点规范进行评估的;三是五年立法计划中需要修订的项目,提前进行评估,为法规修订工作打好基础;四是新法规实施二至三年,法规实效已经过实践全面检验后,对实施效果进行评估。建议主任会议每年安排1至3

[①] 黄显鸿等:《立法后评估研究——以安徽省政府规章测评实践为例》,载《安徽大学法律评论》2012年第1期,安徽大学出版社,2012。

[②] 《北京市人民代表大会常务委员会工作报告——2013年1月25日在北京市第十四届人民代表大会第一次会议上》。

项法规进行评估，积累经验，逐步规范。①

（三）日益规范化

立法后评估实践日益普遍开展的同时，也日益规范化。规范化体现在两个层面，一个层面是各地、各机关的立法后评估在总结实践经验的基础上，不断提升规范化水平；另一个层面是，全国的各地方、各机关的立法后评估以各自探索、富有特色开始起步，随着对立法后评估的目的、原则、规律的交流和把握，随着全国性的规范和指导，立法后评估工作的定位、模式、程序、方法等趋于统一。这两个层面又是统一的：全国层面的日趋统一是以各地方、各机关的立法后评估各自的规范化水平提高为基础的，而各地方、各机关立法后评估各自规范化水平提升的结果，又在客观上表现为全国的统一性日益增强。

立法后评估的日益规范化具体通过立法后评估的各个要素和环节的规范化体现出来。首先是立法后评估的名称趋于统一。在立法后评估工作开展初期，各地、各机关冠以不同的名称，比如浙江省人大称为"立法质量评估"，云南省人大称为"立法回头看"，海南省人大称为"立法跟踪评估"，昆明市人大称为"立法后评价"，宁波、呼和浩特等市人大称为"立法绩效评估"，杭州市人大称为"立法评估"，上海市人大称为"立法后评估"。这些不同的称谓有的比较形象化，有的比较学术化，但是它们所指代的具体工作大体相同。在这些不同的名称中，"立法后评估"逐步得到各级、各地国家机关的认可，成为通用的、统一的称谓。之所以出现这种统一，主要有两个原因：一是"立法后评估"相比其他名称更为科学，比如，比"立法回头看"更正式，比"立法质量评估""立法绩效评估"的外延更宽，比"立法评估"更准确；二是全国人大和国务院的有关文件使用"立法后评估"这一名称，起到较大的示范作用。

其次，立法后评估的基本定位趋于一致。各个地方、各种类型的立法后评估虽然各具特色，存在差异，但是它们在基本的定位上日趋合理，日趋一致。这些基本的定位包括：（1）立法后评估是立法职能派生出来的，是一项重要的立法工作。因为是立法工作，所以立法后评估是以加强和促进立法工作为目标、依立法职权进行的、具有特定法律效果的公权活动。

---

① 王皓：《立法后评估将制度化》，《北京日报》2010年11月11日，"人大专刊"。

（2）由于是一项立法工作，是依职权进行的活动，所以，立法后评估的主体是具有特定职权的国家机关。在当前的实践中，"谁制定，谁评估"已发展为一项惯例。但是，评估主体不等于评估的具体实施者，二者可以在一定程度上分离。在实践中，立法后评估的具体组织实施机构各有不同。比如，行政法规或政府规章的评估，主要由政府的法制办公室组织实施；法律或地方性法规的评估，主要由制定机关的法制工作委员、法制专业委员会、相关专业委员会等负责实施。而具体的组织实施机构又可能单独进行或联合有关部门进行，也可能将其中的某些工作委托专业机构完成。（3）立法后评估的对象是已经实施一定时间的、现行有效的规范性法律文件。（4）评估的内容和依据，主要是法律实施过程所展现的情况。（5）评估的直接目标是通过考察法规的实施情况，评价立法的科学性和合法性，间接目标是为法律的立、改、废提供科学依据，进而提高特定的立法和整个法律体系的质量。

最后，立法后评估的模型和方法不断改进。相对于立法后评估的定位，模型和方法属于评估的技术层面，其科学性和规范性在很大程度上决定了评估结果的专业技术含量，决定了评价结论的有效性和可信度。如果说立法后评估的定位确定了评估的目标、任务和原则，那么评估的模型和方法则是实现和贯彻这些目标、任务和原则的措施和手段，具体包括具体实施评估的组织形式、评估的内容和标准、社会科学研究方法的运用等方面。相对来说，模型和方法方面是目前我国各地、各类立法后评估的薄弱环节。然而，经过十余年的实践探索，当前的立法后评估在这方面已经有了很大的改进，科学性和规范性明显提升。比如上海市人大2009年开展的《上海市住宅物业管理规定》立法后评估和该市2005年开展的后评估活动相比，就体现了这样的进步。在2009年的后评估活动中，上海市人大组建了实务部门与专家学者结合的课题组，邀请华东政法大学、上海社会科学院、市房地局、徐汇区房地局和市人大城建环保委办公室等不同界别的人士共同参加，分工开展研究。课题组综合运用了实地走访、召开座谈会、问卷调查等方法，搜集的资料更加翔实，数据处理、图表使用更加专业，评估结论的说明和论证更加充分。[①]

---

① 参见本书第三章的《〈上海市历史文化风貌区和优秀历史建筑保护条例〉立法后评估报告》和《〈上海市住宅物业管理规定〉立法后评估研究报告》。

（四）日益制度化

在我国当前，多数地方以及全国人大常委会、国务院的立法后评估工作仍处于试点和探索阶段。与此同时，随着实践经验的不断丰富，越来越多的地方制定了立法后评估的专门规定，确保立法后评估工作有法可依、有据可循。从有关报道来看，截至当前，这类规定的绝对数量已经比较多了，比如《广州市人大常委会立法后评估办法》、《南京市人大常委会立法后评估办法》、《苏州市人大常委会立法后评估办法》、《安徽省政府立法后评估办法》、《广东省政府规章立法后评估规定》、《无锡市规章立法后评估办法》、《厦门市公布规章立法后评估办法》、《西安市政府规章立法后评估办法》、《重庆市政府规章立法后评估办法》、《哈尔滨市政府规章立法后评估规定》和《青岛市人大常委会立法后评估暂行办法》等等。在中央层面，国土资源部走在前列，率先制定了《国土资源部规章和规范性文件后评估办法》。总之，和初期的试点和探索相比，当前的立法后评估已经实现一定程度的制度化了。

立法后评估的制度化，可以说是立法后评估常态化、规范化发展的一个必然结果，制度化的成就反过来又构成常态化和规范化的有力保障。对比各级各地有关立法后评估的专门规定来看，其内容主要包括立法后评估的目标、立法后评估的主体、立法后评估的启动、立法后评估的程序和方法、立法后评估结果的效力等方面。由于立法后评估完全是相应机关自行探索、自主立法的结果，所以在内容上也存在一定的差异。

二 众多问题有待研究和讨论

立法后评估发展到今天，尽管取得了一定的常态化、规范化和制度化成就，但是显然，这还是一个十年左右的新生事物，从全国的总体水平上看，立法后评估仍然处于试点、探索和创新的阶段，仍然存在许多需要研究和讨论的问题。在立法后评估快速制度化的过程中，及时加强对这些问题的思考和探索，有助于建立符合法治精神和现实国情的立法后评估制度，有利于提升立法后评估制度化的质量。

（一）如何理解立法后评估的性质、目的和功能？

全国各地、各机关开始进行立法后评估的时机有所不同，最初的目的不完全一样，评价标准、操作模式都存在一定的差异。在一些地方或机关，开展立法后评估，主要是为了配合推进法规清理活动。虽然法规清理和立法后评估不能完全等同，但是立法后评估可以考察法规之间的关系，揭示法规之间的冲突情况；立法后评估还可以通过对法律实效的考察，评价法规的质量，为法规清理中法律的修改和废止提供依据。国务院2004年发布的《全面推进依法行政实施纲要》规定："建立和完善行政法规、规章修改、废止的工作制度和规章、规范性文件的定期清理制度……规章、规范性文件施行后，制定机关、实施机关应当定期对其实施情况进行评估。实施机关应当将评估意见报告制定机关；制定机关要定期对规章、规范性文件进行清理。"在这里，立法后评估就是作为加强法规清理工作的一项措施提出和要求的。

而在另一些地方或机关，立法后评估被单纯理解为改进立法工作、提高立法质量的一项措施。2010年吴邦国委员长宣布我国建成社会主义法律体系以后，国家法治发展的战略重心进行了调整，从以前的注重立法数量、注重法律调整覆盖转变为注重法律的实施和实效，注重提高现行法律的质量。在这一特定形势下，各地立法机关，尤其是各级地方人大，立法工作的重心也随之转移，从"数量型立法"时代进入"质量型立法"时代。[①]各地、各机关普遍开展立法后评估，也是这种转变的一个重要体现。

在西方国家，立法后评估兴起的背景则有所不同。在自由资本主义时代，西方国家奉行严格的三权分立原则，坚持公法和私法的分界，公共权力对社会生活的调整相对来说是比较消极的，无为而治、"守夜人政府"等理念比较流行。但是在垄断资本主义时期，社会形势和思想观念都发生了急剧的变化：一是出现了大量的基于议会授权或法律授权的行政立法；二是行政权力对社会生活和经济活动进行广泛干预。但是，大量的行政立法和广泛的行政干预带来了一系列的问题：一是缺乏代议制民主程序的支持，行政立法广泛干预社会生活的正当性何来？二是由于理性的有限性，行政活动广泛干预社会生活的实际效果究竟如何？三是有权必有责，大量的立

[①] 俞荣根主编《地方立法后评估研究》，中国民主法制出版社，2009，第4—5页。

法授权扩大了行政权力，如何在新形势下保持行政权力的问责性？正是为了解决这三个问题，西方国家自20世纪90年代后期开始兴起了名为"改善监管"的运动，这里的监管是行政监管，即行政权力对社会生活广泛而深入的干预。在这场运动中，立法后评估作为一项重要的措施被构建和运用。由此可见，西方国家立法后评估的目的在于调整和修正行政干预产生的社会效果，督促行政机构负责任地选用行政措施，从而实现"改善监管"的目的。

由此看来，在立法后评估广泛兴起和开展之际，我们有必要结合当前的社会形势和法治发展阶段，立足于十余年来的立法后评估实践，对立法后评估的性质、定位和功能进行讨论，进而为立法后评估的规范化和制度化提供方向性的指引。

（二）立法后评估的主体是什么？

对于立法后评估的主体，我国目前并没有全国性的制度规定。国务院2004年发布的《全面推进依法行政实施纲要》规定："规章、规范性文件施行后，制定机关、实施机关应当定期对其实施情况进行评估。实施机关应当将评估意见报告制定机关；制定机关要定期对规章、规范性文件进行清理。"这里规定了行政立法中制定机关、实施机关进行评估的义务，但是没有限制其他组织或个人进行评估的自由，而且不涉及人大立法的后评估的主体问题。

从实际情况来看，立法后评估涉及多种机构或部门。对于人大立法的后评估来说，立法后评估的立项、工作布置、最后报告的"验收"，都在人大常委会。但是，立法后评估工作的具体实施以及最后报告的提交，则有多种情形：（1）由人大法制委员会完成；（2）由人大其他专业委员会完成；（3）由人大常委会法制工作委员会完成；（4）由同级政府相应的工作部门完成；（5）由前四种机构的各种组合来完成；（6）专业机构参与实施；（7）委托专业机构完成。实际中这七种情形都是存在的，但是，相对来说，（4）（7）非常少，其余情形较为常见。

对于行政立法的后评估来说，相应的，立法后评估的立项、工作布置、最后报告的"验收"等都由制定该法规的政府或部委完成，立法后评估工作的具体实施以及最后报告的提交，则有多种情形：（1）由政府的法制办或部委的类似部门负责实施；（2）由政府的法制办和政府的其他工作部门联合实施，或部委下设的类似部门联合实施；（3）前两种情况下，专家或专业机构可能参与实施。

对于实践中存在的多种主体、多种组合的情形，有两个需要在理论上予以总结和讨论的问题：一是不同主体之间是什么关系？二是哪种模式效果最好？我们应当重点倡导哪种或哪些模式？

（三）如何界定立法后评估启动的最佳条件？

启动立法后评估的条件，包括法规的数量、法规实施的时间、法规实施的社会反响等方面。合理确定这些条件，有利于充分利用立法资源，提高评估的效果，实现立法后评估的常态化。

从有关报道看，当前已有不少地方通过颁布立法后评估办法，明确了启动立法后评估的条件。比如，《广州市人大常委会立法后评估办法》规定，地方性法规施行5年以内应当进行一次评估，相关单位和市人大代表、市政协委员、社会公众提出较多意见的法规，应当优先安排评估。《安徽省政府立法后评估办法》规定，政府规章、规范性文件实施1年后，评估机关可以根据需要组织开展立法后评估工作。政府规章、规范性文件有下列情形之一的，评估机关应当组织开展立法后评估：（1）政府规章拟上升为地方性法规的；（2）规范性文件拟上升为政府规章的；（3）公民、法人和其他组织提出较多意见的。

然而，目前还有较多的机关虽然开展了一定数量的立法后评估工作，但是在如何确定评估的对象、如何启动立法后评估方面，尚未形成明确的制度或规则，由此制约了立法后评估的常态化、制度化水平。基于这一原因，在有些机关，立法后评估工作表现出较强的临时性、探索性特点。比如在全国人大，虽然进行了一定的立法后评估工作，但是评估的对象只是《科学技术进步法》、《农业机械化促进法》和《残疾人保障法》这类政治上不太敏感的、法治意义相对较小的法律。又比如，云南省省人大虽然自2004年以来坚持每年都进行1至2件地方性法规的后评估，但是具体每年评估什么，仍然没有形成可以遵循的原则或制度。在另一些地方，立法后评估则表现出一定的运动化特点。比如，上海在2008~2009年，对当时有效的142件地方性法规集中进行了立法后评估，这是一项规模相当浩大的评估活动。2010年5月1日世博会开幕，上海市在8月份就启动7部和世博会有关的地方性法规的专项评估。世博会一闭幕，上海市人大常委会就发布了世博制度群的评估报告。

由于许多地方或机关的立法后评估实践存在较强的临时性、运动性特点，所以理论上还需要加强立法后评估启动条件、启动程序的研究，以期为立法后评估的常态化和制度化提供理论指导。

（四）立法后评估的评价标准是什么？

立法后评估是对法律的一种评价，评价既需要事实，也需要标准。相对来说，评价标准的确定具有较强的主观性。这种主观性受到许多因素的影响，比如对立法目的的理解，对法治原理的认识，各地社会现实的特殊性，等等。评价标准虽然具有主观性，但是可以广泛地交流和讨论，借以形成有利于本地或本机关改进立法工作的评价标准，也可以形成社会各界在较大程度上认可的评价指标。

构建立法后评估的评价标准需要界定两个问题：第一是哪些方面需要评价，或者说，立法的哪些属性影响了立法的质量水平。从理论上说，这些属性是无限多的，但是由于人们实际需要的是一个大致的结论，所以实施主体会根据现实需要对各种属性进行取舍，在评估成本许可的情况下，选择若干属性进行衡量，比如实效性、效率性、合法性、可操作性等等，然后综合得出评估结论。第二就是如何进行综合的问题。对于众多的影响因素如何综合形成一个关于立法质量的评估结论？尤其是量化的、可以比较的结论？从技术上说，只需要对各个因素赋予一定的权重，即可综合得出总的评估结论。但是，如何确定权重，使得这种权重比较合理同时又能被社会各界广泛接受，则是一个艰难的理论和实践问题。

自立法后评估在全国兴起和广泛开展以来，全国各地、各机关各自确定了自己的评价标准。比如，上海市人大在2008—2009年关于142件地方性法规的整体性评估中，以合法性、适应性、操作性、绩效性、特色性、参与性为评估标准；[1] 重庆市在2012年关于《重庆市城乡居民最低生活保障条例》的立法后评估中，以法制统一性、制度设计的合理性、针对性和可操作性、技术规范性、实施效果等五个方面作为评估标准；[2] 全国人大在

---

[1] 沈国明、史建三、吴天昊：《在规则与现实之间——上海市地方立法后评估报告》，上海人民出版社，2009，第21—22页。

[2] 参见本书第三章《〈重庆市城乡居民最低生活保障条例〉立法后评估报告》。

关于《农业机械化促进法》有关制度立法的后评估中，以制度目标和实施效果的对比作为评价标准。[①] 对于这些不同的评估标准，我们如何总结和提升出立法后评估标准的一般性理论？如何构建更为合理、更为有效的评价标准？如何将评价标准进一步操作化为可以直接衡量和测算的指标体系？

（五）如何运用先进方法增强立法后评估的专业性和科学性？

确定评价标准后，我们知道在立法后评估中哪些方面的事实材料是需要衡量和评价的，但是如何才能获得充分、可靠、便于衡量的事实材料？如何整理和分析这些材料？这就需要借助社会科学的研究方法。通过社会科学研究方法的运用，可以极大程度地提升评估活动的专业性，增强评估结论的科学性和有效性。

社会科学发展到今天，关于事实材料的收集、整理和分析的方法已经非常丰富和先进了。这些方法分散在各个学科之中，比如社会学中的概率抽样、实地调研、相伴变异法等方法，经济学中的理性人假设、成本—收益分析、博弈论、交易成本理论等方法，人类学中的田野调查方法，等等。对于立法后评估来说，方法论的问题是如何选择和借鉴社会科学已有的这些方法，并加以调整和改进，形成符合立法后评估的目的和任务需要的方法论体系。

在目前全国各地、各机关广泛开展的立法后评估中，我们可以看到科学方法的大量使用。比如，全国人大常委会法制工作委员会等在2010—2011年关于《科学技术进步法》有关制度立法后评估试点工作中，就采用了文献研究、问卷调查、实地调研、实例分析等方法；上海市人大立法后评估工作小组在2005年对《上海市历史文化风貌区和优秀历史建筑保护条例》的立法后评估中，就采用了问卷调查、个案分析、座谈会、实地调研等方法；重庆市人大立法后评估项目二组在2012年对《重庆市公路路政管理条例》的立法后评估工作中，就采用了文献研究、制度比较分析、专题访谈、实地调研和（抽样）问卷调查等方法。现在的问题是，一方面，基于这些方法的运用实践，能否总结和提升出立法后评估方法的一般性理论？另一方面，全国各地、各机关在科学方法使用现状中，有无需要加强和改进的地方？

---

① 参见本书第三章《关于〈农业机械化促进法〉有关制度立法后评估主要情况的报告》。

（六）如何揭示和反映立法后评估工作的实际情况？

在我国当前，虽然立法后评估在各地、各机关广泛开展，但是，对于立法后评估的实践经验的总结、介绍和反思的文献，还比较少见。各地、各机关开展立法后评估的实践常常见诸报刊，但是一般都只提供非常简单的信息；一些地方，比如上海、重庆等地，由于他们的立法后评估走在全国的前列，所以，他们的评估报告和理论思考已结集出版，但是相对全国广泛、持续的立法后评估实践来说，目前这类出版物揭示的实践经验仍然只是冰山一角。显然，这种状况不利于先进经验的传播，不利于失败教训的反思，不利于立法后评估制度在理论上的总结和提升。因此，我们需要更多的总结、介绍和反思立法后评估实践的文献资料和研究成果。

三 本书的任务和成就

正是因为立法后评估的理论和实践存在上述问题，所以我们组织编写了本书。本书是一个整体，旨在比较系统、深入地考察立法后评估的理论和实践。与此同时，本书的各个部分又具有一定的独立性。这具体体现为：一方面，不同部分由不同的作者负责撰稿，他们有的属于科研人员，有的属于立法工作人员，有的兼有两种身份，各位作者基于自己独特的实践经验和理论思考完成了各部分的撰稿；另一方面，每个部分都有相对确定的主题，分别从不同的角度考察立法后评估的理论和实践问题。综合起来看，本书的各个部分在下列六个方面进行了考察和讨论，或者反映立法后评估的实际情况。

（一）立法后评估的职能和定位

《关于立法后评估的思考》是沈国明教授在中国社会科学院法学研究所所做的专题演讲的录音整理稿。沈国明教授既是长期从事法理研究的学者，又是上海市人大立法后评估工作开展的倡导者和原主要负责人。基于自己长期从事立法工作的经验和实际开展立法后评估工作的体会，沈国明教授在演讲中认为，立法后评估在各地虽然称呼不尽相同，但大体都是指具有地方性法规、政府规章制定权的国家机关或者由其委托的主体，按照一定的评估程序，对地方性法规、政府规章的合法性、合理性、实效性、协调性等指标进行评价,并提出完善法规、规章建议的活动。对于立法后评估的作用,沈国明教授认为,主要在于提高立法质量。除此之外,立法后评估还有助于提高执法水平、提高依法化解社会矛盾的能力和提高公民有序政治参与的水平。而后面的这三个方面,是容易被人们忽略的。

《上海地方立法后评估的总结和完善研究》由上海市立法研究所立法后研究课题组撰写。课题组结合上海市人大立法后评估的实践经验,考察了立法后评估的必要性,分析了立法后评估的功能。文章认为,进行立法后评估是提高立法质量的需要,是立法工作适应经济和社会发展的要求,这项工作有助于推进依法行政,有利于维护法制的统一。在我国当前,法律的稳定性要求与改革开放大背景存在冲突,中央立法与地方立法存在差异,立法与执法、守法之间存在隔膜,这些社会现实更加突显了立法后评估的现实意义。文章认为,地方立法后评估作为一项制度或方法,应当体现且在实际运行中已经体现出三大功能:对立法质量的描述与评价功能,对立法效果的检验与改进功能,对立法工作的批判与反思功能。

《地方立法后评估制度的构建研究》由刘平、程彬、王松林、史莉莉、李萍、叶慧娟、陈琦华等7人撰稿。在这个7人团队中,既有科研工作者,也有行政机关的法律实务工作人员,还有身兼两种身份的负责人。课题组认为,作为一项制度,立法后评估具有三方面的功能:(1)立法方面,通过对法规规章的立法技术、制度设计等做出评估,为地方立法的修改、废止提供依据,提高地方立法质量和水平;(2)执法方面,通过对法规规章的执行情况进行评估,考量执法成本、执法措施的现实度,为执法现状提供相对客观的评判依据;(3)守法方面,通过考察法规规章被公民的认知程度、其被遵守的程度,来分析法规规章的实施效果以及与立法、执法的相关性。

黄金荣博士负责撰写的《西方的立法评估制度》通过对美国、英国、欧盟等国家或地区的立法评估的考察,总结了西方国家广泛开展立法评估的背景和宗旨。作者认为,西方的立法评估制度最初的发展动机首先在于减少和改善法律对经济的干预,提高经济竞争力,然后逐渐引申到改善对社会的管理以及对公民权利的保护。但直到现在,改善法律对经济的监管仍然是立法评估制度的核心价值所在。正是基于这一点,西方各国都要不断进行"监管改革",对"监管措施"或"规章"进行"监管分析",并且对这些监管措施或规章可能对经济和社会带来的影响进行"监管影响评估"。由于对经济的干预大部分都是通过行政立法或行政措施进行的，因此对于行政立法的评估又成为立法评估的重点所在。

（二）立法后评估的主体

在《地方立法后评估制度的构建研究》一文中，刘平所长领衔的课题组认为，总体上，可以将评估主体分为两大类：评估责任主体和评估实施主体。"评估责任主体"是指依照法律规定和基本法理，应当承担起评估的职责，同时又具备评估职权的主体。根据这一定位，评估责任主体就是该项法律、法规、规章的制定主体。因为从理论上讲，立法后评估作为立法制度中的有机组成部分，是法律、法规、规章制定机关行使立法权的一个组成部分。评估实施主体则是基于评估责任主体的委托，实际组织和开展评估的机构或部门。

在评估对象确定的情况下，评估的责任主体也是确定的，但是对于评估的实施主体，评估责任主体可以根据评估工作的需要，有选择地委托下列机构或者组织，具体承担评估的实施工作：（1）由地方人大各专门委员会或地方人大常委会法制工作机构，对地方性法规实施评估；（2）由地方人民政府法制机构实施政府规章的评估；（3）由执法机关即实施机关实施地方性法规、政府规章的评估；（4）由专业性的社会机构实施评估；（5）由专门成立的评估机构或评估小组实施评估。课题组认为，在选择立法后评估的实施主体时，可以根据地方性法规规章涉及的领域或者评估工作的需要，选择委托上述五种不同实施主体中的一个或者几个。

黄金荣博士在《西方的立法评估制度》一文中，对美国、英国等国家的立法评估主体做了系统的考察和介绍。在美国，1993年颁布的《监管计划与审查》规定，评估的主体主要是负责起草和制定行政规章的各联邦政府机构，这种评估实际上就是规章制定者自身的评估。但是1998颁布的《改善监管法》则规定了更为多元化的评估主体，具体包括：（1）在一定的条件下，对一项重要规则应该进行独立的同行审查；（2）对于有关行政机构是否遵守了该法有关评估的规定这个问题可以由法院进行司法审查；（3）在该法案通过一年之后，管理和预算办公室的负责人在与科学技术政策部门负责人协商之后应委托一个可靠的科学机构开展与风险问题有关的研究。在英国，存在一个多层次的立法评估组织机制。具体说来可以分为三种类型：行政机关内的评估组织、议会内的评估组织以及与政府有紧密联系的独立机构。行政机关内的评估组织可以分为以下几种类型：（1）监管责任专门小组；（2）监管影响小组；（3）部门监管影响小组；（4）监管改革部长；（5）小企业服务局；（6）议会顾问办公室。设立在议会的评估机构主要是以下两类：（1）议会委员会；（2）国家审计署。从美国和英国的情况来看，西方国家的立法评估是多层次的，既有规则制定机构自己开展的内部评估，也有来自议会、其他行政机构、社会上独立的专业机构的外部评估。

（三）立法后评估启动的条件和程序

在《地方立法后评估制度的构建研究》一文中，刘平所长带领的课题组对定期评估和不定期评估进行了探讨。其中，定期评估是指由法律、法规、规章或者规范性文件规定，该法整体或其中的某项具体制度，在一定的期限之内，由特定机关实施评价，并建议该法或者某项具体制度是继续适用还是做出相应修订、废止的制度。从我国现有实践来看，主要包括以下三种情形：（1）无法定期限的定期评估，即法律、法规、规章要求应当对文本或者设定的某项制度进行定期评估，但并未明确具体期限和时间的评估制度。（2）有法定期限的定期评估，即法律、法规、规章规定应当对其自身或者其设定的某项制度定期评估，并且具有实施期限（日落条款）的定期评价制度。（3）非法定的定期评估，指具有法律、法规、规章制定权的国家机关，依据国家有关文件要求，形成日常工作制度，规定在法律、法规、规章实施一定期限后，对其进行评价，以提出进行修改或者废止的建议。

不定期评估是指根据情势变化，由具有法律、法规、规章制定权的国家机关决定，临时动议对已经制定的法律、法规、规章所进行的立法评价。这是目前运用最为广泛的一种立法后评估制度。从实际情况来看，这种"情势变化"具体包括以下几个方面：（1）上位法出台和修改后，下位法的有关规定与之相抵触的；（2）国家机关、公民、法人和其他组织提出立法修改与废止的书面建议（包括人大和上级行政机关的备案审查建议、行政机关的复议决定或法制监督建议、人大代表书面意见、政协提案、司法部门的司法建议、媒体报道、社会公众的书面建议等），反映地方性法规、规章中的立法缺陷与修改建议；（3）实施主体、对象、标准等发生变化，地方性法规和规章未同步与之调整的；（4）根据我国参加的国际公约、国际条约及国际承诺书的要求，以及配合国内某项重大改革举措，原有地方性法规和规章规定与之不相适应的。根据这些变化，有立法权的国家机关应当及时启动立法后评估。

上海市立法研究所立法后研究课题组撰写的《上海地方立法后评估的总结和完善研究》也对立法后评估的启动程序进行了考察。课题组认为，从目前的实践来看，评估程序的启动缺乏应有的规范，具有较大的随意性，这是影响后评估制度化建设的一大软肋。由于立法后评估的特殊性，司法领域的起诉—立案模式或者行政领域的申请—审查模式均不适用于立法后评估的启动程序。因为一方面，后评估的对象是地方性法规，不会直接与具体公民、法人和其他组织的利益产生联系。另一方面，在目前以人大常委会为主导进行后评估的情况下，地方人大也没有足够的人力和精力对评估请求进行审查。因此，课题组建议采取制定年度工作计划的模式，将地方性法规立法后评估纳入常委会年度工作计划。

（四）立法后评估的评价标准

《地方立法后评估的立法质量评价指标体系研究》是一项课题研究的成果，由俞荣根和程雪莲撰写。和沈国明教授的经历和身份类似，俞荣根教授既是长期从事法学理论研究的知名学者，又是重庆市人大立法后评估工作开展的倡导者和原主要负责人。本文的合作者程雪莲是重庆市卫生局法规处的干部，具有切实、丰富的实践工作经验。在这篇文章中，两位作者不仅提出立法质量评价标准的具体内容，而且将这些内容划分了层次，标定了可以量化的分值，大幅度地推进了这一问题的理论研究。两位作者认为，地方立法的立法后质量评价指标体系由文本质量评估、实施效益评估两个子体系组成，每个子体系又分别可以分解为若干个一级指标和二级指标。其中：（1）地方立法文本质量评价指标子体系包括"立法必要性"、"合法性"、"合理性"、"可操作性"、"地方特色性"和"技术性"等6个一级指标。在这些一级指标之下，共设计有20个二级指标。（2）地方立法实施效益评价指标子体系则包括"法制统一性"、"合理性"、"可操作性"、"地方特色"、"实效性"和"成本分析"等6个一级指标。同样，在这些一级指标之下，还有20个更为具体的二级指标。对于立法质量的影响，这些指标各自的权重不一样，不同权重可以通过分值体现出来，而这些分值的总和，就是立法质量量化的评价指数。

在《地方立法后评估制度的构建研究》一文中，由刘平所长领衔的课题组对评估的标准和指标进行了设计。课题组认为，评估指标分为两级，具体是：（1）合法性评价，二级指标包括：立法依据是否合法；是否符合法定权限；是否符合法定程序；立法内容是否合法。（2）合理性评价，二级指标包括：目的是否具有正当性；是否具有最小侵害性；是否平等对待；是否符合公序良俗；是否与改革同步。（3）实效性评价，二级指标包括：行政执法的有效性；守法的有效性；与社会经济发展的相适应性；专业管理制度的有效性。（4）协调性评价，二级指标包括：相关同位法之间的协调性；配套规范性文件的协调性；立法文件与其他公共政策之间的协调性。（5）立法技术性评价，二级指标包括：文本结构的完整性；内在逻辑的严密性；语言表达的准确性。（6）专业性评价，二级指标包括：是否具有科学性；是否具有可操作性。（7）成本效益评价，二级指标包括：执法成本；社会成本与社会效益之比；守法成本与违法成本的比较；管理制度的投入与产出。（8）社会认同评价，二级指标包括：对基本制度的知晓率；对立法制度的认可度；对行政执法效果的评价；对自我守法情况的评价。

上海市立法研究所立法后研究课题组撰写的《上海地方立法后评估的总结和完善研究》对于立法后评估的原则和标准进行了比较深入的考察。课题组认为，地方立法后评估应当遵循四项基本原则，即客观性原则、科学性原则、民主性原则和实效性原则。在这些原则的基础上，设立评估指标还应当考虑五个方面的因素，即：（1）体现建设社会主义法律体系的要求；（2）地方性法规的特殊性；（3）结合后评估的具体目的；（4）根据评估对象的不同调整指标体系；（5）考虑评估工作的可操作性。根据这些原则和需要考虑的因素，立法后评估的指标体系包括五个方面：（1）合法性指标；（2）合理性指标；（3）操作性指标；（4）规范性指标；（5）实效性指标。

（五）立法后评估的方法论

《立法后评估方法论研究》由刘迎新撰写。刘迎新是长期从事立法后研究的科研人员，他的论文对立法后评估的方法论进行了国内迄今为止最为系统和深入的研究。在这篇文章中，作者以哲学、经济学、政策分析学等学科为理论基础，通过对既有立法后评估方法论的资源的再利用，构建了一个立法后评估的方法论体系。在这个体系中，立法后评估方法首先划分为数学分析方法、利益分析方法和系统分析方法。其中，数学分析方法又划分为模型方法、实验方法和准实验方法；利益分析方法划分为成本—效益方法、效用分析方法和供给—需求方法；系统分析方法划分为头脑风暴法、德尔菲分析法、辩论分析法和元评估方法。

在《地方立法后评估制度的构建研究》一文中，由刘平所长领衔的课题组对评价指标数值的获取方式进行研究。课题组认为，为了能够最大限度地保证指标的客观性，进而提供一个最接近真实情况的立法状况图景，还需要针对不同指标的获取方式进行设计与分析。总体来看，指标数据获取的方式方法包括下列10个方面：（1）网上征求意见；（2）专家论证会；（3）利益相关人的座谈会；（4）听取社会中介机构、行业协会等专业组织的意见；（5）各种书面建议的评估；（6）行政实施部门自我评估；（7）听证会；（8）公众问卷调查；（9）典型个案分析；（10）统计数据分析。

上海市立法研究所立法后研究课题组撰写的《上海地方立法后评估的总结和完善研究》一文对评估的方法也进行了一定的考察。课题组认为，立法后评估要运用法学、社会学、经济学等学科的方法对法律、法规进行综合分析、全面考核评价。从实践来看，运用比较普遍的方法包括：（1）公众问卷调查法；（2）专家组评估法；（3）座谈会调查法；（4）典型个案分析法；（5）成本效益分析法。

（六）立法后评估的具体实践

我国立法后评估兴起和发展的一个显著特点，是各地方、各机关各自试点和探索，因此呈现多样化的、发展参差不齐的格局。为了加强立法后评估的理论研究，为了推进立法后评估的规范化、制度化建设，介绍和展现立法后评估的实践工作，意义十分重大。本书的部分文章和第三部分所附的立法后评估报告，正是致力于这一目的。

在《上海市立法后评估工作实践经验座谈会纪要》一文中，上海市人大常委会法制工作委员会有关负责人对上海市立法后评估工作实践经验做了比较详细的介绍。介绍人员都实际主持或参与了上海市人大立法后评估的工作，对这项工作的性质、意义和困难都有切身的心得和体会，因此他们的介绍真实而深入。从他们的介绍中，可以窥见上海市人大立法后评估的发展历程，了解其组织形式和操作模式，了解其所取得的成就和遇到的困难，了解其改革动向和发展趋势。

上海市立法研究所立法后研究课题组撰写的《上海地方立法后评估的

总结和完善研究》对上海市人大的立法后评估实践做了一定介绍，并对相关制度的改革完善提出了合理化建议。吴勤民、张明君、丁贤三位撰写的《以实施效果检验立法质量——〈上海市历史文化风貌区和优秀历史建筑保护条例〉立法后评估回顾总结》对上海市人大一次具体的评估实践做了较详细的介绍，并以此为基础，对立法后评估的选题标准和范围、评估主体、评估标准、评估方法、立法后评估长效机制的建立等一般性的问题进行了思考和讨论。三位作者是上海市人大相关工作的负责人，实际组织和参与了这次立法后评估工作，因此本文的介绍深入、具体、翔实、可靠。

李媛、张书铭是重庆市人大常委会法制工作委员会的干部，他们撰写的《地方立法后评估的实务研究——以重庆市人大常委会 2012 年立法后评估为例》一文结合实际从事立法后评估工作的切身体会，总结和介绍了重庆市人大常委会开展地方性法规后评估工作的实践经验。作者认为重庆市人大常委会成功开展地方立法后评估的经验心得包括五个方面：一是精心组织，科学编制后评估方案，是做好后评估工作的前提；二是领导重视、精干的工作机构，是做好后评估工作的组织保证；三是突出重点、注重实效的工作方法，是做好后评估工作的重要保证；四是人大主导、多方参与的工作机制，是做好后评估工作的重要制度；五是科学严谨、实事求是的工作作风，是做好后评估工作的关键。

本书第三章编辑整理了 8 篇立法后评估报告，包括全国人大有关机构完成的 3 篇报告、上海市人大有关机构完成的 2 篇报告和重庆市人大有关机构完成的 3 篇报告。从规范性、科学性、专业性的角度看，这 8 篇报告大致代表了我国各地、各机关开展的立法后评估的最高水平。这些报告具有资料性质，是我国立法后评估发展的重要历史见证。通过这些报告，我们可以大致了解我国立法后评估工作开展的历史进程、社会背景、实施主体、评价标准、操作模式以及专业化、独立性水平。与此同时，对于本书前两章的各篇文章的讨论，这些报告提供了不可或缺的例证和注解。

第一章

立法后评估的理论思考

1. 关于立法后评估的思考[*]

【编者按】 应中国社会科学院创新工程"完善我国法律体系与立法效果评估"项目组的邀请，上海市社会科学联合会党组书记、原上海市人大常委会法工委主任沈国明教授于2013年1月18日下午在中国社会科学院法学研究所进行了主题为"关于立法后评估的思考"的演讲。创新工程"完善我国法律体系与立法效果评估"项目组成员、部分法学博士后、博士研究生、硕士研究生等出席了演讲并参与了主题演讲之后的学术交流。沈国明教授在上海市人大任职期间，倡导和主持了上海市的立法后评估工作，实践经验丰富。沈教授曾发表一系列的学术成果，对上海市的立法后评估工作进行了全面的总结和深入的分析，并对立法后评估的许多理论问题阐述了看法。无论是实践探索，还是理论著述，沈国明教授都对我国立法后评估的试点和推广发挥了很大影响。在本次演讲中，沈教授结合自己多年的实践经验和理论思考，深入地、有的放矢地阐述了立法后评估的功能定位和现实意义。主题演讲结束后，沈教授还和与会的科研人员进行了深入的讨论和交流。

【关键词】 立法后评估　立法质量　执法水平　化解矛盾

主持人：刘作翔（中国社会科学院法学研究所教授，创新工程"完善我国法律体系与立法效果评估"项目首席研究员）：首先我们欢迎沈老师！今天我们非常荣幸地请到了中国资深的法学家沈国明教授。我一直把沈老师看作兄长，他在中国法学界是一位资深的专家，现在他担任上海市社会

---

[*] 此文是上海市社会科学联合会党组书记、原上海市人大常委会法工委主任沈国明教授于2013年1月18日应中国社会科学院创新工程"完善我国法律体系与立法效果评估"项目组的邀请，在中国社会科学院法学研究所做的主题为"关于立法后评估的思考"的演讲和讨论的录音整理稿。此稿由中国社会科学院研究生院博士生魏书音同学整理，并经沈国明教授校对。在此向他们表示感谢。——编者

科学联合会党组书记。在此之前沈老师担任的是上海市人大常委会法工委主任,还在上海市社科院担任过副院长。在我看来,沈老师是中国法学界或者法理学界转型最早的一位学者,所谓"转型",就是从理论的视角转向实践的视角。我和沈老师是老朋友了,我们认识起码也有20多年了,每次听沈老师的发言,都受很大启发。明天我们法学所要召开一个全国性的会议,叫"全面推进依法治国理论研讨会",我们看到沈老师要来参加会议的信息,非常高兴,就和沈老师联系,给我们做一个报告。沈老师为了准备今天下午的这个报告会,把他的行程都调整了,所以我们也感到非常荣幸,表示感谢!我们今天没有大张旗鼓地宣传,也没有做广告,因为这是一个小型的报告会,为什么安排这样一个小型的报告会呢?主要目的是请沈老师讲一讲上海市立法后评估的运作制度和实践经验。上海市立法后评估在全国应该是领先的。我们2012年11月份去上海参加会议专门做了一些调研,本来想和沈老师做一个访谈,因为沈老师当时去了台湾,我们就去上海市人大常委会法工委做了一个调研,虽然时间短,只有半天时间,但是我们觉得收获很大。这次利用这样一个机会请沈老师为我们做个报告,他是一个亲身实践者,也是一个启动者,甚至在某种程度上中国的立法后评估这个概念都是他提出来的,最后被全国人大接受。我们安排这样一个小范围的报告会,是想在后面的讨论中能够深入一些。

沈国明(上海市社会科学联合会党组书记,教授,原上海市人大常委会法工委主任):谢谢刘作翔教授的邀请,也谢谢你们!我是法学所的老朋友了,我每年都来。作翔教授让我来讲讲立法后评估这个题目,因为我参与比较多,所以愿意和大家交流,进行一些探讨。

一 什么是立法后评估

先说说"后评估"。"后评估"是从国外引进的,是个专业名词,在建设工程等领域运用得很广泛。几年前我在《文汇报》的《文汇时评》上发了一篇文章,强调要加强后评估,以增强各项工作的实效。

从事专职立法工作多年后,我觉得,我们立法制定得不少,但是,实际执行的效果并不理想,社会各界批评也很多。法律执行得不好,原因很多,要有针对性地解决一些问题,搞清现状很重要。可以借鉴其他领域的有效做法,在立法领域也尝试做后评估,以利于弄明白已经制定的法律法规是否达到预期，发挥了作用；如果没有发挥作用，原因是什么。

有一次，全国人大法律委胡康生主任带队到上海来，他问我，明年全国人大可以有什么新的举措，我当时建议可以进行立法后评估。他觉得这建议不错。

后来，在全国人大常委会工作报告中，正式提出要开展立法后评估。其实，对立法后评估这个词，以前是有争议的，上海市人大常委会开会时，有委员提出过异议，也有人问"立法后评估"该怎么念，是"立法后"还是"后评估"？全国人大提出要开展立法后评估之后，也有人提出异议。全国人大常委会法工委就开展立法后评估邀请学者和实务部门同志一起开会，会上有人不主张用"后评估"这个词，主张用"立法评估""立法质量评估"等。（刘老师：我插一下，你刚才说词语的问题，现在这个"后"是靠前的还是靠后的？）靠后的，"后评估"是一个专门名词，"后评估"制度来自其他领域，不是法学界的原创。

评估是根据委托方明确的目的，由评估机构遵循一定的原则、程序和指标，运用科学、公正和可行的方法，对政策、计划、项目、机构、特定领域或者技术等进行专业化评判的活动。它是实行管理科学化、程序化的重要手段，是增强宏观管理调控能力、推动管理制度创新的动力。

后评估是评估中的重要环节，用得比较广泛的是工程项目后评估，科技界也实行了科研项目成果后评估。这些领域的后评估都能够总结项目评标、立项时的经验，发现问题，以及产生问题的原因，这对于改进管理，使项目尽可能达到立项时的预期目标很有益处。

后评估实际上也是建立一个监督机制，可以提高项目承担者的责任心，以期推动资源优化配置，提高管理科学水平。

国际上关于评估与后评估有很多经验。联合国开发计划署作为联合国系统支持开发工作的国际组织，在计划与项目评估方面做了大量的工作和研究，比较系统地制定了相关的基本政策、评估规范、评估跟踪机制等，目前已经建立了比较科学的评估体系。一些发达国家也很重视后评估工作，美国国会设有技术评估办公室，这个办公室是国会的四个决策支持机构之一。法国在科技评估方面有一个由国会（科技评估局）、政府（国家评估委员会）和科研机构组成的三层次评估体系，对科技发展目标、科技政策和财政投入进行监督。日本1993年颁布的《科学技术基本法》中将科技评估作为管理和推进科研开发活动的手段，并规定不能随意设立和撤销评估机构。国际上的这些经验都比较成熟，都是经过长时间实践后形成的。

鉴于评估和后评估制度的有效性，这项制度被运用到了其他领域，包括对政策和立法的评估。现在，对政策的评估已经运用得比较广泛，对立法的评估虽不普遍，但也常有运用。例如，德国在20世纪70年代便开始实行立法后评估制度，评估的内容包括事先评估，即对立法项目计划的评估，还包括立法制定过程中的跟踪评估，以及法律实施后的评估，甚至在制定法律时就明确若干年内进行效果评估。2001年，德国联邦政府内政部发布了首部《立法效果评估手册》，对立法效果评估的程序和方法都做了说明，以指导联邦政府各部门的立法效果评估工作。英国于1985年引入以成本评估为重点的立法效果评估。1996年英国内阁办公室成立了"立法效果评估组"，负责对所有的中央立法项目进行效果评估。从1998年起，全面实施立法效果评估，其总体要求是对立法实施后各阶段的效果进行全面评估，对经济、社会、环境效果进行全面评估，并须尽可能量化，还须就法律对经济、企业的影响进行分析。欧盟从80年代中期开始运用立法效果评估的相关工具。2003年，欧盟引入综合评估程序，就法律对经济、社会和环境的影响进行分析，一般由各专业部门负责各自领域的评估，但也设有一个负责协调和平衡各部门立法效果评估工作的机构，并对负责立法的官员进行培训。美国在法律或者某些条款到时限前，通过评估和再次审议来决定是延长还是变更。这种做法在里根时期开始实行，到克林顿时期进一步完善。美国的立法评估可以分两种：一种是前评估，关注投入产出，讲究成本；还有一种是后评估，对现有立法进行检查，为决策者决定修改或者废除法律提供依据。

2008年全国人大常委会工作报告首先明确提出"立法后评估"。在此之前，地方上已经陆续有了一些实践，比如浙江的"立法质量评估"，云南的"立法回头看"，海南的"立法跟踪评估"，上海的"立法后评估"。

现在，各地的政府法制办对政府规章也开始评估，因为政府规章出台的速度相对比较快，数量比较多，适时修改、废止尤其必要。

学者们对这项工作也有不同的称谓，有的将立法前的评估称为立法预测，将立法后的评估称为立法评估，有的称为立法效果评估，有的则称为立法绩效评估。

虽然称呼不尽相同，但大体都是指具有地方性法规、政府规章制定权的国家机关或者由其委托的主体，按照一定的评估程序，对地方性法规、政府规章的合法性、合理性、实效性、协调性等指标进行评价，并提出完善法规、规章建议的活动。

地方的实践取得了一定成效，但总体而言，似乎还不够科学，突出的表现是指标体系不健全。希望今后在实践的基础上逐步改进，让这项工作更趋制度化。

后评估实际上也是一种研究工作。研究一般是根据性质来确定方法，大体上可以将研究分成五种，第一种是描写，第二种是探索，第三种是解释，第四种是预测，第五种是控制。这五种研究类型，有不同的研究方法，一种是解释性的，它要寻找解释和控制社会现象的理论，还有一种是诠释性的，就是注释，第三种是批判性的，我们一般接触的以批判性的理论为多。立法后评估，有助于人们理解社会现象和人为实践的意义，在我看来既是描写，又是解释，也有一定的控制。

二　立法后评估的作用

（一）提高立法质量

所谓立法质量包含很多内容，但我认为，高质量的立法一定是在现实生活中能够产生实际效用，能够达到立法时设定的预期目标的。具体而言，法律应该反映经济社会发展需求，顺应发展趋势；有可操作性，社会矛盾可以依照法律处理；作为刚性的规则，经得起社会矛盾各方的冲击。

因此，对法律质量，不应仅以法理和科学性来评判。法律法规是遵循"少数服从多数"原则制定的，这意味着，能够出台的法律法规都是多数人能够接受的，但未必是科学性很强的，因为真理可能掌握在少数人手里。参与立法的相关各方一般是基于各自的利益，而不是依据法理和科学性提出自己的主张和诉求的，他们各自的利益并不一致。立法的过程是利益博弈的过程、妥协的过程，这个过程并不会将科学性贯穿始终。在社会群体分化、利益多元的情况下，很多社会矛盾源于利益之争，不能简单用"对"或"错"来判断矛盾各方的主张，否则，制定出来的法律法规就不可能平衡好各方利益，也缺乏可操作性。

立法后评估阶段，有条件跳出利益纷争，回溯法律法规实施的情况，运用法理和科学性衡量分析既有条文在实践中的作用，辨别出优劣，这对提高立法质量是有益的。

最近，有专家就上海建设国际经济、金融、贸易、航运中心的问题给我写信说："航运中心是市场经济的产物，而我们国家的法律法规多数是在计划经济时代制定的，用计划经济的旧瓶装市场经济的新酒是颇有难度的事情。现在航运是全球化的产业，政府过度干预是没有效果的，企业可以用脚投票，中资船舶纷纷选择挂外国旗。所以，政府要改变思维模式，检讨政府的定位，真正成为服务型政府，减少管制的深度，改变管制的范围，凡是不涉及公众的或者弱势群体的利益，不涉及环境污染、公共安全的产业，政府无须实施微观的管理，更不应该以繁多而又无后续监管、没有效率的监管程序和规章制度来限制市场的自由发展。"这表明有法是一回事，法是否发挥预期作用是另一回事。因此，有必要对现有的法律法规，包括政府规章进行评估，进而剔除不符合市场经济要求的内容。

有人以为，法律体系形成以后，立法工作分量减轻了。其实，从现在至今后很长一个时期，立、改、废工作仍须臾不能放松。我们需要经历立法指导思想的转换，就是要制定价值取向与过去迥然不同的法律法规。这个规则替代的过程现在并未完成。既有的法律法规中，有的标题看似很适合市场经济，仔细琢磨可以发现内容未必适合，在实施的时候也会有问题。这说明，无论是地方立法还是全国立法，都需要继续经历指导思想和价值的转换，使包括法律法规在内的整个规则系统适应经济社会发展之需要。

立法后评估对于提高立法质量，作用是很明显的。前两年，我在你们所开会时说过，《法学研究》也用了。我说，法律体系形成后，未来十年，应该注重提高法律的有效性。因为各部门支架性的法律齐备了，与以前相比，立法的任务会有些变化，填补空白的任务不那么突出了，而提高法律的有效性，让法律发挥作用则应当放到更重要的位置上来。法律是否具有有效性，与立法选项、立法质量、执法等都有关。在评判立法质量时，不能只由立法者自我评价，还需要社会依据事实做出评价。

立法后评估既要了解立法初衷，又要知晓法律实施情况，因此，更需要充分听取和广泛收集意见。如果在评估中获取的信息不全面，就可能导致对法律质量的误判。一般说来，法律的执行情况可以反映立法质量，因此，对执法状况的准确把握很重要。可事实上，要准确把握情况并不容易。以控烟条例的执行情况为例，健康促进委员会的高评价与社会公众的低评价大相径庭，各种意见综合起来才大致接近实际。

立法后评估对于提高立法质量是有好处的，它让人看到结果，就像农民看到收成才知道一年的措施对与错。比如，大家都认为随地吐痰不好，过去是现场罚 5 元，但审议相关法规时，与会者普遍认为要加重处罚。于是，立法将随地吐痰的最低罚款额提高到 200 元。处罚加重了，效果是否好呢？后评估结果令很多人感到意外，这项规定的效果不如从前。因为罚款数额已令该项处罚不能适用简易执法程序，而必须适用一般程序，这就意味着需要现场拍照取证、出具处罚单交给相对人，由他到指定的地方缴纳罚款。处罚程序的规范性与随地吐痰行为的普遍性极不匹配。过高的执法成本，令执法者逐个追缴特别是异地追缴成为不可能；社会成员的道德水准和法律约束力，尚不足以让吐痰者自觉缴纳罚款。可见，处罚力度提高未必意味着法律的威慑力相应提高。

期望通过加重处罚的方法改变现状的思维往往很有市场。比如，公安部最近出台的所谓最严的交通法规就很典型。按照公安部的这项规定，见到黄灯即要停车，否则要遭扣分等处罚。这样的规定，似乎将设置黄灯的初衷忘记了。为什么设置黄灯啊？交通管理中是先有绿灯、红灯，再有黄灯的。因为实践中发现，在红绿灯转换之间需要一个缓冲。按照公安部现在的规定，黄灯的缓冲作用被消除了，黄灯与红灯没什么差别，红灯或者黄灯可以去除一个。

这种**立法思维**与处置随地吐痰行为是一样的，只要认为是错的，就要严惩。这项规定认为闯黄灯是错的，于是就将遇见黄灯仍行驶的所有行为皆视为闯黄灯，忽略了黄灯的缓冲作用，对闯黄灯行为做了事实上的扩大解释。社会很复杂，不是按照概念中的对与错就可以划清楚的，如果社会管理这么简单的话，老早就管得好好的了。当然，公安部的这项规定是部委规章，与严格意义上的立法不同，但是，在一般社会成员的观念里，这项规定就是法律。与将吐痰行为的处罚列入一般执法程序一样，公安部的这项规定是经不起后评估的。不是吗？才几天工夫便实施不下去了。

制定规则时你可以不让人家参与，但是，规则面世后，是要任人评说的呀！与其让人事后批评，不如事前让人发表意见。所以，立法一定要有社会参与，广泛听取各种意见，一味按照管理机关的意愿，简单根据所谓对与错来设置权利义务，立法执行的效果不会理想；所谓最严的法律处置，有时效果相反，甚至可能导致矛盾凸显、矛盾高发。城管现在遇到的窘境似乎也可以说明这一点。

有的法律法规从政府的视角观察可能觉得非常重要，但实际未必如此。上海市人大常委会法工委编过一本书，名叫《立法中的博弈》，是从事立法实务的工作人员根据工作实际写的。这本书不重理性分析，是实录性的，从书中可以看出，要把一些价值取向适当、具有可操作性的规范写进去，把不太符合社会发展实际的规范剔出来不是易事。参与立法的部门或人员往往很关注部门利益是否在立法中得到维护。从恪尽职守角度评价，这样做不能视作是他们的错。但是，从大局看，他们的要求和观点就未必很适当。针对这种情形，借助社会力量，采取民主的方式，让各方对法律法规的实施情况充分发表意见，进而做出客观评估，对于扩大立法者的视野，提高立法的科学性是有益的。

立法后评估有助于推动开门立法。全国人大提倡开门立法，也有相关实践，但是，总体而言，我国的立法基本上是政府主导的。如果政府部门能把问题看得很清楚，而且没有一己私利，政府主导应该也可以。但问题是，现在政府部门经过长期的运转，渐渐会自觉不自觉地形成自己的利益，这种利益会影响立法的价值取向，会影响社会公正。开门立法与开展后评估一样，借助社会力量，实现利益平衡，抑制部门利益，维护公平正义。

政府部门利益其实经常可见。我以行政审批改革为例。2007年国务院要求各地方、各部门砍50%的行政审批。经过努力，指标完成了，但是，被精简的行政审批事项含金量并不高，收费的、使用频率高的多半被保留下来了。我亲耳听到政府部门的同志情绪激动地说，我们这项行政审批如果被取消，要我们这个处做什么！这说明，行政审批实际成了某些政府部门存在的理由，正因为如此，精简行政审批很难。这个例子中，精简行政审批是为了公共利益，而要保留处室的动机是维护部门利益、一己私利。因此，行政审批改革要取得成功，必须听取管理相对人的意见，要有广泛的社会参与。

同样的道理，立法也需要通过社会参与这种民主的方式，克服部门利益倾向。立法审议过程中有时会出现这样的情况，政府部门提出，只要草案中某一条不拿掉，其他无所谓。其实，他们坚持保留的那一条是部门利益所在。如果没有社会广泛参与，立法博弈不充分，有些问题看得不很清楚，就做不到平衡各方利益、去除部门利益。

我还必须强调，并不是有了社会参与，立法质量就一定是好的，或者说，就一定能达到立法初衷。在这方面，我是有教训的。在《劳动合同法》

出台前数年，上海为了保护劳动者合法权益，制定了一部《劳动合同条例》。制定时，我们在媒体上公布该条例草案，其中，有一条规定"在一个企业连续工作满十年、离退休不满三年的员工，企业不能解除与其的劳动合同"，立法的原意是考虑到 57 岁以上的人，过去为企业做了贡献，再放到劳动力市场上却没有竞争力，再找工作很困难，因此要给予倾斜保护。但是，有人对这条规定持有异议。媒体将不同意见报道之后，法工委的电话被打爆了，短短一周打进来一千多个电话，压倒性的意见是希望保留这条。人大常委会为此还开了听证会，会上的意见也近乎一边倒，所以，我们保留了这一条，当时，我以为给予了大龄劳动者很好的保护。哪知道那几年企业改革除了工人下岗待业之外，又出现了新的形式，其中有一个叫买断工龄。这些大龄劳动者工龄比较长，与企业以买断工龄的方式终止劳动关系，可以获得比青年劳动者多的补偿，所以，很多大龄劳动者也希望能以买断工龄的方式与企业终止劳动关系。但是，有的企业为了减少支出，就以《劳动合同条例》的规定不让他们买断工龄，这样，本来立法上给予倾斜保护的人群反而最受损。立法上的这种缺憾在后评估环节可以看得比较清楚，让我们以后制定法规时脑子里多一根弦，考虑权利义务配置的恰当性，以及对出现权利义务配置失衡时的补救方法。

立法后评估可以帮助确立适当的立法期望值。社会普遍认为错的行为或事项未必都要通过法律来禁止，事实上也禁不掉。社会是带病生成的，不可能靠法律把社会弄得干干净净。城市里，将居住物业改成非居住物业，也就是破墙开店的矛盾很突出。有领导提出，人大立法一定要明确，对居住物业改成非居住物业要一律禁止。我们提出不同意见，因为一律禁止的前提是规划完美无缺，无须修改，商业网点已经完全满足市场需要，事实上，规划还做不到这水平，商业布局也要逐步成熟。再者，法律条文一定要有例外条款，个别情况是没法避免的。在实践中，已经有了居住物业改成非居住物业的成功案例，比如，著名的文化创意产业集聚区田子坊，现在是上海标志性的旅游景点，中外游人摩肩接踵。那里原来是个居民区，成片的石库门民居，弄堂四通八达，自从居住物业陆续改成非居住物业之后，好多以前的老大难问题得到了解决：商家买下或租下民居的高昂代价可供原来的居民去购新房或租好房，居民的住房问题解决了；底楼开商店，楼上仍由原来居民居住，店家往往雇用这些居民，因为无须解决他们的吃住问题，而居民一个月有几千块钱收入，就业解决了。但是，常委会审议的结果还是禁止将居住物业改为非居住物业。严厉的法规出台后，出现的情况与立法初衷相反，居住物业改成非居住物业的不是少了，而是多了。因为，过去居住物业改成非居住物业需要审批，现在法规将其禁掉，没有一家机构承担审批职责，房管局、规划局都说不会批给你，也就是说，事实上这事没人管了。这个例子说明，立法期望值过高，势必导致脱离实际，所设计的制度没法执行，或者可以被轻易摆脱。通过后评估，该法规在修改时加进了但书的内容，还规定了要经过批准程序，法规回归到比较科学的轨道。

波斯纳的一个观点很值得回味，即最好把很多法律规则理解为利用社会规范的自主规制力量的努力。这些努力有时成功，有时失败，但重要的是要理解——社会规范不大可能因政府简单的、个别的、低成本的干预而改变，尽管此类建议在文献中不时出现；而且，干涉社会规范的努力是危险的，因为社会规范是复杂的，敏感于一些难以控制的因素，我们对它们只有一知半解。实践让我们看到，制定法在与习惯法以及社会规范的对抗中常遭败绩。

据此应当认识，法律不是万能的，不是所有题材都可以立法的，法律规范能起的作用也很有限。对法律抱有过高期望，是把社会管理看得简单了，这也可以解释，为什么"法律万能论"会迅速走向"法律无用论"。因此，确定立法选项应当很谨慎，如果选项不当，就意味着从一开始就埋下了让法律得不到认真执行的祸根。

（二）提高执法水平

立法后评估对提高执法水平具有一定作用。法律的生命在于实施，只有实施才能实现法律的价值，让法律产生预期的效果和影响。立法后评估通过回溯法律实施情况，发现立法的缺陷。回溯的过程，也是不断解读立法的过程，这有助于执法者理解法律的本意，发现执法中的问题和出现的偏差。

后评估对于准确把握执法成本有好处。有些法律法规执行得不尽如人意，与执法成本无法承受有关。执法成本的支付能力关系到执法的可持续性，执法成本过高或者持续攀高，将使执法的覆盖面缩小，法律效力到不了应当到达的地方，法律的有效性变差。

比如公共场所控烟，对促进健康和优化环境质量肯定是需要的，对违法者严厉处罚也有合理性。问题是，立法之后，法怎么执行？因为这类违法行为是常见行为，所涉人群数量相当大，在有的公共场所几乎目之所及便有违法者。（刘老师：控烟执行得怎么样？）目前社会成员公共道德的状况、执法力量的状况，使这类法不可能执行得好。我看到应松年提出就控烟搞全国立法，我真的很担心，这样的法律制定不难，但执法情况肯定不好。我不是说公共场所抽烟不该管，而是说，人们的习惯行为，不是凭一纸法律就可以马上改变的。法律不是私人伦理学，不是说道德上被认为不对的全部要禁止，制定法律必须考虑是否有足够的执行能力。在现阶段，控烟所需的执法成本是支付不起的。举例说，法规规定电梯等候区域不能抽烟，并规定此区域由房产部门管，房产部门为此要增加执法力量也并不为过吧！如果按照这个思路，财政养得起吗！像控烟这类事情，只有当人们普遍会考虑他人健康和生态环境时，法规的执行才具备了条件。

宠物管理大致情况也如此。我了解过意大利、法国、韩国、日本的相关管理。我问过韩国政务院法制机构负责人，我问她养狗怎么管理的，她想不起来，说，这个没法弄，即使有法也没什么用。在我看来，这类问题不适合靠立法来解决，随着人的素质的提高，自然会解决。

现在立法往往一弄就说某某国家怎么规定的，其实，人家跟我们国情不同，也不是处在一个发展阶段和水平。美国私人有三亿支枪呢，我们能让私人拥有三亿支枪吗？不要说三亿支，有三千支都不难想象将出现什么情况。所以，立法必须顾及国情，顾及执法条件，后评估应当顾及执法成本。

立法后评估对于提高执法人员的专业素养也有好处，有利于执法人员加深对法律的理解，从而提高执法水平。

（三）提高依法化解社会矛盾的能力

现在，是经济社会转型发展时期，社会矛盾高发多发。立法后评估时，综合考虑影响执法的多种因素，评估结果客观描述了法律法规的作用，对于有针对性地缓解甚至化解社会难题有帮助。

有很多问题是综合性的，不可能靠一个环节单打独斗解决。乱设摊的问题，城管的问题，为什么全国都矛盾尖锐？我们一定要明白所处的历史阶段，我们是发展中国家，处于社会主义初级阶段，又处在城镇化的过程中，面对的都是发展中国家的社会问题，农业人口进入城市，外来人口进入城市，就业问题、居住问题、社会保障问题、子女教育问题等等。这些人员进入城市设摊自谋生路，对缓解就业压力没有什么坏处。

按照加速城镇化要求，21世纪20年代中国城市化率要达到75%，也就是75%的人要生活在城市。75%是什么概念？新中国成立初是9%，2011年是51%，这意味着今后一些年各城市外来人口会迅速增多。城市里要吸纳相当数量的劳动力，要提供就业岗位，如果没有充分的就业，社会治安会发生严重的问题，现在上海的违法犯罪人群中，外来人口占到80%。把这些问题结合起来看，解决乱设摊问题就不只是城管问题。从市容这个角度来讲，为了让城市更加干净、更加美好，驱赶摊贩没有错，但是，经济社会转型发展中的问题并没有解决。

我见到有的地方对于市容的要求堪比发达国家，其实做不到。管理标准与实际脱节，很容易引发城管与管理对象的冲突。都说城管要疏堵结合，在这方面，不妨学学发展中国家和地区好的经验。摩洛哥的马拉喀什夜市全世界有名，各种演出、杂耍，各种摊位，每天至少吸引数万人观光。我们大陆人也很熟悉台湾各大城市的夜市。我们是否可以考虑通过发展夜市经济、广场经济，甚至其他形式的经济，缓解城镇化过程中的城管问题。关于市容管理法规的后评估，有助于客观地认识城管中存在的问题，帮助提出一些思路。

查处"群租"，同城管遇到的问题相类似。"群租"的出现是有其必然性的。大量人口进入城市，政府和社会都不会容忍大片贫民窟的出现，也没有能力提供足够的供低收入者居住的适宜住房。在这种情形下，假设关于物业管理的法规都执行得很好，所有小区都没有"群租"现象，那么，这些外来的低收入者的居住问题怎么解决呢？这是物业管理法规执法中碰到的深层次问题之一。后评估时对这个问题的重视程度似乎胜于立法时。

（四）提高公民有序政治参与的水平

十八大要求科学立法、严格执法、公正司法、全民守法。其中，"全民守法"是新加的。后评估等于开通了公民有序政治参与的又一渠道，让大家能够有利益和意愿表达的渠道、参与社会管理的渠道，各社会阶层、社会群体和社会成员都可以在立法过程中提出自己的主张和要求，就立法内容提出建议和意见。对立法者来说，后评估在很大程度上也是民意收集的过程，特别是了解民众对法律满意度的过程。

如果公民参与程度高，遵守相关法律的自觉性也就会有所提高，因为后评估实际上也是普及法律的过程。现实生活中，人们一遇到什么不满意的社会现象，往往责怪缺少法律，要求通过立法加以解决。后评估结果显示，大量不良社会现象的存在，不是因为法律的缺失，而是因为社会诚信的缺失，全社会接受法治的基础薄弱，自觉守法尚未成为广大社会成员的行为操守。

三 立法后评估今后的走向

最后，讲一下后评估工作的走向。

第一，我认为后评估会运用得更普遍。现在，立法后评估还仅是一些地方上的实践，有的类似于自我鉴定，有的是专家学者从学理角度对法律规范进行分析和评价。我想，今后立法后评估会运用得更加广泛，包括全国人大也会对一些法律，特别是对经济社会发展比较重要的法律进行评估，并使评估结果在立、改、废的过程中发挥作用。

第二，立法后评估的科学性会进一步提高。后评估是进行实证研究的重要手段，是一项过细的基础性工作，没有这个基础，修改法律法规的盲目性很大。但是，后评估的科学性有待提高，要根据立法和经济社会发展的需要，按照更科学的方法进行，社会调查的规范化程度要进一步提高，以使法律法规存在的缺陷以及影响实施效果的问题被充分揭示出来，这是科学立法、民主立法的一项基础性工作。

关于我们这本书。当时我的指导思想是有比没有要好，虽然在我手上耽搁了很长时间，我希望做得好些，可实际上，还是非常不理想的。全书包括评估结果的表述，我从头到尾、逐字逐句改过多遍，"弁言"是逐字逐句斟酌着写的。但是，这项后评估的科学性仍显不足，基本没达到我对后评估的要求。能给你们提供一个批判的样本，供你们分析研究并从中汲取教训，也算是本书的一点贡献。

为什么我说我们的科学性是不够的呢？现在社会包括研究发展到这一步，关于实证主义的研究方法有了进一步的发展。研究方法，除了实证主义之外，现在有后实证主义，后实证主义和实证主义有巨大的差别，如果做比较的话，实证主义讲究终极的真理，而后实证主义讲究多重真实，多重真实对于我们评判法律很重要，就像我讲的城管这事，它不是街面干净一个问题,是很多问题结合在一起的一个综合性问题。街面很干净,就业很充分,这是理想的状态。但如果只是靠驱赶摊贩达到街面干净,我们所见到的干净是真实的,但是城市化问题没解决,所谓干净的状态是不真实的。后实证主义和实证主义在这个方面我觉得是有差别的。

还有,实证主义是客观主义,而后实证主义是相对主义。我现在很接受相对主义,法律哪有这么大功效可以把社会弄那么干净?没有的,都是相对而言。我很接受管理学上的一句话,我也经常用,"最好往往是好的敌人",这句话很经典。社会管理,能做到"好"或者"比较好"就很好了,要做到"最好",投入需几何级数的增加,一般来说是不可承受的。

实证主义是逻辑实证主义、经验主义,而后实证主义讲建构,这对我们搞法制建设是有利的。法学界在批判社会时还应该帮助建设。社会上解构的很多,现在恰恰需要社会建构主义。实证主义重视社会调查,主客观是二元的,而后实证主义很强调主观认知,也很强调客观调查。实证主义很强调事实,然后进行价值分析、事实的价值对比,后实证主义是事实价值合一。实证主义很强调控制和预测,后实证主义着重理解意义,对意义的理解重于解释因果关系。实证主义对量很强调,后实证主义在量的基础上还强调对质的研究。后实证主义对实证主义的批评就是认为实证主义讲的都是对于纯科学的追求,这种追求实际上是很盲目的,把研究限制在经验的层次上,它觉得应将有价值的东西包括在里面。我认为,实证主义在后评估中最大的问题是很难回应社会的需求和关切,应该什么样,它回答不出来。我认为,后实证主义值得我们认真汲取,它的出现与社会的复杂性、关联性、系统性增强密切相关。我希望你们汲取我们的教训,做得更好些。

我们课题的最大问题是科学性不足。我介绍一下我们的做法。

当时选择了三大人群做调查对象,他们是人大代表、政协委员、律师。其实,这三大人群中很多和里面中的相当一部分法律毫无关系,我当时虽然也意识到了这个问题,但是由于时间紧迫、力量有限,我也没那么多精力具体去操作,没有寻找更多的管理相对人做评价,而是让上述三大人群给上海地方性法规打分。这样做一定是有问题的。问卷调查的表格我逐张看过,做过一些分析,有些问卷对一些法规完全没感觉,凭这些问卷很难对法规做评价,因此,我认为评估结果科学性不足。我希望做的是能够尽可能显示法规和执法结果的相关性。最初,我提议做的是《历史文化风貌区和优秀历史建筑保护条例》后评估,因为我认为这个项目最能够显示法规和结果的相关性，其他介入因素较少，要寻找利益相关者也不太难，而且调查量是能承受的。这项评估的结论同人们的大体感觉比较对得起来。但是，对所有法规进行这样的评估是不现实的，别的不说，几乎没有什么法规与现状的相关性像这部法规有那样清晰的显示度，法规对经济社会发展作用的机制以及贡献率都不易显示出来。

我刚才讲到，航运中心建不起来，原因之一是我们的法律有问题，人家以脚投票，中国船只都挂外国旗了。这种状况会强化领导干部"依照法律什么都干不成"的意识，这对建设法治国家极为不利。如果我们的后评估能指出法律存在的问题，那作用就大了，也会促进领导干部法律素质的提高，促进全社会形成更大的共识。所以，我非常希望能够做点对法治有实质性推动作用的事情。

如果说利益驱动是一个普遍现象的话，推进法治也要利益驱动，要让人家觉得实行法治是有利的，遵守法律是合算的。现在给全社会的教训是遵守法律吃亏，那这样怎么可能建成法治社会？

第三，立法后评估将延伸关注影响法律实施的原因。经过评估，了解了法律实施的状况之后，还需对法律实施状况的成因做进一步分析，成因不同，解决问题的方式也就不同。对法律法规中存在的问题，要认真甄别，结论不能简单化。

第四，立法后评估的作用将进一步显现。立法后评估的结果到底应该发挥什么作用至今不甚明确，立法后评估的运用因此受影响。已有的实践有将后评估报告作为立法成绩总结的，也有将其作为启动法规修改程序依据的，还有将其作为修改法规的参考文件的。尽管可能不够规范，但后评估报告或多或少都发挥了一些作用。可以预计，今后，立法后评估报告会进一步规范，如果对现状描述全面而清晰，对法律法规作用和缺陷的说明很充分，立法后评估报告等于回答了是否需要对法律法规进行修改、应当对哪些部分进行修改等问题。如果后评估报告具有一定的规范性，还可能成为启动法律法规修改程序的依据之一，并在修改法规时成为重要的参考资料。

讨论阶段

刘作翔：首先我们要感谢沈老师！虽然沈老师说没有理论支撑，但是刚才的报告中是有很多的理论的。沈老师用1个小时40分钟的时间，给我们讲了很多非常重要的问题，尤其是结合他这些年的实践，有些东西是我们一般听不到的，而且这里面既有实践的体会，又有理论的高度，后面还讲了实证主义和后实证主义的区别，这个非常重要。现在我们很多人还停留在前一阶段，而且前一阶段还没有做到。我们现在经常说实证分析在中国的法学界才开始起步，但是这一步还没做到，我自己听后觉得收获蛮大的。

下面我们就进入讨论阶段。我们课题组的冉井富博士和黄金荣博士也都提前考虑了一些问题，我自己也有一些问题。我们课题组先提一些问题，希望能够同沈老师做一个比较深入的讨论，后面再请在座的同学们提一些问题。我先提几个问题吧，这几个问题也是这几年一直考虑的。

第一个问题是立法后评估的制度化问题。立法后评估在上海做得时间比较长了，我们上次在上海市调研，也了解到上海市人大常委会法工委曾经搞了一个制度化的东西，就是想把这个立法后评估纳入制度中，后来因为人事的变动，这事就搁浅了。立法后评估能不能作为立法制度的一部分？因为我们现在的立法制度好像只管立法前，立法出来以后就终止了，一个法立出来之后就到此为止，立法制度不研究后面的事情。现在经过我们这么多年的试验，上海，还有其他地方，立法后评估能不能作为一个立法制度的组成？所谓"制度化"，不是指我们另搞一个制度，而是说把它纳入立法制度内，一旦进入这个立法制度内，就是必须的了，就不是一种选择性了。这是一个问题。

第二个问题就是整体性评估的可能性问题。我们上次在上海听到，你们上一届人大评估了142部法规，其中的几种方式我们也了解了一下，比如说有整体性评估，有个别法律的评估，包括个别条款、关键性条款。吴邦国也讲了，法律看起来那么多，起关键作用的就那么几条，刚才沈老师也讲了。上海对142部法规做了整体性的评估。对142部法规进行整体性评估难度是非常大的，因为我们注意到全国人大搞了两三次，动作不大，而且选的法规都是涉及面不是太广的，比如说这次是《中小企业促进法》。整体性评估的工作难度非常大，它要动用很大的资源和力量。我的问题就是整体性评估的可能性。

第三个问题是一个立法学的问题，即规范性文件的问题，这块问题比较大。宪法规定，县级以上的人大和政府都可以制定规范性文件，那么这个规范性文件的范围到底怎么确定？这一块现在问题非常大。还有《民法通则》第六条规定的"国家政策"是什么，现在说不清楚。如果说国家政策的定位在国务院和国务院各部委，那么乡政府是不是也可以制定国家政策？如果说乡政府制定的不是，那么省政府制定的也不是，国家政策到底是什么？这些特别细的问题，也许我们的研究还没到位，民法学界对这是不是有研究？一个法律里面有很多关键性概念，如果这些关键性概念不清楚，在适用中就会出问题，比如说在做司法判决时，就会遇到乡政府的政策算不算国家政策的问题。不算就不能作为依据。哪一个才能算作国家政策？如果只把国家政策限定在国务院和国务院各部委这个层面，就需要对国家政策做出一个解释。法律渊源形式之外的其他规范性文件类型范围很大，算什么？怎么判断？《立法法》没有解决这个问题。《立法法》留下一个空白，这个问题一直在我脑子里缠绕。

我就先提这几个问题。下面请冉井富博士和黄金荣博士把准备的问题提一提。

冉井富（中国社会科学院法学研究所副研究员，创新工程"完善我国法律体系与立法效果评估"项目执行研究员）：首先非常感谢沈老师做了一个非常精彩、非常有启发的报告！报告里面有上海市人大立法后评估工作的介绍，更有沈老师对这项工作的思考，这些都是我非常想了解的。我现在和刘作翔老师做的这个课题也涉及立法后评估，所以沈老师提到的很多问题我也一直在思考，听了沈老师的报告后很受启发，很多方面也有了进一步的想法。我先说一点体会，再提几个问题向沈老师请教。

沈老师在上海市人大任职的时候，组织开展了大量的立法后评估工作。这项工作对于上海来说，是开创性的。在全国来说，虽然不是最早，但是也属于比较早的。而且，"立法后评估"这个提法，最早出自上海，出自沈老师，现在得到了普遍的认可。更重要的是，相比较来说，上海的后评估做得最规范、最系统。所以，沈老师在上海负责的这项工作，是非常具有开创性的。与此同时，在我国立法数量比较丰富，基本实现了"有法可依"的形势下，组织开展这项工作，我觉得又是十分必要的，恰逢其时的。对于上海市人大具体开展的后评估实践，我先后有了一些了解。2012年11月6号，我们项目组在刘作翔老师的带领下，在上海市人大法工委做了一个调研性质的座谈会，法工委的丁伟主任、吴勤民副主任以及其他负责同志，在座谈会上为我们做了很多介绍。刚才，沈老师又从自己最初构想、亲身经历的角度，做了更为系统的介绍。通过这些介绍，以及对有关文献资料的解读，我对上海市人大所开展的后评估实践有了较为丰富的、第一手材料的了解。有了这些了解，现在回过头来审视上海市人大近十年来的后评估工作，展望未来后评估的发展走向，可以说是对后评估的一个后评估。对于已经开展的这些实践，我想如果要去挑里面的问题，那是比较容易的，因为这些工作毕竟处于初创阶段、探索阶段、实验阶段，而且受到很多条件的制约、限制。但是如果我们从正面看，从积极的、肯定的一面看，主要不是去找问题，而是看这些实践为后评估做了什么、推动了什么、奠定了什么，那么，我认为上海市人大在立法后评估领域做了十分有益的探索，积累了丰富的经验。深入地反思、消化这些经验，无论是对于改进上海市今后的立法后评估，还是对于推动全国的立法后评估工作，都是一项基础性工作，都是十分必要的。正是从这个角度，我从上海市人大立法后评估工作的实践经验中，总结出立法后评估工作面临的四个矛盾，提出来和沈老师交流。

第一个矛盾是关于立法后评估的主体问题。在上海市人大法工委调研的时候就讨论过这个问题，刚才沈老师也谈了这方面。立法后评估或者由市人大自己作为立法机关来做，或者由执法机关来做，或者由独立的第三方来做，总之是不同的主体都可以做，但是不同的主体来做有不同的利和弊，这一点大家都看到了。上海市当前的做法主要是由立法机关牵头，整合其他的一些机构，比如执法部门、学术机构等，一起来做，但是其中起主导作用的，还是立法机关。在全国不同的地方，具体做法不一样，但是在立法机关主导这一点上，具有普遍性。因此我就在想：不同的主体有不同的利和弊，学者有学者的利和弊，立法机构有它自己的一个立场问题，执法部门有执法部门的问题，如何去整合这些不同的主体，以达到最大的利和最小的弊？上海在这方面做了一些探索，就是由立法机构牵头，然后执法部门同志、社科院的学者也参与进来。这是一种较为可行的做法。但是其他的一些方式，不知是否可行？比如说不同的主体分别评估，进行争鸣，等等。在后评估主体上，我还有一个问题就是立法机构内部部门之间的整合问题。国家和地方每年都有执法检查，实践中这个执法检查和立法后评估在立法机关内部是分别由不同机构或部门来完成的，那么，这二者有没有资源整合的可能性？因为执法检查和立法后评估虽然性质和内容不同，但是有关联性，二者在实际工作内容上有很多交集。

第二个矛盾是后评估中调研对象的选择与整合问题。对一个立法怎么看，不同的群体有不同的立场和角度，所以，这涉及不同调研对象的意见整合问题。这个问题能否处理好，同样涉及评估结论的有效性和可信度。就后评估所涉及的问题来说，调研对象首先可以划分为三种类型：一是法律专家，二是利益相关主体，三是普通公众。调研中，这些主体都应当尽可能被调查，然后整合时还要处理好权重问题。但是这里存在很多矛盾，比如全面调研与时间、经费的矛盾，不同观点的选择与整合，等等。我看到上海的调研中，问卷大致针对两种不同的主体类型：一种是法律专家，具体包括律师、学者，还有法院的法官，另一种是网络上收集的一些意见。这里缺少对相关利益主体的调查。比如说，在《上海市历史文化风貌区和优秀历史建筑保护条例》的评估中，就没有对相关利益主体，比如建筑物的使用人、所有权人、设计施工单位等的调查。对于这种评估方法，我想请教一下沈老师，当时是如何考虑的？如何看待调研对象的多元性以及整合中的权重设置？

第三个矛盾是后评估所涉及的民主性与科学性的矛盾。立法在一定程度上，是一个民主的过程和结果。民主意味着两个特点：一是立法的决定权在代表或议员手里，按照少数服从多数的原则表决；二是决定权行使的背后，是立场和利益。而后评估，其实在很大程度上所要提供的，是一个知识性的东西，一种如何让立法变得更合理、更科学的知识。后评估就是通过调研、评估，了解法律存在的问题，或者发现通过什么样的手段、途径来更好地达到我们的立法目标。这些都是科学性、知识性的。这样一来，立法的民主性和后评估的科学性之间，可能存在一些矛盾需要协调：第一是后评估的结论应当具有什么样的法律效力，才能既保证将科学的评估结论贯彻到立法之中去，又不损害立法的民主性质？如果评估结论没有约束力，则不能约束人大代表进而影响人大进一步的立法；如果说这个效力太大、太刚性，则可能会影响立法的民主性。第二是实践中，我们有些什么样的方法或措施，将后评估所获得的知识传递给人大代表，使得这些知识在维护民主决定权的原则下，改进立法质量？

第四个矛盾是立法质量评价标准的选择问题。当前我们在确定评价标准的时候，可能会倾向于强调管制的效果。实际上，立法机构制定法律的初衷可能就是强调管制。比如说网络立法，我觉得更多的是强调管制；比如刑事诉讼法，可能更强调治安、公共利益，强调治理。但是从人权、宪政、法治的角度看，我们法律评价还应当有一些其他的标准，比如说所谓的法律价值，就是法哲学上讨论的法律价值，比如说自由，比如说在刑事诉讼中讲的程序公正。这两类标准并不相同，有时候可能还相互冲突，那么这里面就涉及不同评价标准的协调与整合问题。一方面，是管制效果，有时候是经济方面的效果，有时候是法律直接追求的秩序效果；另一方面，还有一些法律价值追求，这就是自由的扩大，程序的公正，等等。这两个方面的标准如何进行协调和整合？因为我们现在谈的是上海地方上的法律，由于立法上的分工，很多地方性法规不涉及一些敏感的政治体制问题或者司法程序问题。以后如果评估全国性的法律，势必更多地涉及法律价值的问题，包括言论自由、出版自由、结社自由、司法公正这些东西。在现代法学原理中，这些价值的判断已经形成一些被普遍认可的标准，所谓的普适价值，那么，这些普适价值如何与当前立法机关或者公共权力机关所追求的管制效果进行协调与整合？这个问题也想请教一下沈老师。

这是我想请教沈老师的四个问题，我把它们总结为立法后评估面临的四个矛盾，想听听沈老师的意见。最后，还想请沈老师谈一下立法后评估制度化的前景问题。谢谢！

黄金荣（中国社会科学院法学研究所副研究员，创新工程"完善我国法律体系与立法效果评估"项目研究员助理）：非常感谢沈老师，我想先简单做一下评论，再谈几个可能的问题。我觉得就立法效果评估的必要性来说，现在应该是有共识的。现在很多的法律成了宣示的政治宣言，我们宪法和很多法律的重点不在于实施，而在于宣示其政治意愿以博取公众的支持。很多法律实施的效果也很差。在 2003 年法理年会上周旺生教授有一篇文章，据他统计，中国 70% 左右的法律、法规、地方性法规可能从来没有在法院适用过，在上海人大的这本有关立法后评估的书中，有一个比较重要的立法效果评估标准，就是看法院在司法实践中有没有引用过地方性法规，结果发现，很多上海的地方性法规只在法院中用到过一两次，也有不少地方性法规从来没有被用过。虽然我们不能说适用率低的地方性法规一定不能起作用，因为它们可能在执法中用得很多，却从来没人去法院告过，但总体而言这种可能性还是比较小的，执法多了，行政诉讼一般也肯定会增多，因此我觉得立法效果评估采用法院适用率这个指标相对来说还是比较客观的。

关于在这本书中由专家通过对地方性法规打分的评估方法，我觉得其客观性可能存在问题。我前几天就有一个对某个地方性法规进行打分的经验。一个来自广东高校的教授给我广东无障碍设施条例，让我填个表，对这个条例打分，给我半个小时时间。我并不知道这个条例执行效果怎么样，我在这么短的时间内只能看出来一些很表面的东西。我也根本不是这个问题的专家，对很多问题也不是一下子就可以看出来的，对于它跟上位法有没有冲突等问题，如果我不查资料，不研究怎么可能知道？这些可不是简单的问题！要真正进行评估，相关的法律和实践状况我都必须研究一下。如果不对相关问题进行一番研究就凭感觉填写评价分数，其客观性就会很成问题。正是基于此，我个人对上海由专家打分数的做法（尤其是每个专家都要对很多地方法规进行打分）的客观性还是有点怀疑。

刚才井富已经提出很多问题，我的问题有些与其相同。首先一个问题是有关谁来评估的问题。从理论上说，由专家作为中立方进行评估最客观，但事实上并非如此。为什么呢？因为在我们中国，如果没有一定的关系资源，中立方根本无法进行评估，很多单位的门都进不去，有些部门也不会配合你。全国人大的人跟我说，由独立专家进行评估，有些地方人大也试过，但效果不太好，据说青岛由专家进行的立法后评估报告就没法看。但我看上海市这次对控制吸烟条例的评估好像也是让专家来做的，由杨寅来组织的，我想沈老师可能认识，他是上海司法研究所的所长。现在通常的实践是由立法部门自己或者参与过立法的相关部门进行评估，有的会邀请一些专家参加。这本书中，上海的立法评估就是由立法机关和专家一起做的。全国人大对《科学技术进步法》的立法后评估是由法工委和科学技术部一起合作进行的，而对《农业机械促进法》则是由法工委与农业部合作进行的。

对于立法评估的程序，我觉得最重要的可能还是听取利益相关者的意见，在西方国家，立法评估前，咨询利益相关者是一个必经程序。利益相关者，就是很有可能受到立法影响的人，对他们的影响可能是负面的，也可能是正面的，此外司法者、执法者也是一种利益相关者，对这些利益相关者的咨询特别重要。比如说对于上海的控制吸烟条例进行评估，对经营场所、吸烟者、非吸烟者、执法部门的咨询就是必不可少的。

对于刚才沈老师说的上海市控制吸烟条例实施不够好的问题，因为我最近两年对这个问题关注得比较多，因此还想再说两句。在我看来，上海的控制吸烟条例到目前为止在全国还是实施得最好的，当然不是说绝对好，而是相对来说。但为什么上海很多公众的感觉还是认为执行得不好呢？比如说刚才沈老师提到在政府部门控烟执法不好的问题，我觉得很有道理。确实政府部门内部自己的执法都不行。我也问过上海市控烟执法的负责人，她说对于政府部门，执法部门也想进去执法，有一次甚至准备给予有关政府部门处罚，但最后一个领导电话进行协调了，最后就不了了之了。我觉得上海执法部门能有这个意识还不错了，至少还能对政府机关有所行动，北京就根本没有行动过。但我觉得我们有时不能以法律没有得到有效执行为由，就认为这个法律没有用，很难执行，因此还不如当初不制定或者不如予以废除。在更多的时候，我们应该得出的结论或许是，应该加强执法，或者应改进立法，以便进一步促进执法。例如，对于政府机关的控烟执法难题，其实要说简单也可以非常简单，甚至不需要执法机关对违法的政府机关进行处罚。只要执法者对政府机关进行暗访，对违法的国家机关和官员通过媒体进行曝光就足以震慑所有的政府机关及其工作人员。只不过，因为现在存在媒体管制而一般无法这么做。

上述的例子也可以看出，我们在立法评估的时候，看问题的视角、感觉确实因主体不同而不同的，并且有些感觉并不可靠，因此有必要进行更专业的分析。比如说为什么很多人觉得上海餐馆未实现禁烟，未实现禁烟就觉得上海禁烟执法不行。但为什么会造成这种情况呢？其实，在很大程度上这是由上海的立法本身造成的。根据上海的控烟法律，只有拥有150个以上座位和一定平方米的餐馆才禁止吸烟。所以这个时候与其说是执法不到位的问题，不如说是法律规定本身有问题。由此可见，有时候公众的感觉是很模糊的，并不一定可靠，这是我们在评估的时候要特别注意的。

刚才沈老师提到的主要是立法后评估，但是我看到国外大部分国家还是更重视立法前评估。刘老师也说了，立法前评估我们国内并不是没有，我们事实上一直把它作为立法制度的一部分，立法调研、立法咨询，我们也一直在做。但在程序化方面，西方国家确实走在我们前面，它们一般都有专门的机构，你必须经过这几个机构、经过几个步骤，比如说我们知道有个公开的征求意见程序，这个意见必须收集，以便供议员在立法的时候参考，这是一个必经程序，此外肯定还有一个或几个所有人都有机会参与的立法听证会程序。这些程序都是可控的，就是说每一步，都有专门的部门进行监管。经过这些步骤和程序，立法的科学性、民主性、正当性基本能够得到充分保障。正是因为如此，西方国家的立法后评估相对来说反而没有立法前评估程序那么完善。回到我国的立法评估问题，我们需要探讨立法后评估是否需要制度化，有没有必要，有没有可能。对此，我想听听沈老师的看法。

我还有一个问题就是，是不是我们需要对所有法律都进行评估。法律评估的工作量是很大的，需要耗费大量的资源，对每部法律的所有法条都进行评估已经很费事，更不用说一次对所有的地方性法规进行整体性评估。如果这么做，那么这个评估的效果的确是值得怀疑的。从这个意义上说，上海市对所有地方性法规进行一揽子评估，其效果是值得怀疑的。我的观点是对所有法律进行评估是不现实的，我们应该有重点地选择一些类型的法律进行评估。我看其他国家，比如像美国，它们主要不是对宽泛的一般法律进行评估，它们重点是对经济规制方面的法律进行评估，尤其是进行经济效益评估，也就是对经济发展的影响程度的评估。它们很注重某些法律对企业发展是否有利，对经济发展是否会产生不利影响。但是我们现在的立法评估对法律的范围没有一个基本的界定，好像试图对所有领域的法律都进行评估。这不仅在经济上和成本上很难承受，而且也完全没有必要。我不知道对这个问题沈老师怎么看。这个问题确实是涉及我们未来制度设计的问题，所以我觉得这个问题是比较重要的。

刘作翔： 几位同学有什么问题可以提出来，然后让沈老师做个回答。

蔡人俊（中国社会科学院法理学博士研究生，全国人大常委会法工委社会法室副处长）： 第一个问题是现在更加注重法律的实效性，法律体系形成以后，法律很多，这么多法里面，真正好的有多少？在某个法里面，真正起作用的有多少条文？其实好多法律条文都是宣示性的，没有产生实质性效果，这样的法律要去评估的话，甚至没有评估的价值，这是一个宏观方面的问题。立法后评估应该放在一个什么样的背景下来思考？我认为立法评估应该放在更大的背景下，即怎么样强调立法的民主性和科学性，怎么样来保障立法的民主性和科学性。西方国家可能更多地强调立法前评估，咱们国家搞这个前评估做得不够，现在呢，又提出来怎么样在工作上有突破点，有亮点，把精力放在后评估上。其实我觉得前评估和后评估比较起来，起真正作用的是前面的机制，前面机制做好了，后评估，一个是压力会小得多，二是有些的确不必要，立法机制是通过利益博弈之后得出个东西，如果说结果不能符合社会的需要，有一个自动纠正的功能，法律的修改就是这样的目的。如果在一个机制比较健全的思路下面，法律出来后实施，效果怎么样，修改，这是个很顺利的过程。刚才黄博士讲了，西方国家，包括美国，讲后评估更多是经济领域的，这个东西是看得见的，我们大学建了多少，花了多少钱，有什么收益，最后有什么效果，不像咱们这几年搞的立法后评估，雷声大雨点小，有人说我们这个法其实还没搞评估结果就已经出来了。我们选的一些项目相对来讲影响力不是那么大。我觉得应该放在一个大背景下，怎么样和前面的制度联系起来考虑这个问题，这是第一个感想。

第二个问题就是刚才讲了评估的科学性，一个是谁来组织，第二个是通过什么样的途径，通过什么样的形式，现在其实都是有很多问题的。我觉得最核心的问题就是利益相关者的博弈，利益相关者能够参与到这个机制当中来，其实不光是后评估，前评估也是这个问题。前面的立法过程，刚才听到沈教授讲的实证主义、后实证主义，就是价值判断应该多元化，现在很难有一个客观的评判标准，应该多元化，现在我们很多都是单一思维，就像无障碍设施，我们现在更多地强调有没有方便残疾人，有没有考虑他们的利益，但是从另外的角度讲，无障碍设施，成本有没有考虑？有多少可以利用？这方面的价值判断可能很少。我接下来的感觉就是法律滞后，法律有什么样的评价标准？其实是没有真正意义上的评价标准的，说不出来，到底哪个是客观，哪个是真理？最大的问题就是说这个真理是相对的，关键是需要有一个机制能够让利益相关者参与进来，那么最后得出来的这个东西就是相对的、合理的、正当的。

王锋（中国社会科学院法理学博士研究生，国务院法制办副处长）：非常感谢沈教授！国务院法制办其实也做了很多的立法后评估，而且这个工作开展得比人大还要早一些。我记得2004年的时候，《依法行政实施纲要》里面就提到了对行政法规做立法的后评估，而且我们现在的研究中心也在做立法的后评估，而且也召集很多部委做了一些培训。我理解立法后评估就是对法律实施效果进行评判，法律实施效果到底如何，法律实施的问题可能就是通过立法后评估来判断。就我看到的一些立法后评估报告来看，还是这种行政公文式的，很简单。就是一个法律存在什么问题，然后下一步的建议等。而且对立法后评估的科学性，包括指标的设计，到底采用了什么样的研究方法，涉及什么样的指标，可能从这些报告里面是看不出来的，可能它也有，但是这个报告没有写出来。我觉得立法后评估的科学性是一个比较核心的问题，怎么设置一个很科学的标准，有些立法的评估可能有些硬指标，这些硬性指标是比较好评估的，可能还有其他不能量化的指标，恐怕是实施中的一个难点，比如说立法对相对人、对社会的行为模式直接产生什么样的影响，这是很难量化的，怎么样去设计一个很好的指标可能是一个核心的问题，然后根据这些指标做一个很好的报告，为下一步修改法律提供很好的素材。

张自合（中国社会科学院法学研究所博士后）：我有一个问题就是立法后评估有没有可能和立法前评估相互结合，因为立法后评估是很难确定一个客观的标准，如果与立法前评估所做的一些工作相对应的话，是不是容易确定一个比较客观的标准？

华东旭（中国社会科学院法律硕士研究生）：我也提个问题，我感觉到以前大家也都会对法律有一个评价，事实上也算评估，只是没有把它作为一个制度。另外我感觉到，咱们今天讨论立法后评估是不是也是对评估的一个评估，对后评估的一个评估，讨论立法后评估的范围啦，还有各种方式之类的，我个人观点是立法后评估是有必要的。

刘作翔：下面我们请沈老师对这些问题做个回应。

沈国明：刚才全国人大的同志说，要统一意志现在是很难的。是的，我也这么认为。我们的社会和以前已经完全不一样了，社会分化得很厉害，分化成很多阶层，各个利益群体利益都不相同，所以，现在出台的政策和法律不可能都是一致叫好的。《劳动合同法》是最典型的，资方、地方政府大多讨厌它，不少媒体甚至大篇幅报道对这部法的批评，但是，工会叫好，劳动者基本叫好。在这部法上表现出来的意见分歧和对立，客观地反映了利益群体多元、利益多元、价值多元的现状。所以，不能指望社会成员一致认为某部法律法规好或者坏。立法后评估所关注的是，立法初衷和立法宗旨经过实施是否实现，如果没有实现，原因是什么。后评估并不指望全社会对法律都有共识。

对民主化的问题、科学性的问题我们也要客观地看。十八大强调科学立法，而以前提的是民主立法、科学立法。这次不提民主立法，就讲科学立法，值得我们高度重视。突出强调科学立法，有助于解决立法存在的很多问题，现在法律法规制定得不少，但是有效性太差，能很好实施的不多。

我还要说，第一，民主的不一定是科学的，第二，科学其实也是相对的，今天认识如此，但明天未必，随着科学的发展，达尔文进化论也会受到质疑。前面提到的例子，《劳动合同条例》制定时很民主，但实施时会发现，所规定的内容未必能实现立法初衷。所谓科学，也是随着人们的认识逐步深化的。因此，对于这类问题，后评估时也许能发现一些，但后评估得出的结论是相对的，不能指望都靠立法后评估去解决。我认为要把握住一条，就是看经过法律法规的实施，立法的初衷是否实现。

关于立法后评估制度化的问题。我认为，现在条件还不成熟，因为这项工作的实践还不够充分，即使像我们做了的，也很粗疏，从科学性这个角度审视，我实际上并不很认可。就以《历史文化风貌区和优秀历史建筑保护条例》后评估为例，当时我提出按照田野调查的要求，找到一定比例动迁出去的人家，听取他们的意见，但是这个要求没有完全达到，因此，后评估的科学性打了折扣。基于现状，特别是对后评估认识尚不一致的情况，将其制度化为时过早。

整体性评估不宜各地都搞。首先是没有太大必要。立法后评估也要"需求导向"，根据需要去了解某部法律法规的作用。对法制乃至法治的总体评价，来自对一部一部法律法规的具体评价，现实生活中，要弄清某部法律法规作用的需求可能较大，而对法律法规做总体评判的需求应该不会很多。

其次是能力不足。这么多法律法规如果都要听取相对人的意见，很难做得到，因为没有这么多人力物力可以支撑。

再次是，对经济社会处于休眠状态的法律法规，已经不起什么作用的法律法规，无须评估。

我做整体性评估基于几个原因。首先，是遇到了对一部法规废存的争议。当年，市政府提交议案，为与行政审批改革配套，要修改《漕河泾开发区条例》。我读了一遍之后，认为这个条例可以废除，所规范的内容其他法规里都有。常委会上，多数成员同意废除。但是，漕河泾开发区的领导认为，这个法规虽然内容已经没什么作用，但是，它的存在就是价值，使这个开发区有别于其他地方，这个法规对于他们来说是"壳资源"。（刘老师：这个条例整个就废除了？）没有！废不掉。因为会后，漕河泾开发区游说市领导，副市长找人大领导，希望不要废。事后，我就萌生对现有法规做一个梳理、评估的念头，看看有多少这样的情形。

做立法后评估，我认为还是要坚持问题导向、需求导向，根据需要做。要为解决问题而做，不要把做或不做与政绩挂钩。

关于参与主体，我觉得在立法机关工作和不在立法机关工作感受不一样，机关外的人再怎么深入实际，有时也是没感觉的。基于这样的情况，我主张可以让社会力量承担后评估工作，但是，立法机关也要介入，甚至是深度介入。一般说来，立法机关介入不会导致结论出现大的偏差，因为立法议案通常是由政府部门提出，而不是由人大提出的，人大相对超脱；人大在立法中深谙立法宗旨，在立法博弈过程中，深入了解各方利益所在、利益冲突所在。所以，我认为，立法后评估由立法机关主导并深度介入没什么不好。

目前，我们的法治真的到了需要进行价值调整或者规则置换的阶段。我们经历了由计划经济到市场经济的转换，但是，规则体系并没有真正实现以市场经济为导向的替换。法律为什么在现实生活中不太起作用呢？我们国家的改革是政府主导的，这是改革成功的重要原因，但是同时还应该让市场发挥配置资源的作用，我们这一点做得并不理想。政府掌握大量资源，不是市场配置资源，而是政府在配置资源，法律常常成为政府实行管制的工具，忽略其他利益相关者的感受和利益，于是会出现国企垄断等问题，也由此滋生了其他社会病。真的需要进一步改革。我不认为花几年就可以解决问题，需要经过相当长的时间。

关于立法前评估。前评估和现在立法调研是一个概念，我们现在立法必经程序就是立法调研。立法论证就是调研。这个环节很重要，如果做得好，有些选项在我看来不会进入立法程序的。（刘老师：我们之前开会讨论过，有一种观点认为这个"前评估"概念很别扭，过去叫论证过程。评估是对已有产品、已成产品的评价。）这倒未必，比如现在逐步制度化的大型项目安全风险评估、稳定风险评估都是做在事前的。经过充分的立法调研论证，制定出来的法规应当疏密有致，有疏有堵，既要顾及未来发展，又要顾及现实的可操作性，同时，要有明确的责任主体。好的制度设计，能够平衡和化解社会矛盾，而情绪化的制度设计，很可能态度激烈却没法执行，或者设定的法律约束可以被轻易摆脱。

我认为，法律选项直接关涉法律的有效性，但是我们现在的立法制度和议事规则，还不足以让博弈充分展开，所以有些不很恰当的选项会进入立法程序。例如，有市人大代表提议案，要搞一个限制过度包装的地方性法规，限制过度包装。领导认为，这个好，把这个作为立法立项。其实，国务院就月饼、化妆品包装发过一个文件，要规范的内容很有限，很明确，因此具有可操作性。如果要管所有东西的包装，那么需要做的基础性工作至少包括：把适度包装与过度包装的界线画出来；要明确是管生产环节还是销售环节，如管市场销售环节，那么很多是外地产品，怎么才能避免地方保护主义，又能管得住；要明确谁来管。结果上海把责任主体定为技术监督局。这个选项有问题，法规的有效性也一定会成问题。（刘老师：没有考虑到这个艰难性，成千万的商品，每一种商品都有包装，这个标准怎么定？）我建议他们听听工艺美术界的意见，因为包装是学问，是艺术，还涉及消费心理学，等等，很讲究的。日本很讲节约资源，但是绝对讲究包装，这是文化。但是，因为十来天后人大任期就满了，法规赶紧出台了。可见，"前评估"这项工作需要做。我们搞立法后评估，在某种意义上也是告诉大家不要盲目立法，不是什么事情都需要立法解决的。对立法的偏好，对法律功能的迷信，可能各地都有。

一些经典的法学理论说得很好，边沁说的"法律不是私人伦理学"，这个话我们都熟悉。拉德布鲁赫说过，"绝对不是所有对人民有利的东西都是法"。密尔说的"许多不宜由法律来起作用的事情还要由舆论来办"，比如媒体曝光很有用，但那个不是法。上海市政府对公车违反交通法规的情况下发文件予以公布，这一招很有效。（刘老师：就是那个公务用车？）是。可见没有必要就规范特权车再制定一部法，公布违法者的办法很管用。

社会治理中，实行社会管理和社会控制的手段很多，现在好像法律是唯一的，什么都要法律来管，其他社会规范都弃之不用，其实很多事情法律管不了。通过后评估，把法律的作用和实施效果告诉大家，让大家知道，法律的作用是有限的，不是想象的那么神灵。

刘作翔：我最后再说两句吧。今天下午我们聆听了一个非常有意义的报告，收获非常大。我觉得20多年来沈老师最早转型，而且我们大家已经感受到了他分析问题的一种方法，他所掌握的资讯，以及他治学的特点，就是现实主义、务实主义。（沈老师：是实用主义。）实用主义也是非常有用的。最近我在重庆第七届青年法学论坛上也讲到实用主义有时候是有用的。现在法理学的研究，到目前为止只有少部分学者初步转型，还有很多学者没有转型，脑袋还在空中转，还没有脚踏实地，这个很要命。一个人不脚踏实地，研究问题老是云里雾里是撑不下去的。那么脚踏实地最主要的表现是在什么地方？沈老师今天给我们讲的全部是他亲身经历的事情，当然不可能我们每个人都有这样的经验、经历，但是我们要有这个意识，就是对实践的高度关注，你不掌握大量的来自实践的素材，你要想把这个问题说清楚，是说不清楚的，这是我这几年来一个很深的体会。所以我在某种程度上是在沈老师的启发下自觉或不自觉地转型的，在1994年前后我就意识到了这个问题，老是概念倒来倒去，倒不清楚，你不要说说服别人，你连自己都说服不了。所以我觉得今天对我们来参加活动的各位来讲最大的收益就是要学习沈老师这样一种非常现实主义的、脚踏实地地研究问题的方法、态度，有了这个态度，你要下功夫，所以这个实证研究是要下功夫的，那比看几本书要难得多，需要靠几十年的积累，没有积累是不行的。因为时间关系，我就不多说了，我们再次感谢沈老师！

2. 地方立法后评估的立法质量评价指标体系研究[*]

【内容摘要】 地方立法的立法后质量评价指标体系由文本质量评估、实施效益评估两个子体系组成。两个子指标体系的量化总分均为100分，分解于各一级指标和二级指标中。其中：(1) 地方立法文本质量评价指标子体系包括"立法必要性"、"合法性"、"合理性"、"可操作性"、"地方特色性"和"技术性"等6个一级指标。在这些一级指标之下，共设计有20个二级指标。(2) 地方立法实施效益评价指标子体系则包括"法制统一性"、"合理性"、"可操作性"、"地方特色"、"实效性"和"成本分析"等6个一级指标。同样，在这些一级指标之下，也包括20个更为具体的二级指标。

【关键词】 立法后评估　指标体系　质量评价　文本质量　实施效益

一 研究背景

2004年，重庆市便开始了立法后评估的尝试。

2006年，重庆市社会科学规划办公室批准设立市哲学社会科学基金重点项目"地方人大立法后评估制度研究"课题。课题组在重庆市人大法制委、市政府法制办、市高院研究室、市内有关高校、市律师协会的支持下，组织几十名法学专家、律师对重庆市160项地方性法规进行文本质量量化评估，形成了《重庆市地方性法规文本质量评估报告》。同时，重庆市人大法制委对重庆市现行有效地方性法规的实施情况进行调研，形成了《重庆市地方性法规实施情况调研报告》。重庆市高级人民法院研究室对重庆市地方

---

[*] 此文由俞荣根、程雪莲撰稿。俞荣根，1943年生，浙江诸暨人。西南政法大学教授。曾任重庆市人大法制委员会主任委员，兼任重庆市人大常委会立法咨询专家、重庆市政府立法（复议）评审委员会主任委员等。程雪莲，女，法学硕士，重庆市卫生局法规处干部。

性法规在各级法院审判中的适用情况进行调研，形成了《重庆法院适用地方性法规情况的调研报告》。2009 年，课题组以上述三个报告及其附属报告为主体编辑出版了《地方立法后评估研究》一书。[①]

2011 年 5 月，由重庆市人大常委会办公厅推荐，重庆市社会科学规划办公室批准设立的 2011 年度重庆市哲学社会科学基金特别委托项目"地方立法质量评价指标体系研究"课题正式立项。[②] 同期，由高校法学学者和省级人大立法工作者组成的课题组也相继组建完成，成员中有在两家省级（重庆市、福建省）人大常委会法工委从事地方立法工作多年、富有经验的负责人和干部，有来自国内三所著名高校（西南政法大学、中国政法大学、重庆大学法学院）长期从事立法学理论研究的硕士、博士生导师。[③]

历时近 2 年，课题组形成了由 3 个总报告、9 个分报告及 1 个附录组成的，总计 30.5 万多字的研究成果全稿，2013 年 3 月，课题正式结项。

二 基本框架

本课题研究设定的主要内容有六个方面，分别为：第一，研究和分析主要发达国家立法质量评价情况；第二，研究和分析近年来我国人大系统和政府系统开展立法后评估的情况、经验和趋势，总结关于地方立法质量构成要素的研究成果；第三，探索研究地方立法的前评估评价指标体系，以及立法成本与执法成本问题；第四，研究和设计地方立法后评估的评价指标体系；第五，探索研究不同类型地方性法规质量评价指标体系；第六，草拟《重庆市地方性法规评价办法》的专家建议稿。本课题研究预设需要突破两个难点：第一个难点，构成地方性法规立法前评估和后评估的质量评价指标体系的主要指标是哪些？第二个难点，这些质量指标在立法前评

[①] 俞荣根主撰/主编《地方立法后评估研究》，中国民主法制出版社，2009。

[②] "地方立法质量评价指标体系研究"，课题主持人：俞荣根。2011 年重庆市社会科学规划特别委托项目，项目批准号：2011TBW01。

[③] 课题组成员为：俞荣根（西南政法大学教授）、刘春焱（重庆市人大常委会法工委副主任）、游劝荣（福建省人大常委会法工委原主任，现任湖南省检察院检察长）、杨春平（重庆大学法学院教授）、刘艺（西南政法大学教授）、王称心（中国政法大学副教授）、杨明成（西南政法大学副教授）、杨尚威（重庆市人大常委会法工委处长）、程雪莲（重庆市卫生局法规处干部）、欧修权（重庆市人大常委会办公厅秘书处干部），课题秘书：李韬。

估和不同类型地方性法规的立法后评估中所占比重怎样设定才科学合理？

围绕着这些主要研究内容，课题组形成了共计13个研究成果。分别为：**第一，3个总报告**：（1）地方立法的立法前质量评价指标体系研究；（2）地方立法的立法后质量评价指标体系研究；（3）不同类型地方性法规立法后评价指标体系研究。**第二，9个分报告**：（1）分报告1：国内立法质量评价研究；（2）分报告2：国外立法质量评价研究：立法前质量评估研究、立法后质量评估研究；（3）分报告3：地方立法文本质量评价指标体系研究；（4）分报告4-1：地方立法实施效益评价指标体系研究；（5）分报告4-2：地方立法实施效果评价指标体系研究；（6）分报告5-1：地方性法规的类型及各类型立法质量评价指标的差异研究；（7）分报告5-2：地方性法规立法质量评价指标的差异化研究；（8）分报告6-1：《重庆市地方性法规评价办法（专家建议稿）》；（9）分报告6-2：《重庆市地方性法规评价办法（专家建议稿）》说明。**第三，附录**：《有毒物质控制法》第四百零三条含铅油漆危险物标准的经济分析。

本课题研究成果中关于地方立法后质量评价指标体系的内容主要体现在2个总报告（总报告2和3）及其相关的7个分报告（分报告1、分报告2之第二部分、分报告3、分报告4-1、分报告4-2、分报告5-1、分报告5-2）中。

三 地方立法的立法后质量评价指标体系

该研究报告本着"符合立法科学且设置合理；周全而重点突出；简明易操作，不搞烦琐哲学"的原则，设计了由文本质量评估、实施效益评估两个子体系组成的地方立法质量评价体系。两个子指标体系的量化总分均为100分，分解于各一级指标和二级指标中；各一级指标内的二级指标分值总和为该一级指标分值。课题组设想在实际操作中将按两个子体系所做评价的总分按照一定权重比例计算出作为评价对象的某一地方性法规的总得分，并同时做出定性评价。

地方立法文本质量评价指标子体系由6个一级指标和20个二级指标组成。文本质量评价指标子体系总分为100分。其中，"立法必要性"10分；"合法性"10分；"合理性"25分；"可操作性"20分；"地方特色性"25分；"技术性"10分。为使评估操作简便易行，20个二级指标均按5分的分值设计（详见表1：地方立法文本质量评价指标子体系及其分值表）。

表1 地方立法文本质量评价指标子体系及其分值表

地方性法规名称：

序号	一级指标（分值）	二级指标（分值）	二级指标评分参考
1	立法必要性（10分）	有上位法授权，或该事项仅用上位法调整无法穷尽本地区实际情形。（5分）	有上位法授权，或本表中"地方特色"得分在20分以上（含20分）：5分； 上位法无明确授权，本表中"地方特色"得分在13（含13分）—20分之间：4—3分； 上位法无明确授权，本表中"地方特色"得分在13分以下：2—0分。
2		该事项已不能或难以用一般的政府规章或规范性文件调整，适合用地方法规手段进行规范。立法迫切，立法时机确已成熟。（5分）	该事项已用政府规章或规范性文件调整1年以上（含1年），立法时机成熟：5分； 未出台过政府规范性文件或规章，立法要求迫切：4—3分； 未出台过政府规范性文件或规章，立法成熟度不足：2—0分。
3	合法性（10分）	符合地方立法权限。与宪法、法律及行政法规的立法精神和具体条文无抵触，与上位法衔接较好。（5分）	符合地方立法权限，与上位法无抵触，且衔接较好：5分； 符合地方立法权限，与上位法精神无抵触，具体条文衔接存在瑕疵：4—3分； 与上位法条文或精神存在抵触：2—0分。
4		创设的行政许可项目符合《行政许可法》的规定。创设的行政处罚未超越《行政处罚法》的范围限制。创设的强制措施未超越地方立法权限。创设的行政事业收费项目合法。（5分）	四项均符合：5分； 不论哪一项不符合，或合计相当于一项不符合：4—3分； 两项或两项以上不符合，或合计相当于两项和两项以上不符合：2—0分。
5	合理性（25分）	政府没有过多地干预经济，没有不当地干预市民社会，没有给行政相对人创设过多的义务。（5分）	政府没有不当干预经济和社会，未给行政相对人增设义务：5分； 存在干预经济、社会和增设义务的条款，但不很严重：4—3分； 存在过多干预经济、社会和增设义务的条款：2—0分。
6		公民、法人及其他社会组织之间的权利、利益分配合理。（5分）	权利、利益分配合理：5分； 权利、利益分配不够公正、平等：4—3分； 存在明显侵害弱势群体权益条款：2—0分。

续表

序号	一级指标（分值）	二级指标（分值）	二级指标评分参考
7	合理性（25分）	执法程序明确、得当，行政相对人的权利有充分的程序保障。行政相对人的救济渠道充分有效。（5分）	执法程序明确、得当，行政相对人权利有程序保障，且救济渠道明确：5分；执法程序，或行政相对人权利的程序保障、救济渠道存在瑕疵：4—3分；执法程序，行政相对人权利的程序保障、救济渠道均存在较多瑕疵：2—0分。
8		执法自由裁量权范围适当；行政处罚的种类与范围和行政相对人的违法行为相对称。（5分）	执法自由裁量权得当，行政处罚的种类与范围与违法行为相对称：5分；执法自由裁量权不尽适当，或个别行政处罚与违法行为不够对称：4—3分；执法自由裁量权过大，行政处罚与违法行为多不对称：2—0分。
9		执法主体明确。执法权限设置合理、权责分明。执法权授权或委托符合法律规定。（5分）	执法主体明确，执法权限合理、权责相匹配，执法权授权或委托合法：5分；以上四项中有一项以上存在瑕疵：4—3分；有两项以上存在瑕疵：2—0分。
10	可操作性（20分）	法规所规范的行为模式容易被辨识。（5分）	法规关于人们如何行为的规定具体明确、易识别：5分；较为具体明确、较易识别：4—3分；不太具体明确、不太易识别：2—0分。
11		法规中禁止性规定的法律责任承担方式明确、适当。（5分）	禁止性规定，如"不得""禁止"等有明确、确定的法律责任的承担方式且适当合理：5分；较为明确、较适当：4—3分；不很明确、不太适当：2—0分。
12		法规没有过度的授权立法条款。授权行政部门制定的实施细则未掺入部门利益，并易于操作。（5分）	无授权立法，或有一项授权立法，且已制定，没有掺入部门利益，可操作性较强：5分；有两项以上（含两项）授权立法，已制定且内容无大的瑕疵，或有一项授权立法，内容有瑕疵：4—3分；有两项以上（含两项）授权立法，已制定且内容有较多瑕疵，或有一项授权立法却未制定，或有一项授权立法虽已制定但在立法主体、内容上多有瑕疵等：2—0分。

续表

序号	一级指标（分值）	二级指标（分值）	二级指标评分参考
13		行政相对人的实体性权利有完善的程序保障。（5分）	有完善的程序保障：5分； 程序设定存在一定瑕疵：4—3分； 程序烦琐或有缺陷，导致维权的程序路径不明或程序成本过高：2—0分。
14		若为创制性的地方法规，其事务的地方性特点突出，且与地方事务相关的立法目的、任务、措施在条文中得到具体体现。若为实施性的地方性法规，其结合本地区特点对上位法有所精细化。（5分）	若为创制性立法，有创制性条款且措施具体、可操作，若为实施性立法，有精细化条款：5分； 若为创制性立法，虽有创制性条款但措施不够具体，可操作不强，若为实施性立法，却精细化不足：4—3分； 若为创制性立法，却无创制性条款，若为实施性立法，却无精细化条款：2—0分。
15	地方特色（25分）	在本地区没有重复立法。与本地区其他地方性法规能协调、互补。（5分）	无重复立法，且与本地区其他地方性法规相协调：5分； 与本地区其他地方性法规重复较多，但不冲突：4—3分； 与本地区其他地方性法规有重复，且有冲突：2—0分。
16		不搞大而全。无宣示性规范。（5分）	不存在搞大而全倾向，宣示性条款在3款以下（含3款）：5分； 存在搞大而全倾向，或宣示性条款在3款以上：4—3分； 搞大而全，宣示性条款超过5款：2—0分。
17		没有片面追求与上位法的配套性。与上位法的重复率低于20%。（5分）	不存在追求与上位法的配套性，与上位法的重复率低于20%（含20%）：5分； 与上位法的重复率为20%—30%（含30%）：4—3分； 与上位法的重复率高于30%：2—0分。 （此项评分主要针对实施性立法。若为创制性立法则主要看其与相关上位法的重复率情况。）
18		与其他省市同类地方性法规重复率低于30%。（5分）	与其他省市同类地方性法规重复率低于30%（含30%）：5分； 重复率为30%—40%（含40%）：4—3分； 重复率高于40%：2—0分。

续表

序号	一级指标（分值）	二级指标（分值）	二级指标评分参考
19	技术性（10分）	立法名称精确、统一。法律概念、术语准确、统一、规范。没有非法律性语言表达。标点符号、数字的表述符合立法要求。（5分）	四项指标均无瑕疵：5分； 四项指标中有一两项有瑕疵：4—3分； 四项指标均存在瑕疵：2—0分。
20		法规体例结构合理，逻辑关系明确、严谨。（5分）	符合指标内容：5分； 比较符合指标内容：4—3分； 存在瑕疵：2—0分。
总分	100		

地方立法实施效益评价指标子体系由"法制统一性"（10分）、"合理性"（20分）、"可操作性"（20分）、"地方特色"（10分）、"实效性"（20分）、"成本分析"（20分）6个一级指标和20个二级指标构成。每个二级指标的分值为5分，总共100分（详见表2：地方立法实施效益评价指标子体系及其分值表）。

表2 地方立法实施效益评价指标子体系及其分值表

地方性法规名称：

序号	一级指标（分值）	二级指标（分值）	二级指标评分参考
1	法制统一性（10分）	是否因该地方性法规与上位法的原则和精神相抵触，或与上位法的具体内容相冲突，导致执法冲突或法律纠纷。（5分）	从未发生过此类执法冲突或法律纠纷案例：5分； 偶有此类执法冲突或法律纠纷案例发生：4—3分； 多有此类执法冲突或法律纠纷案例发生：2—0分。 （注：1."此类执法冲突或法律纠纷案例"，指法规与上位法的原则和精神相抵触，或与上位法的具体内容相冲突而导致的执法冲突或法律纠纷案例；2.凡因执法不当等原因，而非因法规规定与上位法的原则和精神相抵触，或与上位法的具体内容相冲突而引发的冲突和法律纠纷，不属于立法质量问题；3.给分标准可根据此类案例的数量多少和程度轻重酌定。）
2		是否因与同位法规定不一致或相冲突而导致执法冲突或法律纠纷。（5分）	从未发生过此类执法冲突或法律纠纷案例：5分； 偶有此类执法冲突或法律纠纷案例发生：4—3分； 多有此类执法冲突或法律纠纷案例发生：2—0分。 （注：1."此类执法冲突或法律纠纷案例"，指法规

续表

序号	一级指标（分值）	二级指标（分值）	二级指标评分参考
			与同位法规定不一致或相冲突而引发者；2. 凡因执法不当等原因，而非因法规规定与同位法不一致引发的冲突和法律纠纷，不属于立法质量问题；3. 给分标准可根据此类案例的数量多少和程度轻重酌定。)
3		是否因法规规定的职权不明确、权责不相匹配而导致行政机关监管不力或执法不作为。(5分)	未发生此类监管不力或执法不作为实例：5分； 偶有此类监管不力或执法不作为实例发生：4—3分； 常有此类监管不力或执法不作为实例发生：2—0分。 (注：1. "此类监管不力或执法不作为实例"，指因法规规定的行政机关职权不明确、权责不相匹配而导致的实例；2. 非因法规规定的职权不明确、权责不相匹配而导致的监管不力或执法不作为实例，不属于立法质量问题；3. 给分标准可根据此类实例的数量多少和程度轻重酌定。)
4	合理性（20分）	是否因法规规定的权利缺乏救济措施，或救济措施规定不周或不当而导致公民无法正当维权。(5分)	公民能够依本法规正当维权并有正当维权实例：5分； 未发现依本法规正当维权实例，但不存在救济措施规定不周或不当：4—3分； 发现依本法规不能正当维权实例，存在救济措施规定不周或不当：2—0分。
5		是否因执法程序规定不合理或不具体而给执法程序不公或随意留下空间，从而损害行政相对人的权益。(5分)	从未发生因此类原因而损害行政相对人权益的实例：5分； 偶有因此类原因而损害行政相对人权益的实例发生：4—3分； 多有因此类原因而损害行政相对人权益的实例发生：2—0分。 (注：1. "因此类原因"，指法规中关于执法程序规定不合理或不具体而给执法程序不公或随意留下空间；2. 凡不是因为"执法程序规定不合理或不具体而给执法程序不公或随意留下空间"而导致的损害行政相对人权益的实例，不属于立法质量问题；3. 给分标准可根据此类实例的数量多少和程度轻重酌定。)

续表

序号	一级指标（分值）	二级指标（分值）	二级指标评分参考
6	合理性（20分）	是否明确规定有对行政相对人损害的最小方式。执法机关依本法规执法时是否能够选择对行政相对人权益损害最小的方式。（5分）	依本法规执法的案例中采用损害最小方式的案例占50%以上（含50%）：5分； 依本法规执法的案例中采用损害最小方式的案例占50%以下，20%以上（含20%）：4—3分； 依本法规执法的案例中有采用损害最小方式的案例占20%以下：2—0分。
7		是否因法规规定的自由裁量权范围过大而导致执法部门对同样案件的不同处理。（5分）	从未发生过因此类规定不当而导致执法部门同案不同处理的实例：5分； 偶有因此类规定不当而导致执法部门同案不同处理的实例发生：4—3分； 多有因此类规定不当而导致执法部门同案不同处理的实例发生：2—0分。 （注：1. "此类规定不当"，指法规规定的自由裁量权范围过大；2. 非因法规规定的自由裁量权范围过大而导致的同案不同处理的实例，不属于立法质量问题；3. 给分标准可根据此类实例的数量多少和程度轻重酌定。）
8	可操作性（20分）	是否因法规的内容缺乏针对性地解决实际问题而导致实践中难以操作。（5分）	在执法实践中未因法规内容缺乏针对性而导致难以操作现象：5分； 法规内容存在一定的针对性不强问题，但未在执法实践中导致严重的难以操作现象：4—3分； 因法规内容缺乏针对性而导致执法实践中难以操作：2—0分。
9		是否因法规的一些重要条款规定过于笼统而导致难以执法和实施。（5分）	未发生因一些重要条款的规定过于笼统而导致难以执法与实施现象：5分； 有的重要条款存在一定程度的规定笼统情况，尚未发生严重的难以执法与实施现象：4—3分； 确因一些重要条款规定过于笼统而导致执法实践中难以执法和实施：2—0分。
10		是否因法规规定的程序过于烦琐或程序不完善而导致执法实践中很难或无法操作。（5分）	在执法实践中未因程序规定不当而发生难以操作现象：5分； 存在程序规定上的一些瑕疵，但未因此而发生难以操作现象：4—3分； 确因程序规定不当而导致难以操作：2—0分。

第一章 立法后评估的理论思考

续表

序号	一级指标（分值）	二级指标（分值）	二级指标评分参考
11	地方特色（10分）	属于本地方的事务在法规制定实施后是否得到合理规范和有效处理。（5分）	法规所针对的地方事务得到合理解决：5分；法规所针对的地方事务部分得到解决：4—3分；法规所针对的地方事务未得到解决：2—0分。
12		属于本地方的突出问题在法规制定实施后是否得到妥善解决。（5分）	法规所针对的地方性突出问题得到解决：5分；法规所针对的地方性突出问题部分得到解决：4—3分；法规所针对的地方性突出问题未得到解决：2—0分。
13	实效性（20分）	法规是否被大多数人知晓并自觉遵守。（5分）	问卷所得知晓并遵守率≥80%：5分；50%≤知晓并遵守率<80%：4—3分；知晓并遵守率<50%：2—0分。
14		法规生效后每年是否被司法审判、行政复议、仲裁适用。（5分）	司法审判、行政复议、仲裁三者年均各适用1次以上：5分；司法审判、行政复议、仲裁三者总计年均适用1次以上：4—3分；司法审判、行政复议、仲裁均未能适用本法规处理案件：2—0分。
15		法规实施后，违法案件的发生率是否降低。（5分）	违法案件降低率≥50%：5分；20%≤违法案件降低率<50%：4—3分；违法案件降低率<20%：2—0分。
16		公众对法规实施后所产生的经济和社会效益的满意度。（5分）	问卷满意率≥80%：5分；50%≤满意率<80%：4—3分；满意率<50%：2—0分。
17		相关行政执法部门、行政相对人、公众代表对法规实施成本和执法成本的分析。（5分）	问卷认为实施成本和执法成本较低≥80%：5分；50%≤认为实施成本和执法成本较低<80%：4—3分；认为实施成本和执法成本较低<50%以下：2—0分。
18	成本分析（20分）	法规实施后的实际成本（立法成本与实施成本之和）与立法前预测成本的比率。（5分）	实际成本与预测成本相当或低于预测成本：5分；实际成本高于预测成本1倍以下（含1倍）：4—3分；实际成本高于预测成本1倍以下：2—0分。

续表

序号	一级指标（分值）	二级指标（分值）	二级指标评分参考
19	成本分析（20分）	法规实施中是否违法成本高于守法成本。(5分)	违法成本高于守法成本2倍以上：5分； 违法成本高于守法成本1—2倍：4—3分； 违法成本在守法成本1倍以下：2—0分。
20		立法效益是否高于实际成本（立法成本与实施成本之和）。(5分)	立法效益高于实际成本2倍（含2倍）以上：5分； 立法效益与实际成本相比在2—0倍之间：4—3分； 立法效益与实际成本之比低于0：2—0分。
总分	100		

在对地方立法质量综合评价的量化评价时，一般情况下，文本质量评价得分占比为45%左右，实施效益评价得分占比为55%左右（详见表3：地方立法质量评价总表）。

表3 地方立法质量评价总表

法规名称：

		文本质量评价	实施效益评价
定量评估	初评得分		
	综合占比得分	45%	55%
	综合得分		
定性评价	各组评价		
	综合评价	评估人/组织签名： 　　年　月　日	
建议项目	是否存在"一票否决"情况	文本评价： 综合意见： 评估人/组织签名： 　　年　月　日	实效评价：

说明：关于表3中最后一项"一票否决"问题。课题组设想，在地方立法后评估的文本质量评价和实施效益评价中，往往有1、2个质量指标具有决定性意义，如该地方立法与上位法的一致性、立法和执法成本与实施效益的比率等，一旦这样的指标在评价中落到质量标准底线以下，说明该项立法在质量评价上已属于次品，应该列入废止或重修行列。这样的指标被称为"一票否决"指标。但这仅仅是课题组提出的一项建议，在立法后评估中是否设置"一票否决"指标由评估主体决定。

四 不同类型地方性法规立法后评价指标体系

参照国家法律分类的路径，综合各地的立法和立法后评估经验，课题组将地方性法规分为"宪法类法规"、"经济类法规"、"行政类法规"和"社会类法规"四大类。四大类地方性法规的立法质量评价仍宜采取文本质量评价和实施效益评价两个指标子体系分头进行的办法，但文本质量评价指标子体系和实施效益评价指标子体系中的一级指标分值可以根据地方性法规类型的不同适当调整，二级指标的内容可以有所变更，两个评价指标子体系在其立法质量综合评价中的量化占比权重会有所差别。其中，经济类地方性法规、行政类地方性法规和社会类地方性法规的实施效益评价得分的占比权重应大一些；宪法类地方性法规的文本质量评价得分的占比权重则可大一些。

（一）地方性法规文本质量评估指标体系差异化研究

宪法类地方性法规文本质量评价指标子体系以量化评价为主要方法，由6个一级指标20个二级指标构成，每个二级指标均为5分，总分100分。其中，"立法必要性"10分，鉴于其"合法性"尤显重要，加5分，为15分，"合理性"指标25分，"可操作性"20分，"地方特色性"20分，"技术性"10分。

经济类地方性法规文本质量评价指标子体系总分为100分。其中，"立法必要性"10分，"合法性"10分，"合理性"25分，"可操作性"20分，"地方特色性"25分，"技术性"10分。

行政类地方性法规的文本质量评价指标子体系与经济类地方性法规有所差异。其中，"合法性"指标分值有所加重，定为15分；"可操作性"指标分值减少5分，也是15分。这是考虑到行政类地方性法规同宪法类地方性法规相似，在"合法性"上尤需缜密。其他指标及其分值为："立法必要性"10分，"合理性"25分，"可操作性"15分，"地方特色"25分，"技术性"10分。总分100分。

社会类地方性法规文本质量评价指标体系的分值配比为："立法必要性"10分，"合法性"10分，"合理性"25分，"可操作性"20分，"地方特色性"25分，"技术性"10分。（上述不同类型文本质量评价指标体系差

别详见图1：不同类型地方性法规文本质量评价指标对照图）

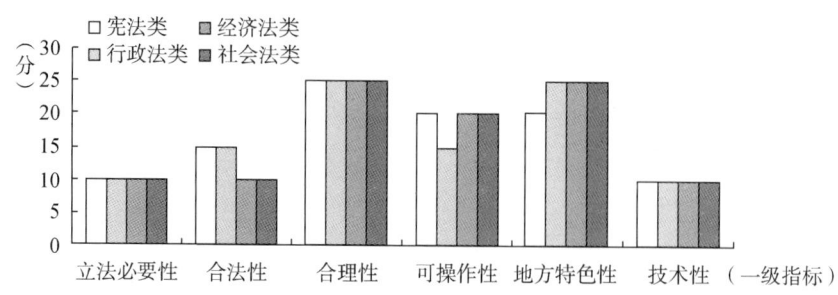

图1 不同类型地方性法规文本质量评价指标对照图

（二）地方性法规实施效益评价指标体系差异化研究

宪法类地方性法规实施效益评价指标子体系及其分值为："法制统一性"15分，"合理性"25分，"可操作性"20分，"地方特色"15分，"实效性"25分，共由5个一级指标和20个二级指标构成，每个二级指标的分值均为5分，总分100分。"成本分析"不宜列入宪法类地方性法规效益评价指标体系中，故从中删去，其中的个别评价指标适当调整后并入"实效性"指标中。

经济类地方性法规实施效益评价指标子体系由"法制统一性"（10分）、"合理性"（20分）、"可操作性"（20分）、"地方特色"（10分）、"实效性"（25分）、"成本分析"（15分）6个一级指标和20个二级指标构成。每个二级指标的分值为5分，总共100分。

行政类地方性法规实施效益评价指标与经济类地方性法规实施效益评价指标相同。其一级指标及其分值为："法制统一性"10分，"合理性"20分，"可操作性"20分，"地方特色"10分，"实效性"25分，"成本分析"15分。总分100分。

社会类地方性法规实施效益评价指标子体系由"法制统一性"（10分）、"合理性"（25分）、"可操作性"（20分）、"地方特色"（15分）、"实效性"（20分）、"成本分析"（10分）6个一级指标和20个二级指标构成。与"经济类地方性法规实施效益评价指标子体系"相比，"成本分析"由20分减少为10分，"合理性"和"地方特色"各增加5分，分别为25分和15分。（上述不同类型立法效益评价指标体系差别详见图2：不同类型

地方性法规立法效益评价指标对照图）

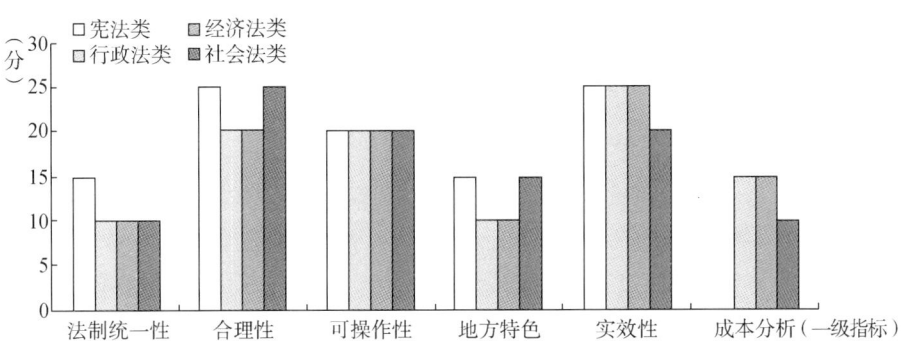

图 2　不同类型地方性法规立法效益评价指标对照图

五　立法质量的评价指标

（一）国内立法质量评价研究

该分报告全面系统地总结了近年来国务院法制办、相关省份人大及政府组织的立法后评估的相关工作，分析了以上立法后评估的主要方式和设立评估标准的基本情况，提出了完善立法后评估制度的构想：第一，优化评估主体。立法后评估主体模式选择的价值取向应以立法机关为主导，与此同时，赋予各方主体进行地方立法后评估的权力，充分调动他们积极参与地方立法后评估的积极性，构建多元的评估主体体系，使各类评估主体之间优势互补，保证评估结果的公正和全面。第二，合理选择立法后评估的对象。立法后评估对象选择的有效性、必要性和可行性。第三，规范立法后评估启动的时间。规范立法后评估启动的时间，应以我国的基本国情为前提进行考察，将时间界定在法规实施后三至五年。同时，赋予各省市在具体的评估工作中，可根据评估对象的性质，在保障评估时间的科学性和合理性的前提下，在启动时间的大范围内自主决定评估启动时间。第四，构建标准化的立法后评估指标体系。结合立法后评估的目的，我国立法后评估标准应该综合质量评估标准、实施绩效评估标准和实施过程标准。

关于立法后评估标准则由以下三个指标体系构成：一是立法质量的评估标准。一般包括合法性、合理性、协调性和技术性四个具体标准，但针对专业性较强的特殊领域的政府规章，还包括专业性标准。二是立法绩效的评估标准。主要包括成本效益、公平、社会认同度三个标准。其中成本效益具体有执法成本、社会成本与社会效益的比较、守法成本与违法成本的比较；公平标准则主要指规章实施后，与规章有关的社会资源、利益和成本分配的公平程度；社会认同度主要指规章实施后取得的社会实际效益，通常通过公众对规章基本制度的知晓率、规章立法制度的认可度以及对执法效果和守法效果的评价来考察。三是立法实施过程的评估标准。该标准是指规章在实施过程中所带来的社会效果是否达到最佳状态，公众守法状况如何，具体制度在实施中的实现程度如何。主要包括执法的实施情况、守法情况和监督制约机制是否完善。

（二）国外立法质量评价研究

本报告分为立法前评估与立法后评估两个部分。其第二部分研析国外立法后评估情况。考察了美国、英国、日本、德国四个实施立法后评估国家的做法，并对完善我国的立法后评估制度提出构想：一是立法后评估的对象。纳入立法后评估的法律规范必须具备可评估性。即能够通过现有的数据分析出该法案消耗的成本及其获得的收益。二是立法后评估的主体。现阶段可以将立法后评估主要交由该法案的制作机关或监督机关来实施，在此过程中不断培养与推进独立评估机构的建设。三是立法后评估的内容。主要包括以下几点：法律规范的实施状况、法律实施过程中存在着的问题及原因、提出对该法律后续发展的建议。四是立法后评估的程序。建议立法主体或法定的专门立法评估机构每年度定期对其负责的规范性法律文件进行立法后评估，并在年报中体现出该年度立法后评估的结果。五是立法后评估的效力。若实施立法后评估的主体是法案的制定机关或法定监督机关，且立法后评估的结果认为应当对现行法律进行修改或废止，则该评估主体有义务启动修改或废止该法案的程序，否则就有违法不作为之嫌。若实施立法后评估的主体是法定的立法评估机构或其他独立的第三方机构，且立法后评估的结果认为应当对现行法律进行修改或废止，则该评估主体有义务建议法定机关修改或废止法案，否则就有失职之嫌。

（三）地方立法文本质量评价指标体系研究

该分报告在综合分析国内立法后评估实践及理论的基础上，提出了对立法文本质量评价指标体系的设想，该设想由6个一级指标和40个二级指标构成。其中一级指标为：立法必要性和可行性标准（15分）、法制统一性标准（25分）、正义性标准（25分）、可操作性标准（10分）、地方特色标准（15分）、技术性标准（10分）。

研究者利用所设计的指标体系，对《重庆市未成年人保护条例》进行了评估，该条例评估得分为83分。根据评估发现的问题提出以下立法建议：一是条例应该更加突出地方性事务和地方特色，在不违背上位法基本宗旨和原则的前提下针对地方问题进行规范；二是条例应对未成年人的隐私保护和家长的监护权进行更好的平衡，应区别家长正常行使监护权和侵犯未成年人隐私保护的界限，而不是绝对粗略地把未成年人的所有生活都打上隐私的烙印；三是条例应对有些实践中操作有困难的条款进行细化或者说明；四是条例应更加明确各部门的权限分配。

六 地方立法实施效益的评估指标

（一）地方立法实施效益评估指标体系研究

分报告4由两个不同的子报告组成，并分别由两个不同的研究团队来完成。

在第一个子报告中，研究者认为应当本着科学性与创新性相结合，实用性与导向性相结合，典型性与可操作性相结合，法律效果、社会效果与经济效益相结合和主观指标与客观指标相结合的原则设计地方立法实施效果评估指标体系。该指标体系由6个一级指标和20个二级指标构成。其中一级指标分别为：法制统一性（15分）、合理性（15分）、可操作性（15分）、地方特色（10分）、成本与效益（15分）、实效性（30分）。

在第二个子报告中，研究者根据各地实践，认为地方立法实施效果的评价指标可以分为有效性、充分性、经济性和相关性四个方面。其中，有效性指标主要是对地方立法实施效果是否存在进行评价，反映的是有关地方立法的实效效果是否发生；充分性指标主要是对地方立法实施效果大小进行评价，反映的是有关地方立法的实施效果是否达到了预期目标；经济性指标主要是对地方立法实施效果的取得是否经济进行评价，反映的是有关地方立法的实施效果是否符合一般规律；相关性指标主要是对地方立法实施与效果之间的关联关系进行评价，反映的是地方立法的实施对各种效果的产生有多大作用,是起正面还是负面作用。同时,由于地方立法实施效果本身是个系统性概念,包括了地方立法本身被实施的效果和因实施地方立法产生的效果两个方面。因此,有关地方立法实施效果评价指标体系建构,也应当是针对不同的地方立法实施效果,先进行个性化的、各有侧重的指标设置,再对这些不同的指标,以一定的方法进行综合后,最后形成一个较为完整的、统一的地方立法实施效果评价指标体系。为了便于对地方立法实施效果评价量化处理,研究者建议采用格栅获取法对数据进行处理。

(二) 不同类型地方性法规质量评价体系差异化研究

本分报告亦由两个子报告组成,分别由两个从事立法实践工作的研究团队来完成。

子报告一的研究者综合相关文献研究结果和各地实践情况,认为各地虽然立法后评估的指标设计差异较大,但有五个关键指标被较多地用来反映地方性法规质量。一是合法性。即法规规定是否与上位法一致,没有上位法的,是否符合立法精神和原则。二是合理性。即各项规定是否符合公平、公正原则,是否符合立法目的,所规定的措施和手段是否适当、必要;可以采用多种方式实现立法目的,是否采用对当事人权益损害最小的方式;有关法律责任设定是否适当;与同阶位的立法是否存在冲突,立法本身规定的制度之间是否衔接,配套规定是否完备。三是立法效益。即地方性法规施行的效果。包括法规在实施过程中的成本与所取得的经济效益、社会效益和生态效益等。通过比较费用和效果,分析是否能以小投入获得大产出;评估对象的实际实施效果是否达到预先设定的目标。四是公众满意度。即公众对该法条的评价。五是技术规范性。即立法技术是否规范,逻辑结构是否严密,表述是否准确。规定的执法体制、机制、措施是否明确、具体、高效、便捷,是否具有针对性。

该子报告首先从法律部门的角度将地方性法规分成民主政治类、行政管理类等6大类,对5个指标的具体内涵进行了分别定义,其中立法技术规范也是地方性法规需要共同遵守的准则。其次研究者又从地方性法规的创制性程度,将地方性法规分为创制性立法和实施性立法,并结合不同类型的地方性法规在合法性、合理性和立法效益标准方面的具体内涵进行了差异化的设计。

第二个子报告中，研究者循着法律部门分类这一思路，将地方性法规分为宪法类、行政法类、民商事及经济法类、社会法类等四类。结合各类法规立法原则、调整对象及调整方法等各方面的特点，认为评价标准应当进行差异化设计。其中将文本质量评价指标分为：立法必要性、法制统一性、权力配置、地方特色、技术规范 5 个一级指标，并结合法规各自调整对象、方法等设计不同的二级指标，如宪法类含 28 个二级指标，行政法类则设计了 36 个二级指标，以强化对行政权力的约束。将立法绩效评估指标分为社会认知度、适用度、效益性、社会评价 4 个一级指标，并根据不同类别法规的特点分别设计不同的二级指标。该子报告认为，不同类型法规的文本质量评价指标及立法绩效评价指标的权重亦不相同，如对于宪法类地方性法规，鉴于其宏观性、基础性的特点，又涉及政治制度完善内容，因此，一般情况下不宜作为评估的对象，以为政治制度改革预留空间。如果进行评估，文本质量评价指标与绩效评价指标的比例可以为 7∶3。经济法类地方性法规对地方经济健康、可持续发展起到重要的作用，在评估过程中不仅要注意其文本质量的合法性和规范性，更应当关注其实施后对社会及经济的社会效应，在实际评估过程中，此类法规文本质量评估指标与立法绩效评估指标的比例可以保持 6∶4，甚至根据评估的目的，使立法绩效评估指标保持更高的比例。

以上分报告为总报告提供了扎实基础。关于立法后评估的立法质量评价指标体系的两个总报告（文本质量评价指标子体系和实施效益评价指标子体系）充分汲取并综合了有关分报告的研究成果和智慧。鉴于本研究课题的立项要求和特点，总报告侧重于立法质量评价的实践需要和可操作性，不再重复分报告中的立法评估理论研究和对国内外立法评估实践的理论总结。

七 结语

本课题研究过程中，重庆市人大常委会利用该项目建立的立法后质量评价指标体系，对《重庆市城乡居民最低生活保障条例》、《重庆市公路路政管理条例》和《重庆市产品质量监督管理条例》进行了立法后评估的实践，并取得了较好效果。本课题虽然结束了，但是立法后评估的实践在我国还处于起步阶段，如何把握好立法质量这一"法律体系建设的生命线"的实践还需要更多的学者和实践工作者不断努力。

3. 地方立法后评估制度的构建研究*

【内容摘要】在我国当前,有必要建立地方立法后评估制度。从现实层面看,这是因为,首先,建立地方立法后评估制度是依法行政的现实需求;其次,建立立法后评估制度是国际上较为普遍的做法;再次,地方立法后评估制度在我国已有近十年的探索实践。从法理层面看,这是因为,首先,建立地方立法后评估制度有助于克服地方立法惰性与滞后本性,实现"回应型"的法律治理;其次,建立地方立法后评估制度有助于提高地方立法的法律实效;再次,建立地方立法后评估制度有助于及时纠正地方先行立法的偏颇与局限,进而维护法制统一;最后,建立地方立法后评估制度有助于统一立法、执法与守法三个法治环节,促进三者之间的良性互动。建立地方立法后评估制度,需要明确该项制度的三项功能,即提高地方立法质量和水平、为执法现状提供相对客观的评判依据、为认识守法状况提供基本素材等。建立地方立法后评估制度,需要界定和发展评估的类型,规范评估的主体,明确评估的基本程序。评估指标体系是立法后评估制度的重要组成部分,完整的评估指标体系是根据被评估内容,通过科学的评估途径,构建一组反映立法现实状况的相关评估指标。

【关键词】地方立法 立法后评估 评估制度 现实需求 法理基础 功能定位

---

* 此文由刘平、程彬、王松林、史莉莉、李萍、叶慧娟、陈琦华撰稿。刘平,上海市人民政府法制办公室副主任、上海市行政法制研究所所长;程彬,上海市行政法制研究所副所长;王松林,上海市行政法制研究所助理研究员;史莉莉,上海市行政法制研究所助理研究员;李萍,上海市人民政府法制办公室城建法规处副处长;叶慧娟,华东理工大学法学院讲师;陈琦华,上海大学法学院讲师。

一 引言

1978年12月,党的十一届三中全会,开始了我国建立中国特色社会主义法律体系的进程。其中,加快立法的步伐,努力做到"有法可依"是首先面临的法治任务。到2010年底,我国已制定现行有效法律236件、行政法规690多件、地方性法规8600多件,一个立足中国国情和实际、适应改革开放和社会主义现代化建设需要、集中体现党和人民意志的,以宪法为统帅,以宪法相关法、民法商法等多个法律部门的法律为主干,由法律、行政法规、地方性法规等多个层次的法律规范构成的中国特色社会主义法律体系已经形成,国家经济建设、政治建设、文化建设、社会建设以及生态文明建设的各个方面实现有法可依。① 如果将政府规章计算在内,在我国法律体系中地方立法所占的比重是相当大的。也就是说,地方立法的质量几乎可以折射出我国立法质量的总体水平。

随着我国政治、经济、社会、文化的发展,法律体系的初步建立,以及民众参与意识的增强,当前地方立法中所反映出来的主要矛盾不再是空白领域急需法律调整的问题,而是如何提高已制定法律的质量,使之更符合实际、更具有可操作性的问题。立法的重心开始从建立新制度转向立、改、废并举的时代。"在地方立法工作中,与科学发展观的要求不符的突出问题是重立法数量,轻立法质量。地方立法数量不断膨胀不但直接影响了地方立法的质量,而且导致了重复立法增多,立法资源配置不尽合理;与此同时,片面追求数量的泛立法主义还将造成地方立法泛化,侵入非法律调整领域,过度干预本属于社会自治的事务。"②

围绕提高立法质量,实现立、改、废并举,各地立法实践部门做了许多积极有益的探索。地方立法后评估便是其中一项制度。关于立法后评估的定义,尽管近几年各地法律实践部门和理论界都进行了一些研究,但并未形成统一的定义。例如:所谓立法后评估制度,是运用动态的方式了解某项规范性法律文件在实践中的运行状况,通过实践来检验法律与经济社会发展的要求是否适应,是否与其他法律之间存在不协调之处,从而确定

---

① 吴邦国同志在形成中国特色社会主义法律体系座谈会上的讲话。
② 丁伟:《从立法后评估看民主立法》,http://news.sohu.com/20070209/n248140876.shtml。

该项法律文件是否应当继续实施、修改或者废止的制度。[①] 再如：立法后评估也称事后立法效果评估，就是在法律法规实施一段时间后，对法律法规的实施效果、功能作用以及存在的问题，进行跟踪调查和综合评估，其目的是为法律法规的修改和完善提供依据，不断改进立法工作，提高立法质量和立法水平。[②] 在参考借鉴已有理论成果的基础上，本课题组尝试着就地方立法后评估制度做如下的定义：地方立法后评估制度，是指具有地方性法规、政府规章制定权的国家机关委托评估实施主体，按照一定的评估程序，对地方性法规、政府规章的合法性、合理性、实效性、协调性、立法技术性等指标进行评估，并提出维持、修改或者废止等建议的一项活动。

关于地方立法后评估，尽管本市及兄弟省市已经有了一些工作实践，但是还没有形成规范可行的制度。尽管目前国内外已经有了一些初步的研究成果，但总体上，该项制度的研究和实践还处于起步阶段，对具体评估指标的研究更为缺乏。通过对立法后评估制度进行比较系统的研究，阐明该项制度的实施主体、程序、指标及方式、方法等内容，可以为建立起一套理论上经得起推敲、实践中可供操作的立法实施效果评价制度提供参考。建立立法后评估指标系统，应当将定量分析与定性分析相结合，使评估过程更具有可操作性，也使评估结果更具有科学性，从而在整体上提高本市立法质量和工作水平，使立法工作更科学化、民主化。本课题通过实证调研与理论分析相结合的研究方法，在对建立立法后评估制度的法理进行理论研究的基础上，重点对立法后评估制度的评估主体、评估基本程序、评估指标与评估方法等进行分析、梳理，以期建立一个较为完整的立法后评估指标体系，以使这项制度在实践中更具有可操作性。

二 建立地方立法后评估制度的主要考量

（一）建立地方立法后评估制度是依法行政的现实需求

建立立法后评估制度，已是我国立法现实的迫切需求。二十几年来，

---

① 徐伟、许枫、许汶：《对地方政府立法后评估制度的几点思考》，2007年3月26日，山东政府法制网，http://www.sd-law.gov.cn/sdlaw/site/detail.jsp? id=7484。
② 朱元杰：《浅议立法后评估的制度化》，2006年12月12日，政府法制网，http://www.fazhi.gov.cn/jsp/contentpub/browser/contentpro.jsp? contentid=co1744221437。

我国从中央到地方,都进行了大规模立法,中国特色社会主义法律体系初步形成,各项制度已基本建立。在大规模立法后法律体系日趋完善,各个社会领域基本有法可依的背景下,如何提高立法质量成为我国当前迫切需要解决的问题,下一步更应当关注的不是如何提高立法的数量,而应当是回头审视已经立好的法,通过评估不断修正,使之更能适应当前的社会现实,与不断变化的社会、经济状况更加契合的问题。再加之地方立法在我国法律体系中所占的绝对比重,决定了建立并完善地方立法后评估制度,有迫切的现实需要。

党的十六大报告中提出要"加强立法工作,提高立法质量"。十届全国人大常委会将提高立法质量作为立法工作重点,要求各地方把主要精力放在提高立法质量上。2004年,国务院发布的《全面推进依法行政实施纲要》(以下简称《实施纲要》)中,提出了建立立法成本效益制度的要求,其第十七项规定:"积极探索对政府立法项目尤其是经济立法项目的成本效益分析制度。政府立法不仅要考虑立法过程成本,还要研究其实施后的执法成本和社会成本。"《中华人民共和国行政许可法》(以下简称《许可法》)明确了行政许可的定期评价制度,其第二十条第一款规定:"行政许可的设定机关应当定期对其设定的行政许可进行评价;对已设定的行政许可,认为通过本法第十三条所列方式能够解决的,应当对设定该行政许可的规定及时予以修改或者废止。"第二款规定:"行政许可的实施机关可以对已设定的行政许可的实施情况及存在的必要性适时进行评价,并将意见报告该行政许可的设定机关。"第三款规定:"公民、法人或者其他组织可以向行政许可的设定机关和实施机关就行政许可的设定和实施提出意见和建议。"

虽然说,《实施纲要》提出的立法成本效益制度,着重于立法、执法和社会成本与所产生社会效益的考量,《许可法》的许可定期评价制度强调的是立法机关、许可实施机关和公民等对于行政许可的定期评价,与我们现在所说的立法后评估制度还有一定差别。但是,这些制度已经包含了立法后评估制度应有的一些基本要素,如成本效益分析、评估的公众参与等。也说明了,我国的行政决策层已经将立法回头看,提高立法质量,作为推进依法行政、建设法治政府的一个重要方面,反映了在国家层面推进立法后评估制度的决心。

（二）建立立法后评估制度是国际上较为普遍的做法

立法后评估制度，并非为我国所独创。事实上，它是一个国家法制推进到一定程度，由法律的制度层面建设深入到制度与理念建设并重的一条必由之路。法在社会中的实现过程是立法、执法、司法、守法、法律监督等一系列环节的有机统一，要实现法的实效性，必须要有制定合理、符合社会现实的文本，同时在对文本的不断审视、修正、完善的过程中，要有公众的参与，才能使之更符合国情民意，更贴近社会现实，更容易被实施。而立法后评估制度发挥的正是这样的作用。纵观一些发达国家在实践中的做法，虽然称呼不同，但都有类似于立法后评估的制度存在，并在完善立法的过程中发挥了重要的作用。

德国：于20世纪70年代便开始尝试探索立法后评估的制度和程序。德国的立法效果评估主要有三种形式：一是立法项目计划的事先评估；二是法律制定过程的立法效果评估，又称为跟踪评估；三是法律法规实施后的评估（在法律条文中明确规定，法律实施后的若干年内应当进行效果评估）。德国在《联邦部委共同议事规程》（GGO）中规定了立法效果评估，其中的第34、44节第2至6段规定：立法项目需从以下方面说明具体的立法效果：一是对公共财政的影响；二是是否纳入财政计划中；三是开支的增加/收入的减少；四是对各州和地方财政的影响；五是经济，特别是中小型企业的成本；六是对消费者的影响；七是对个别价格和价格水平的影响；八是成效监督（"评估附加条款"）。德国联邦内务部在2001—2002年颁布了三套指导性文案，分别是《立法效果评估手册》、《立法效果评估入门》以及《立法效果评估的实践测试》，以推广立法效果的评估方法。上述指导性文案中提供的方法，有助于为部门起草法案提供指导性帮助，但没有规定必须使用某种特定的方法。

美国：行政立法后评估制度（review of existing regulations）是近年内逐步建立起来的。1980年的《灵活规制法》（RFA）要求联邦各部门要"对大量小企业产生重大的经济影响的"规章进行定期评估；1992年布什总统要求联邦部门评估其现存的所有规章并命令新的规章发布前的90天的延缓期；1993年，克林顿总统发布第12886号行政命令，要求联邦各行政部门对现存规章进行评估以保证规章的及时性、兼容性、有效性以及减少不必要的规制负担。通过十几年的实践，美国无论在联邦层面还是州的层面都逐渐完善了行政立法后评估制度并取得了一定的实效。

日本：根据评估对象与内容的不同，行政评价（评估）可分为三个层次：第一层次是在整个政策体系中处于较低层次的事业评价；第二层次是政策评价；第三层次是综合前两者实行的综合行政评价。事业评价，是对行政机关实施的每一项措施（具有共同目的的行政活动）进行总结，对其从事的事业、项目等进行评估，以考察行政机关措施目标实现的程度。政策评价是"政策决定后经过一定的期限，依照提供资助解决问题的多样化信息，从资助修改和完善政策的角度，就有关特定的项目，从各角度对该题目有关政策效果的发展状况深入分析，把握有关政策中存在的问题，同时，对其原因等进行评估"。行政综合评价是以上二者的综合，即不仅涉及对行政项目、措施的评估，还包括对项目、措施涉及政策的评估。根据2002年4月开始实施的《行政机构实施评估政策有关的法律》（简称《政策评估法》）的规定，政策评估主要是政府法律与规章中规定有关行业、部门行政管理和发展方案的政策措施。如文部科学省的政策评估中，就进行了"实施有关规章制度的评估"，"在文部科学省，从2004年度开始在新的法令基础上新设规章和废除旧的规章制度，以社会影响大的为对象，就有关规章制度的必要性、有利条件、费用等试行评估"。因此，政策评估和行政综合评估中都涉及对政府行政立法的评估。在政策评估与综合评估中，政府的行政立法统称为"行政规章"。一般来讲，在独立的政策评估中，行政立法即规章是评估的主要对象；在行政综合评估中，是先涉及行政事业评估，再就事业评估涉及的规章进行评估。因此，立法评估是政策评估与综合评估的重要内容或中心内容。

（三）地方立法后评估制度在我国已有探索实践

关于地方立法后评估制度，一些地方已经进行了有益的探索和尝试。如2006年河北省政府推行政府立法的"后评估制度"，对2005年12月31日前公布的政府规章和规范性文件进行全面评估，由制定机关和实施机关及时收集分析各方面的反映，认真总结施行情况，对其中不解决实际问题的进行修订或废止。2006年底，深圳市人大常委会主任会议决定对《深圳经济特区档案与文件收集利用条例》进行评估，成立由一位市人大常委会副主任为组长的评估工作组，集纳市人大法工委、市政府法制办、市档案局等各方力量，通过执法部门评估、专题调研、人大代表参与以及专家评估的方法开展工作。评估内容既包括法规实施的绩效分析，比如所取得的社会和经济效益，又包括法规中主要制度设计和技术规范是否需要进一步完善。评估结果将向市人大常委会做出报告。山东、北京、甘肃、云南、福建、浙江、海南、四川等省市人大，也都陆续开展了地方法规的立法后评估工作。

本市人大于 2005 年 8 月，对 2003 年开始实施的《上海市历史文化风貌区和优秀历史建筑保护条例》进行评估。评估主要涉及两方面内容：一是法规实施的效果，包括行政执法、配套性文件的制定等情况以及法规实施所取得的社会和经济效益；二是法规中各项制度设计和程序是否需要进一步完善。这是上海市人大自 1979 年依法行使地方立法权以来，首次对地方性法规进行的立法后评估。在环保领域，市人大也先后开展了四次"立法后评估"。国内外已有的立法后评估制度设计与实践，为我们判断这项制度的可行性，无疑是给了正面的评价和肯定的结论。

三 地方立法后评估制度的法理基础与功能定位

建立地方立法后评估制度，有现实的迫切需求。那么，地方立法后评估是否具有法理基础？其功能有哪些？这是本课题研究首先需要予以回答的。

（一）法理基础

作为我国立法体系的重要组成部分，地方立法的完善是贯彻依法治国方略、全面推进依法行政的必要保障，是构建和谐法治社会的必然要求。尽管近年来我国地方立法表现出民主精神增强、立法技术提高、依法立法意识加强、地方立法的领域日趋完善的特征，但仍存在许多问题。立法后评估制度是解决这些问题、不断完善地方立法制度和体系的一种新探索和新尝试。同样，地方立法后评估制度的理论基础，也是法理学研究的一项新内容。本课题组尝试着做些粗浅的阐述。

1. 稳定与僵滞——成文立法永远的两难困境

如果说自从清末修律开始，中国便逐渐告别了传统的中华法系的话，那么，从随后将近一个世纪的中国对外国法律文化与法律制度不遗余力的借鉴和移植来看，当下的中国法律文化更倾向于具有大陆法系的气质。当谈到成文立法与普通法系之普通法的比较与区别时，这一点尤为明显。

如果说，习惯和判例是建立在人类以往经验之上的，是法律界精英的产物，其内聚力是以一种分散方式维持的话，成文立法则是由一个最高权力之下的决策中心创制和强加的，它明确地表明未来什么样的行为将被调整，从而具有强烈的可预见性。关于成文法的功能，可以用贝卡里亚的话加以简要概述："一个社会如果没有成文的东西，就决不会具有稳定的管理形式。在稳定的管理形式中，力量来自于整体，而不是局部的社会；法律只依据普遍意志才能修改，也不会蜕变成私人利益的杂烩。"[①] 成文法本身并不是一种管理形式，关键是它可以为管理提供一种稳定的指导模式。这种"稳定"除了取决于法律本身对"朝令夕改"的杜绝以外，也取决于法律规定的明确性和确定性。诚如约翰·杜威所言："人们需要知道社会通过法院将会加诸于其具体行为上的法律后果，了解他们所承担的责任，并且期望在一个特定诉讼中获得某种益处。"[②] 如果法律不能提供稳定性和一定程度的确定性，那么结果必将是导致混乱而不是抑制混乱。正因此，"法律规则的确定常常比正确地确定来得更为重要"[③]。同时，法律也需要依靠稳定和明确来确保法律的权威。

成文立法更多地致力于法典的编纂、法律的系统化和法律的注释；为了达到严密、符合逻辑、精确和稳定的目的，法律往往被精心设计。但是，法律一旦被精心设计，就"总存在着忽视实践中的可能性并有湮没在纯理论迷雾之中的危险；历史证明，这是一种真正的危险"[④]。因为成文法所追求的一系列法的目的、功能并不会自动实现，其取决于立法本身在技术上设计良好与否、自身的语言是否精确以及是否对具体的适用情境给予了足够的重视。但所谓"法有限，情无穷"，在迅速应对情势的变化、及时回应社会新的需求等方面，无论立法者如何费尽心机，成文立法某种程度上都存在着不足——法律表述得越明确，它适应形势变化的能力就越差。

---

① 〔意〕贝卡里亚：《论犯罪与刑罚》，黄风译，中国大百科全书出版社，1993，第15页。
② 转引自〔美〕H. W. 艾尔曼《比较法律文化》，贺卫方、高鸿钧译，清华大学出版社，2004，第53页。
③ 转引自〔美〕H. W. 艾尔曼《比较法律文化》，贺卫方、高鸿钧译，清华大学出版社，2004，第53页。
④ 〔法〕勒内·达维：《英国法与法国法：一种实质性比较》，潘华仿等译，清华大学出版社，2002，第17页。

"回应型法"[1]是社会不断变动、法制作为调整复杂社会关系的手段必然要相应改变的产物。经济全球化和社会管理分工细化的发展，致使社会政治经济的矛盾日益增加，国家不得不对社会经济生活进行日益广泛和深入的干预。社会对法律规范的需求推动了法律分层化的发展。地方立法机关和政府部门分享立法权限，以解决专门的社会管理和专门的技术问题等方面的效率低、反应慢等立法问题。"回应型法"更加"强调行动中的法；强调法的社会目的性；强调法和社会的不断变动"。[2]"回应"意味着一种负责任的、有区别、有选择的适应能力，拥有这种能力的机构能够考虑周围环境中各种新的力量，在转变的法律与社会中，不断改造法制，构建一个与社会变革相适应的规范化模式。回应型法的一个主要目的就是使法律更多地回应社会需要，使法律机构能够更完全、更理智地考虑那些法律必须从它们出发并且将运用于它们的社会现实。[3]

基本结论：**目前中国处于社会变革与转型的阶段，相对于中央立法而言，地方立法更为微观具体，更容易发生变化，而成文法自身由稳定而生发出来的僵化的惰性与滞后的本性，使得立法对社会需求回应机能的发挥受到了严重制约，因此，地方更需要具有"回应型法"的特征，建立一种"新陈代谢"的机制。立法后评估可以被看作这股具有革陈除旧之力量的来源之一。通过后评估，不断推动地方立法克服成文法所带来的先天缺陷和后天迟滞，审视既有立法是否已落后于社会经济发展的实际需要，及时发现迟滞，通过修订克服迟滞，帮助地方立法在变化与稳定的夹缝里找到应有的位置，在更广阔的范围内充分发挥地方立法的积极作用，彰显地方立法的魅力。**

2. 法律实效——地方立法的立命之本

法律的生命在于施行，所制定出的法律只有最后转化为人们交往行为中对其权利和义务的实际操守，才能使其从纸上的规则转变成人们行动中的法律，法律才能成为人们所期望的社会秩序的构建者和主体自由的保障者。所谓法律实效，就是指"人们实际上就像根据法律规范规定的那样行

---

[1] 参见〔美〕诺内特·塞尔兹尼克《转变中的法律与社会》，张志铭译，中国政法大学出版社，2004。

[2] 张文显：《二十世纪西方法哲学思潮研究》，法律出版社，1998，第135页。

[3] 〔美〕诺内特·塞尔兹尼克：《转变中的法律与社会》，张志铭译，中国政法大学出版社，2004，第73页。

为而行为，规范实际上被适用和服从"，① 或者"是指国家实在法效力的实现状态和样式，是应然的法律效力实然化的情形，是法律主体对实在法权利义务的享有和履行的实际状况。因此，法律实效在实质上表达着法律的实现过程"。② 这就揭示出从法律实效的角度研究法律的重要性：将法律实效作为法律研究和法律评判的根本之一，有助于我们立足于更广阔的时空基点来观察法律，敦促法律社会功能的更充分发挥。

作为法律效力的实现样态和方式，法律实效与法律效力之间具有一种逻辑递进的关系：法律效力是法律实效的逻辑规范形式，法律实效是法律效力的社会经验事实。既然注重普遍形式的、作为法律内蕴的属性的法律效力预示着一种可能性，那么法律实效作为法律在社会学意义上的延伸，则代表着法律效力在实践中具体展开的现实性。法律效力只有在实践中外化为法律实效时，才能在量上进行衡量，才能摆脱纯粹规范的层面，对人们的实际行为发生实践性的影响，才能实现法律的既定目标。前文述及，地方立法是地方在与中央博弈的基础上立法分权的结果。而集权和分权是两种不同的法律效力的类型，分别对应不同的法律秩序。那么，地方法律效力的实践性后果如何，法律目标是否切实实现，只有通过对法律实效这一实然的、可以被量定的评判标准的考察，才能确定法律效力在多大程度上得以实现，具有多大的向现实生产力转化的现实可能性。

法律实效的实现方式及其实现的程度需要有多种机制的保障，比如法律机制的保障、观念机制的保障、司法以及经济机制的保障等等。③ 与所研究的主题相联系，我们在此着重阐述法律机制对法律实效的保障。法律实效是一种实然，那么它的应然模式便是法律自身。法律自身是否反映了"事物关系的法的规定性"，④ 是否表达了主体的需要，在规范设计上是否具有可操作性等都在应然层面决定着法律实效的大小。因此，法律的制定即

---

① 转引自陈明《论法律实效评判的方法和标准》，《辽宁行政学院学报》2007年第5期，第42—44页。
② 谢晖：《论法律实效》，《学习与探索》2005年第1期，第95—102页。
③ 具体请参见谢晖《论法律实效》，《学习与探索》2005年第1期，第95—102页。
④ "事物关系的法的规定性"又被称为"事物的法的本质"，是马克思在评述立法者的使命时提出来的概念，意即立法者的立法要像自然科学家发现事物的规律那样去发现事物关系的规定性。其本意在于主张立法要尽可能客观地发现、反映对象之间、人与对象之间的关系，也就是"规定性"。

立法本身虽不直接产生法律实效，但是其作为基础性的要件，与法律实效密切相关。

既然法律是法律实效的基本保障，人们总希望能通过各种方式对法律进行各种评价，以考察主观能动性反映现实需要的对与错或者充分与否，并进而考察法律在保障法律实效方面作用力的大小。评价可以有多种方式，评价也可以在法律拟定、制定和实施的不同阶段进行。但事实上，最重要的法律评价应当在法律出现实效之时进行。因为这是一种建立在实证基础之上的评价，是一种对法律制定后的效力期待与法律实效的关系比例所做的定量和定性的分析与评判，能够真正体现评价标准的科学性、客观性和与时俱进的特性。毕竟，法律实效总是客观的，它的一些反映值如犯罪率、诉讼率、违法率以及法律执行率，或者人们对法律、秩序与权利义务的心理感受与评价都是可以用统计学的方法统计出来的，这些都为人们评估法律提供了现实的可计量或可客观描述的条件。

基本结论：面对法律效力"应然"状态和法律实效"实然"状态的对应关系，其或紧张、对立，或和谐、一致，法律效力能否转化为法律实效，是法律文本"善"与"恶"的一个重要标志。没有实效的法律规范是对效力的空置，是一种否定。作为立法机关，需要及时掌握其所制定的法规规章从效力转化为实效的状态和程度。这也正是地方立法后评估的价值所在。

3. 中央与地方——法制统一视野下的立法权限划分

我国是单一制法治国家，强调法制统一原则，这是建设中国特色法治社会的必然。在法制统一的前提下，中央与地方如何行使立法权以及行使立法权的格局与关系，是国家法律体系建构中无法回避的理论和实践问题之一。因为，"立法权的行使状况标志着政治的运行状况，立法权作用的充分发挥是政治昌明、法治发达的必然要求和重要体现"。[1]

从学理上来说，立法权的分立与法制统一原则并不矛盾。按照凯尔森的观点，集权与分权其实只是两种类型法律秩序的对应。"集权和分权问题，正如我们知道的，事实上就是关于法律规范的效力范围以及创造和适用这些规范的问题。"[2] 国家的法律秩序是一个不可分的整体，但在创造法律秩序的不同阶段上可以采用不同的模式。"分权的主要理由之一正好就是

---

[1] 《孙中山全集》第1卷，中华书局，1981，第28页。
[2] 〔奥〕凯尔森：《法与国家的一般理论》，中国大百科全书出版社，2003，第335页。

它提供了同一事项对不同地区加以不同规定的可能性……国家的领土越大,以及社会条件越不同,通过领土划分的分权也就越有必要。"① 同时,按政治属性与法律属性相对区分开的原则,国家权力的构成要素可以被分为本源性权力和过程性权力。"所谓本源性权力,是指相对而言处于原始形态的政治结合体从其自身的物质属性和组织结构中产生的一种权力,它属于政治权力而非法律权力。过程性权力,是指本源性权力的主体通过宪法和法律在国家机构体系内配置的、由不同国家机关和官员掌握和运用的权力。"②在这个层面上,立法权限在中央和地方之间存在一个分流的问题。

首先,分权是国家实现民主治理的体现。"民主要求在法律秩序中表达的一般意志和从属该秩序的个人的意志之间有最大限度的符合;这就是为什么法律秩序要由受该秩序约束的那些人根据多数原则来加以创造。"③ 地方法律秩序的规范由该领域的多数加以创造,无疑会减少法律秩序的内容和从属于该秩序的主体意志之间的矛盾,更接近民主的要求和理想。分权是一种治理责任的合理分担,它具有激励制度创新与制度竞争的功能。只有把中央的原则规定与地方的实际情况结合起来,把要解决法律问题所需要的宏观性、全局性的知识与具体的地方性知识结合起来,才能使地方立法具有开拓性、创造性和实效性。

其次,分权意味着权力配置下的合作。国家权力在配置的过程中需要合作和沟通,合作是利益一致的关键。"这里的合作不仅指社会成员间的合作,而且包括国家机关之间的合作,各国家机关都享有相应的权力,它们间的权力分工是必要的。"④ 分工并不意味着分离,中央和地方立法权力的配置实际上是在法制统一的原则下分工合作的。中央立法本身具有抽象性、原则性和概括性,在立法上更强调政策目标的总体构建,具有"框架式立法"的特点,从而留给地方立法权更大的创新空间;地方根据《立法法》的规定享有地方立法权。但地方并非消极而是积极地"执行"中央立法,在不违背上位法的前提下予以细化或补充,在不断地调适中贯彻国家政令并平衡利益冲突,最大限度地寻求利益一致。这符合权力配置下的合作原

---

① 李步云、汪永清:《中国立法的基本理论和制度》,中国法制出版社,1998,第336页。
② 张千帆:《宪法学导论》,法律出版社,2003,第376—377页。
③ 李步云、汪永清:《中国立法的基本理论和制度》,中国法制出版社,1998,第344页。
④ 〔法〕狄冀:《宪法论》,钱克新译,商务印书馆,1962,第133页。

则。中央与地方的立法机关正是在此消彼长的长期合作、交流和妥协过程中,逐渐寻找二者关系的切合点。

市场经济下多元利益主体共存、利益诉求千差万别的现实,致使中央与地方出现利益诉求存有差异的问题。市场经济下的多元利益关系需要法律规范的有效调整,统一的市场经济规则无法回应多元利益的诉求,"不同法律的供求状况不同,以及法律规范在不同地区、行业、组织中的不同规定,实际上就是法律权利围绕不同主体所形成的不同关系组合,其实质也是一种权利博弈"。[①]当具体到立法领域,权利上的博弈往往导致权力上的博弈,再加上我国针对地方立法的权限规定仍然比较模糊,地方立法在依靠自己因地制宜的优势、弥补统一法则无法兼顾不同利益诉求不足的同时,也难免会突破立法权力划分的界限,盲目追求地方性经济利益,从而违背统一法制的原则,逾越既定的立法权限,导致很多实际问题的发生。比如,在地方立法先行先试、中央立法在后的情况下,就很容易发生地方以"试验田"的名义而越权立法、地方立法与中央立法相抵触的情形。同时,由于近年来我国部门规章和政府规章大量膨胀,立法中利益冲突现象严重,中央与地方在立法关系上仍然呈现"剪不断,理还乱"的局面。多年来我国中央地方权力分配和运作中的种种负面现象,使我们看到宪法和立法法在权力关系处理上捉襟见肘,越权立法屡禁不止,法规间位阶冲突问题频频出现,地方立法中的扩权争权现象有增无减。因此,从中央到地方,不同法律效力的法律规范在相互配合构建一体化法律体系、协调有序地发挥各自的规范作用上,就存在很大的隐患,不利于我国法制的统一与实施。

我国立法权由中央和地方分别实施,虽然《立法法》的颁布为划分两者的界限提供了原则依据,但是在具体立法事项时,往往难以区分。尤其是地方立法可以就"地方性事务"立法的概念也相当模糊。这种情况下,如何在维护我国法制统一的前提下,准确把握地方立法的合理空间,既要给其留下自主、理性立法的余地,不束缚其在改革开放和经济发展中勇于尝试和创新的手脚,又要避免其地方立法权力的滥用、误用,约束其在地方利益鼓动下的立法冲动,就有必要建立专门的后评估制度对地方立法进行有效的审查,及时遏制地方立法中存在的错误立法、越权立法、狭隘的地方利益立法等现象。

---

① 赵小宁:《中央与地方立法的经济分析》,《甘肃高师学报》2003年第8期,第21—23页。

基本结论：在我国单一制法治国家的架构下，法制统一的原则与中央、地方立法分权的现实实践决定了先地方再上升为国家立法的"由下而上"的立法模式，以及人大与政府双重立法的机制。地方立法与中央立法相冲突、相抵触和不相一致的现象是难以避免的。而地方立法后评估制度，恰恰为我们提供了维护法制统一，及时纠正地方先行立法的偏颇与局限，建立地方与中央和谐立法关系的一种途径。

4. 和谐法治——评估对立法、执法与守法的价值所在

社会的发展与进步期待着法治秩序的建立，中国的发展更加迫切地需要建立一个法治国家，作为其政治体制、经济体制改革的保障。我们所讲的法治，"其核心问题是依法办事。同时，它作为一种治国的思想、方式和体制，又直接涉及政治体制与司法制度"。[①] 法治国家就是指"主要依靠正义来治理国政与管理社会从而使权力和权利得以合理配置的社会状态"。[②] 和谐法治社会的建设，关系到共同构建法律体系一体化的各个元素自身的健康发展与系统内各元素之间的良性互动，即立法、执法与守法能够和谐共生。在"地方"这个有限的视域中，上述必要性将表现得更为迫切。

地方法律体系是我国整个法律体系的重要组成部分，个体与局部的发展样态关系到整体的发展态势。基于法律体系一体化的立场，地方立法也应从"立法、司法、守法"一体化的整个法律系统[③]的要求出发，不仅要研制出地方性法律文本，而且在研制法律的同时顾及司法与守法的可能。立法的优劣将首先决定执法与司法的成效与成本。

首先，良性立法是"良法之治"的必要前提和决定因素。法治建设强调"有法可依"，"法"自身的状况将决定"依"的方式和方法。好的立法应当运用并体现特定社会历史环境制约之下的先进的立法技术，正确地反映社会发展的现实需求，较好地平衡诸多利益冲突，既不会因太超前于时代而丧失存在的客观基础，也不会因滞后而阻碍执法机关的依法执法，在具有稳定性和一定程度的合理预见性的基础上，具有可操作性。这样一部法律便有利于实践当中的执法与司法，法律的既定目标和法律实效更容易得到实现。立法的规模、数量、质量对执法和守法有着至关重要的影响。

---

① 沈宗灵主编《法理学》，北京大学出版社，1994，第185页。
② 张文显主编《法理学》，法律出版社，1997，第241页。
③ 倪正茂：《法哲学经纬》，上海社会科学院出版社，1996，第868—878页。

另外，立法对司法或执法成本问题的关注能够使立法的资源配置更合理科学，避免短视行为，使立法的效益能顺延至其后的阶段。苏力先生认为："在立法时考虑资源配置追求效益最大化时，更应当注重立法后司法执行的费用和收益……立法时的一个重要考虑因素就是必须估算执法和司法是否可行、是否便宜，费用和受益之比是否比采取其他措施的费用收益之比要大，这就是适用于立法自身和立法对社会生活、经济生活的效益原则。"①相反，制定不良或没有兼顾后期执法与守法的立法将会对执法与守法产生不良影响，既妨碍执法工作的正常开展，也阻碍立法本身作用的发挥。

其次，执法是法律效力得到切实执行的必要环节和实现途径。我们说一项法律是有效的，绝不仅仅指其得到了权力机关的发布与施行。正如法律现实主义学者阿尔夫·罗斯所认为的，"有关一项法律规范有效的定论，是就司法判决者的行为态度而言的。那些规范之所以有效——即在执法官员的心目中的确起到了影响作用并在解决法律争议时得到了适用，乃是因为执法官员认为这些规范具有社会约束力"。② 因此，可以说，正是执法者的执法、司法者对法律的正确理解与恰当运用赋予了法律以真正的生命，这是法律真正获得有效性的关键。以充分的、理性的、依法但避免僵化的方式来执法，立法者的立法本意才极有可能得到充分的理解和时代性的阐释，正是执法者才将法律由书面的法变为"行动的法"或者"活法"。同时，执法者工作在法律的第一线，最容易发现既有立法的不足，他们的反馈意见和实务反思，往往是法律的立、改、废工作开展的基本动因和实证来源。

最后，一项法律的有效性必须同其在社会秩序中的实效区别开来。这种实效既取决于法律所适用的那些人是否遵守法律规范，也取决于法律运用的结果与法律所追求的价值目标是否吻合。在某个具体领域，公众守法的意识与观念应当建立在对法律适用于该领域的必要性与有效性确信的基础之上；反过来，公民的确信与守法行为也会增加法律在该领域内的有效性。确立法律忠诚意味着公众对法律及法律效果的信任与认同，对法律规范的自觉遵守和维护，能够将法律规定的义务内化为自己的行为准则。正

---

① 苏力：《市场经济对立法的启示》，《中国法学》1996年第4期，第29页。
② 〔美〕E. 博登海默：《法理学、法律哲学与法律方法》，邓正来译，中国政法大学出版社，1999，第333页。

像哈特所指出的那样："只有当足够多的人对法制规范尤其是宪法的根本规范采取一种'内在立场'时，法制才可能长期稳定地存在。"[1] 对某一规范采取内在立场意味着对该规范的承认，认为其是一种有约束力的行为标准，行为自愿地以此为指导，而不在每一个别情况下考虑遵守或违法规范时可能带来的利与弊；同时，不是合乎规范的行为给其个人带来的好处或者偏离规范的行为给其造成的损害，而是其他原因对人们在具体情况下遵守规范起着决定性的作用，这就决定了立法与公民守法之间注定有某种互动的关联。一方面，立法必须顾及公民的守法水平。法律是规范公民行为的行为规范，公民作为法律实施的主体，其文化素质、心理素质越高，法律意识越强，则法律的实施效果就越佳。如果法律的制定和实施，不考虑公民的主观需要或现有的法律意识水平，制定出来的法律缺乏必要的社会认同感，公民对法律的认知和把握度低，法律的贯彻实施就会遇到重重观念性障碍，最终难以发挥效力。因而，在中国法律现代化进程中，决不能仅以立法数量的多寡和立法规模的大小作为衡量法律现代化的标尺，而必须根据成熟的主客观条件或营造法律现代化所需要的主客观条件来制定和实施法律。另一方面，立法自身的完善是确保法律公信力、维持公民守法水准的一个重要保障。因此，良法的制定对于培养公民对法律的信仰和忠诚有着不可替代的塑造和引导作用。

基本结论：立法、执法与守法是一体化的法律体系中不可或缺的三要素。立法目的、执法目标与守法价值的同步实现，才称得上是和谐立法，也才算是和谐法治。地方要实现三个环节的良性互动、和谐共生，通过"回头看"的形式有针对性地审查、审核和评价法律。作为事后评价制度，立法后评估提供了一种全新的更为有效的手段，通过将立法、执法和守法全部纳入立法后评估的视野，更有利于以一体化的方式来考察法律体系一体化的三要素，促进三者及时发现自身不足，促进三者之间的良性互动。

（二）功能定位

建立地方立法后评估制度，之所以有着迫切的现实需求，一方面是因为立法发展到一定阶段，提高立法质量是其必然选择，另一方面也是为该

---

[1] H. L. A. Hart（1961），"The Concept of Law"，转引自〔德〕米歇尔·鲍曼《道德的市场》，肖君等译，中国社会科学出版社，2003，第117页。

项制度特有的制度功能所决定。

1. 立法方面，通过对法规规章的立法技术、制度设计等做出评估，为地方立法的修改、废止提供依据，提高地方立法的质量和水平

近些年来，随着我国法律体系的健全完善，法律教育的专业性、职业化水平提升，以及法律实践部门整体素质的提高，在立法工作中，对于合宪与法治原则贯彻得相对较好，但是立法的民主性和科学性程度，与发达的法治国家比，还是有不小的差距。这也和我国条块分割、各自为政、部门利益显著的行政管理体制有很大的关系。我们的立法，部门利益痕迹明显。集中体现为，法律条文的起草往往是先由相关的行政部门起草，再提交立法机关审议、通过。在立法过程中，民众的意见反映得较少，缺乏刚性的公众参与的程序，如听证、专家论证等。在条文通过后，也没有定期评估、修正的制度，往往等出现问题时再被动地找原因、找对策。

立法后评估制度，可以在程序上完善现有的立法机制。第一，它是一种自我纠偏机制的实现。人的有限理性决定了成文法的滞后性，要提高立法质量，需要通过不断的自我审视、评估和修正来实现。第二，立法后评估制度是对立法程序的完善。立法程序不仅仅包括立法前调研、条文的形成、起草稿审议、修改、通过、公布等几个环节，还包括立法后的评估和修订、废止环节。长期以来，我们国家在立法上重视条文公布前的起草环节，而忽视了对条文在实践中的操作情况进行调研、反馈、评估、修正的环节。立法后评估制度，通过对后续环节的重视和强化，可以完善现有的立法程序。第三，立法后评估制度，是对科学发展观关于立法工作要求的贯彻落实。科学发展观，是坚持以人为本，全面、协调、可持续的发展观。科学发展观对于立法工作的要求，即是加强地方立法，提高立法质量。立法后评估制度，通过形成民主、科学的立法机制，通过对现有立法的修正，使科学发展观关于立法工作的要求得以贯彻实施。第四，立法后评估制度，可以使立法与时俱进，切实可行，提高地方立法的实效性。法律的生命在于实践，一部法有效力不代表其具有实效。只有与所调整的社会关系相契合，符合社会现实，制度设计合理，实效性才较强。立法后评估制度，通过及时的反思、修正，可以提高地方立法的实效性。第五，立法后评估制度可以提高立法技术水平和立法的前瞻性。立法后评估制度，通过对一些立法指标的分类、立法微观技术的研究和细化，在提高立法技术水平的同时，也提高了立法前瞻性。总体上，地方立法后评估制度，可以对地方立法的修订、废止提供比较科学、准确的依据，提出较为系统、全面的建议，提高地方立法的质量和水平。

2. 执法方面，通过对法规规章的执行情况进行评估，考量执法成本、执法措施的现实度，为执法现状提供相对客观的评判依据

立法的目的在于实施。实践中，法规规章执行困难或者执法不到位，有体制不顺、缺乏利益平衡机制等相当复杂的原因。其中，法规规章本身没有充分考虑执法成本、没有充分赋予有力的执法措施、没有充分综合权衡相对人的承受能力和维权能力等，也是造成我国"执法难"的重要原因之一。

立法后评估制度，通过对法规规章执行情况的评估，可以考量执法成本、执法措施的现实度，为执法现状提供相对客观的评判依据，进而通过改进，使立法更具有可操作性。首先，通过立法后评估可以提高执法效率。立法后评估制度，可以提高立法质量，使所立之法更贴近社会现实，更能反映社会管理的现状，使法规规章中"恶法"的比例下降，"良法"的比例得以提升，从而更容易被实施和遵守，提高执法效率。其次，通过立法后评估可以降低执法成本。执法是有成本的，在我们国家执法成本偏高，是执法实践的常态。其中有体制不清、机制不顺方面的原因，立法技术水平偏低、法规规章制定不科学、与实践脱节、难以操作则是另一个重要的因素。由于法规规章制定得不够具体或者不符合实际，使执法实践中执法人员自由裁量权过大，滥用职权，引发诉讼的现象时有发生。另外，规定前后矛盾，缺乏可行性论证也导致多头管理、依法打架的情况出现。诸如此类的立法上的缺陷，使执法成本大大提高。通过立法后评估制度，完善立法，能够给执法活动以科学的指引，进而避免执法资源浪费，降低执法成本。再次，立法后评估可以提高执法人员对法规规章的认同度。自1978年改革开放以来，我国法制层面的建设取得长足进步，立法数量屡创新高，立法涵盖了社会管理领域的方方面面。然而，与法制层面建设逐渐完善形成鲜明对比的是法意识层面建设的止步不前。一个国家的法意识要得以形成，首先是从法律实践人员开始，进而向普通的民众推进。遗憾的是，我国的社会现实是，作为最直接法律实施者的执法人员，经常都对所实施的法规规章缺乏信心。造成这种现象很重要的原因是，立法规定与实践脱节，难以操作。根据课题组的调研，执法人员对法规规章规定的不认同，以及批评指责，在实践中是时常发生的现象。但是，作为执法人员，他们又不得不对自己并不认同的法规规章照章执行，因为这是工作需要。课题组认为，这种矛盾，对国家法意识的培养是极其不利的。通过立法后评估制度，将基层执法人员纳入评估体系中，使立法能反映执法现实，可以在很大程度上提高执法人员对所立法规规章的认同度，进而提高所立之法的实效。

3. 守法方面，通过考察法规规章被公民的认知程度，其被遵守的程度，来分析法规规章的实施效果以及与立法、执法的相关性

《宪法》以国家基本大法的形式，规定了中华人民共和国的一切权力属于人民，并规定了人民对于国家事务的平等的广泛的参与权力。① 近些年，随着依法治国、法治政府建设的推进和不断深化，民主立法、开门立法成为新时期法治建设的热点。② 民主法制建设，很重要的一方面，就是要在立法过程中充分听取民意，将群众意见反映到立法决策当中去。立法后评估制度，正是开门立法的一项重要举措。立法后评估制度需要公民以主体意识参与其中，通过考察公民对法规规章的认知程度，分析法规规章的实施效果。其次，立法后评估制度，有助于促进公民法律意识的提高。如前所述，法意识层面建设，很重要的一块，是普通民众法律意识的提高。法律意识的内容包括对法的本质、作用的看法，对自己权利和义务的认识，对法律的评价和解释，对现行法律的要求和态度，关于法律现象的知识以及法制观念等。立法后评估制度，使公民有机会在评估过程中参与其中，进行学习、调查、研究，了解立法过程，对法规规章的制度设计有更深刻的理解，并表达自己的观点，形成互动，从而把对法规规章的外在被动接受转化为内在主动需求，进而提高自身法律意识。再次，立法后评估制度，可以促使公民自觉守法。立法后评估制度，不仅能实现立法纠偏、执法到位的目标，也能间接地对守法状况做出评估，并对其不被遵守的主客观原

---

① 《中华人民共和国宪法》第二条第一款："中华人民共和国的一切权力属于人民。"第二款："人民行使国家权力的机关是全国人民代表大会和地方各级人民代表大会。"第三款："人民依照法律规定，通过各种途径和形式，管理国家事务，管理经济和文化事业，管理社会事务。"

② 2002年1月，我国政府有关部门第一次举行全国性的行政决策听证会，至今各地举行的各类听证会达数千次。2005年7月，《物权法（草案）》向社会公布征求意见；2005年9月，全国人大常委会举行历史上首次立法听证会，就《个人所得税法》修改听取社会建议；2006年3月，《劳动合同法（草案）》也向社会公布征求意见。具体内容见《理论热点连载十二：由开门立法谈起》，2006年9月25日，人民网，http://theory.people.com.cn/GB/40557/68689/70875/4853009.html。

因做出判断，进而寻找到促进和保证守法的对策与措施，达到让公民自觉守法的制度目标。

四　地方立法后评估制度的基本规范

（一）地方立法后评估的类型

按照不同标准，立法后评估可以分为不同类型：按照评估的内容来分，可分为专项制度评估和文本全面评估；按照评估的依据来分，可分为法定评估和非法定评估；按照评估的时间来分，可分为定期评估和不定期评估。从实务应用角度出发，课题组根据现行法律规定和已有工作实践，按照后评估制度的依据来源和实施评估的期间为标准，以定期评估和不定期评估作为分类。

1. 定期评估

定期评估是指由法律、法规、规章或者规范性文件规定，该法整体或其中的某项具体制度，在一定的期限之内，由特定机关实施评价，并建议该法或者某项具体制度是继续适用还是做出相应修订、废止的制度。从我国现有的实践来看，主要包括以下三种：

一是无法定期限的定期评估，即法律、法规、规章要求应当对文本或者设定的某项制度进行定期评估，但并未明确具体期限和时间的评估制度。如《行政许可法》第二十二条规定："行政许可的设定机关应当定期对其设定的行政许可进行评价；对已设定的行政许可，认为通过本法第十三条所列方式能够解决的，应当对设定该行政许可的规定及时予以修改或者废止。行政许可的实施机关可以对已设定的行政许可的实施情况及存在的必要性适时进行评价，并将意见报告该行政许可的设定机关。公民、法人或者其他组织可以向行政许可的设定机关和实施机关就行政许可的设定和实施提出意见和建议。"《行政许可法》的这一规定，可以说是国家层面立法后评估制度法律化的一个标志。

二是有法定期限的定期评估，即法律、法规、规章规定应当对其自身或者其设定的某项制度定期评估，并且具有实施期限（日落条款）的定期评价制度。在日落条款所规定的期限前，要对该具体制度或法规规章进行评估，以决定其是否需要延续。此种类型在我国立法实践中并不多见。《行政许可法》中有关规章设定行政许可一年后需要重新评估的有关规定，可以算作一例。2001年，在香港特别行政区，在《版权条例》通过时，由于社会各界争议很大，香港政府在条例修订中引入失效条文，即明确该条例两年后失效，以此促使政府检讨后再向立法会提出修订。总体来看，一般立法中只有少数法案有"日落条款"。①

三是非法定的定期评估，指具有法律、法规、规章制定权的国家机关，依据国家有关文件要求，形成日常工作制度，规定在法律、法规、规章实施一定期限后，对其进行评价，以提出进行修改或者废止的建议。这种评估可以是某一部法律、法规、规章，也可以是某一类，甚至所有的法律规范性文件。对于非法定的定期评估，各地方已经有所实践，但是通过规范性文件形式确立这项制度的做法，并不多见。

课题组认为，本市在立法后的定期评估制度取得实践经验和逐步完善的基础上，可以将该项制度通过规范性文件的形式先确立下来，使之成为地方立法中必须遵循的一项主要制度，并将立法后评估工作的开展作为地方立法工作的内容之一，确定每年需要进行评估的地方性法规和规章目录。

2. 不定期评估

不定期评估是指根据情势变化，由具有法律、法规、规章制定权的国家机关决定，临时动议对已经制定的法律、法规、规章所进行的立法评价。这是目前运用最为广泛的一种立法后评估制度。

在地方立法实施后，由于实施的环境出现变化，使得具体条文需要及时做出调整。我们将这种环境表述为"情势变化"。从地方来看，具体包括以下几个方面：一是上位法出台和修改后，下位法的有关规定与之相抵触的；二是国家机关、公民、法人和其他组织提出的立法修改与废止书面建议（包括人大和上级行政机关的备案审查建议、行政机关的复议决定或法制监督建议、人大代表的书面意见、政协提案、司法部门的司法建议、媒体报道、社会公众的书面建议等），反映地方性法规、规章规定中的立法缺

---

① 有"日落条款"的国家，多用于一些对抗恐怖活动、袭击必须紧急立法，而且该法为保护国家安全，可能会影响市民的各种自由时，政府为了让市民安心，并且在将来再细心审议条例，故此才会加上"日落条款"。先授权政府解决国家现时的危险，再企图立法。例如，美国政府在"9·11"袭击后，马上立法扩大政府收集资料及监听情报的权力，但为法案设定限期，要求国会在限期前立法延展法案限期，否则法案自动失效。国会就得以在限期前检视有关法例，考虑应否维持政府的庞大权力。这才是"日落条款"的真正目的。

陷与修改建议的；三是实施主体、对象、标准等发生变化，地方性法规和规章未同步与之调整的；四是根据我国参加的国际公约、国际条约及国际承诺书的要求，以及配合国内某项重大改革举措，原有地方性法规和规章的规定与之不相适应的。根据这些变化，有立法权的国家机关应当及时启动立法后评估。

目前不定期评估的一种常用方式是由国家统一部署的突击性立法清理活动。包括全面清理和专项清理两种。从更广泛的意义来讲，有权机关在进行法律适用或解释中会对地方立法的合法性加以评估和判断，以决定是否要做延伸性解释，这种评估和判断也可以理解为地方立法的不定期后评估。

（二）评估主体

关于立法后评估的主体，在实践中，可能承担这一角色的有很多，有立法机关、政府法制机构、执法机关（实施机关），或者是专业性的机构等。那么究竟哪一个主体是合法的主体，又是最适合当前我国的现实情况和法律体制的，需要我们做进一步的研究。

课题组认为，总体上，可以将评估主体分为两大类：评估责任主体和评估实施主体。"评估责任主体"是指依照法律规定和基本法理，应当承担起评估的职责，同时又具备评估职权的主体。根据这一定位，评估责任主体就是该项法律、法规、规章的制定主体。因为，理论上讲，立法后评估作为立法制度中的有机组成部分，是法律、法规、规章制定机关行使立法权的一个组成部分。

但是在实践中，评估主体并不宜过分集中于制定机关一家操作，这既有工作量、专业技术方面的考量，也有如何使后评估能够更全面、客观、有效、公正地实施的因素。因此，需要另外明确一个"评估实施主体"的概念。关于评估责任主体与评估实施主体相分离的情形，两者之间是什么关系？有一种观点认为是一种授权行为，即评估责任主体授权实施主体完成立法后评估。课题组经研究后，倾向于认为两者之间为委托关系。主要理由：一是，评估的启动权并未因此而转移给评估实施主体；二是，评估实施主体是多元的，由评估责任主体根据评估的实际需要，选择一个或几个主体实施；三是，评估的结果，仍只有评估责任主体有权处理。据此，课题组将"评估实施主体"界定为：受评估责任主体委托，承担立法后评估具体事项的单位或者组织。

1. 评估责任主体

就地方立法而言，评估责任主体是有地方性法规制定权的地方人大及其常委会、有政府规章制定权的地方人民政府。由其做评估，符合法理，对该法律文件评估后所带来的修改、废止等效果更加直接。

全国人大常委会于 2006 年 8 月 27 日通过的《各级人民代表大会常务委员会监督法》规定："各级人民代表大会常务委员会参照本法第九条规定的途径，每年选择若干关系改革发展稳定大局和群众切身利益、社会普遍关注的重大问题，有计划地对有关法律、法规实施情况组织执法检查。"国务院《全国推进依法行政实施纲要》中也要求"制定机关要定期对规章、规范性文件进行清理"。尽管执法检查、清理与立法后评估不完全等同，但其基本目的和功能相同，均是了解法律文件的执行是否存在问题，法律文件本身是否存在缺陷，等等，因而可以适用到立法后评估上。

鉴于此，地方人大及其常委会、地方人民政府作为地方法律文件的制定机关，有权而且也便于定期对实施的规章进行主动评估，履行立法后评估的责任，及时修改或废止与上位法抵触、与其他法律文件"打架"、与经济社会发展规律要求不符、不利于维护人民根本利益的法律文件。

根据目前实践中的缺陷，在具体评估的操作程序上，建议地方人大及其常委会或地方人民政府领导要经过一定层次的会议、会文程序后做出决定，对每一项立法后评估，都能明确委托相关的单位或者组织具体承担评估实施的工作。

2. 评估实施主体

评估责任主体可以根据评估工作的需要，有选择地委托下列机构或者组织，具体承担评估的实施工作。

（1）由地方人大各专门委员会或地方人大常委会法制工作机构，对地方性法规实施评估

地方人大各专门委员会在地方立法过程中，负责地方性法规的初审，对其中建立的制度和所针对的问题有比较充分的掌握，也具有较强的组织和专业人员优势。对于该项法规的实施，有比较充分的渠道了解具体情况和社会公众的反应。由地方人大常委会法制工作机构实施评估，可以发挥其立法技术上的优势，以及在实施统一审议的具体工作中所具有的公正客观性的优势。

(2) 由地方人民政府法制机构实施政府规章的评估

通过政府法制机构实施政府规章的评估,有以下几点优势:政府法制机构是规章的草案审核部门,对立法过程比较了解,掌握原条文的含义和目的,便于发现问题和缺陷;政府法制机构没有自身利益,相对来说地位较为独立,有利于从客观的角度去评估;政府法制机构有一支比较专业的队伍,能为评估质量提供较好的保障。

(3) 由执法机关即实施机关实施地方性法规、政府规章的评估

我国目前的立法受制于部门主导的立法体制,决定了法律、法规、规章的实施机关从调研、起草、完善、送审到付诸实施都参与其中,由此,法律文件的执法机关对该立法的方方面面都非常熟悉和了解。而对一部立法进行评估,具备较为完备和纯熟的专业知识是有效评估的一个前提和基础。从这个角度考虑,立法的执行机关(实施机关)更加具有优势。其次,无论行政立法后评估采用何种方式和途径,由其实施机关进行评估是一种自我评估的制度,便于及时发现实施中的困难和问题,能提出有效的意见和建议。但是,这种模式也因自我评估的局限,有时难以做到完全客观和公正,部门利益在评估过程中会或多或少地体现出来。

(4) 由专业性的社会机构实施评估

由专业性的社会机构实施地方性法规和政府规章的立法后评估,符合"中立客观"的原则。与"内部评估"相比,专业性的社会评估机构具有专门知识和与社会公众有天然联系两方面优势,有利于提高政策评估的科学性、民主性。在社会沟通方面,专门性评估组织更能够接近社会基层中直接受政策法规影响的人群,更容易听到群众的真实呼声,更能深刻体会到法规、规章所产生的实际效果,从而能保证立法后评估的客观真实性。其不足是对前期立法准备工作以及整个立法过程并不了解和熟悉,对文本的理解有可能停留在表面。目前,第三方评估机构的中立性和专业性越来越被重视,并开始得到有权机关的委托或邀请参加。

除此之外,来自新闻媒体的评估和民间通过互联网进行的自行评估也被泛化地包括在评估主体范围之内,其评估结果作为民意的体现也能够得到有权机关一定程度的重视。

(5) 由专门成立的评估机构或评估小组实施评估

对于一些重大的地方性法规、政府规章的后评估工作,可以组成专门的评估机构或工作小组具体实施。该工作机构或工作小组的人员可以由法

律文件制定机关人员、执法机关人员、专业机构人员以及相关利益关系人等组成。采取这一"混合型"的模式,一方面可以在评估实施主体上,保持相对的独立性;另一方面可以在选择或者产生具体评估工作人员时,综合考虑人员的专业性,实现知识与能力的互补。其不利的方面是,实施成本比较高,牵涉的部门或机构较多,协调工作量大。

综合分析来看,考虑到我国目前的社会经济发展状况和法治状况,以及各个模式的利弊,课题组认为:在选择立法后评估的实施主体时,可以根据地方性法规规章涉及的领域或者评估工作的需要,选择委托上述五种不同实施主体中的一个或者几个。例如,对于专业性不是很强,又是常规性的立法后评估工作,可以由法制工作机构与执法机关合作实施;对专业性较强、实施过程中争议较大或者涉及民生等内容的某个法规规章进行立法后评估,可以由专业性的社会机构或者选择成立专门评估小组的形式实施。

(三) 基本程序

地方立法后评估的程序是关于评估主体开展评估时应当遵循的方式、步骤、顺序、时限的规则,其对取得正确的评估结论起着重要的保障作用。通过分析研究,课题组归纳出以下基本程序,供实践参考。

1. 确定评估实施主体

通过这一程序,评估责任主体将立法评估的具体工作委托给评估实施主体,一方面可以明确这项工作的承担主体,另一方面可以使实施主体的评估工作获得正当性,便于其开展具体调查、评估分析工作。具体方式上,可以由评估责任主体通过发文、公告等,明确评估实施主体、评估目的、基本要求。

从目前实践来看,评估责任主体(即立法者)委托给其所属机构或者其他机关开展评估,一般没有正式的委托手续,不发文、不公告,从而缺乏责任与权利的明确界定。课题组认为,对这一程序有必要"精细化"、规范化。

2. 制订工作方案

评估实施主体接受委托后,需要制订具体的评估工作方案。设计评估方案,就是根据评估指标和被评估对象,在进行实际评估之前,对立法后评估总任务的各个方面进行通盘考虑和安排,采取有针对性的评估途径,最终目的是获取评估指标。立法评估的具体工作方案包括：评估内容、评估指标、评估方法、评估的时间安排与工作阶段、经费保障、组织保障等。

设计评估方案可以遵循以下三个基本原则：一是实用性原则，从立法后评估需要和评估主体的主客观条件出发，慎重设计评估方案；二是时效性原则，立法后评估往往具有很强的时间性，设计评估方案必须充分考虑时间效果；三是经济性原则，设计评估方案必须努力节约人力、物力和财力，力争用最少的人、财、物和时间的投入，取得最大的评估效果。

3. 做好基础性资料收集

基础性资料收集，即收集法律、法规、规章实施过程中产生的各种与法律条文相关的信息。具体包括：一是，党中央和国务院的有关决定、政策；二是，上位的和相关的法律、法规、规章及相关规范性文件；三是，相关法律立法部门做出的立法解释；四是，执法部门的执法统计；五是，行政复议案件、行政诉讼案件；六是，人大代表、政协委员的意见；七是，新闻媒体的报道；等等。

4. 调查问卷设计

根据评估目的和定量分析的要求，要设计针对性强的调查问卷表格。针对不同的调查对象、受访群体，可以设计多个调查问卷。围绕被评估法规规章实施中可能出现的问题，调查对象可以包括行政机关、市民、行业协会等。问卷的内容，可以是客观题，也可以是主观认知题。在设计问卷时，应当考虑随机问卷调查和定向问卷调查等不同的调查方式。定向问卷调查可以针对与法规规章实施关系密切的人群，主要是与法规规章实施相关的人员，设计相应的调查问卷，了解他们对制度的感受，请他们谈法规规章实施的效果。随机问卷调查的设计主要考虑评估市民对法规规章的接受程度、守法程度等内容。

5. 开展实证调查

实施实证调查是立法后评估中最重要的环节。为了保证评估结果的客观、真实、准确，需要有科学的实证调查方式和途径。课题组主要采取以下方式开展实证调查：通过对实践中的做法进行归纳、总结和分析，归纳出网上征求的意见；专家论证会；利益相关人的座谈会；听取社会中介机构、行业协会等专业组织的意见；各种书面建议的评估；行政实施部门自我评估；听证会；公众问卷调查；典型个案分析；统计数据分析；等等。

6. 形成评估报告

立法评估分析是根据党中央、国务院的方针、政策以及上位法、相关法律法规，结合评估方案所确定的评估指标，评估实施主体分析总结调查取得的数据、资料，综合运用法理分析、比较分析、成本效益分析、系统分析等方法，对评估对象做出客观评价的过程。

得出评估结论，是评估工作的直接目的。从这个意义上说，评估报告是整个立法后评估工作完成的标志。评估报告可以由以下基本要素构成：一是评估的预定目标与主要评估方法；二是对评估对象的基本评价、主要成效；三是评估对象存在的主要问题，包括不良后果；四是对主要评估指标的具体分析；五是相关制度的具体评价；六是评估结论与建议。

根据评估报告的结论，应当就被评估对象提出相关的立法建议，包括：保持原状、修改、重新拟订、废止、制定或完善配套文件等。建议修改的，应该提出修改的目标、原则及修改的主要内容并说明理由。

五 评估指标体系

评估指标体系是立法后评估制度的重要组成部分，是反映立法文件是否需要修改、废止的检验标尺。课题组认为，完整的评估指标体系是根据被评估内容，通过科学的评估途径，构建一组反映立法现实状况的相关评估指标。

（一）建立评估指标体系的指导原则

评估指标体系是立法后评估工作的依据，同时，也科学地反映立法的基本要求和客观规律。建立规范的评估指标体系，应坚持以下原则：

第一，体现党和国家对立法的基本要求。党的十七大报告指出，"立法质量和法律的社会效果都要受到实践的检验。要总结多年来的经验，更加注重立法质量"，"认真研究新情况、新问题，增强法律的针对性、实效性和操作性，以更好地发挥法律促进经济社会发展的功能作用"，"立法工作必须坚持走群众路线"，这些具体的要求不仅是对立法工作的指引，也是建立立法后评估指标体系的基本原则。

第二，主观性与客观性相统一的原则。立法后评估应当同时具有对立法客观状态评估和公众主观认知评估的功能。课题组设计的指标体系，既有反映立法文件客观状态的评估指标，比如合法性、合理性、技术性、协调性、专业性等，也有反映公众对立法实施情况主观认知的评估指标，比如实效性、成本效益、社会认同等。

第三，应然性与实然性相统一的原则。立法后评估是立足于现实条件和法律实施效果的分析，通过对法的实然性的认知来评价立法目标、立法价值等应然性的实现程度，进而发现立法中的问题或者法律实施中的症结所在。因此，指标体系必须将应然性与实然性两者很好地统一起来，才能使后评估得出更全面、更科学的结论。

第四，普遍性与特殊性相结合的原则。立法文件所调整的社会关系纷繁复杂，因此，指标体系既要对共性的制度进行评估，也需要对特别的制度进行评估。课题组设计被评估内容时充分考虑了普遍性与特殊性的结合，立法基本规范、具体行政行为和其他行政行为是立法文件所普遍设立的规范，而专业管理制度则是部分立法文件可能会涉及的特别内容。

第五，可操作性原则。在建立指标体系时力求做到指标的项目内涵明确、表述简洁、重点突出，同时，还需要有较好的可测性和可操作性，具备现实调查评估的条件，便于定量或者定性分析。

（二）被评估的内容

由于每一部法规规章的条文内容都是不同的，所以我们不可能为每一部立法设计一套指标体系。但为了分析、概括、比较的评估需要，应当总结立法中共有的属性，归纳其共性的内容和规则，设计一套能被普遍适用的指标体系。课题组经过综合分析，将立法中需要做评估的主要内容归纳为四部分，即立法宗旨原则和价值取向、共同行政行为、专业管理制度及立法基本规范四类。

1. 立法宗旨、原则和价值取向

立法宗旨、原则和价值取向看似比较抽象、原则，但其内涵非常丰富，体现了立法的原因和目的，以及所要达到的目标，为立法指明方向和提供依据，所以，每一部立法的宗旨、原则和价值取向都与立法中具体的制度设计同等重要，甚至决定了制度设计的模式，其他各条款都是围绕实现立法宗旨、立法价值取向而制定。因此，在立法后评估中，立法宗旨、原则和价值取向，应当作为一个主要内容进行评估。在评估中有两个层次：第一，评估立法宗旨、原则和价值取向是否符合公正、平等、自由、秩序等基本理念；第二，评估立法文件实施过程中，是否做到有利于立法宗旨的实现，具体制度设计是否违背立法宗旨、原则和价值取向的规定。

2. 共同行政行为

此处的共同行政行为，是指具有行政权能的组织或者个人基于行使行政职权或履行行政职责而实施的，直接影响到行政相对人一方权利义务的行为。在各类立法文件中，通常表现为具体的行政程序设计、行政监管措施、行政惩戒手段等。因此，地方立法基本都涉及共同行政行为的规范。根据共同行政行为的效力，我们可以将其分为刚性行政行为和柔性行政行为。刚性行政行为有行政许可、行政处罚、行政强制、行政征收、行政征用等，柔性行政行为有行政指导、教育措施、行政规划、行政奖励、行政合同等。根据共同行政行为的属性，我们可以将其分为决策类行政行为、执行类行政行为和救济类行政行为。决策类行政行为有行政决策、行政规划等，执行类行政行为有行政许可、行政处罚、行政强制、行政指导等，救济类行政行为有行政复议、行政监督等。这些共同行政行为已成为立法文件中经常性，甚至是必要性的规范，其在地方立法中的实践意义已不容忽视，因此也具有评估的必要性。评估内容包括：实施主体是否具备法定条件；设定是否符合法定权限；基本规范和程序的设定是否合法；法律责任是否合法合理；等等。

3. 专业管理制度

随着立法的专业化、精细化、科学化发展，以及立法所调整的社会关系的日益纷繁复杂、分工细密，立法已不再停留在简单地运用法律概念进行权利义务分配，规定管理者与管理相对人的行为规范的阶段，越来越多的经济学、工程学、公共管理学、社会学等专业概念、专业标准、专业制度出现在立法文件中。因此，专业管理制度自然应当成为立法后评估中极为重要的被评估内容。

4. 立法基本规范

立法基本规范分为两方面：一是立法程序，指具有立法权的国家立法机关创制、认可、修改和废止法律和规范性法律文件的程序或步骤。因此，评估主要针对立法主体的权限和立法的具体程序与步骤是否合法。二是立法技术规范，即按照立法原则、法学原理和立法惯例，制定立法文件中涉及的结构安排、文字运用的基本规则、模式、方法和技巧。比如，立法名称的表述、立法体例的安排等。

（三）评估指标

评估指标是指标体系中最为核心的内容，是对被评估内容进行定性或者定量反映的标志。课题组经过认真研究拟将评估指标分为两级，第一级指标包括合法性、合理性、实效性、技术性、协调性、专业性、成本效益和社会认同等八项指标，下文对第一级指标及其所包含的第二级指标进行分类阐述。

1. 合法性

从本质上讲，合法性是立法文件必须符合客观规律、充分反映民意、科学理性、基本价值理念等。从形式上讲，合法性是立法文件必须符合立法权限、符合立法程序、不违背上位法的规定等。具体可分为四个指标。

（1）立法依据合法。立法依据作为立法形式要件的全部意义在于说明"立法"这种要式行为中立法权的来源、效力位阶，它是立法行为合法性的证明，而非内容合法性的证明。就创制性立法而言，其权源来自《立法法》，就实施性立法而言，地方性法规的立法依据一般存在于法律之中，而政府规章的立法依据，可以是行政法规或者地方性法规。

（2）符合法定权限。考察地方立法是否符合法定权限，即考察其立法主体的立法权限是否符合宪法、地方各级人民代表大会和地方各级人民政府组织法和《立法法》中的相关规定，是否违背法律保留原则、法律优先原则等。比如，依据《立法法》的规定，税收法律制度属于全国人大立法权限，地方立法就无权规定税收法律制度。又如，以饱受争议的上海私家车车牌拍卖措施为例，这个立法权限应当归属中央还是地方所有？根据我国现行的立法实践，与机动车管理有关的立法权由中央统一行使，以保证法制统一。而城市交通管理，由于具有很强的地方特点，与地方城市道路交通的历史、现状、文化等息息相关，解决交通拥堵的"城市病"，由地方行使立法权，实行差别化管理更能达到良好的管理效果。因此，上海的地方性法规完全符合法定立法权限。

（3）符合法定程序。在法理学意义上，程序既是实体的保障，同时具有独立于实体内容而存在的价值。评估地方法是否符合法定程序，要看其是否符合《立法法》、《行政法规制定程序条例》和《规章制定程序条例》中规定的有关地方法的程序性规定，包括法规、规章的立项、起草、审查和审议、决定和公布等；要看地方立法过程中是否吸纳了公众的民主参与，即立法程序的民主合法性，看其是否采取了座谈会、论证会、听证会等多种形式，广泛听取了有关机关、组织和公民尤其是基层组织、基层群众的意见。目前从形式上看，违反法定程序的地方立法基本没有，但是，在民主参与程序中仍然存在一些问题。比如，劳动合同法修正征求意见创纪录地收到55万条意见，虽然地方立法的影响力不会如此之大，但是一些关涉公民切身利益的地方立法在征求意见时，也已经越来越受到公众的关注，如何处理这些公众意见，相关法律法规中没有明确规定。又如，对公众的意见，立法机关是否认真处理了，是否给予了反馈。这些问题都需要各个地方自己形成制度予以规范。在此基础上开展的立法程序评估，才更有价值。

（4）立法内容合法。立法内容的合法性，又被称为实质合法性，是指法律自身价值目标的正义性和法律内容的正统性。[①] 立法权的运用过程中对法的内在合法性的关怀应主要包括价值正义和内容合法，前者偏重于对法本质的正确认识与对立法内容正当性的考察，后者偏重于地方立法内容的来源合法，比如，立法内容是否与上位法的规定相抵触，是否符合基本法理。仍以上海私家车车牌拍卖措施为例，如对其进行内容合法性评估。作为上位法的《道路交通安全法》，虽然其中规定申请机动车登记应提交五种证明，并没有拍卖牌照的规定。但《道路交通安全法》主要是由公安交警部门组织实施的，围绕道路交通安全方面的专门立法，对于道路交通通行权并无规定，因此，由地方立法在道路交通通行方面设定许可并无不可，只要严格遵循《行政许可法》的相关规定即可。

2. 合理性

对立法文件进行合理性评估，是立法后评估中非常重要的一部分。课题组经总结认为，在进行合法性评估的基础上，应当同时进行合理性方面的考量，其指标主要有以下几个方面。

（1）目的的正当性。即考量立法机关在立法以及制度设计时，在主观上是否出于正当的动机，在客观上是否符合正当的目的。具体来说，一要符合公平、正义的基本价值观念。社会生活的基本价值体系，是国家法律秩序的基础和最高准则，法律制度的设计必须符合这些基本价值观念。二

[①] 有关"正统性"（Legitimacy）的概念，请参见曹刚《立法正统性及其合理性问题》，《中国人民大学学报》2002年第4期。

要符合人民的根本利益。在宪法视野下，作为法律规范正当性的立法目的只有一个，即符合人民的根本利益，这是每一部具体法律规范立法目的的价值基础。三要符合社会公共利益。在肯定和维护公民个人权利的同时，也必须承认政府增进社会福利、维护公共安全和社会公共利益等公益的重要性。因此，公益也是立法目的正当性之所在，甚至为了达成后者，国家可以通过法律对公民个人权利予以适当的限制。"衡量任何一种思想观点、活动以及制度、事业是否合乎正义的最终标准就是看它是否促进社会进步，是否符合最大多数人的最大利益。"[1] 这一指标的重要考察对象是政府的规制性措施，比如，行政征收、行政强制等。这些行政行为会对公民私有财产或者人身自由产生严重的不利影响，为防止行政权力的滥用，必须对设定这些措施的立法目的进行评估，重点考察其是否符合公共利益的需要。

（2）最小侵害性。即当有多种同样能达成目的的方法时，立法机关应选择对公民正当权益侵害最小的一种方法。在评估中可以从两方面考量：其一，当"相同有效"的措施中存在禁止性措施与负担性措施时，应以负担性措施代替禁止性措施。因为，禁止性措施意味着剥夺了实施某种行为的自由，对"个人权利"的损害程度最大。而负担性措施，则是个人获得实施某种自由的代价。比如，限期改正、暂停资格、限量供应等。对于附负担行为，只要个人完成了指定的负担内容，仍然可以恢复被限制的自由。其二，当"相同有效"的措施中存在强制性措施和指导性措施时，应以指导性措施代替强制性措施。其三，当"相同有效"的措施，均不涉及公共利益时，以不侵犯私权利的自由为选择。

（3）平等对待。我国《宪法》第三十三条第二款规定了公民的平等权，并且多处体现了平等原则。作为基本权利，应当同种情况同种对待，不同情况不同对待。概言之，平等对待原则实际上要求立法机关在立法时要杜绝一切不合理的差别，而要承认一些合理的差别。所谓承认一些合理的差别，即立法应当考虑对弱势群体的倾斜保护。因为，在市场经济的发展中，会出现某些利益群体、阶层处于弱势的情况，社会的健康运行需要考虑这种强弱的态势，立法应当对这种情况做出一定的合乎法律规范的干预。在平等保护各方利益的同时，向弱者适当倾斜。比如，各地在残疾人保护、青少年保护、妇女儿童保护等方面的立法，均有相关的差别保护政策。因

---

[1] 沈宗灵主编《法理学》，高等教育出版社，1994，第50页。

此，在评估中，该项指标包含了平等对待与差别对待两方面的内容。

（4）符合公序良俗。法律应当维护并阐释其所处时代的基本道德准则和公序良俗，并尽可能确切地反映民族的基本价值观。如果立法规范无法符合这一标准，会使法律的价值弱化，并在社会民众心目中失去权威性，市民不遵循法律的行为就会在社会中找到合理观念的保护或掩饰。"一种不可能唤起民众对法律不可动摇的忠诚的东西，怎么可能又有能力使民众普遍愿意遵从法律？"[①] 公序，指公共秩序，是指国家社会的存在及其发展所必需的一般秩序；良俗，指善良风俗，是指国家社会的存在及其发展所必需的一般道德。因此，立法符合公序良俗，并不是说立法要去固定一些"潜规则"。近期，社会上因道德滑坡而出现多起令人心寒的事件。解决"见死不救、见危不助"的问题，破解"英雄流血又流泪"的悲剧，成为社会热议的话题。给"见义勇为"立法，就属于符合公序良俗的立法，能提升社会的正能量。

（5）与改革的同步性。要发展就要改革，而改革又势必要突破现状，也可能会触到现有法律规范的底线。如果现有的法律规范会成为社会改革的阻力和障碍，那就是"恶法"，即便有法律效力也是不合理的，对这种有违改革目标和理念的不合理做出评估并按照与改革要求相同步的理念提出修改设想，是十分必要的。比如，自2012年初率先在上海开始试点的"营改增"改革，将由上海市分批扩大至北京、天津、江苏、浙江、安徽、福建、湖北、广东和宁波、厦门、深圳10个省、市，但与此同时，要达到改革共识，扩大试点范围，就应该对增值税进行立法，让改革更加成功，更加符合民意要求和法治要求。

3. 实效性

实效性是指所制定的立法文件在其具体实施过程中所带来的社会效果，也就是设计的制度在实施中的实现程度。我们拟采取以下四项二级指标来评价立法的实效性：行政执法的有效性、守法的有效性、与社会经济发展的相适应性、专业管理制度的有效性。

（1）行政执法的有效性。行政执法的目的是实现立法意图，具体实施法规规章的规定，使法律规范的要求在现实生活中得以实现，促使社会活动按照法定规则运行。反之，行政执法触及的各种社会利益更直接，立法

[①] 沈宗灵主编《法理学》，高等教育出版社，1994，第166—170页。

水平的高低也直接影响行政执法的质量和效率。因此，行政执法作为行政管理的主要手段，最能反映立法文件在实施中出现的各种问题。课题组认为，行政执法的有效性在整个实效性评估中占有特别重要的地位。就全国打击非法营运方面的立法来看，均没有为"打黑车"执法提供一套有操作性、可执行的执法程序与取证规则，这就造成了现实中要么执法低能或者执法无能，要么违法取证。这就是立法中没有解决好行政执法的有效性问题。

（2）守法的有效性。任何一个社会，法律实现的最主要形式乃是法律的遵守，因为法律不是靠单纯的强力来实现的，如果每一个法律规范都要借助于执法活动才能实现，那么法律制度的实现必然是低效益的。因此，法律制度的有效实现离不开公民对法律的自觉遵守，而公民对法律的自觉遵守又是以公民的守法意识为主观心理基础的。由此可见，公民的普遍守法既是法律制度高效实现的表现，也是法律制度高效实现的重要条件之一。曾讨论得沸沸扬扬的"武汉地铁禁食令"就因为守法有效性的问题而夭折，在地铁上吃东西，这既是当下快节奏城市生活的生动体现，也反映出当下公众面对的现实压力。即使政府强行出台了相关的禁令，也会因为公众的普遍违法而导致法不责众，立法目的无法落实，法规长期"沉睡不醒"。同样的例子还存在于不少城市颁布的"禁摩令""禁电令"中。

（3）与社会经济发展的相适应性。立法文件设立的制度只有与政治、经济、社会、文化发展相适应，才能够真正发挥作用，才能实现规范社会关系的功能。否则立法的目的必然落空，还有可能带来其所未能预料之后果。比如，2002年颁布实施的《中国公民出境旅游管理办法》规定，根据上年度全国入境旅游情况确定本年度出国旅游人数安排的出国人数总量控制制度，该制度与我国的经济发展不相适应，大大落后于出国旅游市场的发展，造成该规定从出台之日起就没有被实际执行。因此，立法后评估必须考察立法文件与社会经济发展的相适应性。

（4）专业管理制度的有效性。专业管理制度的有效性强调的是设计该制度时的目标和要求被转化为现实，并对社会产生积极的规范促进作用。为此，在考察专业管理制度的有效性时，不仅要关注该制度的要求转化为现实的结果，更要关注该制度的要求如何高效益地转化为现实的过程。比如，在节能立法中有公共机构能源消耗定额制度，在评估时就需要着重了解该项制度在实施过程中是否达到了推动公共机构节约能源的目的。

4. 协调性

我国立法长期以来受"先粗后细""成熟一部，制定一部"的指导思想影响，立法机关也没有制定合理可行的立法规划的习惯，制定法规规章具有较大的随意性和盲目性，使得立法缺乏连贯性和协调性。而且，立法往往是"政出多门"，部门立法痕迹很重，增加了法规规章之间不相协调的可能性。立法之间的协调性是以合法为前提的。这里不包括违反《立法法》的规定下位法抵触上位法的情况，这属于合法性范畴应当研究的问题。评估立法之间的协调性可以考虑下列指标。

（1）相关同位法之间的协调性。在地方立法后评估中，我们需要评估地方性法规与部门规章、部门规章与地方政府规章之间以及地方性法规之间、地方政府规章之间立法的不协调性。比如，《上海市产品质量监督条例》与《上海市消费者保护条例》在立法目的上虽然不完全相同，但两者都是为了保护用户和消费者的合法权益，维护社会经济秩序，因此，在立法内容上就容易产生交叉之处，如在立法时考虑不周全，就会产生不协调性，产生执法冲突、多头管理的弊端。

（2）配套规范性文件的协调性。对地方性法规、政府规章做出特别规定，要求制定配套性规范性文件的（其中既有授权的，也有规定义务的，还有既授权又设定义务的），应当评估配套性文件与法规、规章的协调性。比如，《上海市停车场（库）管理办法》第十八条规定："道路停车场管理者确定的办法，由市交通行政主管部门另行制定。"在对《上海市停车场（库）管理办法》进行立法后评估时，就必须对市交通行政主管部门依据该条制定的规范性文件一并评估，考察两者是否存在冲突，是否有不相协调的地方。目前，法律的配套制度同步实施的情况做得普遍不好。比如，《政府信息公开条例》第三十七条规定："教育、医疗卫生、计划生育、供水、供电、供气、供热、环保、公共交通等与人民群众利益密切相关的公共企事业单位在提供社会公共服务过程中制作、获取的信息的公开，参照本条例执行，具体办法由国务院有关主管部门或者机构制定。"但是，大多数部门至今未做规定。

（3）立法文件与其他公共政策之间的协调性。在现代社会，公共政策已经成为一种权威性的社会价值和利益分配方案和手段。公共政策具有适时性和创造性，能够及时地适应急剧变化的社会环境，反映新生的社会利益的合理诉求。公共政策这种与时俱进的品格往往成为法制创新的动因。

在评估立法文件与公共政策之间的协调性时，应当根据公共政策的指引适时地废止一些过时的法律规范，确认和保障一些新生的利益，合理地调整利益格局。各地每五年均会制定本地区的经济和社会发展规划以及一批各领域的专项规划，这些规划包含了重要的公共政策，因此，评估时应当注重与新近颁布的各种规划的衔接。

5. 立法技术性

立法技术对立法质量以至对于立法的实施，包括执法和守法有非常直接和重大的影响。立法技术是指"依照一定之体例，遵循一定之格式，运用妥恰之词语（法律语言），以显示立法原则，并使立法原则或国家政策转换为具体法律条文之过程"。[①] 经本课题组总结，技术性指标可以包括以下几个方面。

（1）文本结构的完整性。一般来说，法律规则有假定、处理和制裁三部分构成。在立法实践中，法律规则的这三个要素完全集中在一个法律条文中的情况，并不普遍。普遍的是三个要素分别存在于不同的法律条文中，因此，在整个立法文本中，前后条文之间应当相互呼应，完整体现这三部分的内容。避免"三缺一"或者"三缺二"的情形，造成法律制定出来以后难以执行和适用。假定是法律规则中指出适用这一规则的前提、条件；处理是法律规则中具体要求人们做什么或禁止人们做什么的那一部分；制裁是法律规则中指出行为要素承担的法律后果的部分。

（2）内在逻辑的严密性。法律都是用自然语言来表达的，而自然语言中的词都具有一个特点，即词的意义及其所指称的对象在范围上既是相对确定的，又是相对不确定的，在核心地带是确定的，在边缘地带是不确定的。所以，在立法中法律用语的使用应该做到逻辑严密，立法必须不断地明确法律概念的界限，以降低法律用语的不定性。

（3）语言表达的准确性。在立法中，对于概念的表述要准确，概念之间没有矛盾，前后一致；文字简洁易懂，内容没有重复；语言表达具有可操作性，法规、规章没有错字、别字；语言使用规范，不自创词语；句子结构准确，主谓宾搭配妥当；标点符号使用规范。

[①] 刘永华、许迎华：《建立地方立法质量评价体系的构想》，载陈柳裕主编《2006年浙江发展报告：法治卷》，杭州出版社，2006。

6. 专业性

专业性，主要是基于立法规范所调整领域专业的不同而产生的。在每一部地方立法中，专业性都不同程度地会有所体现，典型地体现在所立之法的专业技术规范、专业技术标准等管理制度上。对专业性管理制度，应当评估以下指标。

（1）科学性。科学性是对专业管理制度的基本要求。而且，随着科学技术的进步和发展以及认识世界的不断深化，有关专业性内容的法律规定需要随之做相应调整，不能使专业管理制度的建构滞后于社会实际。比如，1994年颁布的《上海市城市道路桥梁管理条例》中明确，桥梁安全保护区域的具体范围是"桥梁垂直投影面两侧各十米至各六十米范围内的水域或者陆域"，该范围是按照当时工程建设活动的特征，结合本市的土层结构等因素确定的。然而，工程建设活动的特征经过十几年的发展已经发生了很大的变化。大型公共建筑和超高层建筑等复杂结构形式在上海不断涌现，工程建设活动的影响范围已超过了过去桥梁基础所确定的安全保护范围。为此，专家建议将桥梁安全保护区域的上限定为80米，便是一例。

（2）可操作性。强调专业管理制度的运用必须与社会实际相一致，不仅要避免专业管理制度滞后于社会实际，也要防止专业管理制度过于超前于现实社会，导致制度本身的空转，造成不必要的社会浪费，或者政府强行推进该制度运作，付出代价太大而得不偿失。因此，对专业管理制度的评估，不仅要注重其科学性，还必须考量其可操作性。比如，在《上海市建筑节能条例》的制定过程中，对新建建筑强制安装太阳能热水系统的要求，就充分考虑到现实的可操作性。从科学性角度来讲，安装太阳能热水系统是节约能源的有效措施，但是从现实可操作性来讲，考虑到七层以上住宅的安装成本与安装技术尚不能全面推广，因此，对六层以下住宅，规定建设单位应当统一设计并安装符合相关标准的太阳能热水系统，对七层以上住宅，则是鼓励建设单位设计并安装太阳能热水系统。

7. 成本效益

立法所设计的制度要实施，是有成本的，也是可以做效益衡量的，但成本与效益并不一定成正比。"良法"一定是能节约施法成本与守法成本，有利于百姓，为社会带来多种效益的制度规范。本课题组认为，成本效益指标主要包括以下一些指标。

（1）执法成本。一项立法的实现往往需要有执法机构和执法人员的日常监管予以保证。执法成本是公共财政支出的重要部分，它包括执法部门的运作与执法人员的工资待遇等成本支出、日常执法所需的装备、执法活动中的必要支出、执法人员的培训成本等。在相同的效力实现度前提下，执法成本越低，说明立法越好。比如，《上海市建筑垃圾和工程渣土处置管理办法》中对建筑垃圾和工程渣土实行卸点付费后，通过经济杠杆，避免了乱倒渣土的情形，有效降低了执法成本。

（2）社会成本与社会效益之比。法的社会成本，即社会为遵守法律规范而必须付出的成本。法的社会效益则涵盖了经济、社会、文化、生态等各个方面的价值主张，同时必须考虑长远、未来利益，是各种效益的综合体，对于社会成本与社会效益之间的平衡协调就是要求达到一种边际均衡的状态，从社会综合效果看，就是在较少的社会成本之下获得各种效益达到最优化的程度，从而使法律在调节各方效益时展现出更大的适用性。在考虑社会成本的时候，尤其要注意考量中小企业的生存与发展成本。改革开放30多年来，中小企业发展迅速，成为我国经济社会发展中的重要力量。尽管中小企业在我国国民经济发展中功不可没，但是，在立法过程中，往往忽视中小企业的利益，造成其发展的瓶颈与障碍。因此，在立法后评估中正确认识中小企业发展的现状和所面临的问题，对于促进我国国民经济健康可持续发展具有十分重要的现实意义。

（3）守法成本与违法成本的比较。公民选择守法，是因为一旦遵守法律能够得到比违反法律更多的利益，守法的成本低而收益大，反之，如果公民的守法成本大于违法成本，那从理性人的角度考虑，人们往往会选择违法，这样的制度设计，其合理性就值得反思，就需要调整。这一问题在环保方面的立法上表现得较为突出，比如在水污染防治问题上，一些企业严格按照国家的法律办事，依法承担治理水污染的责任。在这个过程中，企业必然要上设备，要有投入。但是，违法企业如果根本没有按照法律的规定去承担相应的责任，事后又不会受到法律制裁，那就会变相鼓励企业违法。

（4）管理制度的投入与产出。投入与产出应用在商品生产领域上是非常准确和直观的，但是，在法律制度或者专业管理制度的运作中，如何考量投入与产出则是非常复杂的。特别是衡量制度的产出效益，需要运用法经济学的一些原理，综合分析现实的经济效益与间接的社会效益。

8. 社会认同

立法文件的社会实效不仅意指其在实施过程中所带来的客观结果，同时也要包括公众对该部立法文件的认知和自觉遵守情况。只有当社会公众对该部立法文件采取认同的态度，具体法律制度才能得到有效实施。研究公众对立法的认同度，可以考虑以下指标。

（1）对基本制度的知晓率。立法的一个目的在于将法律条文化为每个公民的守法实践，以法律来规范自己的行为。这就需要公众对相关法律内容有所了解，不要求一定要掌握具体条文，但必须知晓相关法律制度的规范及禁止性规定。从公众对立法中基本制度的知晓程度，可以从一个侧面判断出这部立法的实现程度。

（2）对立法制度的认可度。在知晓基本制度的基础上，还必须分析公众对立法制度的认可度和信任度。我们常说要树立法律的权威，其实根本问题在于要使公众从内心能够真正信仰法律，这就需要设计的立法制度取得公众发自内心的认可。而且，如果公众对立法制度采取认可的态度，则其不仅自己会守法，还会积极地护法，形成全社会维护法律尊严的氛围。

（3）对行政执法效果的评价。行政执法效果是行政执法机关和行政相对人之间行政法律关系的综合考评，应该是双向的，即行政执法行为所产生的效果既会对行政执法机关产生影响，亦会对行政相对人产生影响。一般来讲，行政执法效果好说明两者之间的关系比较协调，行政相对人对行政执法持赞同、支持态度，国家能够低成本地实现管理职能；反之，则说明两者的关系相对紧张，行政相对人对行政执法抱有抵触情绪，国家管理成本则较高。

（4）自我守法情况的评价。法治社会里，法律不仅是公民行为的规范，而且已经成为公民生活的"必需品"。如果公众自觉地将法律的要求内化为自己的行为，就恰恰体现了该法律制度的社会认同度高，这样的制度在实施过程中肯定是低成本和高效益的。

（四）指标获取的方式

为了能够最大限度保证指标的客观性，进而提供一个最接近真实情况的立法状况图景，还需要对不同指标的获取方式进行设计与分析。

1. 网上征求意见

网络所涉及的广度和深度都是空前的，带来的影响也是巨大的，网上征求意见疏通了政府与民众联系的渠道，意味着政府部门期待立法能够最大程度上反映民意、集中民智。这种良性互动对于推进民主立法，提升立法后评估的效能，更好地为公众服务将产生积极意义。或许，在网上征求公民意见，在意见反映的代表性方面，可能还存在一定的局限，但毕竟是一部分公众意志的反映，是倾听民众声音的一个途径。从目前立法实践来看，网上征求意见已经是开门立法普遍采用的方式之一。现在只是将这一方式延伸到立法后评估领域而已。

2. 专家论证会

专家论证会，是指由相关学科专家对某部地方立法的全部内容或者某项制度集体会诊，形成专家意见，并提出具体解决方案。国务院《全面推进依法行政实施纲要》也明确指出，要实行立法工作者、实际工作者和专家学者三结合，建立健全专家咨询论证制度。由于目前咨询中介组织的建设并不完善，因此，建议评估主体建立相关的专家库，涵盖地方立法所可能涉及的各个方面，如法学、经济学、社会学等。

3. 利益相关人的座谈会

与普通公众不同，利益相关人是与该项地方立法有着更加直接联系的社会成员。对于该项地方立法具体执行中的问题，例如守法和违法成本，对于行政执法部门的执行情况有着直观的认识。因此，直接听取利益相关人的意见，是立法后评估的重要方面。但从目前的实践来看，这也是立法中较为薄弱的环节，需要采取相应的方法加以改进。

4. 听取社会中介机构、行业协会等专业组织的意见

社会中介机构、行业协会等专业组织是代表成员企业利益，在企业与政府之间发挥"桥梁"和"纽带"作用的民间组织。随着我国市场经济体制的日益完善，政府职能的转变和管理方式的调整，社会中介机构、行业协会在实现成员企业的行业自律、自治、代言行业利益方面将发挥越来越重要的作用。鉴于此，在立法后评估中，将社会中介机构、行业协会等专业组织作为单独的主体进行调查咨询，是十分必要的。从国外的做法看，在立法与决策中，社会中介机构、行业协会等专业组织被认定为行业利益的权威代言者，属于必须或者指定听取意见的组织。虽然我国行业协会的发育还不充分，不够成熟，但通过让其多参与立法决策和代言行业利益，可以不断提高其能力，矫正其角色和立场。

5. 各种书面建议的评估

对于立法中的缺陷和问题，在实施中必然会通过各个环节反映出来，社会公众的意见会通过各种书面的途径反馈给立法机关或者执法机关。在立法后评估阶段，对这些来自方方面面的零散建议进行评估，是不可忽视的一项任务。这些书面建议主要来自：一是人大代表、政协委员的书面意见；二是人大、上级行政机关的备案审查意见；三是行政诉讼中的司法建议书、行政复议与行政执法监督中的法制建议书；四是公民、法人和其他组织的书面建议；五是新闻媒体的报道。

6. 行政实施部门自我评估

行政实施部门自我评估是指地方性法规、规章的实施部门以及其他协同实施部门，在执行该法规、规章的过程中，对执法状况、实现程度、执法成本效益等开展的评估。由于地方立法由这些行政部门来执行，他们对于法律具体执行中的问题，比如执法成本、执法难易程度等有着切身的感受，相较于其他途径更能提供第一手资料。当然，实施部门也会因为利益关系的牵涉而不能保证其完全客观地评估，需要我们在运用这部分信息时注意与其他评估信息的综合分析与对比，以保证其可信度和客观性。

7. 听证会

"听证"一词始于普通法系，其基本精神是以程序公正保证实体公正。目前，听证会作为实现程序公正与实体正义的重要民主途径，被广泛运用于立法、政策决策、行政许可、处罚、强制等具体行政行为，信访、复议等救济行为中，不少都已有国家大法的依据。因此，在立法后评估中，引入听证会是顺理成章的事。

8. 公众问卷调查

进行问卷调查，首先要明确问卷调查的目标。按照地方立法内容的不同，问卷调查的目标也有所不同。问卷调查具有内容针对性强、重点突出、样本科学、对象全面、既可做定性评价更可做定量分析等特点，能与网络征求意见、听证会座谈会等方式形成良性的互补。虽然问卷调查的人力和财力成本会增加，但这是值得付出的。

9. 典型个案分析

案例往往能暴露立法中的制度缺陷。因此，对已经发生过的案例进行分析评估，是很有价值的现成后评估资源。在司法审判、行政复议、执法监督的过程中，必定会通过执法、守法的环节，发现立法所存在的种种问题。为此需要行政机关或者立法机关在平时注意积累相关案例,提供给评估实施主体,由其对案例进行法理分析、科学论证。

10. 统计数据分析

行政机关的管理数据、执法部门的执法数据、监督部门的数据,以及受立法内容调整的企业经营情况统计等,都是立法后评估中的客观依据。因此,相关部门应当建立健全相关数据的统计工作,在立法后评估时,由评估主体自行或者委托专门单位进行统计分析。

(五) 评估指标的运用和实现

根据评估工作的特点,课题组倾向将八项立法后评估的指标,划分为两类:第一类,我们称之为必评指标(必选动作),即每一项地方立法后评估,必须对这些指标进行评估,其中包括合法性、合理性、实效性、协调性、立法技术性指标;第二类,我们称之为选评指标(自选动作),即评估主体可以根据被评估地方立法的具体内容与实际需要,选择这些指标进行评估,其中包括专业性、成本效益和社会认同指标。

1. 合法性指标

合法性指标主要适用于评估立法宗旨、原则和价值取向、共同行政行为和立法规范三个领域,专业管理制度本身并不会存在合法性问题。

在对立法宗旨、原则和价值取向的合法性指标评估时,一般可以采取网上征求意见,专家论证会,利益相关人座谈会,听取社会中介机构、行业协会等专业组织的意见,对书面建议的评估,公众问卷调查等途径。在对共同行政行为的合法性指标评估时,一般可以采取除统计数据分析外的其他所有调查途径。在对立法规范的合法性指标进行评估时,一般可以采取网上征求意见、专家论证会、对书面建议的评估、公众问卷调查、典型个案分析等途径。

2. 合理性指标

鉴于合理性评估是对合法性前提下的适当性做出评估,因此,主要适用于立法宗旨、原则和价值取向以及共同行政行为两个领域。虽然,专业管理制度也存在合理性问题,但是考虑到专业管理制度的合理性与此处研究的法律制度的合理性范畴不一致,评估方式也存在差异,因此,适宜从专业性角度单独考量。

对立法宗旨、原则和价值取向以及共同行政行为合理性的评估方法是多元的，可以通过各种途径进行广泛的调查。课题组所归纳除统计数据分析外的9种方式，均可以适用于合理性评估。

3. 实效性指标

实效性指标可以适用于评估共同行政行为和专业管理制度两个领域，而立法宗旨、原则和价值取向以及立法基本规范并不存在实效问题。

实效性指标的评估，需要听取不同方面的多种声音，尝试多种途径，这样才能最为广泛、客观地反映法规规章在实践中运行的实际情况。因此，课题组所归纳的10种方式，均可以适用于实效性指标的评估。

4. 协调性指标

协调性指标可以适用于立法宗旨、原则和价值取向、共同行政行为和立法基本规范三个领域，专业管理制度并不能通过协调性指标进行评估。

对立法宗旨、原则和价值取向、共同行政行为和立法基本规范协调性的评估方法也应当是多元的，可以通过各种途径进行广泛的调查。课题组所归纳除统计数据分析外的9种方式，均可以适用于评估协调性指标。

5. 立法技术性指标

该指标主要考察的是立法技术水平，因此，主要适用于立法基本规范这一领域。

由于技术性指标的评估需要评估者具备较强的立法专业知识，因此，网上征求意见、听证会等主要针对普通公民的调查方式，可能无法达到预期的效果，而专家论证会，行政管理部门的自我评估，听取社会中介机构、行业协会等专业组织的意见等途径会更具有针对性。除此之外，各种书面建议中可能也会涉及立法技术的具体建议。

6. 专业性指标

专业性指标主要考量的是专业管理制度的技术水平及其科学性和可操作性，立法宗旨、原则和价值取向以及共同行政行为并不存在专业性考量的问题，所以，该指标仅适用于专业管理技术这一领域。

对专业管理制度的专业性评估，需要评估者具备较强的专业知识背景，对该专业领域的技术发展有较深的了解，因此，听证会、公众问卷调查等主要针对普通公民的调查方式，可能无法达到预期的效果，而专家论证会，行政管理部门的自我评估，听取社会中介机构、行业协会等专业组织的意见等途径会更具有针对性。为保证该项指标获取过程的广泛性，可以补充以网上征求意见、对书面建议的评估这两种方法。

7. 成本效益

成本效益指标主要适用于共同行政行为和专业管理制度两个领域。

由于成本效益分析需要大量基础数据，有的还通过数据模型进行演算，因此，基本采取专家论证会，听取社会中介机构、行业协会等专业组织的意见，行政管理部门的自我评估，统计数据分析这四种途径进行。

8. 社会认同度

社会认同度指标主要适用于立法宗旨、原则和价值取向、共同行政行为和专业管理制度三个领域。

这一指标考察的是法规规章在公民中的认知和认可程度，因此，调查对象主要是普通百姓，调查范围应当具有广泛性。课题组建议，可以采取网上征求意见、听证会、行政相对人的座谈会、公众问卷调查的方式进行调查。

综上所述，以上调查方案的选择可以用表1进行概括性描述：

表1 立法后评估的指标

	立法宗旨、原则和价值取向	共同行政行为	专业管理制度	立法基本规范
合法性	1、2、3、4、5、8	1、2、3、4、5、6、7、8、9、10		1、2、5、8、9
合理性	1、2、3、4、5、6、7、8、9	1、2、3、4、5、6、7、8、9		
实效性		1、2、3、4、5、6、7、8、9、10	1、2、3、4、5、6、7、8、9、10	
协调性	1、2、3、4、5、6、7、8、9	1、2、3、4、5、6、7、8、9		1、2、3、4、5、6、7、8、9
立法技术性				2、5、6、7
专业性			1、2、4、5、6	
成本效益		2、4、6、10	2、4、6、10	
社会认同	1、3、7、8	1、3、7、8	1、3、7、8	

注：1、2、3、4、5、6、7、8、9、10分别代表所采取的评估方法（1. 网上征求意见；2. 专家论证会；3. 利益相关人的座谈会；4. 听取社会中介机构、行业协会等专业组织的意见；5. 各种书面建议的评估；6. 行政部门自我评估；7. 听证会；8. 公众问卷调查；9. 典型个案分析；10. 统计数据分析）。

六　评估结果的应用与处理

立法后评估工作结束后，评估责任主体即立法机关应当根据评估报告和相关建议，及时对评估结果做出如下处理。

1. 明令废止

经评估确认有违法情形的，地方性法规、政府规章的制定机关应当做出予以废止的决定。需要明令废止的情形主要有：

（1）主要内容与上位法相抵触；

（2）已被新的地方性法规或政府规章代替；

（3）所依据的上位法已被明令废止或者宣布失效；

（4）主要规定超越制定机关立法权限；

（5）主要规定明显不适当或者不具有操作性；

（6）管理部门已经被撤销，且没有新的管理部门履行其职能；

（7）制定违背法定程序。

2. 宣布失效

经评估确认已不再发生效力的，地方性法规、政府规章的制定机关应当宣布失效。需要宣布失效的情形主要有：

（1）适用期已过；

（2）调整对象已消失；

（3）主要内容已不符合社会经济文化的发展实际。

3. 及时修订

经评估确认只需要进行部分修改就能够继续有效实施的，地方性法规、政府规章的制定机关应当及时进行修订。需要予以修订的情形主要有：

（1）个别条款与上位法相抵触；

（2）监管事项已消失或者监管方式已改变；

（3）部分内容已不符合社会经济文化的发展实际；

（4）国务院部门的有关管理权限已下放给地方政府。

4. 立法解释

经评估确认对条文的理解存在异议，通过明确其含义依然可以适用的，由地方性法规、政府规章的制定机关及时进行立法解释。立法解释与地方性法规或者政府规章具有同等的法律效力。需要做出立法解释的情形主要有：

（1）概念、定义或者文字表述在理解上产生歧义；

（2）有些规定需要进一步明确其具体含义；

（3）出现新的情况，适用范围需要做出进一步明确。

5. 编纂

在立法后评估中发现地方性法规或者政府规章存在一些纯技术性问题，制定机关可以授权同级法制工作机构（人大为常委会的法制工作委员会，政府为法制办公室）通过编纂予以技术处理，并依法报有权审查部门备案。可以授权人大法工委和政府法制办通过编纂做出技术性处理的情形主要有：

（1）用词与上位法不一致，但含义一致；

（2）管理部门调整或名称改变；

（3）文字差错；

（4）标点错误。

4. 立法后评估方法论研究[*]

【内容摘要】近年来,随着"立法后"时代的来临与立法工作重心的转移,立法后评估逐渐成为立法过程中的重要一环。作为一种应用性很强的技术手段,评估者可以通过对立法实施效果的评估来提高立法质量,支持理性的立法决策。然而,作为最近几年才兴起的一种制度,我国的《立法法》尚无相应的规定,立法后评估的具体制度也成为一个空白,致使各地方在评估内容、方法、程序等问题上存在巨大的差异,有损于评估的科学性和权威性。实践探索和理论研究的空白使得学界,尤其是立法学界对此制度的研究价值已经形成了普遍的认同。从一定意义上说,我国的各级立法主体在未来很长一段时期内的首要任务更多的不是新法的创制,而是对现行的法律法规的反思、修改与补充,而对法律法规的反思、对其实际效果的考察、对现行法律法规部分条文的修改与更正等,都必须以科学的方法论作为其逻辑工具与运作基础。本文尝试在既有的实践基础上,充分汲取社会学、公共政策分析理论、经济学和立法学的理论,将传统的立法评价(估)方法加以凝练和增益,梳理出一整套较为实用的"立法后评估"的方法,以期达到从方法论这一维度出发,丰富和完善我国"立法后评估"理论体系,使之尽快于实践中实施和展开的目的。

【关键词】立法后评估 方法论 数学分析 利益分析 统计分析

一 引言

近年来,随着"立法后"时代的来临与立法工作重心的转移,对现有

---

[*] 此文由刘迎新撰稿。刘迎新,潍坊学院法学院讲师,山东大学法律硕士。

第一章 立法后评估的理论思考

的立法进行评估逐渐引起了立法部门的重视。[1] 然而目前的立法后评估活动尚未进入一个理性化和制度化的时期,在具体评估制度的建立特别是在立法后评估方法论体系的建构上,尚未形成较为成熟的轮廓。"立法后评估"是最近几年才兴起的一种制度,国内关于该问题的研究还不是很多,有一些成果也是立法后评估制度的实践描述,相关的理论研究还比较缺乏。从这个意义上讲,许多立法机构尽管都已经形成了"立法回头看"的意识,但在回头看什么[2]和怎么看的问题上还没有一整套足以依托和以为基础的方法论体系。我国的各级立法主体在未来很长一段时期内的首要任务不是新法的创制,而是对现行的法律法规的反思、修改与补充,而对法律法规的反思、对其实际效果的考察、对现行法律法规部分条文的修改与更正等,都必须以科学的方法论作为其逻辑工具与运作基础。

我国目前对于立法后评估及其方法论的研究尚处于理论探索阶段,而国外同类制度所取得的成效已为各国政府所认同,在方法论的构建上也取得了许多引人注目的成绩。目前国外关于"立法后评估"的体系较为多元,以美国、德国、英国、韩国、日本等国家为代表,其各自建立的一套立法评价(估)系统均已运行多年且收到一定的成效。如美国行政立法的成本与效益评估最早兴起于20世纪60年代,至20世纪80年代美国行政法进入全面的"成本—效益"阶段,其中的得失经验对于构建我国的"立法后评

---

[1] 自2004年始,云南省人大法制委员会、甘肃省人大常委会、山东省人大法制委员会与重庆市人大常委会等相关部门均对其权限内的部分法律法规展开了评估研究。2005年,北京市人大常委会法制办公室组织有关部门人员对《北京市实施〈中华人民共和国水污染防治法〉办法》、《宗教事务条例》和《城市规划条例》进行了"立法后评估";上海市人大常委会选取《历史文化风貌区和优秀历史建筑保护条例》等进行了专项评估活动。其后,安徽省、海南省、深圳市等很多地方人大都相继开展了立法后评估工作。2006年底,国务院法制办公室首次启动了行政法规立法后评估研究工作,并确定了第一批包括《劳动保障监察条例》在内的评估项目,标志着立法后评估工作开始进入实质性的实验阶段。

[2] 周旺生教授认为,立法评价的内容是"对法律的功能作用、实施效果的评论估价和在此基础上对整个立法质量、价值的评论估价"(周旺生、张建华主编《立法技术手册》,中国法制出版社,1999,第499页);有学者认为,立法后评估的任务就是"发现法规实施中存在的问题,分析法规中各项制度设计的合法性、操作性和针对性,从而得到科学客观的反馈信息,以便及时修改完善法律制度,更好地发挥法律法规的规范作用"(李克杰:《立法后还要做些什么?》,《工人日报》2005年8月12日);汪全胜教授则认为,立法后评估的主要内容很多,其主要部分是对法律合法性和合理性的评估(参见汪全胜《立法的合理性评估》,《上海行政学院学报》2008年第4期;《立法的合法性评估》,《法学论坛》2008年第2期。)

估"机制具有十分重要的借鉴意义。英国的立法后评估制度是随着英国政府改革运动即从过去的政府管制到放松规制再到现代英国的有效规制而形成与发展的。通过立法后评估制度的实施，英国经济获得迅猛的发展，财政危机得以消除，20世纪90年代后期以来的英国经济明显强于80年代初期，宏观经济的稳定性是近年来英国经济好转的关键。就该项制度而言，它所具有的积极性贡献不容忽视。即使在起步较晚的韩国，也在卢泰愚总统执政时期（1988年）提出的"政府改革"措施中开始规定"绩效评估制度"的相关内容，至2000年左右，金大中政府改变了传统的绩效评估制度，发展了一种新的评估体制——制度评估。韩国政府通过实施一系列的评估制度，"政府绩效评估"、"规制影响评估"和"制度评估"几个部分互为内容，大幅削减政府规章，形成了一整套较为可行、较为完整的制度与实践。

国外的先进经验在被真正"内化"为我国的"立法后评估"制度的内容之前，我们需要在理论与实践上为这种"内化"做好充分的铺垫与准备。近几年，我国政府已经对行政立法的成本与效益方法给予了关注。2004年颁布的《全面推进依法行政实施纲要》第十七条明确提出："积极探索对政府项目尤其是经济立法项目的成本效益分析制度。政府立法不仅要考虑立法过程成本，还要研究其实施后的执法成本和社会成本。"有理由相信，成本与效益分析将会在我国行政立法，尤其是经济立法项目上得到采用。只有在既有的实践基础上，充分汲取社会学、公共政策分析理论、经济学和立法学的理论，将传统的立法评价（估）方法加以凝练和增益，才能梳理出一整套较为实用的"立法后评估"的方法。

二　立法后评估方法论研究的现实意义与理论基础

（一）立法后评估方法论研究的现实意义

立法后评估是指法律实施一段时间以后，有关政府部门、组织或人员对法律实施效果等进行评估，其目的在于找出法律在实施中存在的问题，分析其立法上的原因，从而进一步完善立法。其考察内容主要包括既成法律所取得的成效与存在的问题，目的在于更好地实施、修改完善被评估的法律、法规，并从中总结经验，为开展相关立法提供借鉴和指导。近年来我国地方政府立法表现出民主精神增强、立法技术提高、行政程序立法加强、行政立法体系日趋完善的特征，但许多方面仍存在问题。"法律冲突"现象越来越普遍，需要积极探索发现法律冲突的新机制；法律与现实生活的脱节，需要有效的制度保障法律与社会现实的协调；对"法律效力"的预期与"法律实效"实现之间的差异要求我们不仅从制度与技术的完善角度保障制定出来的法是高质量的法，还需要将它付诸实施，并考察它的实际效果。

1. 立法后评估方法的张扬与克制

任何一项立法在付诸实施以后，对其实效的考察向来不是单一的数据统计与运算所能直接认知的。一方面，社会问题与法律现象的复杂性决定了只有多元化的立法后评估方法论体系才能与之相适应；另一方面，立法后评估在其功能的实现过程中亦可能出现种种形式的价值偏离。从积极意义上看，立法后评估的结论性意见是检验立法效果的基本途径之一，亦是决定立法未来走向的重要依据。立法后评估形成的大量数据与分析将作为直接的依据和第一手资料，成为在未来的立法工作中合理地配置与整合立法资源的基础。对立法所做出的正确评估有利于促进立法进程的科学化，长远地看也是立法认识、回应和缓解社会矛盾的有效途径。与积极意义相对应的，任何一种对政策或立法的评估工作都可能出现某种价值偏离，评估本身和评估方法可能会被滥用，成为实现某些功利性目的的手段或工具，导致评估内容被有意删减和增加，评估方法也会被着意地重视或忽略，从而失去评估的本来意义。另一种可能出现的情况是以主观选择代替客观方法论标准，如博登海默所说，"先进的法律制度往往倾向于限制价值论（axiological reasoning）在司法过程中的适用范围，因为以主观的司法价值偏爱为基础的判决，通常要比以正式或非正式的社会规范为基础的表现出更大程度的不确定性和不可预见性"。①

概言之，立法后评估的功能和属性本身即要求在评估方法的选择与适用上张弛有度，既要充分突显并追求其价值预期，又要预防和避免可能出现的消极作用。在某一制度建立之初探讨其功能与局限、积极与消极可能是从理论到实践的首要问题，也是研究其现实意义的逻辑基础。

2. 立法后评估方法的能动性与被动性

吴邦国委员长在十届全国人大常委会第五次会议上强调指出："立法的

---

① 〔美〕E. 博登海默：《法理学——法律哲学与法律方法》，邓正来译，中国政法大学出版社，2001，第504页。

目的在于实施。法律制定出来以后，不是让人看看的，更不能变成只是在书架上摆摆的本本，而应该也必须真正成为依法治国的基础，成为依法行政、公正司法的准绳，成为全社会一体遵循的行为规范。"立法部门应把握社会现实的发展、环境的变化，寻找和发现法律漏洞并进而提出漏洞补充的措施，检验立法在实施过程中所产生的社会与经济效益，检验立法中各项制度和程序规定是否合理、可行，发现其在实施过程中存在的主要问题，从而对现行立法做出全面的、科学的评价，对以后法律的立、改、废提供可靠依据，提高立法质量。只有主动地对法律的缺陷、可操作性、适应性等进行全方位的检测，才能及时发现漏洞并进行修正，以实现法律价值的最大化。也正是在这个意义上，立法后评估实质上成为一种立法活动。

立法后评估方法论与一切方法论相同，亦具有其本质所决定的某种被动性，这种被动性是其与生俱来的局限性。从实践上看，方法论体系的存在只是立法后评估得以顺利展开和奔向科学性目标的必要基础，引起立法后评估从而将这一方法论体系付诸实践的原因并不是方法论本身，而是某种法律现象的出现或者立法主体的主动性参与。"主体的参与"在这里形成一个逻辑上的悖论，即方法论的主体性与工具性之间的矛盾，也就是本文所指方法论的"主动性"与"被动性"之间的冲突。一方面，"就法律工作者而言，对方法的忠诚起着自我监督的作用"，[1] 另一方面，如果法律的方法论（或者法律规则本身）具备了"单独的'精神'，那么已经意味着踏上了非理性的道路"。[2]

张扬与克制之间的选择体现了立法后评估方法论自身的优势与局限，而主动性与被动性之间的冲突则体现了立法后评估方法论的主观能动与外部界限。从方法论的现实意义这一角度看，只有正确处理好上述这两个基本矛盾，才能对立法后评估方法论的作用进行正确发挥和合理限制。

（二）立法后评估方法论研究的理论基础

1. 哲学基础

从法哲学的维度出发，立法过程及其产品在作为管理社会高效工具的

---

[1] 〔德〕伯恩·魏德士：《法理学》，丁小春、吴越译，法律出版社，2003，第294页。
[2] 〔德〕伯恩·魏德士：《法理学》，丁小春、吴越译，法律出版社，2003，第294页。

同时，也不能摆脱作为人定制度必然存在的局限与不足。[1] 而"法律的这种缺陷，部分源于它所具有的守成取向，部分源于其形式结构中所固有的刚性因素，还有一部分则源于与其控制功能相关的限度"。[2] 亚里士多德在一般性与刚性因素的问题被提出之后，已经开始为法律的这些缺陷寻找解决的方法。亚氏认为，虽然法律可以被定义为"不受任何感情因素影响的理性"，[3] 但是一个不可以被忽略的事实是：在司法时法律的刚性可能会使法律的操作性降低。亚里士多德提出用衡平的方法来解决这样的问题，这种方法也即后人所称的"法上之法"（the law beyond the law）。[4] 在这样一个历史背景下，英美法系的许多国家逐步发展形成了"衡平"法律传统，其成就和影响使得法学家们在解决法律局限性问题时目光更多地集中在"衡平"的观念和方法上。

但在大陆法系传统的国家中，"矫正"法律的任务总是很谨慎地被赋予更为传统和严谨的立法机构。"保守"的观念似乎成为多数国家如是处理的主要原因。其实，在这些国家的法律传统中，"衡平法"本身所固有的非规范性、模糊性缺陷，使得它的补充性作用变得极为有限，当然也使得立法机构在认知和处理这种"矫正"权力时采取更为谨慎的态度。尤其在中国的国情和法律语境下，不仅仅由于成文法的修改需要宪法规定的严肃性与规范性，也由于缺乏"用司法矫正立法"的可行性，[5] 我国的立法矫正工作

---

[1] 博登海默在其著作中将法律的局限性归纳为三个主要的方面：法律的时滞（time lag）问题、法律的保守倾向与法律的规范控制的限度。参见〔美〕E. 博登海默《法理学——法律哲学与法律方法》，邓正来译，中国政法大学出版社，2001，第403—404页。

[2] 〔美〕E. 博登海默：《法理学——法律哲学与法律方法》，邓正来译，中国政法大学出版社，2001，第402页。

[3] Aristotle, *The Politics*, transl. E. Barker (Oxford, 1946), Bk. I. I253a.

[4] 亚里士多德认为，法律所考虑的是多数情况，也就是一般性的问题，"法律始终是一种一般性的陈述，但也存在着为一般性的陈述所不可能包括的情形"。因此，法律往往不能适当地去应对一些特定性的案件，所以他提出"衡平"方法，并将这种方法定义为"当法律因其太原则而不能解决具体问题时对法律进行的一种矫正"。参见 Aristotle, *The Nicomachean Ethics*, transl. H. Rackham (Loeb Classical Library ed., 1934), Bk. V. x. 4.

[5] 近年来学界对于"司法的能动与保守"争论颇多，笔者以为，从对立法的矫正角度来讲，我国的"司法能动"之所以难以展开，主要原因不是其缺乏操作性，而是其缺乏可行性。基于立法与司法的分工，也由于成文法的传统，一般地说，在选择的时候应优先适用（立法的）普通规范而不是（司法的）"衡平规范"。或者可以说，"立法后评估"的立法性质既尊重和承认了成文法的严肃性与权威性，又实现了在立法机制内部的自我评估与矫正。正是从这个意义上，立法后评估在"矫正立法"这一问题下的作用明显要优于"用司法矫正立法"。

亟须一套在现有立法机制内的方法论。① 换言之，立法权需要进一步的——体制内的——"扩张"，将立法后的评估、建议和修改工作系统化和规范化，找出法律在实施中存在的问题，分析其立法上的原因，从而达到进一步完善立法的目的。从立法学的意义上，这种"扩张"的性质实际上是对立法权的进一步完善和扩充。

2. 经济学基础

在经济学维度上，经济学原理和方法的引入使得法学的理论与实践寻找到了一个可以进行"量化"操作的进路。学界经常引用的一句来自萨缪尔森和诺德豪斯的话从某种程度上阐明了经济学原理与方法的适应性与生命力——"供给和需求分析是经济学所提供的最有用的工具之一。它和瑞士军刀一样几乎可以完成任何简单的任务"。② 事实上，经济学家或法学家在探索法学领域时使用了大量、丰富的经济学原理和方法，也正是在这个背景下，20世纪60年代兴起的经济分析法学思潮迅速成为现代美国乃至西方国家一个重要的思想流派。经济分析法学的核心思想是："效益"——以价值得以极大化的方式分配和使用资源，或者说是财富的最大化，是法的宗旨。其核心的概念主要有交易成本、最大化、均衡、效率等；其具体方法除前述的"供给—需求"分析外，还包括大名鼎鼎的"成本—效益"分析方法等。经济分析法学主张运用经济学的观点，特别是微观经济学的观点，分析和评价法律制度的功能和效果，朝着实现经济效益的目标改革法律制度。

作为经济分析方法被引入的理由，波斯纳在其理论中提出，"对一项理论的重要检验"可以从三个方面入手，即"看其解释现实的能力"、"对其预测力的检验"和检验"其对现实世界进行有效干预的能力"。③ 无疑经济学的理念与方法在回答上述三个问题时表现得非常出色，其在法学领域内

---

① 杨仁寿指出："盖在狭义的法律解释或价值补充，法官的权限，不过就'法律内部的事项'而为阐释而已，而所谓'漏洞'乃属'法律外部的缺漏'，其补充即令由法官以'解释'或'裁量'为之，仍不足以济事。必须透过'造法的运动'，始能圆满填补。"参见杨仁寿《法学方法论》，中国政法大学出版社，1999，第143页。笔者以为，以中国的国情与法律环境而言，尤其针对"法律外部的缺漏"的补充工作，须由立法机构本身或其授权实行之，否则与我国立法与司法机关的权威是相悖的。

② 〔美〕保罗·A. 萨缪尔森、威廉·D. 诺德豪斯：《经济学》（下），萧琛译，中国发展出版社，1992，第635页。

③ 〔美〕理查德·A. 波斯纳：《法律的经济分析》，蒋兆康译，林毅夫校，中国大百科全书出版社，1997，第20—21页。

取得的令人瞩目的成就得到了越来越多的关注；相应的，经济学所使用的经济分析方法也日益为法学界所重视。

实践中，美国、德国等国的立法成本—收益（效益）分析与评估制度已经相对成熟，[①] 后起的韩、日等国在立法后评估制度中也引入了"绩效评估"等方法，积累了较为成功的经验。经济分析法学家们按照自己的理论体系和模式重新构建了法学的理论，这种新型的法学理论也日益在立法学[②]和立法实践中体现出来。逐渐的，"法律经济学已为政府机构和公共团体所广泛接受。例如，里根总统在1981年任命波斯纳、博克、温特等三位具有经济学倾向的法学家为美国联邦上诉法院的法官，并通过12291号总统令，要求所有新制定的政府规章都要符合成本—效益分析的标准"。[③] 波斯纳为代表的许多法律经济学家认为，"将法学、经济学、哲学结合起来建立经济法哲学（Economic Jurisprudence），从而展现了用经济学理论和方法研究、解决更重大的、具有根本性意义的法律问题的前景"。[④]

3. 政策分析学基础

作为一种新形式的立法探索，立法后评估的众多既有资源中，在形式和意义上最具同质性和可移植性的应是现有的政策分析学的理论与实践。

[①] 成本—效益分析方法的概念首次出现在19世纪法国经济学家朱乐斯·帕帕特的著作中，被定义为"社会的改良"。其后，这一概念被意大利经济学家帕累托重新界定。到1940年，美国经济学家尼古拉斯·卡尔德和约翰·希克斯对前人的理论加以提炼，形成了"成本—效益"分析的理论基础即卡尔德—希克斯准则。也就是在这一时期，"成本—效益"分析开始渗透到政府活动中，如1939年美国的洪水控制法案和田纳西州泰里克大坝的预算。60多年来，随着经济的发展，政府投资项目的增多，人们日益重视投资，重视项目支出的经济和社会效益。这就需要找到一种能够比较成本与效益关系的分析方法。以此为契机，成本—效益在实践方面得到了迅速发展，被世界各国广泛采用。很多较为发达的国家近些年来也纷纷通过法律法规的形式确立了成本—效益分析方法，如英国的《准备守法成本评估修正守则》、德国的《联邦法律案注意要点》、荷兰的《立法指导原则》、芬兰的《法律规范法》、加拿大的《联邦立法政策》等。

[②] 波斯纳的视角中把立法看作一个由竞选程序缔造的"立法市场"（market for legislation），"在其中，立法者向那些在金钱和投票上有利于他们获胜的人们'出售'立法保护"。当然，这种"立法市场"模型也存在着类似"搭便车"等各种问题。参见〔美〕理查德·A. 波斯纳《法律的经济分析》，蒋兆康译，林毅夫校，中国大百科全书出版社，1997，第682—684页。

[③] 〔美〕理查德·A. 波斯纳：《法律的经济分析》，蒋兆康译，林毅夫校，中国大百科全书出版社，1997，中文版译者序言，第11页。

[④] 〔美〕理查德·A. 波斯纳：《法律的经济分析》，蒋兆康译，林毅夫校，中国大百科全书出版社，1997，中文版译者序言，第11页。

政策科学或政策分析学"以社会政治生活中的政策领域,即现实的政策实践、政策系统及政策过程为研究对象,它的基本目标是端正人类社会发展方向,改善公共决策系统,提高公共政策制定质量"。① 按照现代政策科学的创立者拉斯韦尔(Harold D. Lasswell)的界定,"政策分析是针对政策制定过程并在政策制定过程中创造知识的活动"。② 对政策科学或政策分析学的界定虽然呈现一定的多元化,但大多承认政策科学以政策系统及政策过程为研究对象,这实际上也是政策分析学的核心客体。概括地说,政策分析学是一门综合地运用各种知识和方法论来研究政策系统和政策过程,探索公共政策的实质、原因和结果的学科,其目的是提供与政策相关的知识,改善公共决策系统和提高公共政策的质量。

自20世纪30年代以来,政策分析科学领域发展出许多新的分析方法并已经逐步演变生成了较为系统的标准、规则和程序,而且这些标准、规则和程序已经在实践中经过了实践者的广泛检验和认同。目前的政策分析已经"逐渐形成了一个联系相对紧密和基础性理论体系,发展了各种各样的方法,并在实践者中得到了广泛的响应和赞同,形成了一种批判主义的传统","政策分析已极大地改善了委托人解决实际问题的能力"。③ 在政策科学发展的过程中,关于社会问题的研究和分析的一个重要的收获和关键性特征,就是逐渐形成对问题复杂性的认识。亦是出于应对所面临的这种复杂性之需要,政策分析的核心性方法论在其原则方面表现出越来越明显的一致性与系统性。当这些政策分析方法作用于实践时表现出的优势和局限逐渐构成一种"实体性的知识框架"时,其核心的方法论原则是在政策分析中被给予极高评价的对传统逻辑实证主义不足的回应——批判性复合主义。④ 邓恩的

---

① 陈振明主编《公共政策分析》,中国人民大学出版社,2003,第13页。
② Daniel Lerner and Harold D. Lasswell,*The Policy Sciences*:*Recent Development in the Scope and Method*,(Standford, CA: Standford University Press, 1951), pp. VIII – XI.
③ 〔美〕威廉·N. 邓恩:《公共政策分析导论》,谢明等译,中国人民大学出版社,2002,第4页。
④ 批判性复合主义是对传统的逻辑实证主义不足的一个回应,其基本原则是方法论上的多维定位,即在政策分析人员展开政策分析活动时,借助于多视角、方法、指标、数据资源和交流媒介。与传统的、限制多维思考的逻辑实证主义相比较,其方法论上的优势在于:从值得和已经知道的内容出发,从多种角度观察和认识事物,运用这种批判性的多维定位过程,能使人们逐渐向本不知道的终极真理前进。参见 Thomas D. Cook, "Postpositivist Critical Multiplism," in *Social Science and Social policy*, ed. R. Lane Shotland and Melvin M. Mark (Beverly Hills, CA: Sage Publications, 1985), p. 57.

理论将这一框架描述为：预测政策未来、建议政策行动、政策执行情况的监测和政策绩效评价。① 在这一框架中，政策执行情况的监测和政策绩效评价的许多既有具体方法和方法论原则都成为立法后评估方法论体系构建时的方法论土壤。正是在这个意义上，对于政策分析学理论与方法的借鉴也必然成为立法后评估方法论体系构建时的一个具有基础性意义的进路。

三 既有立法评估方法论的资源与再利用

（一）既有立法评估方法论体系

近年来立法后评估工作的引入与展开有赖于一系列抽象原则和具体方法的应用与调适。在已经展开的立法后评估工作中，较为引人注目的是2005年由上海市人大常委会组织和实施的针对《上海市历史文化风貌区和优秀历史建筑保护条例》的立法后评估工作。② 其后，2006年国务院法制办公室首次进行立法后评估试点，试点评估项目包括《信访条例》、《艾滋病防治条例》、《蓄滞洪区运用补偿暂行办法》、《个人存款账户实名制规定》、《劳动保障监察条例》和《特种设备安全监察条例》等6个行政法规。至2007年，国务院法制办公室已经确立了15个评估项目，包括12部行政法规、2项制度和1个地方政府规章。③

我国的各级立法部门依据各自对"立法后评估"工作的理解，采取了形式多样的评估方法，这些方法的产生与采用主要依据于实践工作的经验和具体项目的需要。从操作性上，这些由实践经验积累起来的方法有其一

---

① 参见〔美〕威廉·N. 邓恩《公共政策分析导论》，谢明等译，中国人民大学出版社，2002，第6—9章。
② 该立法后评估项目开始于2005年，2006年形成《〈上海市历史文化风貌区和优秀历史建筑保护条例〉立法后评估报告》，参见《上海市人民代表大会常委会公报》2006年第2号（总第184号）。
③ 在2006年、2007年度，国务院法制办公室共开展了15个评估项目，其中现已完成7个：《艾滋病防治条例》、《特种设备安全监察条例》、《蓄滞洪区运用补偿暂行办法》、《放射性同位素与射线装置安全和防护条例》、《劳动保障监察条例》、《信访条例》和《济南市城镇职工基本医疗保险暂行办法》。正在收尾的立法后评估项目是：《血吸虫病防治条例》、《铁路运输安全保护条例》、《民用爆炸物品安全管理条例》、《个人存款实名制规定》、《储蓄管理条例》、《地方志工作条例》和"行政复议审理制度"、"城市管理领域推行相对集中行政处罚权制度建设情况" 2项法律制度。

定的针对性,是对具体项目、具体问题的个案解读;但从更为宏观的角度上去分析,这些方法又不可避免地表现出一定的局限性。概言之,目前立法后评估方法的主要特点为:对特定规则层面的评估分析多于对法的原则、价值层面的评析;对具体细节的评析多于对宏观内容的评析;对信息采集的关注多于对信息评估的关注;对发现问题、分析问题的关注多于对解决问题、提出建议的关注;等等。

通过一段时期的努力,我国的立法后评估方法论体系已经初具规模,从轮廓上说,主要包括对比方法、专家评估法、目标群体评估法和执行群体评估法等。对比方法一般是指将法律、法规实施前和实施后的各种情况进行对比,目前已经展开的立法后评估工作中大多包含这一方法的使用。根据政策科学界的经验,对比方法,尤其是前后对比方法被划分为"前—后"对比分析、"投射—实施后"分析、"有—无"分析和"控制对象—实验对象"对比分析等四种具体方法。[1] 这种分析方法以法律、法规所产生的社会影响和事实数据为基点,较为直观和准确,但也有其局限性,如过多地依赖法律法规执行部门的大力支持与配合,难以排除社会多元因素的影响,等等。专家评估方法大致是指由立法后评估部门组织具备专门性的人员审定各种关于法律、法规实施和执行的记录,观察法律和法规的实效,与执行人员及其工作人员进行意见上的交流,对守法者和法律实施中的其他参与者进行调查,最后撰写评估报告,鉴定或者评估既有法律和法规的成效。上海市在针对《上海市历史文化风貌区和优秀历史建筑保护条例》所进行的评估工作中就成立了专门性的立法后评估工作组,组织了有关政府部门、人大代表、社会公众、专家学者等机构和个人进行系统评估,最终形成了评估报告并报上海市人大常委会会议。[2] 这种方式的科学性较为显著,由于来自各种相关领域的专门人员的知识较为专业化,能比较科学地分析法律、法规带来的成本与收益;同时也由于来自社会各个行业的专家对于法律、法规的制定、执行和遵守过程来说基本上能够成为真正的"第三方",因而可以进行较为公正、客观的评估。目标群体评估方式与执行群体评估方法是以法律、法规实现过程中的某一类参与人的性质为准对评估方法所进行的划分,前者是指通过了解特定法规之实施对象的亲身感受和

---

[1] 张金马主编《政策科学导论》,中国人民大学出版社,1992,第264—266页。
[2] 参见《上海市人民代表大会常委会公报》2006年第2号(总第184号)。

理解程度对既有法规及其效果进行评定,后者则是主要针对法规的执行群体所进行的信息采集和绩效评估。由于目标群体从立法学的意义上是法律和法规真正服务的对象,而执行群体则是法律和法规实现的实施者,这两类人在法律和法规实施过程中的感受和认识经常是最真切和直观的,因而其对于法规质量和成效的认知将是进行立法后评估时重要的依据和资源。显然,不论是目标群体还是执行群体,其个体直观认知的缺陷也是显而易见的,即对于法规执行和遵守的"第一手资料"可能过于纷杂和微观的状况,他们也无法从宏观上准确了解法律、法规对其产生的影响和作用;但不可否认对于特定法规之实施对象意见和建议的采集与整理、分析与评估确为立法后评估工作中必不可少的环节和方法,而且从法律、法规的适应性与长远发展来看,争取广大人民群众对该立法乃至对立法后评估工作的充分了解和积极支持,认真听取、分析和研究他们对法规实效的评价对于整个评估工作具有重大的基础作用。在上海市针对《上海市历史文化风貌区和优秀历史建筑保护条例》所形成的评估报告中,对于目标群体的意见征集工作就占了相当的比重,[①] 这些就成为许多专家意见和建议形成的重要依据和来源。

总的来说,我国现有的立法后评估方法已经形成了一定的规模与体系,但还缺少一定的系统性和逻辑性。各个立法后评估部门在选择相应的立法后评估方法时亦缺少一定的针对性与选择性,更多地是把常用和常见的分析方法用简单的"拿来主义"态度引入实践之中。从这个意义上说,对于立法后评估方法的选择本身也是立法后评估方法论的一个重要的和亟待构建的内容。

(二) 既有立法评估方法的再利用

1. 对现有立法评估方法的错误认识

对于立法后评估相对成熟的国家而言,基本上已经形成了一系列完整

---

① 上海市于 2006 年形成《〈上海市历史文化风貌区和优秀历史建筑保护条例〉立法后评估报告》,其中多处涉及对于立法的实施对象的信息采集工作,与此法规有着直接利害关系的社会公众,包括相关的房地产开发商、居住在保护区域的市民以及现已搬离保护区域的市民,可以通过问卷调查和个别访谈的形式发表他们对于这项法规的看法。如"《保护条例》实施效果的基本评价"和"关于《保护条例》几个主要制度的分析和评价"等部分,其主要的立论依据均来自对上述对象的调查工作。参见《上海市人民代表大会常委会公报》2006 年第 2 号(总第 184 号)。

的评估方法和标准。1995 年，美国总统克林顿发布 12866 号令，正式规定美国联邦政府制定"重要"的行政法规，必须进行立法成本效益评估。20 世纪 70 年代德国开始尝试立法后评估的制度化和程序化，至 2001 年联邦内政部门正式编写了《立法效果评估手册》和相关的专业手册，以推广针对立法效果的评估方法。欧盟亦从 20 世纪 80 年代中期开始探索这一制度，到 90 年代启动一系列的改善立法质量的计划，立法后评估的方法论体系得到了相当程度的完善。

对我国目前情况而言，立法后评估本身及其方法论体系的构建仍存在着许多问题，对于立法后评估方法的建设问题还未得到足够的认可与重视，甚至还存在着不少的误解。如果这些错误的解读不能够被澄清，将会直接影响到立法后评估方法论体系的构建工作与未来实践工作中的应用。具体而言，常见的误解如：重评估而轻方法；将评估标准解读为评估方法；将信息采集方法解读为绩效评估方法；等等。

"重评估、轻方法"是目前比较普遍的一种情况，许多立法机构都已经形成了"立法回头看"的意识，但在怎么看的问题上还没有一整套足以依托和以为基础的方法论体系。当前我国在立法后评估实践中使用的主要是定性分析方法，定性分析方法由于主观性较强，容易受评估主体因素影响，进而影响评估结果的科学性和客观性。而且各地立法后评估的评估内容、评估手段、评估方法都各有差异，立法评估容易在实践中走过场，达不到立法后评估的目的。经常被提及的方法论领域的问题也仅仅"成本—效益"分析方法这一种。目前全国各地的立法后评估工作正在积极地探索与发展之中，但除了《全面推进依法行政实施纲要》第十七条明确提出的"积极探索对政府项目尤其是经济立法项目的成本效益分析制度。政府立法不仅要考虑立法过程成本，还要研究其实施后的执法成本和社会成本"之外，对于评估方法的问题基本上未有涉及。

另外一种对立法后评估方法的误解是把评估标准等同于评估方法。如 2007 年 12 月，江西省人大常委会主任会议通过了《江西省地方性法规质量评价办法》，对地方性法规质量评价的内涵、适用范围、评价主体、评价程序、评价标准等做了较为详细的规定，从地方立法的阶位特性、法规所应具备的一般特点以及地方性法规的作用，将地方性法规质量评价标准分为法理标准、地方性法规自身特征标准、实效性标准和技术性标准四个层次。① 其他地区的立法后评估工作中也经常出现立法后评估标准问题而少见立法后评估方法的讨论，虽然在对标准的研究过程中也经常有方法论的具体内容，但始终未将方法论提到一个应有的高度上。

第三种错误认识是误将信息采集方法解读为绩效评估方法。有学者撰文称：立法后评估从形式上或由制定该法律或地方性法规的同级人大常委会牵头，各级人大参与评估，或由制定该法规、规章的人民政府牵头，各执法部门参与评估。两种过程在方法上并无本质的区别。具体评估方法一般包括公众问卷调查法、专家组评估法、座谈会调查法和典型个案分析法。② 在安徽省对《安徽省流动人口计划生育工作管理实施办法》的测评工作中，立法后评估的实施方式包括书面征求意见、实地调查和问卷调查等多种形式。在形成初步意见的基础上，就一些重点问题组织专题调查研究后，测评组形成书面测评报告，认真分析规章实施的具体效果，特别是指出存在的问题和解决问题的建议。③ 实际上，书面征求意见、实地调查和问卷调查等形式，从方法论角度而言，属于评估信息资料的采集方法领域，④ 而不属于作为评估方法论主体的绩效评估方法。虽然也有人提出专家评估、个案分析等其他方法，但也多建立在"听证"这一层次上从信息采集维度讨论问题，而未针对真正的"评估"工作。

2. 对现有立法评估方法资源的再利用与扩张

对我国立法后评估方法论体系的构建，应充分利用现有的资源，这些资源主要来自立法学、政策科学和经济学领域。首先，从立法后评估工作的立法本质入手，立法后评估也是立法评估的内容，不过它是着眼于立法制定出来在实践中实施一定阶段后对其绩效所进行的评估。如周旺生教授

---

① 参见《江西省地方性法规质量评价办法》。
② 熊艳峰：《浅议立法后评估的制度化》，《长沙民政职业技术学院学报》2006 年第 2 期。
③ 参见《安徽："立法后评估"让规章更管用》，《浙江人大》2005 年第 11 期。
④ 沃尔特斯·威廉斯在讨论政策分析的概念时认为，政策分析"是综合信息的一种方法，目的是从信息中提取政策选择与偏好来作为政策决定的基础或指南，这些政策选择与偏好是可以比较的、预测性的定量和定性术语陈述的；从概念上讲，政策分析不包括收集信息"。参见 Walter Williams, *Social Policy Research and Analysis: The Experience in the Federal Social Agencies* (New York: American Elsevier Publishing Co., 1971), p.13. 关于立法后评估过程是否应包含信息采集的问题，目前尚无定论，笔者以为可以将采集方法列入广义的立法后评估方法论之中，但不应以之取代或消解绩效评估方法。

在他主编的《立法技术手册》中所界定的立法评价（估）实际上就是立法后评估，这二者没有本质的区别，相应地，现有的立法评价的方法论在实际上也就成为立法后评估方法论构建的一个重要渊源。其次，政策科学或政策分析学与经济学的许多方法在我国的立法后评估方法论体系中已经崭露头角并越来越体现其活力，新的政策科学和经济学理论与方法正强势进入立法学和立法后评估理论的语境并有方兴未艾之势。如现代政策研究是西方在解决社会公共问题的基础上产生的一门实践性、应用性很强的学科，它的许多理论、范畴和方法反映了人类政策过程的本质或规律性，具有一定的共性，而我国这几年的立法也由社会管制方面的立法逐步向社会服务特别是解决教育、住房、就业和养老等民生方面的立法转变，因此，西方现代政策科学特别是评估方面的合理理论、方法及技术也可以为我所用。最后，西方立法后评估先进国家的经验亦是我国立法后评估方法论构建的重要资源，其经验与教训同时成为我们学习的重要内容。

需要特别指出的一点是，既有的立法后评估方法论体系在逻辑上尚不周全，需要以现有资源为基础，脚踏实地地针对既有立法后评估方法进行梳理、补充与扩张。一方面，现代科学意义上的评估源自工业经济的管理领域，是工业经济发展到一定阶段的产物，来自经济学的许多方法尚未被完全挖掘并应用于立法后评估工作。近年来交易成本理论、供求理论、博弈论等经济学理论和方法已经日益成为许多立法学学者和立法者的重要课题，而这些经济学方法特别是经济分析方法也在法学领域占据了重要的一席之地。另一方面，新的管理理论和管理技术为公共政策评估在立法后评估工作中的展开提供了新的理论支持。从20世纪60年代开始，社会科学和应用科学发展突飞猛进，公共政策研究也正是在这种相关学科的发展高潮中得到发展的。在西方公共政策科学的发展中，不同的学者从不同的社会科学的框架中加以研究，逐步形成了几种较为有影响的学科研究路径，从而形成不同的公共政策学研究理论，这些理论主要包括功能过程理论、政治制度理论、政治系统理论、公共选择理论、管理主义理论等。与此同时，运筹学、管理科学和系统分析的定量方法及技术的发展，构成了公共政策研究的分析工具和方法论基础，这些分析工具和方法也为立法后评估从定性分析到定量分析提供了方法上的可行性和操作性。

简言之，对我国立法后评估方法论资源的利用与扩充需要大胆借鉴国外政策研究的理论成果和实践经验，加强对立法后评估尤其是方法论领域的理论研究,引入科学的评估方法和技术。立法后评估机关及其工作人员本身应当加强相关理论的研究;在开展立法后评估工作的同时,应当争取有关专家学者参与,为专家学者的理论研究提供具体实例,最终为立法后评估的主体、内容、原则、标准、方法、程序、效力等内容的规范提供理论上的依据。

四 立法后评估方法论体系建构

经过多年的努力,以宪法为核心,以法律为主干,包括行政法规、地方性法规等规范性文件在内的中国特色社会主义法律体系已经基本形成。目前我国现行有效的法律涵盖宪法及宪法相关法、民商法、行政法、经济法、社会法、刑法、诉讼及非诉讼程序法等七个法律部门。在此背景之下,尽快构建科学的立法后评估方法论体系已经成为多数立法机构工作日程上的一个重要计划。正确的方法论可以使立法工作突出重点,使立法活动适应改革开放和现代化建设的需要;能够增强立法工作的主动性;可以防止立法工作中的重复、分散或遗漏现象,避免不必要的立法活动;有助于各部门之间的协调和有准备地参加立法活动,提高立法质量。

(一) 立法后评估方法的分类

从方法论的构建出发,确定较为科学的和具有一般性的方法论分类及其分类标准,是一项重要的基础性工作。不同方法的特点、机能、作用条件、适用的范围却可能是相同或交叉重叠的,有必要将具有同类特点的方法合并在一起,以便更好地分析、认识它们,掌握它们各自的特点、起作用的范围和条件以及它们发展运动的规律。从大的范围上,法学方法经常被划分为价值分析方法、实证分析方法和社会分析方法三个部分,[1] 立法后评估的方法论体系也将依托这三大方法论体系,并从立法后评估的运行机制和实际需要出发进行更为具体的划分。

1. 定性分析方法与定量分析方法

定性分析方法与定量分析方法是立法后评估工作中最为基础也是极为重要的两种分析方法。定性分析是主要凭分析者的直觉、经验,凭分析对

---

[1] 参见沈宗灵《现代西方法理学》,北京大学出版社,1992,第34页、第353页。

象过去和现在的延续状况及最新的信息资料，对分析对象的性质、特点、发展变化规律做出判断的一种方法，常被用于对事物相互作用的研究中，亦称"非数量分析法"。它主要是解决研究对象"有没有"或者"是不是"的问题。其主要任务就是对研究对象进行"质"的方面的分析。由于这类方法所运用的资料往往不是完整的历史统计数据，而是难以定量表示的资料，一般要依靠预测者的主观判断来获取预测的结果，因而亦被称为"判断分析法"或"集合意见法"。具体地说就是运用归纳和演绎、分析与综合以及抽象与概括等方法，对获得的各种材料进行思维加工，从而去粗取精、去伪存真、由此及彼、由表及里，达到认识事物本质、揭示内在规律的目的。我们要认识某种法律现象，首先就要认识这个法律现象的对象所具有的性质特征，以便把它与其他的对象区别开来。所以，定性分析是一种最根本、最重要的分析研究过程。一般地，定性分析有两种不同的层次：一种是研究的结果本身就是定性的描述材料，没有数量化或者数量化水平较低；另一种是建立在严格的定量分析基础上的定性分析。从科学认识的过程看，任何研究或分析一般都是从研究事物质的差别开始，然后再去研究它们量的规定，在量的分析基础上，再做最后的定性分析，得出更加可靠的分析。

定量分析是依据统计数据，建立数学模型，并用数学模型计算出分析对象的各项指标及其数值的一种方法。与前述数量化较低的定性分析相比，此种方法似乎更具说服力，也经常需要较高深的数学知识。但是必须指出，两种分析方法对数学知识的要求虽然有高有低，但并不能就此把定性分析与定量分析强分主次或者截然划分开。事实上，现代定性分析方法同样要采用数学工具进行计算，相辅相成，互为依据，二者结合起来灵活运用才能取得最佳效果。两种分析方法各有其不同的特点与性能，但是都具有一个共同之处，即它们一般都是通过比较对照来分析问题和说明问题的。正是通过对各种指标的比较或不同时期同一指标的对照才反映出数量的多少、质量的优劣、效率的高低、消耗的大小、发展速度的快慢等等，才能为任何一次鉴别、判断提供确凿有据的信息。

定性分析方法与定量分析方法的划分，可以从方法论上确知我们对立法后评估工作成果的具体要求。概括地讲，评估前期的信息采集工作结束之后，有必要针对立法的性质、作用等方面进行一系列预测性的定性分析，① 而在评估中后期则需要较为精确的定量分析方法以研究和确认被评估法律法规的价值、作用以及实效；当立法后评估进入最后结论的关键性阶段后，则需要综合运用这两种分析方法，用定量分析来印证前期的定性分析，并在定量分析的基础上得出较为科学的新的定性分析，从而推动立法后评估工作进入实质性的建议和修改阶段。

2. 自评估方法体系与第三方评估方法体系

从评估主体的地位与性质出发，可以将立法后评估方法分为自评估体系与第三方评估体系两个大的类别。所谓自评估，主要以立法机构自身或其授权下属机构为主体，对法律实施效果等进行评估所对应的具体方法；而第三方评估主要是指立法机构以外的其他机构（原则上应得到立法机构的委托或授权）对法律实施效果进行评估所使用的方法。实践中，多数绩效评估方法既可以应用于自评估模式之下，也可以应用于第三方评估，但也有适应性较为单一的方法。

自评估方法与第三方评估方法由于评估主体的地位与性质的不同，延伸出二者的特性与区别。由于自评估方法的主体与客体经常是存在一致性的，所以在客观性与专业性的问题上难免会有相应的欠缺。评估工作是一项专业性和技术性都很强的工作，没有一定专业知识人员进行的评估，就很有可能使评估工作流于形式。根据政策分析科学的研究，政策分析人员总是存在于许多不同的机构，虽然这些分析人员会具有许多共同和相互重叠的关注内容，如社会问题及其与公共政策之间的关系、公共政策的具体内容、对某项公共政策的输入及其过程的兴趣和对某项公共政策的输出及其结果的关注等等，② 但毕竟由于分析人员所处集团和阶层的异质，当他们是决策机构的成员之一时，也许会因为维护机构的地位和声誉而存有私心甚或偏见，也许会因与机构职能的联系紧密而至于偏激或保守。从现象上

---

① 政策分析科学极为重视分析过程中的预测工作，许多政策科学学者认为：预测是以政策问题的先前信息为基础，对社会的未来状态生成真实信息的过程。其主要形式包括推断、预言和猜测。虽然在预测的局限性问题上亦形成了一定的共识，即预测在其准确性、效果的相对性和背景的复杂性上具有某种天然的局限性，但预测使我们通过了解过去的政策及其结果能进行更有力的控制，从这个意义上说"未来由过去决定"。参见〔美〕威廉·N. 邓恩《公共政策分析导论》，谢明等译，中国人民大学出版社，2002，第214—219页。

② 参见谢明《政策分析概论》，中国人民大学出版社，2004，第69页。

说，既是评估主体又是评估对象的机构中的分析人员,其客观性和实事求是的程度会受到政策科学的质疑。相应的普遍观点是：（评估）机构和人员的独立性越强，政策分析的结果就越客观。

值得关注的另一个问题是，在第三方评估方法的优点之上亦应看到其缺陷。立法后评估同前述之政策分析具有较显著的同质性，是一个趋向于多种范畴或领域的综合性概念：立法评估人员可能涉及广泛的学术领域和实践领域，如经济、法律、政治学、社会学、地理与环境科学、交通管理学等，其所关注的主要内容也十分丰富，如健康、环境、交通、教育、住房、经济政策等。其中的每个领域内都会存在一些专业化的研究团体，这些团体所关注的具体问题与方向也各异其趣，不难理解这样一种极为广泛和复杂的联系体中，为什么分析评估人员所采用的理论架构会表现出十分多元化的特征。

总的来讲，自评估的优势在于立法机构对于立法的源起、过程和逻辑关系具有直观的认识，能够对立法的目的、任务、作用和实效进行较为准确的比较和分析，而第三方评估的优势在于更为专业、客观和中立，只有把两种立法后评估方法有机结合起来，才能将二者的优点充分发挥并在此基础上避免其缺点。评估工作开展得比较好的西方国家，无不拥有相对完善的评估组织，其中包括政府和民间的评估机构。西方的民间评估机构更是拥有大批职业的评估人员，独立地开展评估工作，能保证评估结果的科学性、公正性和客观性。目前我国在政府绩效评估与管理的探索与改革中，已经积极引入了自评估与第三方评估相结合的绩效评估方法，且已经取得了较好的效果。①

3. "伪评估"方法、正式评估方法与决策理论评估方法

评估方法论的实质在于：使用某种价值观念来分析被评估政策或法规的运行结果，更确切的定义是，评估将为政策或法规的运行结果做出价值上的界定与取舍。实践中的立法后评估在方法论上必然面对两个大的类别，

---

① 2005年3月，温家宝总理在《政府工作报告》中指出，"要抓紧研究建立科学的政府绩效评估体系"，并将政府绩效评估列为我国"十一五"期间行政体制改革和政府管理创新的重要内容之一。为响应这一号召，全国各地政府在政府绩效评估问题上展开了讨论与探索。其中较有代表性的如2007年深圳市四届人大常委会十四次会议对《关于深圳经济特区改革创新促进条例实施情况的专项报告》中提出："涉及到公众利益的重大改革项目，对改革创新成果进行第三方评估。"

即对政策或法规运行结果的描述和相应的分析。在政策分析科学领域中，这两类方法被称为描述性方法和规范性方法，前者更关心问题的理解即问题是什么，而后者更关心问题的解决或者问题应该怎么办，[1] 发现问题更倾向于是一种理论性的活动，而解决问题从实质上说是一种实际的活动或工作。在这里首先要区别描述性评估方法与绩效信息的收集、整理的不同，描述性评估从概念上归属于评估过程，而信息采集工作是其基础和手段之一；另从二者的运行结果来看，描述性评估会产生评估结论，而信息采集工作只是收集和整理信息以供未来的评估工作使用，其本身的运作过程并不产生结论性的意见和建议。

政策分析科学的研究者将评估（评价）的方式按照方式的区别分为三种，即伪评估、正式评估和决策理论评估。伪评估（Pseudo – evaluation）的理念建立在一个基本的方法论假设上，即价值尺度是不证自明的或者亦可表述为不容置疑的。基于这一假设，伪评估主要采用描述性方法来获取被评估对象在运行结果方面的可靠而有效的信息。这种评价不去怀疑这些运行结果对个人、团体或者整个社会的价值或实效，而只是对事实性的资料做出相对客观的评价，或可以称为"事实评价"，其采用的大量方法如准实验方法、问卷调查法、随机抽样和统计技术等等，并通过被评估对象的输入变量和过程变量来解释被评估对象运行结果的变异与进化。[2] 正式评估是采用描述性方法来获取关于政策运行的结果方面可靠和有效信息的另一种评价方式，其与伪评估最大的区别在于，它的评价是建立在被评估对象计划目标已经被其制定者和计划管理者所明确认定和正式宣布的基础之上的，换言之，正式评估的目的是对被评估对象是否体现或实现其目标进行测度和评估。在方法论角度上，正式评估与伪评估所使用的主要方法是相同的，但正式评估是采用法律、计划文书及被评估对象的制定者和计划管理者的直接说明材料来鉴别、界定和指明正式的目的和目标的，从这个意义上说，既定的法律、法规的目标的适宜性和正确性是不容置疑的，或者说在讨论法律、法规的

---

[1] 参见〔美〕威廉·N. 邓恩《公共政策分析导论》，谢明等译，中国人民大学出版社，2002，第89页。

[2] 政策分析科学家们的"伪评价"方法已经构建为一个较为系统的组合，其主要方法包括四个主要的部分，即社会系统核算、社会实验、社会审计和综合实例研究方法。这些方法也被应用于政策分析过程中的"政策监测"环节，参见〔美〕威廉·N. 邓恩《公共政策分析导论》，谢明等译，中国人民大学出版社，2002，第370页。

"合目的性"时,"目的"是被作为既定的一个"定量"来处理和认识的。正式评估可以是形成性的,亦可以是总结性的。形成性的评价是对被评估对象的运行状况所进行的连续监督;而总结性评价则要试图厘清被评估对象也就是特定的法律或法规在运行一段时间以后对既定目标的完成情况。

决策理论评估方法是政策分析学家们在衡量了伪评估和正式评估方法之后,针对这两种方法的不足所提出的另外一种评价方式。伪评估方法和正式评估方法经常会出现一些问题:第一,由于评估结果可能没有充分反映被评估对象在其形成与执行过程中相关利益者的目标或价值追求,导致由评估结果带来的部分绩效信息可能会被有意或无意地忽视,很少或根本不被用来作为新一轮立法的参考;第二,根据政策分析学的成果,在效果、效率、充足性、公平性、灵敏性和适宜性这六类评价标准下,某个被评估对象可能会出现总目标之下的具体目标的冲突与混乱,[①] 或可称为"绩效目标模糊"现象;第三,立法的目标如果只以某一方或某几方利益参加者的价值追求为基础,则其合理性基础将会被动摇,事实上,多数立法活动(即使未被提到立法后评估层面上来)都是具有相互冲突的价值目标的利益相关的参与方之间的商谈与博弈。在此基础上,决策理论评估方法试图将利益相关参与人宣称的和潜在的目标和价值追求表面化和明确化,通俗地讲,立法者所确认和宣称的目标和价值有可能只是被评估对象的某一个价值归宿而不是全部。这一类评估方法在特点上更具有开放性和综合性,主要包括如头脑风暴法、辩论分析法、德尔菲分析法和用户调查分析法等。

(二) 立法后评估方法论体系的建构

一般意义上的方法论有着不同的层次,由于立法后评估工作的特点,也由于行文篇幅的限制,本文的讨论主要集中于一般科学方法,[②] 在讨论这些方法时,既应该看到这些方法的一般性(经济学方法、社会学方法和政

[①] 在上海市针对《上海市历史文化风貌区和优秀历史建筑保护条例》所展开的立法后评估工作中,对人文环境的保护就是一个总目标,而在这一法规实施过程中出现的拆迁、补偿等问题所体现出的公平、效率等目标就属于具体目标,如果仅在伪评估和正式评估视角下,这些问题可能会被(主要是无意的)忽略。

[②] 需要说明的是,这里的立法后评估方法必须与立法后评估的信息采集方法区别开来,换言之,所谓立法后评估方法论的体系是"绩效评估方法"的方法论体系,而非信息采集方法的方法论体系。

策分析学方法的引入正是建立在这种一般性基础上的),又要注意立法后评估领域与其他科学研究领域的不同,不能简单地引用和嫁接其他科学研究领域的方法和方法论体系。

必须承认从总体的轮廓上描述立法后评估方法论的体系是一件困难的工作。一方面,视角的多样性可以造就许多种不同的表述方式;另一方面,在评估所处的不同阶段中,对方法的使用和组合也是研究立法后评估方法论体系的一个重要内容。相同类型的方法有可能出现在评估过程的多个不同阶段当中,不同类型的方法也会为了评估过程中的某个特定目标共同作用。为了使方法论的体系变得直观和清晰一些,本文试图以摆脱各种不同的分类方式,微观地和尽可能全面地来对评估方法进行较为系统的梳理和介绍,或者说本文试图较为客观地展现立法后评估的具体方法,而尽量不去涉及实践中方法的排列与组合问题。

1. 数学分析方法

西方经济学中的数学分析方法的基本特征是运用数学方法推导和表述经济学理论概念,是理论经济学推导和表述其理论概念和理论体系的数学方法。[①] 西方经济学认为,经济学研究对象的特殊性,决定了它不能像自然科学一样采用实验方法,而只能采用建立在大数法则基础之上的大量观察法,即统计方法。统计分析方法一般包括四个程序,即统计资料的搜集、分析、图示和验证。统计资料的收集往往采取随机抽样法,这体现了统计分析方法的基本特征。在经济分析中,之所以能采用统计分析方法,是因为在社会经济生活中,各种因素的作用虽然是不可控制的,但是可以加以观察和记录,通过大量观察和记录,各种因素的非规律性活动可以相互抵消,从而显示出内在的规律性趋势。计量经济分析法是 20 世纪 20 至 30 年代以来发展起来的一个重要的经济数学分支。按照著名经济学家弗里希的解释,计量经济学是理论经济学、数学分析和统计分析三者的结合物。计量经济分析的基本步骤和程序,首先是建立模型,其次是估算参数,再次是验证理论,最后是使用模型,得出分析所需的数量结构。

[①] 广泛采用数学分析技术是现代西方经济学方法论最重要的特征之一,其具体方法一般分为数理经济分析、统计经济分析和计量经济分析三个方面。本文的介绍将侧重于实践性较强的计量经济分析方法。

(1) 模型方法

数学模型是指通过抽象、简化、假设、引进变量等处理过程后，将实际问题用数学方式表达，建立起数学模型，然后运用先进的数学方法及计算机技术进行求解。在科学领域中，数学因为其众所周知的准确而成为研究者们最广泛用于交流的语言——因为他们普遍相信，自然是严格地演化着的，尽管控制演化的规律可以很复杂甚至是混沌的。因此，人们常对实际事物建立种种数学模型，以期通过对该模型的考察来描述、解释、预计或分析出与实际事物相关的规律。[①]

建立数学模型的方法和步骤并没有一定的模式，但一个理想的模型应能反映系统的全部重要特征，具有可靠性和实用性。数学模型的建立包括机理分析和测试分析方法两个步骤，前者根据对现实对象特性的认识，分析其因果关系，找出反映内部机理的规律，所建立的模型常有明确的物理或现实意义；后者将研究对象视为一个"黑箱"系统，内部机理无法直接寻求，通过测量系统的输入输出数据，并以此为基础运用统计分析方法，按照事先确定的准则在某一类模型中选出一个数据拟合得最好的模型，这种方法也被叫作系统辨识。将这两种方法结合起来使用，即用机理分析方法建立模型的结构，用系统测试方法来确定模型的参数，也是常用的建模方法。在实践过程中用哪一种方法建模主要是根据我们对研究对象的了解程度和建模目的来决定，其具体步骤大致包括：实际问题通过抽象、简化、假设，确定变量、参数——建立数学模型并数学、数值地求解、确定参数——用实际问题的实测数据等来检验该数学模型——符合实际，交付使用，从而可产生经济、社会效益——不符合实际，重新建模。

常用的数学模型主要包括描述性模型和规范性模型、口头模型、符号模型和程序模型等，其共同特点是，无论其目的或表达模式有何不同，所有模型都可被看作具有替代性的或者观点性的。通俗地讲就是，模型总是被有意无意地当作实质问题的替代物。描述性模型和规范性模型是政策分析领域常用的两个概念，其划分的标准主要集中于模型所担负的任务和所关心的重点。

[①] 按照西方政策模型分析师们的讲法："我们每个人都经常使用模型。每个人在工作和生活中都本能地利用模型来做出决策。在人的头脑中，并不存在一座城市、一个政府或一个国家，只存在他选定用来代表实物世界的概念和关系。头脑影像是一个模型，我们的所有决策都以模型为基础。"参见 Jay W. Forrester, "Counter-intuitive Behavior of Social Systems", *Technological Review*, 73 (1971), 3.

具体来说，描述性模型以解释和预测立法或政策选择的原因与结果为任务，规范性模型则力求为取得最优的立法资源配置和最优的效用提供规则与建议，其基本特征为：规范性模型不仅让我们能够对结果变量的过去、现在和未来价值做出估计，同时更着力于让我们获得最大的（最优的）价值。

　　口头模型、符号模型和程序模型是以模型的表现形式为角度所进行的划分。口头模型所采用的语言来自生活，是日常的语言系统而非逻辑符号或数学语言，其特征是相对于确切的统计数据与事实证据而言的，口头模型更加通俗和易懂，在与非专业人士的沟通中，口头模型的优势极为明显；当然其局限性也十分突出，口头模型所提出的作为预测和建议的理由经常是隐含的或不明确的，评估人员可能难以将某个环节中的各种争论作为一个整体来进行重建和严格审查。符号模型所使用的语言系统主要来自逻辑学和数学，这些符号被应用于表征某个问题中的关键性变量之间的关系，通过使用数学的、统计学的和逻辑学的方法，符号模型经常可以给出我们所希望的预测结果和解决方案。[①] 同时也由于符号系统的抽象化与简约化特点，符号模型一方面逻辑性非常强大，另一方面则对其受众（或者说是这些模型的阅读者）提出了较为专业的要求，甚至可能某些模型专家也会对特定模型的含义存在误读和曲解。程序模型与前面两种模型最大的不同在于其力求表征被评估问题的变量之间的动态关系，模拟和研究数据之间可能的关系，以得到最佳价值。程序模型与符号模型的差别还表现在前者可以假设（模拟）某种可能的变量之间的关系。也正是这个原因，程序模型的成本在上述三种模型形式中是最高的，有时为了使模型通俗化，还要适当地使用非专业的口头语言系统来表述程序模型；另外程序模型也经常找不到确切证明模型假设（模拟）的数据或论据。但程序模型的优势已经被普遍认同，如决策树的方法在许多领域都有应用，特别是在博弈论的研究与应用中。[②]

[①] 符号模型大量被应用于经济学和社会学的研究领域，如较为常见的一次方程式"$Y = a + bX$"在价格、市场等问题上的应用。如果应用于立法后评估领域，我们可以这样设定：Y是评估人员所要测知的变量（如立法的效益），X是立法者可以操控的变量（如某些立法技术的运用），则X与Y之间的关系就会被抽象为上述方程式之中，成为一种可以观测和预知的线性关系。

[②] 在博弈论中，决策树也经常被称为博弈树（Game tree），许多博弈论的基本问题和复杂问题都可以用博弈树来形象化，如我们熟悉的囚徒困境等。参见〔美〕格若赫姆·罗珀《博弈论导引及其应用》，柯华庆、闫静怡译，中国政法大学出版社，2003，第9页。

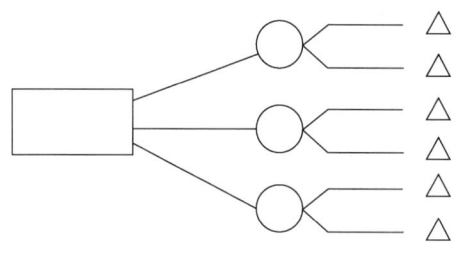

图 1　抽象化了的决策树

（2）实验方法和准实验方法

实验研究是特意设计某些特殊的系统和特殊的环境,通过控制和观察操作变量之间的因果关系以得到具有明确意义的结论。通过审慎设计和有控制的实验来检验与操作变量和事物状态相联系的概念模型,可以定量地检验假说、理论和模型。这种研究方法是在适当地控制无关变量,以随机化原则,在严格控制下进行的。实验研究很精确,但模拟和控制的环境过于理想化,要花费较多的人力、物力和时间去控制对象和环境。

按实验的直接目的分,可以分为探索性实验方法和验证性实验方法两种。探索性实验指探索研究对象的未知性质,了解其组成、变化特征,以及与其他对象或现象的联系;验证性实验则是在对研究对象有了一定了解,并形成了一定认识或提出了某种假说的情况下,为验证这种认识或假说是否正确而进行的实验。

如果按实验在科学认识中的作用来划分,可以分为对照实验、析因实验、模拟实验。其中对照实验是指,设置两个或两个以上的相似组样,一个是对照组,作为比较的标准,其余是试验组,通过某种实验步骤,判定实验组是否具有某种性质或影响。析因实验则是为了寻找、探索影响某事物发生和变化过程的主要原因而安排的一种实验。其特点为结果已知,而影响结果的因素特别是其主要因素则是未知的,首先要尽可能全面掌握影响结果的各种因素。如果有两个因素影响,可采用对照实验确定其主要影响因素。对于有多个影响因素的析因实验,可采用逐步排除的方法,即每次在控制几种因素不变的情况下,只改变其中的一个因素,以确定每一个因素的具体影响,最后找出其主要原因。有时造成某种变化或现象的原因并不是哪一个因素单独起作用的结果,这时就要同时进行多变因素的析因实验。模拟实验是指在科学研究中，有时由于受客观条件的限制，不允许或不能对研究对象进行直接实验，为了取得对研究对象的认识，人们可以通过模拟的方法，选定研究对象的代替物（即模型），模拟研究对象（即原型）的实际情况，对代替物进行实验。

由于对实验的对象（如特定的个人、群体）常常不可能进行严格的控制，同时在实验中对研究者的要求也很高，而且还要受到受试单位、学校配合程度等因素的影响，所以实验这种研究方法在实践中暴露出许多不足之处，相应地，准实验研究方法被提出并赋予重要的任务。严格地说，准实验研究是指在无须随机地安排被试时，运用原始群体，在较为自然的情况下进行实验处理的研究方法。与真实验方法相比，准实验研究具备许多优势，如降低控制水平，增强现实性。准实验设计是将真实验的方法用于解决实际问题的一种研究方法，它不能完全控制研究的条件，在某些方面降低了控制水平。虽然如此，它却是在接近现实的条件下，尽可能地运用真实验设计的原则和要求，最大限度地控制因素，进行实验处理实施的，因此准实验研究的实验结果较容易与现实情况联系起来，即现实性较强。相对而言，真实验设计的控制水平很高，操纵和测定变量很精确，但是它对于实验者和被试的要求较高，带来操作上很大的困难，现实性比较低。准实验研究进行的环境是现实的和自然的，与现实的联系也就密切得多。而实验研究的环境与实际生活中的情况相差很大，完全是一个"人工创造"的环境，与现实的联系较难。另外，准实验设计利用原始组进行研究，缺少随机组合，无法证明实验组是否为较大群体的随机样本，同时任何因素都可能对原始群体起作用，所以因被试挑选带来的偏差将损害研究结果的可推广性，从而影响准实验研究的内在效度，因此在内在效度上，真实验优于准实验设计。但由于准实验的环境自然而现实，它在外部效度上能够且应该优于真实验设计。因此，在考虑准实验研究的效度时应该对它的特点有清楚的认识，并注意确定实验组间的对等性，同时在逻辑上对可能有的代表性和可推广性加以论证，避开其不足之处。

2. 利益分析方法

利益分析方法是马克思主义最主要的方法论之一。马克思主义认为对利益，尤其是物质利益的追求，是一切社会矛盾运动和发展的最终动因。把历史唯物主义的物质利益原则转化成考察社会现象的方法论即为利益分析方法。利益分析法是研究人类社会现象的根本方法，人的需要经过社会关系的过滤和渗透,就表现为人的利益。需求产生利益,利益引发动机,动机支配行为,行为导向利益目标。当行为主体的某个特定利益目标实现以后,则会产生新的需要,派生新的利益要求,引发新的动机并支配新的行为,导向新的利益目标,如此循环往复,这就是人的思想行为源于利益而又指向利益的规律。利益分析法尤其适用于社会中利益矛盾问题的解决,其核心内容是主体分析,只有找到利益主体,才能明确各方的利益需求,从而找到满足不同主体的合理利益需求的途径,最终解决社会矛盾。利益分析方法论是一个庞大的体系,其中最经常被研究和应用的就是著名的"成本—效益方法"。

(1) 成本—效益方法

成本—效益分析(Cost Benefit Analysis)是通过比较项目的全部成本和效益来评估项目价值的一种方法。成本—效益分析作为一种经济决策方法,将成本费用分析法运用于政府部门的计划决策之中,以寻求在投资决策上如何以最小的成本获得最大的收益。常用于评估需要量化社会效益的公共事业项目的价值。非公共行业的管理者也可采用这种方法对某一大型项目的无形收益(Soft benefits)进行分析。在该方法中,某一项目或决策的所有成本和收益都将被一一列出,并进行量化。在经济学的语境中,成本—效益方法一般被应用于投资领域,经济学家将对一项投资进行成本—效益分析的步骤总结为以下五个:确定购买新产品或一个商业机会中的成本;确定额外收入的效益;确定可节省的费用;制定预期成本和预期收入的时间表;评估难以量化的效益和成本。具体地讲就是,将投资中可能发生的成本与效益归纳起来,利用数量分析方法来计算成本和效益的比值,从而判断该投资项目是否可行。成本、效益是一个矛盾的统一体,二者互为条件,相伴共存,又互相矛盾,此增彼减。从事物发展规律看,任何事情都存在成本、效益。成本大致可划分两个层次,一是直接的、有形的成本问题;二是间接的、无形的成本。效益也包含两个层次,一是直接的、有形的效益;二是间接的、无形的效益。成本—效益分析的三种主要方法即净现值法、现值指数法、内含报酬率。净现值法是指在投资项目的寿命期内,将所有的成本和效益按照一定的贴现率折算为成本现值和效益现值,如果效益现值减去成本现值后的差额大于零,则该投资项目就是可行的。现值指数法是指在投资项目的寿命期内,计算所有的效益现值与成本现值之比,如果该比率大于1,则投资项目就是可行的。内含报酬率是指能够使投资方案的净现值为零的贴现率。这种方法就是计算投资项目的未来所有成本和效益的现值之差为零的贴现率,如果这一内含贴现率比要求的贴现率高,则该投资项目就是可行的。[1]

从纯经济学角度看,收益大于成本的预期是人们行为的基本出发点,因而是人类社会的首要理性原则。人们之所以要投入一定的物质或钱财,是因为希望通过这样的投入得到更多的物质和钱财。不想得到收益的投入是不存在的,或者说,不想得到收益的投入也就无所谓投入,根本就不存在所谓成本问题。社会对政府花费了成本,其根本目的也正是在于从政府那里得到比这个成本更高的收益或者说效益。相对于企业效益来说,政府的成本与效益的关系复杂得多,政府的效益是一个综合指标,比较难以评价。而且政府的产出是正效益还是负效益,有时候难以判定。对于任何一个政府从其本意来说,都是希望做能对社会带来益处的事情,不管是现在就带来益处还是今后带来益处。从本质上讲,政府行使职能也是一种经济活动,有收益亦有成本,只有当其收益超过成本时,才是经济合理的。所以,政府在考虑是否履行某项职能时,首先要做成本—效益分析,这是所有经济活动中通行的准则,也就是说要"……寻求当前可行的或者最终将变为可行的某些方法,使政府用它们来理智地控制经济力量的运行,进而提高全体国民的经济福利,并由此提高总福利"。[2] 政府公共权力效益的提高意味着人们投入成本的增值,高效益的政府公共权力效益也意味着其成本的降低。高效益的政府公共权力必然带来包括公众生活水平与质量的提高、税赋的减轻、社会经济的繁荣与发展、社会秩序的安全与稳定、国家的和平与昌盛等综合效益。因此,作为正在进行社会主义市场经济建设的社会主义国家,我国不仅需要而且必须倡导建立"企业家政府",[3] 要用企业的价值理论来看待政府的经营问题,要讲政府公共权力效益,要用效益

---

[1] 参见〔美〕保罗·A. 萨缪尔森、威廉·D. 诺德豪斯《经济学》(第十六版),萧琛等译,华夏出版社,1999,第91—103页。

[2] 〔英〕庇古:《福利经济学》,金镝译,华夏出版社,2007,第101页。

[3] 20世纪90年代,伴随着西方传统政府官僚体制危机的加深,发达国家政府掀起了新一轮的行政改革热潮,其间,奥斯本和盖布勒提出了"企业家政府"这一概念并进而将其发展成为一种理论,指出应该用企业家精神来改革或重新塑造政府。企业家政府理论的宗旨就是试图把企业管理的精髓移植到政府中来,通过改变官僚政府内部的管理机制和内部驱动力,来达到重新塑造政府形象的目的。

的观点来对待政府和公共事业的管理问题。

（2）效用分析方法

在利益分析方法的基础上，效用分析方法也被经常提及，其方法被称为"效用中心主义"的方法或效用评估（Evaluation for Utilization）方法或成本—效用分析方法（Cost Utility Analysis）。效用的角度主要用来度量特定被评估内容的实践程度或可称之为"采用率"，其核心思想是：如果一个立法或政策没有被实际采用，任何技术上的技巧性和严密性亦不能提升该项目的实际价值。通俗地讲成本效用高低，是通过成本、效用量的公式来衡量的，它反映了单位效用量所支付的成本代价，当不同投资方案的成本相等时，以效用量高的方案为优，它是利用效用价值的理论和方法，对风险（或成本）和收益进行比较，从而进行决策的方法。在一般的决策问题中，决策者对方案的选择通常是比较不同方案的期望收益值的大小，然后选择其中较大者为最佳方案。但在许多场合，情况并不是这样，最佳方案的选择往往因决策者的价值判断而异。因为对同等收益，在不同风险的情况下，决策可能不同；在同等成本的情况下，不同的人对待成本的态度也不同，其决策也将不同。

为了定量、直观地描述决策者对风险的态度，对事物的倾向、偏爱等主观因素的强弱程度，分析家们引入了一个数学方法即效用函数，[①] 如以收益值为自变量，以对应的效用值为因变量，二者的函数关系即为效用函数。通过效用函数的引入，可以较为明确地得知咨询部门用以判断决策者对该部门所提供的方案采纳的可能性，也可以用以比较不同的决策方法对决策的影响，提高决策的质量。在一般情况下，对于不同的决策人，即使面临同一决策问题，其所用的效用函数也不一定相同。决策者在进行决策之前，必须根据自己的价值观建立自己的效用函数。但是，构造效用函数并不容易。在实际工作中，常常计算一些特殊点的效用值，并依此为根据描绘效用曲线，寻求最优策略。效用曲线（函数）也存在混合型的，例如在正收益值范围内敢于冒险，而在负收益值范围内则非常保守。事实上大多数效用函数的负收益值很小时，效用曲线就非常陡峭，这说明绝大多数决策者都对亏损非常厌恶。

[①] 一般的效用函数可以记为 $u = u(r)$，当然这个函数表达式可能会因为实际情况而变得极其复杂。

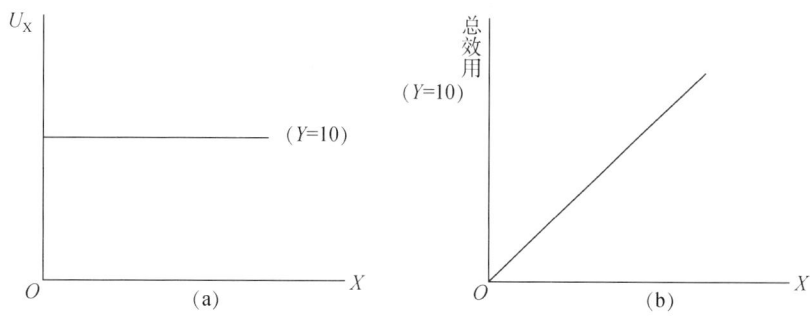

图 2　常见的几种效用函数

经济学上所探讨的关于效用的问题在立法和决策过程中被经常地引用，一些重要的原则和规律也同样适用，如在效用问题中重要的"边际效用递减"规律。边际效用递减是指在一定时间内，在其他商品的消费数量保持不变的条件下，随着消费者对某种商品消费量的增加，消费者得到的边际效用是递减的。商品的需求量与商品自身价格呈反方向变动。即价格上升，需求量减少；价格下降，需求量增加。任何购买行为都是一种交换行为，消费者以货币交换所需求的商品。交换过程中，消费者支出的货币有一定的边际效用，所购买的商品也有一定的边际效用，消费者通常用货币的边际效用来计量物品的效用。由于单位货币的边际效用是递减的，因此，消费者愿意付出的货币量就表示买进商品的效用量，而消费者对两种商品所愿付出的价格的比率，是由这两种商品的边际效用所决定的：边际效用越大，其愿意支付的价格也就越高；反之，边际效用越小，需求价格就越低。根据边际效用递减规律，既然边际效用越来越小，则消费者对商品购买越多，所愿支付的价格就会越少。这样，消费者买进和消费的某种商品越多，他愿支付的价格即需求价格就越低，反过来说，价格越低，需求量越大。

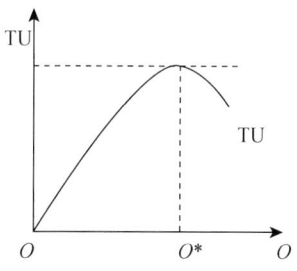

图 3　边际效用递减规律

可见，一个消费者的实际需求价格反映了该商品的边际效用，而边际效用是随购买数量的增加而减少的，于是价格也就随着数量的增加而降低，或者需求量随价格的降低而增加。因此，需求曲线也就是边际效用曲线，它是从左上方向右下方倾斜的。

传统的立法理论经常会忽略法的效力的边际效用递减问题，人们总是相信或者希望法的效力是持续作用和不会衰退的，但是事实证明法的效力亦如商品效用，在其反复适用性的表现之外，也会存在效力的递减甚至衰竭。在立法后评估采用了效用分析方法之后，这一现象有可能得到改观。有理由相信，对立法效果、效力和影响的研究因为引入了成本—效用方法将会日益完善和科学，更加重要的是，所有这些工作将会变得更加证据确凿和富有说服力。

（3）供给—需求方法

严格地讲，在承认成本—收益方法的同时，立法后评估方法论就已经把供给—需求方法作为自身体系中的一个重要内容来看待了。因为不论是对收益还是效用的讨论，实际上都是在把立法活动"市场化"和"商品化"之后的工作。波斯纳在其《法律的经济分析》一书中，则直接将立法活动定义为"资源的市场配置"。在波斯纳看来，立法程序与司法、执法活动一样，都是对社会资源（从法律意义上说即为权利和义务）所进行的规划与分配。"与市场一样，法律（尤其是普通法）也用等同于机会成本的代价来引导人们促成效率最大化"，"法律制度像市场一样使人们面临其行为的成本，但也将是否愿意遭受这些成本的决定权留给个人"。[1] 在波斯纳看来，"法律程序（Legal Process）像市场过程一样，它的施行主要有赖于为经济私利所驱动的私自个人（Private individual），而不是利他主义者或政府官员"。[2]

既然立法活动已经"市场化"和"商品化"，那么效率的问题就会被提到一个显著的位置上来参照和依循。上文所述的利益与效用分析也是建立在这样一个基石性的概念之上的。在立法后评估工作当中，将立法机构理解为商品的提供者、将立法的执行者和受众看作商品的消费者的做法，是把立法活动具体化、直观化的过程。在这个过程中，以往主要靠感官体会

---

[1] 〔美〕理查德·A. 波斯纳：《法律的经济分析》，蒋兆康译，林毅夫校，中国大百科全书出版社，1997，第677页。

[2] 〔美〕理查德·A. 波斯纳：《法律的经济分析》，蒋兆康译，林毅夫校，中国大百科全书出版社，1997，第678页。

的许多环节可以被主要按照经济和数学方法进行分析的科学方法所取代，成本、效益、效率等概念也可以直接标示出一个立法或者决策的成败以及其程度。这同时是一个极富权威性的认证过程，许多经济学上的方法和原则在这个过程中也像数学公式一样发生作用且可以被反复地引用和证明。

3. 系统分析方法

系统分析方法（System Analysis Method）[1]是指把要解决的问题作为一个系统，对系统要素进行综合分析，找出解决问题的可行方案的咨询方法。一般认为，系统分析是一种研究方略，它能在不确定的情况下，确定问题的本质和起因，明确咨询目标，找出各种可行方案，并通过一定标准对这些方案进行比较，帮助决策者在复杂的问题和环境中做出科学抉择。系统普遍存在于自然界和人类社会之中。它是由要素所构成的整体，离开要素就无所谓系统，因而要素是系统存在的基础；系统的性质一般是由要素所决定的，但系统又具有各要素所没有的新功能；各种要素在构成系统时，具有一定的结构与层次，没有结构层次的要素的胡乱堆积构不成系统；系统的性质取决于要素的结构，而在一个动态结构的系统中，结构的好坏直接由要素之间的协调体现出来；系统与环境之间也存在密切的联系，每个系统都是在一定的环境中存在与发展的，它与环境发生物质、能量和信息的交换。系统的各要素之间，要素与整体之间，整体与环境之间存在着一定的有机联系，从而在系统内外形成一定的结构与秩序，使得系统呈现出整体性、有机关联性、结构层次性、环境适应性（开放性）和有序性等特征，这些特征就是所谓的系统同构性。

系统分析或系统方法，就其本质而言，是一种根据客观事物所具有的系统特征，从事物的整体出发，着眼于整体与部分，整体与结构及层次，结构与功能、系统与环境等的相互联系和相互作用，求得优化的整体目标的现代科学方法以及政策分析方法。拉兹洛认为，系统论为我们提供了一种透视人

---

[1] 系统分析方法来源于系统科学，系统科学是20世纪40年代以后迅速发展起来的一个横跨各个学科的新的科学部门，它从系统的着眼点或角度去考察和研究整个客观世界，为人类认识和改造世界提供了科学的理论和方法。它的产生和发展标志着人类的科学思维由主要以"实物为中心"逐渐过渡到以"系统为中心"，是科学思维的一个重要突破。系统分析是咨询研究的最基本方法，我们可以把一个复杂的咨询项目看作系统工程，通过系统目标分析、系统要素分析、系统环境分析、系统资源分析和系统管理分析，可以准确地诊断问题，深刻地揭示问题起因，有效地提出解决方案和满足评估的需求。

与自然的眼光,"这是一种根据系统概念,根据系统的性质和关系,把现有的发现有机地组织起来的模型"。贝塔朗菲则将系统方法描述为:提出一定的目标,为寻找实现目标的方法和手段就要求系统专家或专家组在极复杂的相互关系网中按最大效益和最小费用的标准去考虑不同的解决方案并选出可能的最优方案。我国学者汪应洛在《系统工程学》一书中则认为,系统分析是一种程序,它对系统的目的、功能、费用、效益等问题,运用科学的分析工具和方法,进行充分调查研究,在收集、分析处理所获得的信息基础上,提出各种备选方案,通过模型进行仿真实验和优化分析,并对各种方案进行综合研究,从而为系统设计、系统决策、系统实施提出可靠的依据。①

(1) 头脑风暴法

头脑风暴法(Brainstorming Method)的发明者是现代创造学的创始人,美国学者阿历克斯·奥斯本。奥斯本于1938年首次提出头脑风暴法。Brainstorming 原指精神病患者头脑中短时间出现的思维紊乱现象,病人会产生大量的胡思乱想。奥斯本借用这个概念来比喻思维高度活跃、打破常规的思维方式而产生大量创造性设想的状况。头脑风暴的特点是让与会者敞开思想,使各种设想在相互碰撞中激起脑海的创造性风暴。这是一种集体开发创造性思维的方法。头脑风暴法力图通过一定的讨论程序与规则来保证创造性讨论的有效性,由此,讨论程序构成了头脑风暴法能否有效实施的关键因素。从程序来说,头脑风暴法是一种能够保证群体决策的创造性、提高决策质量的方法,又可分为直接头脑风暴法(通常简称为头脑风暴法)和质疑头脑风暴法(也称反头脑风暴法)。前者是指在专家群体决策中尽可能激发创造性,产生尽可能多的设想的方法,后者则是对前者提出的设想、方案逐一质疑,分析其现实可行性的方法。采用头脑风暴法组织群体决策时,要集中有关专家召开专题会议,由主持者以明确的方式向所有参与者阐明问题,说明会议的规则,在融洽轻松的会议气氛中,由专家们"自由"提出尽可能多的方案。②

头脑风暴法的基本原则大致包括:①庭外判决原则。对各种意见、方案的评判必须放到最后阶段,此前不能对别人的意见提出批评和评价。认

---

① 参见汪应洛《系统工程学》,高等教育出版社,2007,第一、三章。
② 〔美〕卡尔·帕顿、大卫·沙维奇:《政策分析和规划的初步方法》,孙兰芝等译,华夏出版社,2001,第241—243页。

真对待任何一种设想,而不管其是否适当和可行。②欢迎各抒己见,自由鸣放。创造一种自由的气氛,激发参加者提出各种荒诞的想法。③追求数量。意见越多,产生好意见的可能性越大。④探索取长补短和改进办法。除提出自己的意见外,鼓励参加者对他人已经提出的设想进行补充、改进和综合。实践经验表明,头脑风暴法可以排除折中方案,对所讨论问题通过客观、连续的分析,找到一组切实可行的方案,因而头脑风暴法在军事决策和民用决策中得到了较广泛的应用。当然,头脑风暴法实施的成本(时间、费用等)是很高的。另外,头脑风暴法要求参与者有较好的素质。这些因素是否满足会影响头脑风暴法实施的效果。

(2) 德尔菲法

德尔菲法(Delphi Method),① 又名专家意见法,是在20世纪40年代由O. 赫尔姆和N. 达尔克首创,经过T. J. 戈尔登和兰德公司进一步发展而成的一种预测方法。德尔菲这一名称起源于古希腊有关太阳神阿波罗的神话。传说中阿波罗具有预见未来的能力。因此,这种预测方法被命名为德尔菲法。1946年,兰德公司首次用这种方法进行预测,后来该方法被迅速广泛采用。

德尔菲法作为一种主观、定性的方法,不仅可以用于预测领域,而且可以广泛应用于各种评价指标体系的建立和具体指标的确定过程。德尔菲法依据系统的程序,采用匿名发表意见的方式,即专家之间不得互相讨论,不发生横向联系,只能与调查人员发生关系,通过多轮次调查专家对问卷所提问题的看法,经过反复征询、归纳、修改,最后汇总成专家基本一致的看法,作为预测的结果。这种方法具有广泛的代表性,较为可靠。其基本步骤如下:

①组成专家小组。按照课题所需要的知识范围,确定专家。专家人数的多少,可根据预测课题的大小和涉及面的宽窄而定,一般不超过20人。②向所有专家提出所要预测的问题及有关要求,并附上有关这个问题的所有背景材料,同时请专家提出还需要什么材料。然后,由专家做书面答复。③各个专家根据他们所收到的材料,提出自己的预测意见,并说明自己是

---

① 德尔菲法在20世纪40年代由赫尔默(Helmer)和戈登(Gordon)首创,1946年,美国兰德公司为避免集体讨论存在的屈从于权威或盲目服从多数的缺陷,首次用这种方法进行定性预测,后来该方法被迅速广泛采用。德尔菲是古希腊地名。相传太阳神阿波罗(Apollo)在德尔菲杀死了一条巨蟒,成了德尔菲主人。在德尔菲有座阿波罗神殿,是一个预卜未来的神谕之地,于是人们就借用此名,作为这种方法的名字。

怎样利用这些材料并提出预测值的。④将各位专家第一次的判断意见汇总，列成图表，进行对比，再分发给各位专家，让专家比较自己同他人的不同意见，修改自己的意见和判断。也可以把各位专家的意见加以整理，或请身份更高的其他专家加以评论，然后把这些意见再分送给各位专家，以便他们参考后修改自己的意见。⑤将所有专家的修改意见收集起来，汇总，再次分发给各位专家，以便做第二次修改。逐轮收集意见并为专家反馈信息是德尔菲法的主要环节。收集意见和信息反馈一般要经过三四轮。在向专家进行反馈的时候，只给出各种意见，并不说明发表各种意见专家的具体姓名。这一过程重复进行，直到每一位专家不再改变自己的意见为止。⑥对专家的意见进行综合处理。①

德尔菲法同常见的召集专家开会、通过集体讨论、得出一致预测意见的专家会议法既有联系又有区别。德尔菲法能发挥专家会议法的优点，如：能充分发挥各位专家的作用，集思广益，准确性高；能把各位专家意见的分歧点表达出来，取各家之长，避各家之短。同时，德尔菲法又能避免专家会议法的以下缺点：权威人士的意见影响他人的意见；有些专家碍于情面，不愿意发表与其他人不同的意见；出于自尊心而不愿意修改自己原来不全面的意见；等等。最后，德尔菲法的适用也有其缺点，主要是过程比较复杂，花费时间较长，综合成本较高。

（3）辩论分析法

辩论式分析方法又可以称为对手式评估方法（Adversary Evluation Method），这种方法的主要特点是借鉴英美法系法庭运作制度和行政听证制度的模式，在评估过程中，争执者（执不同意见的被评估双方或多方）自行收集证据，选择、访问和准备证人以便确定其证据及其理论依据的要点与内容。在复杂的社会情境下做出决策，要依据最突出的相关变量和它们内在的联系所形成的综合信息来进行，在这一背景之下，定量和定性的材料相结合的评价能够较好地满足这一要求。辩论式分析方法的双方立足于被评估对象和内容的正反两面（最基本的两种立场即为赞成与反对），尽可能地提高证据的确切性与可采纳性，并由"法官"——最后的决策者做出最接近于科学的认定和决策。

---

① 参见〔美〕威廉·N. 邓恩《公共政策分析导论》，谢明等译，中国人民大学出版社，2002，第261—266页。

辩论式或对手式的评估过程中提交出来的证据有可能提高结果的合理性，使之更加符合和反映现实，而且在这一过程中，评判者或决策者一般不需要发出一般性的辩论意见，而是把注意力集中于需要确定的事实和结论的特定案例上。这种客观性正是立法后评估中许多场合下决策者所应有的地位和态度。

基于决策者的这种客观性，另外一种相似的分析方法也被提出，即司法式评估方法（Judicial Evaluation Method）。这种方法在20世纪70年代初期形成，与对手式评估方法的区别在于，司法式评估方法更加强调评判者的居中地位，通俗地讲，对手式评估希望得出被评估对象成功或失败的评判结论，而司法式评估更多地关心现实问题的复杂性质和表象，或者说更加关心事情的真实情况并提出意见和建议。

同样地，基于辩论—决策这一基本模式，另外几种评估方法也值得关注，如在许多领域中都有适用的应答式评估方法（Responsive Evaluation Method）和交互式评估方法（Transactional Evaluation Method）。应答式评估方法的特点很像是"纠问式"的法庭制度，其主要特征是对关键问题特别是身处其境的参与者与接受者们提出问题，在得到答案后负责评估的决策者可以在了解计划和评估背景后在一段时间内修改评估目标和采集数据。而交互式评估方法认为在一般规律研究（社会的和法律的）和特殊规律研究（个人的或参与者的）领域之外，还有第三个维度的研究内容，即相互影响。交互式评估的核心就在于对相互影响的重视，这种方法认为只有充分认识到个人需要与社会需要的不一致性，才能真正地解决问题。具体地讲，在被评估的政策或法律被实施的过程中，可能有部分参与者会或多或少地拒绝执行原有计划，也许还有人会有意无意地偏离原来的目标，如果没有一个交互式的增进了解的过程，在这些因素被忽略的情况下所做出的决策，不太可能是科学的和正确的。

（4）元评估方法

元评估方法（Meta Evaluation Method）就是对评估的再评估，以向原评估者指出他们的评价工作中存在的问题、出现的偏差和蕴含的片面观点或门户之见，以及这些不足的性质和原因，并估计这些不足的重要性，提出改进的策略和建议。如果原来的评估非常重要，那么某种形式的元评价就必须进行。元评估包括对以下几个方面的评估：评估工作的目的，评估对象，评估程序和方法（包括评估技术），评估的结论，评估者的选择、组织与培训（评估制度），评估为谁服务（包括评估者与评估听取人的关系），评估对现实性工作的影响，评估的理论基础，对评估工作所开展的研究，以及评估研究对评估工作的影响，等等。元评估（价）的标准一般被描述为四个部分，即实效性（utility）、可行性（feasibility）、适宜性（propriety）、技术完善性（technical soundness）或准确性（accuracy）。

元评估方法的特征主要体现在对评估本身的评估。在这个新的评估过程中，评估方法与原来的评估方法是没有本质区别的，但评估人员和被评估的对象已经发生了明显的变化，尤其是评估团队应当由没有参与原评估的人员组成，以体现元评估过程的客观性与中立性。

元评估经常被描述为对评估的再评估，但也可被应用于对于某个评估系统所进行的评估，或者可以表述为对于整个评估方法论（如立法后评估方法论）的整体性评估和检验。可以说，元评估制度和方法为整个立法后评估方法论的建设提供了一个重要的完善和提高的途径和方法。

五　立法后评估方法的适应性与选择问题

立法后评估方法的构建与一切方法论的研究相同，必须要涉及一个方法的适应性与选择问题，只有在恰当的时机和情境下选择了较为切合实际情况的方法及其组合，才可能有效地反映和表述被评估的法律、法规的执行情况和实际效果。在理解了这一基础性假设之后，有必要将立法后评估方法大略地分为两个大的部分，即具有普遍性意义的（可能不是绝对的普遍性）、基础性的、程序性的必选方法和具有特定性的和较强针对性的可选或应选方法。前者是每个立法后评估程序甚至是每个评估程序中都须有或应有的内容，如多数基本的数学统计方法和比较方法，这些方法可能具有较为普适的特点；后者更多地是依据某种选择的标准或原则针对特定的评估过程而选定的具体方法，如对手式评估方法等，后者所选用的这些方法可能在适应性上更加具体和富有针对性。

以立法后评估的特点而言，大致可以为方法的选择问题确定以下几个基本的原则，即根据立法后评估最主要的价值目标选择方法，根据立法后评估所处的阶段选择方法，根据立法后评估所拥有的评估数据的特点选择方法，根据立法资源和立法者的实际情况选择方法。

评估所处的阶段、评估数据的特点和立法资源、立法者的实际情况标准是较为直观和较易衡量的，其对于方法论选择的参考作用也就相应地有较强的可操作性。而根据立法后评估最主要的价值目标进行选择则显得更为复杂和难以操作，传统的政策分析学所做出的价值"一元论"假设已经逐渐被"多元论"驳斥和取代。如前所述，评估过程中的价值目标经常是模糊的甚至是变化的，[1] 这也就给立法后评估的价值讨论带来了几个方法论上的困难，如"合理"问题、"价值中立"问题和"价值冲突"问题;[2] 而在价值冲突的衡量与比较过程中，则经常会出现"两难选择"和"悲剧性选择"。[3] 也许在这个问题上，经济分析的方法能够为解决上述问题提供一个看似可行的进路，但多数人认为，即使是以客观著称的经济分析法学及其方法，也不能直接回避一个根本性的问题，即：对于某个实际的问题而言，到底核心的价值是什么？为什么？部分政策分析学家试图引入"元伦理"概念[4]和相关方法来解决这一问题，但也作用有限。比较可行的一个进路是在元伦理视角下，引入经济学的几个具体方法如帕累托最优原则，即"如果至少有一人境况改善而无一人处境更坏，则这种社会状态就比其他的好"，以确定如何确认和选择评估所应追求的"主要"价值目标。至少目前达成共识的观点是，在被评估的恒量与变量及其复杂的相互影响的关系之

---

[1] 参见前文关于"伪评估"方法、正式评估方法与决策理论评估方法的讨论。

[2] 一元论通常要求保持价值中立，多元论则强调价值的多元化和价值中立的空想性，但多元论者亦可能陷入多元价值背景下的"不可知论"，于是造成了"合理"问题、"价值中立"问题和"价值冲突"问题在方法论上所带来的许多困难。参见陈振明主编《公共政策分析》，中国人民大学出版社，2003，第512页。

[3] 两难选择是当代公共政策过程中极为普遍的问题，它是指在同一时间、同一政策问题上，两种几乎同等重要的价值需要发生直接的冲突；悲剧性选择则是一种更为艰难的选择，简言之，它是指在不可选择的价值对象中做出选择。悲剧性选择源于当代社会严重的价值矛盾和利益对抗，由于社会缺乏主导地位的公众认同的和尊重的价值观、共同目标和行为准则，"公共政策事实上经常陷入决策的沼泽，使得政府也表现出犹豫不决"。参见陈振明主编《公共政策分析》，中国人民大学出版社，2003，第512、513页。

[4] 新实证主义者把元伦理学与规范伦理学对立起来，认为只有元伦理学才是真正科学的伦理学。在他们看来，元伦理学只应局限于分析道德语言中的逻辑，解释道德术语、判断的意义，而不应指导人们应该如何行动和生活。他们把道德语言和道德语言所表述的内容截然分开，否认科学地论证道德判断内容的可能性。他们主张元伦理学对任何道德信念和原则体系都要保持"中立"，并应该在"中立"的前景上研究问题。元伦理学在追求概念的科学严谨性的同时，把自然科学的公式、符号机械地搬到伦理学中来，因而更加强了它的形式化和脱离生活的倾向。这种形式的、非历史的研究道德的方法，决定了元伦理学不可能真正解决社会的道德问题。20世纪60年代以来，元伦理学受到西方大多数伦理学家的批评，但是它所研究的课题并没有被否定，而且常常被看作伦理学中与规范伦理学并列的一个重要部分。

中，关于"主要"价值问题的讨论与衡量本身就是评估过程中重要的一个环节,同时又是确定评估方法和下一步的评估重点、方向的重要步骤。价值分析中着重研究的部分主要包括:被评估对象的价值含义、系统中价值的一致性、绝对价值和相对价值、明确价值观的可行性的限制、价值组合、价值观的加强和改变以及进一步假定的价值内容。①

对方法的选择和运用本身即是方法论研究工作中的一个重要内容,具备一套适应性较强的方法选择理论的方法论与简单的方法罗列之间的区别也正在于此;同时也只有掌握了一系列的方法选择标准和原则,方法论的可操作性才能得到有效的提升。②

六 结语

"立法后评估"是最近几年才兴起的一种制度,国内关于该问题的研究还不是很多,有一些成果也是立法后评估制度的实践描述,相关的理论研究还比较缺乏。从这个意义上讲,对于"立法后评估"方法论研究的缺失同样也是其中一个重要的不足。

目前国外关于"立法后评估"的体系较为多元,以美国、英国、韩国、日本等国家为代表,其各自建立的一套立法评价(估)系统均已运行多年且收到一定的成效。如美国行政立法的成本与效益评估最早兴起于20世纪60年代,至20世纪80年代美国行政法进入全面的"成本—效益"阶段,其中的得失经验对于构建我国的"立法后评估"机制具有十分重要的借鉴意义。

需要特别指出的是,在国外的先进经验被真正"内化"为我国的"立法后评估"制度的内容之前,我们需要在理论与实践上为这种"内化"做好充分的铺垫与准备。近几年,我国政府已经对行政立法的成本与效益方法给予了关注。2004年颁布的《全面推进依法行政实施纲要》第十七条明确提出"积极探索对政府项目尤其是经济立法项目的成本效益分析制度。

---

① 参见陈振明主编《公共政策分析》,中国人民大学出版社,2003,第512页。
② 在对方法论进行选择时,必要的、科学的标准与原则是正确运用方法论的前提,根据政策分析学的研究成果,对评估对象的评估活动至少应坚持以下几个原则,如连续统一原则、快速原则和专业客观原则等。

政府立法不仅要考虑立法过程成本,还要研究其实施后的执法成本和社会成本"。有理由相信,成本与效益分析等方法将会在我国行政立法,尤其是经济立法项目上得到采用与推广。

5. 西方的立法评估制度[*]

【内容摘要】 本文选取美国、英国和欧盟的立法评估制度作为主要介绍分析的对象。西方的立法评估制度是近30年才逐步发展起来的。经过30多年的发展，美国和英国等西方发达国家的立法评估制度已经取得了长足的发展。最近10余年，西方立法评估制度的发展更是非常显著，这不仅表现在开展立法评估的国家越来越多，而且表现在立法评估制度不断得到系统化。

【关键词】 立法评估　西方　美国　英国　欧盟

一　引言

西方的立法评估制度是近30年才逐步发展起来的。经过30多年的发展，美国和英国等西方发达国家的立法评估制度已经取得了长足的发展。最近10余年，西方立法评估制度的发展更是非常显著，这不仅表现在开展立法评估的国家越来越多，而且表现在立法评估制度不断得到系统化。例如，美国自20世纪90年代后期开始不断进行所谓的监管改革（regulatory reform），国会陆续制定了一些有关立法评估的法律，并且试图制定系统性的《改善监管法》；英国2000年发布了《制定好的政策：监管影响评估指南》；欧盟自2002年起也建立起了系统的影响评估制度，并不断更新《影响评估指南》这一系统规范立法评估的文件。在立法评估制度的发展过程中，经济合作与发展组织（简称经合组织，OECD）等国际组织的推动起了至关重要的作用。1997年，经合组织根据该组织部长会议的授权设立了监管改革项目，对每个成员国监管改革的状况和利弊得失提出报告。2002年

---

[*] 此文由黄金荣撰稿。黄金荣，中国社会科学院法学研究所副研究员，法学博士，创新工程"完善我国法律体系与立法效果评估"项目研究员助理。

经合组织公布了《为监管影响分析建立组织框架：政策制定者指南》(Building an Institutional Framework for Regulatory Impact Analysis: Guidance for Policy Maker)，该指南对监管影响分析的概念、方法和利用进行了系统的介绍。由经合组织与欧洲理事会合作产生的项目组织——支持中东欧治理和管理的改善（Support for Improvement in Governance and Management in Central and Eastern Europe，简称 SIGMA）更早就开展这方面的工作，它在 1994、1997 和 2001 年分别发布了《改善法律和规章的质量：经济、法律和管理的技术》、《评估法律和规章草案的影响》和《通过影响评估改善政策文件》等文件对立法评估的方法和技术进行系统介绍。

西方的立法评估制度最初的发展动机首先在于减少和改善法律对经济的干预，提高经济竞争力，然后逐渐引申到改善对社会的管理以及对公民权利的保护。但直到现在，改善法律对经济的监管（regulation）仍然是立法评估制度的核心价值所在。正是基于这一点，西方各国都要不断进行"监管改革"，对"监管措施"或"规章"（regulations）进行"监管分析"（regulatory analysis），并且对这些监管措施或规章可能对经济和社会带来的影响进行"监管影响评估"（regulatory impact assessment）。由于对经济的干预大部分都是通过行政立法或措施进行的，因此对于行政立法（regulations）的评估又成为立法评估的重点所在。但西方国家的监管影响评估事实上并不仅限于行政立法评估，也包括国会的立法评估，毕竟国会的立法对经济和社会的干预也是一种"监管"或"规制"（regulation）。但无论是行政立法评估还是国会立法评估，各国更看重的都是立法前对草案可能带来影响的评估，而不是立法后对立法带来实际影响的调查，尽管在修订法律时两者经常结合在一起，并且方法也基本类似。此外，由于在现代社会，无论是行政机关的行政立法还是国会立法，提出监管市场方面的法律草案的大都是行政机关，因此行政机关主导的立法评估又很自然成为立法评估的主要形式。当然，国会自身或者委托独立机构对于行政机关的立法评估进行监督、审查，对其立法评估报告进行利用，也是立法评估的重要形式。

本文将美国、英国和欧盟的立法评估制度作为主要介绍分析的对象。之所以选取这三个国家或国际组织，原因在于三个方面。第一，美国和英国都可以说是世界上最早开始系统立法评估实践的国家，并且它们现在也仍然位于立法评估实践做得最好的国家之列，其经验确实值得借鉴。第二，欧盟也是目前立法评估制度领域进展最为显著的地区，它的立法评估制度在近10年内发展极为迅速,并且很快就走向成熟,对我国也很有借鉴意义。当然欧盟作为国际组织的代表也是一个重要考虑。第三,选择这三个国家或国际组织一个很现实的原因就是,英文资料比较丰富并且容易找到。

二 美国的立法评估制度

(一) 美国立法评估制度的发展

美国的立法评估制度发轫于20世纪60年代,但其成型和发展却在70年代之后。其产生的背景主要是基于两个方面:其一,罗斯福新政之后,美国政府开始对经济生活进行全面干预和监管,因此法律对经济和社会的干预大大加强,但是随着监管越来越多,也带来干预过多、监管成本成倍增长的问题,在这种情况下,伴随着新自由主义经济学说的复兴,"放松管制"蔚然成风。其二,20世纪60年代之后,经济分析方法开始成为西方国家(尤其是美国)的流行思潮,成本与效益这种经济分析方法开始被逐渐引入法学领域,人们开始用这种方法来分析法律的运行成本和收益的问题,并以此作为判断法律成功与否的标准。

美国的立法评估制度是通过行政机关的行政命令和国会的立法两种方式逐渐发展起来的。1971年美国总统尼克松建立了所谓的"生活质量审查"制度(Quality of Life Review),它要求对某些无效或成本过高的环境规章进行审查,具体由管理和预算办公室(The Office of Management and Budget)负责执行。福特总统上台之后,于1974年发布了名为《通货膨胀影响声明》(Inflation Impact Statements)的第11821号行政命令,它将上述审查制度予以系统化,并要求对重要规则(Major Rules)进行"通货膨胀影响分析"。1978年卡特政府发布了名为《改善政府规章》(Improving Government Regulations)的第12044号行政命令,它要求有关机构对行政立法草案进行详细的经济影响分析,并且责成管理和预算办公室对这些分析进行审查。在此期间,美国政府还建立了两个跨机构小组,即监管分析审查小组和监管事会,前者由总统执行部门的代表和各监管机构的代表组成,主要负责某些可能产生重大监管影响的行政规章草案,后者由联邦监管机构的负责人组成,负责总结需要进一步发展的主要行政规章。1981年,里根政府发布了名为《联邦监管》(Federal Regulation)的第12291号行政命令,它要求各行政机构对所有重要规则开展成本收益分析,要求在法律允许的情况下只能制定潜在收益大于潜在成本的规则,在所有实现既定监管目标的可供选择的方案中,选择能使社会净成本最小的方案。它要求管理和预算办公室内的信息和监管事务办公室对所有拟制定的规则进行审查,管理和预算办公室虽然不能否决有关机关提出的规则草案,但它有权要求它们根据其提出的分析意见进行完善。1993年克林顿上台后,掀起了"再造政府"运动(reinvent government),他试图通过建立政府绩效考核制度达到减少政府监管和政府成本、提高政府运行效率的目的。同年他签署了名为《监管计划与审查》(Regulation Planning and Review)的第12866号行政命令。该行政命令与以往的行政命令相比,更加注重有关成本收益的定性措施以及风险的合理分配,也更加重视监管审查过程的公开性问题。后来的第13258号和第13422号行政命令进一步对第12866号行政命令做了修订。在克林顿政府时期,政府还曾经要求有关行政机关对现存的行政规章进行逐页审查,并且将需要改革的规则予以废除或修改。在3个月的审查期间内,各行政机关一共修改了31000页《联邦规章法典》(Code of Federal Regulation),废除了16000页过时的规则。[1]

除了行政命令,美国国会也为立法评估制定了很多法律。大部分规定立法评估的法律主要针对行政监管机构的监管规则制定和执行过程中出现的问题。如针对行政监管过多、监管过于僵化的问题,美国国会于1980年制定了《美国监管灵活性法》(Regulatory Flexibility Act)。它要求联邦监管机构在监管活动中要特别考虑"监管规则"对小企业等小实体的影响,尽可能地减少行政监管政策给它们造成的不适当的、不成比例的负担。如果一项监管规则的草案可能会对小实体造成具有实质意义的重大影响,监管机构必须就此进行"监管灵活性分析"并发布相关报告,以确保监管机构在考虑了所有合理替代方案后,尽可能采取能减少"小实体"负担或使其增加收益的监管措施,以全面、公平地实现监管目标。这一法律后来被《1996年小企业监管实施公平法》(Small Business Regulatory Enforcement Fairness Act of 1996)所替代。该法要求有关行政机关在向国会提交最后的规章时必须附有论证分析。国会可以在60天内审查主要的规章并且可以联

---

[1] Robert W. Hahn, "State and Federal Regulatory Reform: A Comparative Analysis", *The Journal of Legal Studies*, 29, June, 2000, p. 888.

合通过一个否决决定，如果这个决定能够得到总统批准，规章即归无效。

美国国会制定的《1995年无经费职权改革法》（Unfunded Mandates Reform Act of 1995）要求国会的预算办公室（Congressional Budget Office）对那些具有重大经济影响的无经费联邦职权的直接成本进行评估，要求各行政机构说明大多数此类职权的成本与收益，确定各种可能的方案，并选择成本最低、最具有成本效益或负担最少的方案。《1996年电信法》（Telecommunications Act of 1996）、《1996年食品质量保护法》（Food Quality Protection Act of 1996）、《1996年安全饮用水法修正案》（Safe Drinking Water Act Amendments of 1996）等法律都要求有关的行政机构在制定监管规则时进行收益成本分析或风险评估。

除了在具体法律领域要求进行立法评估外，美国国会的一些议员也一直试图进行适用于所有监管活动的一般性立法评估。从1997年起，部分国会议员连续几年试图通过《改善监管法》（Regulatory Improvement Act），但这个法案最终因得不到多数支持而夭折。2000年，美国国会通过了一个非常简单的《2000年监管真相法》（Truth in Regulating Act of 2000）。该法是有关立法评估为期3年的一个实验性法律，它规定每年拨款520万美元由美国审计署负责对联邦政府机构制定的具有重要经济影响的规则（economically significant rule，是指每年会对经济产生1亿美元以上实质影响的规则）进行评估并向国会提交报告。该法第二条声明立法目的在于："（1）增加重要监管决策的透明性；（2）加强国会的有效监督以确保政府机构制定的规则以一种有效率、有成效和恰当的方式满足法律的要求；（3）增加国会和政府机构对其所为之服务的人民的责任。"根据该法，当一个政府机构公布一项具有重要经济影响的规则时，国会两院的相关委员会的主席或者高级成员可以要求美国总审计长对这项规则进行审查。总审计长应在收到请求后180天内向国会两院的相关委员会就每一项具有重要经济影响的规则提交报告。这份报告应该包括一份对该项规则的独立评估。独立评估应该包括如下几个方面：（1）对政府机构对该项规则的潜在收益（包括不能用货币语言予以量化的有益后果以及对可能获益的个人或实体的界定）的分析进行评估；（2）对政府机构对该项规则的潜在成本（包括不能用货币语言予以量化的不利后果以及对可能承担成本的个人或实体的界定）的分析进行评估；（3）对政府机构对规则制定通告或记录中规定的各种方法的分析进行评估，对监管影响分析、联邦制度评估或者该政府机构准备的或者制定具有重要经济影响的规则所要求的其他分析或评估进行评估；（4）总审计长对评估的结果以及这些结果的影响进行概述。该法要求各联邦政府机构在实施该项法律方面与总审计长进行紧密合作，在3年的期限届满前，总审计长应对实验性项目的有效性进行审查并向国会提交报告，并就国会是否应让该评估法律永久化提出建议。

（二）《监管计划与审查》确立的立法评估制度

美国总统制定的《监管计划与审查》行政命令是迄今为止有关美国行政立法评估中最为核心的行政规章之一，它确立的立法评估制度构成了行政立法评估制度的主体内容。其主要内容如下。

1. 评估指导思想和原则

《监管计划与审查》第一条阐述了监管哲学和原则，这些哲学和原则实际上也是评估的指导思想。其核心的指导思想就是：联邦政府机构只应在法律有要求、解释法律所必需或者存在迫切的公共需要的情况下才制定行政规章。在确定是否应该以及如何监管时，各政府机关应该对可能的监管方案（包括不予监管的方案）的所有成本和收益进行评估。成本与收益应该理解为既包括可量化的措施，也包括很难量化但又至关重要的定性措施。在选择各种监管方法之时，各联邦机构应该选择那些可以使净收益（包括潜在的经济、环境、公共健康和安全以及其他好处）最大化的方法，除非法律要求采用其他监管方法。

监管的原则包括：（1）应书面确定具体的市场失灵表现或者其他需要通过新的政府行动予以解决的具体问题，应评估问题的严重程度；（2）应审查是不是现行的规章或其他法律造成或者导致了新的监管措施试图予以矫正的问题，为了更好地达到监管的有效目标，那些规章或者法律是否应该予以修改；（3）应确定并评估现有的指导评估的方法；（4）在确定监管的优先事项时，应考虑对处于其管辖范围内的物体或活动是否会造成风险；（5）在确定某一规章是达到监管目的的最好方式时，也应将监管措施以一种最具成本效益的方式进行设计，并考虑创新激励机制、一致性、可预测性、执行和遵守成本、灵活性、分配影响和公平；（6）应对欲制定的规章的成本和收益都进行评估，在某些成本和收益很难量化的情况下，建议制定或者通过一项规章只能基于这样一个理性的决定即可，即拟制定的规章能带来的收益证明将付出的成本是可以接受的；（7）监管决定应以最大限度能够获取的对制定规章或指导性文件有关的科学、技术、经济和其他信息为基础；（8）应确定和评估规章的其他可选择形式；（9）在监管措施可能对有关政府机构构成重大影响的情况下，只要可能，就应寻求这些机构官员的意见，并评估联邦规章对州、地方政府等可能造成的影响；（10）应避免所要制定的规章或指导性文件与联邦政府的其他机构制定的规章或指导性文件相互冲突或重复；（11）拟制定的规章给社会施加的负担应该越少越好；（12）起草的规章或者指导性文件应该简单、易懂，尽量减少潜在的不确定性以及由此引发的诉讼。从这些内容可以看出，大部分所谓的监管原则实际上就是评估时应予以考虑的核心内容。

2. 评估主体

根据《监管计划与审查》的规定，评估的主体主要是负责起草和制定行政规章的各联邦政府机构（agencies）。这种评估实际上就是规章制定者自身的评估。除此之外，该法也规定了监督联邦政府各机构监管行为的机构，这就是管理和预算办公室（The Office of Management and Budget）。《监管计划与审查》明确规定，"管理和预算办公室将履行审查职能"，它负责审查联邦政府机构制定的规章或指导性文件是否与法律、总体考虑的优先事项、监管原则相一致，审查它们是否与其他机构制定的规章或指导性文件相冲突，同时它对各政府机构也提供有关监管事务方法论和程序方面的指导。在此机构内，专门设立了具体负责审查职责的信息和监管事务办公室（Office of Information and Regulatory Affairs）。

3. 评估对象

从原则上说，联邦政府机构所制定的规章都必须进行评估，但是根据《管制计划与审查》第三条的规定也存在例外情况。下列规章就明确不属于需要评估的对象：（1）根据美国法典第五篇第五五六、五五七条正式规则制定条款所颁布的规章；（2）关于美国军事或外交事务的规章，但采购规章或者涉及非防务商品和服务进出口的规章除外；（3）界定政府机关组织、管理或人员事务的规章；（4）被信息和监管事务办公室行政负责人豁免的其他种类的规章。

在《管制计划与审查》中，对"重大监管行动"的规章和"重大指导性文件"的评估给予了特别大的关注，并且也需要遵循更为严格的评估要求。"重大监管行动"是指规章所包含的这样一些监管行为：（1）年度经济影响在1亿美元以上的监管行为，或实质上会对经济、企业部门、生产力、竞争、就业、环境、公共健康、安全，或州、地方和部落政府、共同体产生负面影响的监管行为；（2）会与其他机关已采取或将要采取的行动产生严重冲突，或者会干预其他机关的这类行为；（3）会实质性改变资格条件、费用许可、使用费或贷款项目及福利接受者的权利和义务方面的预算效果；（4）提出了源于法定职权、总统优先事项或本行政命令所确定的原则的新的法律或政策问题。"重大指导性文件"也是指可能产生上述效果的分发给受监管对象或者公众的指导性文件。它们也存在免于评估的例外情况，这些情况基本与规章的例外规定类似。

4. 评估程序

《管制计划与审查》特别规定了对监管行为进行评估的一些程序。根据该法第六条第三款规定，行政机构在采取监管行动时应遵循的程序包括：（1）任何行政机构都应以信息和监管事务办公室规定的实践和方式向其提交拟采取的监管行动的清单，并且指明哪些属于该行政机构认为的重大监管行动。不属于重大监管行动的规章不用接受审查，除非信息和监管事务办公室负责人在收到清单10个工作日内明确通知该监管机构该规章属于本行政命令规定的重大监管行动。（2）对于任何被指定或者被信息和监管事务办公室负责人确定为重大监管行动的事务，提交清单的机关应该给信息和监管事务办公室提供如下文件：1）监管行动草案的文本、对监管行动需要比较详细的说明以及对监管行动如何满足这种需要的解释；2）对监管行动潜在成本和收益的评估，其中须解释它与其他法定职权、法律是否一致，是否与总体的优先事项相符，并且是否会不当地干预其他政府部门。（3）对于属于重大监管行动的事项，有关机关还须提供如下决策信息：1）对包含监管行动可预期收益的分析以及对这些收益数量（如果可量化的话）的评估；2）对包含监管行动可预期成本的分析以及对这些成本数量（如果可量化的话）的评估；3）对该机构或公众确定的潜在有效和可能可行的其他方案的成本和收益的分析评估以及对为什么优先选择计划中的监管方案的说明。（4）在紧急情况下或者法律要求其以超过通常审查程序许可的速度行动时，应该尽早通知信息和监管事务办公室。（5）监管行动在《联邦公报》公布或者以其他方式公布后，有关机关应让公众易于获得，应用简单、清晰的方式为公众说明最后公布的规章内容与之前提交给信息和监管事务办公室的草案存在多大的实质性变动，并且说明哪些变动是基于信息和监管事务办公室的意见或建议。（6）提供给公众的所有信息都必须通俗易懂。

信息和监管事务办公室在对各机关提交的监管行动进行审查时也要遵循一些规则和程序。（1）它只能审查属于重大监管行动的规章。（2）它必须在规定的时间内用书面的方式放弃审查或者通知有关机构其审查的结果。（3）如果信息和监管事务办公室负责人要求制定机关对某些条款进行进一步考虑，它应该用书面阐明理由；如果制定机关负责人不同意信息和监管事务办公室负责人的意见，也应用书面说明理由。（4）为了确保监管审查程序的公开性、可接触性并明确责任，信息和监管事务办公室须遵守一些披露信息方面的程序性要求，如信息和监管事务办公室人员与来自联邦政府以外的人员就正在审查的监管行动为进行实质性通信和交流而会面时应邀请制定机关的人员参加，信息和监管事务办公室应将所有有关的通信和交流信息转发给制定机关。

（三）《改善监管法》草案的内容及评价

从上面的介绍可以看出，美国国会为了加强国会对联邦政府立法的控制，一直试图通过立法的方式确立对联邦政府机构的监管规则制定过程的评估制度。美国国会在很多具体法律中规定了政府联邦规则制定过程的评估制度，但仍然缺乏一部系统规定行政立法评估制度的法律。《2000年监管真相法》虽然是一部专门规定行政立法评估制度的法律，但该法的规定实在太过于简单了。《改善监管法》草案是一部试图系统规定行政立法评估制度的法案，但最终却得不到国会的多数支持。尽管如此，了解该法案的基本内容以及争论内容对于我们了解美国的立法评估制度还是很有意义的。该草案比较详细地规定了很多进行立法评估的方法，具体说来有以下几种。

1. 成本收益分析（cost–benefit analysis）

除了某些例外情形，1998年的《改善监管法》草案要求对所有拟议的和最后制定的重要规则（major rules）进行成本分析。重要规则是指对经济可能产生1亿美元影响的规则，哪些规则构成"重要规则"由行政机构或者管理和预算办公室的负责人决定，但管理和预算办公室的负责人有权自由将他认为可能会对经济构成实质负面影响的某项规则确定为重要规则。对于重要规则，原则上在制定之前就必须进行成本收益分析，但也有例外。根据该法案规定，如果政府机构发现在规则生效之前进行这种分析是不现实或者与一项重要的公共利益相冲突，就可以在不经过事前监管分析的情况下采纳一项规则。但在这种情况下，该政府机构必须在规则通过后尽快进行成本收益分析，除非管理和预算办公室的负责人认为这么做明显不合理。

在确定属于重要规则之后，有关政府机构必须进行初步的监管分析。它必须对拟议的规则和其他合理的替代方案进行收益和成本分析，对替代方案还必须对监管方案的灵活性进行评估。政府机构还必须解释拟议的规则为什么会具有收益或产生成本，并且描述收益或成本的承受者或承受人群。在重要规则的最后内容完全确定之后，必须对规则进行最后的监管分析。它必须指出最初的监管分析的组成要素，并且指出自对规则进行初步分析以来有关的成本收益分析或风险评估的内容发生了哪些重要的变化。最后的监管分析还必须表明它是如何处理针对拟议规则和最初监管分析提出的重要评论的。在最后的监管分析中，政府机构还必须做出成本收益的分析决定。它必须陈述该规则可能产生的收益是否足以压倒对成本的考虑并且获得的净收益要大于其他合理的可供选择方案的净收益。如果政府机构认为最后制定的规则并不符合成本效益原则，它就必须指出采纳此种规则的理由，必须指出是哪些国会立法条款要求其采取这种规则的。

2. 风险评估（risk assessment）

该法案规定对有关规则进行风险评估，其目的就在于促进理性的决策过程，既让公众理解，也让其有机会参与这个过程。该法案确认有关政府机构在进行风险评估时有义务告知公众，并且在风险评估的过程中从公众那里获取可靠的相关资料。对有关健康、安全或者环境风险拟议的和最后确定的规则必须进行风险评估。

风险评估必须遵循一系列旨在促进规则制定过程透明和掌握充分信息的公开程序。在评估过程中必须考虑所有相关、可靠和合理的现有科学信息，必须解释信息选择的根据。任何有关假设的重要选择必须提供科学或者政策的依据，可以证实假设或者与假设相矛盾的经验数据必须予以公开。风险评估也必须描述可供选择的其他合理假设，并且说明不选择这些可能会严重影响风险评估结果的方案的依据。

风险评估的实际内容应该对下述内容进行描述：（1）危险；（2）作为风险评估对象的人口或自然资源；（3）受危险影响的情形，包括对遭受危险的人口或自然资源以及出现这种情形可能性的估计；（4）从受影响到危险产生损害的性质和严重性；（5）风险评估每个要素存在的主要不确定性以及对评估结果所具有的影响。

3. 同行审查（Peer review）

《改善监管法》草案还规定了同行审查制度，它规定在一定条件下，对一项重要规则应该进行独立的同行审查。这些条件就是：（1）政府机构或者管理和预算办公室的负责人预计该项规则在可以合理量化的代价基础上每年可能会对经济产生5亿美元的影响，或者（2）经过风险评估。在这些情况下，在拟议的规则制定通告前，只需进行一次同行审查即可。法案对同行审查机制规定得并不详细。法案允许"专门研究小组、专家机构或者其他正式或非正式的机构"凭借其相关的专业知识、独立性在考虑所有因素的情况下进行审查，但同行审查的形式应该与主题的重要性和复杂性相适应。

4. 司法审查（judicial review）

根据《改善监管法》草案，对于有关行政机构是否遵守了该法有关评估的规定可以由法院进行司法审查，只要该审查针对的是政府的最后行为，符合本法的规定，并且符合本法对进行司法审查的时间、地点和审查范围所施加的限制。例如，政府机构或者管理和预算办公室的负责人有关确定一项规则是否属于一项重要规则的决定就不属于司法审查的范围。一个政府机构未能进行法律规定的成本收益分析、风险评估、同行审查或者做出成本收益决定的行为都可能构成宣布某项规则无效的理由。对于这些活动的充分性问题，只有在它们对于确定一个最后确定的规则是否与"任意、多变，构成对自由裁量权的滥用或者没有受到实质性证据的支持"相关时才属于司法审查的范围。

5. 对风险问题的强制性研究（mandatory study of risk based priorities）

《改善监管法》草案还规定了一种强制性的立法后的科学评估制度。根据该法案的规定，在该法案通过一年之后，管理和预算办公室的负责人在与科学技术政策部门负责人协商之后应委托一个可靠的科学机构开展与风险问题有关的研究。该项研究必须包括对风险的比较分析，即对人的健康、安全或者环境具有的风险程度和严重性进行系统的比较。它也必须研究比较不同风险的方法，并且就比较风险分析的使用问题提出建议。该项报告将在该法通过三年内被提交到国会和总统；在该法通过四年后，所有的相关政府机构都必须在预算和战略性计划方面充分使用该报告的结果。

对于该法案，人们的评价并不一致，有肯定的，也有否定的。例如，有人认为美国的监管改革（regulatory reform）已经拖延太久，该法案在正确

第一章 立法后评估的理论思考

的方向上往前迈了一步。① 也有人认为，该法案在前面行政监管改革的基础上增加了国会立法的分量，它既避免了以前监管改革立法的繁杂之处，又保留了其中最好的内容。② 但不满的声音也很多。有的人对有关评估方法的有效性表示怀疑，也有人对改革的不彻底表示不满。有人就列举了该法案的 10 多项缺点，如适用的规则范围太窄，可免于评估的规则太多，它只是适用于不到 2% 的重要规则；创造了很多可以规避评估要求的法律漏洞；即便该法案规定得比较详细的风险评估条款，其透明性仍然不能保证；政府机构是否进行同行评估的自由裁量权太大；等等。③

（四）美国立法评估制度简评

美国的监管影响评估制度起步较早，并且无论是国会还是行政机关对此都非常重视，旨在推动监管改革的立法努力 30 多年来几乎就没有停止过。美国监管影响评估制度一个很重要的特点是，这些绝大多数制度都是通过立法予以确认的，因此很多此类评估成为法律的一个强制性要求，并且可由法律强制实施。美国监管影响评估制度的另一个特点是行政机关的法律评估立法与国会法律评估立法并驾齐驱。但从目前发展情况看，行政立法确立的法律评估制度更具有系统性。美国监管影响评估制度的第三个特点是，极度重视旨在提高经济竞争力的成本与效益分析，它可以说将竞争原则作为立法评估最为核心的原则。经合组织 1999 年发布的《美国监管改革》报告认为，尽管美国政府面临一系列阻碍良好监管实践的立法、制度、司法和结构上的巨大限制，但美国联邦政府在确保联邦监管的质量方面在经合组织国家中仍然首屈一指。美国在建立旨在促进高质量监管立法的统一独立机构、推进对监管影响分析的系统使用以及对受影响实体的公开咨询方面都卓有成效。但美国立法评估制度有待改进的地方也很多，例如，过于注重审查各个规则而不够重视政策领域，缺乏有助于立法审查的顾问机构，强制性的监管质量控制还没有扩张到某些重要领域，还缺乏具有可操作性的政策方案选择指南，联邦政府与州政府在监管改革方面缺乏协调，等等。

---

① H. Sterling Burnett, Regulating the Regulators: The 1997 Regulatory Improvement Act.
② Testimony Prepared for Presentation to Committee on Affairs U. S. Senate, September 12, 1997, by By Paul R. Portney, Senior Fellow and President Resources for the Future.
③ Angela Antonelli, The Levin – Thompson Proposal: How Regulatory Improvement Veers Off Track.

三 英国的立法评估制度

（一）英国立法评估制度的历史发展

英国是最早开始系统进行监管影响评估（regulatory impact assessment）的国家之一，也是被经合组织视为在监管改革方面最有经验的国家之一。它最早的动因是 20 世纪 70 年代末为了推进私有化改革和加强市场竞争而进行的改革。1985 年的英国政府白皮书就提出要求对监管规则草案对经济和企业带来的影响进行评估。1990 年以后英国开始发布遵守成本评估的指导细则。1998 年 8 月，英国首相布莱尔宣布，任何对企业、慈善组织或者自愿组织会产生影响的监管规则草案未经监管影响评估，各部部长都不应予以考虑。1999 年，英国政府发布了《让政府走向现代化》（Modernizing Government）白皮书，确认政府的一个优先改革事项就是废除不必要的监管，它也要求各政府部门对施加新的监管负担的政策进行监管影响分析（Regulatory Impact Analysis）。1999 年公布的《政策制定者清单》（Policy Makers' Checklist）就旨在为政策制定者确定规章的可能影响。2000 年的《制定好的政策：监管影响评估指南》（Good Policy Making Guide to Regulatory Impact Assessment）为政府部门进行监管影响评估制定了比较详细的程序。2003 年的《制定好的政策：监管影响评估指南》进一步完善了监管影响评估程序。

经合组织在 2002 年发布的《OECD 监管改革评论：英国的监管改革》（OECD Reviews of Regulatory Reform: Regulatory Reform in the United Kingdom）报告中，罗列了英国监管影响评估制度发展中的一些重要事件，从这些事件中，我们大致可以看出英国立法评估制度的发展过程（见表1）。

表1 英国在提高确保高质量监管方面的重要事件

1985 年	名为《减轻负担》的白皮书提出了过度监管的负面影响问题。 报告建议，所有政府部门都提供对监管措施的遵守成本评估。
1986 年	名为《发展企业——而不是设立障碍》的白皮书重新提出了企业遵守成本问题。 根据该报告在就业部设立了企业和放松监管小组，它有权监督和协调各个政府部门反对文牍主义的活动。 每个政府部门都设立了放松监管小组并且任命一个部门放松监管部长。 创立了一个独立的政府顾问小组——放松监管任务小组。

续表

1987 年	现在称为放松监管小组的原企业和放松监管小组并入贸易工业部。
1989 年	创立了部级内阁监管委员会。
1994 年	制定了《放松监管和外包法》，该法建立了快速程序，以减少一级立法和次级立法所导致的监管负担。
1995—1996 年	创立了由商界人士组成的顾问小组。 放松监管小组并入内阁办公室。 建立了 7 个商业任务小组用以审查具体的规章。
1997 年	放松监管小组被更名为更好监管小组。 放松监管任务小组更名为更好监管任务小组，新成员由首相任命。 强调的重点由放松监管到更好监管，并且更加强调小企业。
1998 年	更好监管任务小组公布了有关更好监管的一套原则，这些原则后来获得了政府支持。 遵守成本评估被监管影响评估所替代。 评估对象扩展至除企业之外的慈善机构和志愿组织的具体收益和影响。
1999 年	监管影响小组设立了一个公共部门小组，该小组旨在就促进对报告和文件工作要求的遵守问题向公共部门、服务部门提供建议。 每个部门都任命一个监管改革部长。 更好监管小组更名为监管影响小组。 设立了由内阁办公室主任领导的部级监管责任小组，用来审查监管措施。
2000 年	政府公布了一个新的《制定好的政策：监管影响评估指南》。 设立了小企业服务局，以便在监管过程中维护小企业的利益。
2001 年	通过了《监管改革法》以及 50 多个监管改革命令。

（二）与立法评估有关的组织机制

英国存在一个多层次的立法评估组织机制。具体说来可以分为三个类型：行政机关内的评估组织、议会内的评估组织以及与政府有紧密联系的独立机构。

行政机关内的评估组织可以分为以下几个类型：

（1）监管责任专门小组（The Panel for Regulatory Accountability）

这个专门小组由英国首相在 1999 年设立，其目的在于全面了解政府监管计划的影响，并改进监管体系和独立部门的绩效。这个专门小组通常每个月都要举行由内阁办公室主任主持的会议，其主要成员有贸易工业大臣、财政首席秘书以及内阁办公室议会秘书、小企业服务局的首席执行官以及更好监管任务小组的主席。这些官员在会议上应当报告其所在部门的监管行动和绩效、监管改革计划以及为代价特别高昂或有争议的提案进行辩护。内阁办公室监管影响小组担当这个专门小组的秘书处。

（2）监管影响小组（The Regulatory Impact Unit）

监管影响小组设在内阁办公室内，它主要负责监控、汇报和支持整个政府监管改革的进展。它也负责对有关国内法律和欧盟法律的监管影响评估进行指导，并且审查这些评估。它也负责有关政府监管改革政策的外部交流，制定可以尽量减少公共部门监管成本的实用方案。此外，它也是独立的更好监管任务小组的秘书处，支持该任务小组开展工作。

（3）部门监管影响小组（Departmental Regulatory Impact Units）

英国行政机关的政府部门都设有部门监管影响小组，监管影响小组处于这一系统的中心。部门监管影响小组协调日常监管活动并为监管者提供建议。部门监管影响小组也担当了独立的过滤器角色，它将剔除那些成本过高的监管措施以及低质量的成本评估。

（4）监管改革部长（Regulatory Reform Ministers）

每个关键的监管部门都有一个特定的部长对监管改革负责。他们负责清除过时的或成本过高的监管措施，并确保引入的新监管是必需的，给企业施加的成本是最小的。各个部门向内阁办公室报告监管情况，而监管改革大臣则向监管责任任务小组报告监管问题的进展。

（5）小企业服务局（The Small Business Service）

小企业服务局成立于2000年4月，其主要目标是代表小企业发出强有力的声音，确保小企业利益在尽可能早的时候被适当地考虑。小企业服务局在监管影响评估中具有一定的发言权，它有权要求影响评估机关将自己的观点记录在监管影响评估中。

（6）议会顾问办公室（Parliamentary Counsel Office）

议会顾问办公室起草政府一级立法，也审查那些修正一级立法的所有次级立法。议会顾问办公室雇用律师专门研究政府法案的起草。办公室负责确保立法具有较高的质量，即与现有法律相一致，能够有效地执行政策。但起草者并不负责设计政策，立法所要执行的政策由大臣和部门提供指导。议会协商办公室也在法案的议会操作方面为部门和大臣提供建议，并且在必要时还为其提供法律建议。

在英国，与政府有紧密联系的独立机构就是更好监管任务小组（The

Better Regulation Task Force)。它的前身是放松监管小组，1997 年更名为更好监管任务小组。更好监管任务小组的成员由首相根据其个人能力予以任命。18 个成员都没有工资，并且来自各种不同背景，包括大小型企业、公民和消费者组织、协会、志愿组织和那些负责执行监管规则的组织。任务小组的成员和出版物对设定监管改革议程具有很强的影响力。内阁办公室监管影响小组负责支持任务小组的工作。任务小组的一个主要成绩就是规划了"良好监管的原则"并为政府所接受，现在所有的政府监管都要求符合这些原则。更好监管任务小组也从事特殊问题的研究，这些问题往往由任务小组自己选择，但在有些情况下也基于政府的要求。任务小组的所有报告提交给相关的官员后，有权要求他们做出回应。首相指示各部部长在更好监管任务小组报告公布的 60 天之内必须做出回应。任务小组一般也会对政府部门及其部长们听取其建议的情况进行审查。

议会内部的机构主要是以下两类：

（1）议会委员会（Parliament Committees）

英国议会中设有许多专门的委员会，其中立法文书联合委员会负责考虑各行政机关制定的所有立法文书是否存在诸如法律基础不牢固、起草存在瑕疵等问题。委员会一年几次发布关于法律起草错误的报告。另外两个议会委员会即下议院的放松监管委员会以及上议院的授权和放松监管委员会根据 1994 年的《放松监管和外包法》审查部门提案，2001 年以后则根据《监管改革法》审查部门提案。

（2）国家审计署（The National Audit Office）

英国国家审计署可以广泛调查问题，并且可以自由决定调查的方式。在监管影响评估方面，国家审计署的一个重要职能是发布对监管影响评估的评论，并且就监管影响评估中广泛存在的问题提出意见和建议。

由上面的组织体系可以看出，经过 20 年的发展，英国已经发展出了一系列实施监管评估的一般或者专门机构。但是这些机构的关系也比较复杂，这对于评估的效率可能会带来一定的负面影响。

（三）英国的《监管影响评估指南》

2003 年的《制定好的政策：监管影响评估指南》（以下简称《指南》）比较系统地规定了监管影响评价的原则、程序、方法。这部由英国首相作序的《指南》重申任何可能会对企业、慈善组织或者自愿组织产生影响的政策草案，不管其形式如何，无论是行政规章草案还是绿皮书、白皮书，都须经过监管影响评估。《指南》确认的更好监管任务小组提出的良好监管五项原则是：（1）透明——公开、简单易懂；（2）责任明确——无论是对部长、议会还是使用者和公众；（3）适度——监管具有的风险适度；（4）一致性——具有可预测性；（5）目标明确——针对问题，副作用最小。

在监管影响评估过程中需要考虑的问题大致可以通过表2来表示：

图2 英国监管影响评估过程中需要考虑的问题

目的与拟议措施的后果
目标：阐述草案的目标和受影响群体
背景：目前所存在的问题以及已有的法律框架
风险评估：确定可能导致损害的因素，产生风险的可能性。
各种方案
列出所有可能方案以及各种方案与目标的关系；方案中必须包括"什么都不做"的方案；必须列明每种方案的风险、发生风险的可能性以及减少风险的方法。
成本与收益
受影响的企业部门：列出草案影响最大的部门，包括数量、规模分布以及部门中企业的类型。
假设：所有的假设都必须明确予以说明；检验最重要或最具猜测性的假设；说明假设变化情况及其对成本和收益可能带来的影响。
收益：审查每个方案的收益；收益产生的原因和方式；收益应尽可能量化；应考虑环境和社会收益以及对分配的影响。
总成本：说明受影响的公司；计算出成本；如果存在不确定性，就进行估计或确定大致范围；分析应对政策成本与实施成本进行区分；应该考虑环境和社会成本以及对分配的影响。
典型企业的成本：确定一个典型企业，解释活动的类型以及它们必须承担的责任；对这些活动予以量化并计算成本。
平衡与公平
对于每个方案都应该界定可能会不合比例地受到影响的主要人群。
小公司影响标准
考虑每个方案对小公司可能产生的影响，描述每个阶段的影响评估在此方面的细节。谨记应征求小企业服务局的意见。
目的与拟议措施的后果
竞争评估

续表

对每个方案对于企业竞争力的影响都进行评估。	
执行与制裁	
说明草案将要执行的方式以及执法主体。	
咨询	
政府内部咨询：列出经过咨询的政府机构和部门。	
公众咨询：说明公众咨询的结果及其对最后决策的影响。	
监督与审查	
如何衡量立法的有效性，何时衡量主要的新规章必须在生效后3年内就予以审查。	
概要与建议	
建议选择哪个方案？为什么选择这个方案？用表格罗列出就每项方案所收集的信息概要。	

《指南》将监管影响评估分为三个阶段：（1）初步监管影响评估（initial RIA）。该评估在有关政策提议产生之时即开始，它主要对已经了解的信息进行初步的分析，具体可包括对可能的风险、收益与成本的最初估计。初步监管影响评估有助于评估者了解自己还需要哪些更多的信息。（2）局部监管影响评估（partial RIA）。该评估是经过讨论、资料收集和非正式咨询后在正式进行咨询前进行的评估。（3）完全及最后监管评估（full/final RIA）。它是局部监管影响评估经过正式公开咨询程序以及集体讨论后最后确定的评估，如果评估对象是监管立法草案，它将提交给议会。《指南》分别用三章阐述了三个阶段监管影响评估的内容和应注意的事项以及应遵循的程序。三个阶段的监管影响评估大致的流程可表示如下：

监管意愿——初步监管影响评估（说明赞成、反对声音及方案）——部长原则同意——提出草案——局部监管影响评估——部长集体达成一致——正式咨询——完全监管评估（包括咨询结果）——部长集体达成一致——最后监管影响评估（部长签署，若监管方案确定提交议会立法）——将最后监管评估公布在部门网站上——安排监督和审查。

在局部监管影响评估完成前，与利益相关者、小公司、政府部门、执法者的非正式咨询将贯彻始终，在局部监管影响评估完成前，如果提出了重要问题，因而必须修正草案和监管影响评估，则可以返回提出草案阶段，然后重新进行评估程序。在最后监管影响评估完成后还有重要问题提出以至于必须修正草案和监管影响评估时，可以重新交由部长集体讨论。

除了对一般性立法草案的评估之外,《指南》还特别用一章介绍了对待欧盟草案的评估方法。英国是欧盟国家,在其立法中,根据欧盟立法而进行的国内立法占有很大的比重,这种立法评估与一般的国内法评估相比有一定的特殊性,因此,《指南》对此特别予以介绍。此外,《指南》附上了诸如《立法的各种方案》、《竞争评估》和《分析成本与收益》等附录,对立法评估过程中几种评估领域的方法进行了详细介绍。

(四) 英国立法评估制度简评

英国的立法评估制度,尤其是行政立法评估制度发展较早,政府对于监管影响评估也比较重视,也在某些法律中对这一制度进行了规定。1998年,英国政府宣布将监管影响分析作为绝大多数监管法律草案必须经过的程序,自此以后,英国的监管影响分析在更大范围内进行了广泛实践,因此,在保证立法质量的监管改革方面,英国成为经合组织中最有经验的国家之一这一点并不奇怪。

不过正如经合组织的报告所指出的那样,英国总是习惯于更多利用基于共识的"软法"而不是议会或行政立法来推进监管改革,这种做法在执行过程中容易缺乏强制性约束。英国监管影响评估程序在公开性、透明性上都做得相当不错,但英国的监管影响评估机构众多,并且彼此的关系缺乏一种明细的职责界限,这必然在一定程度上影响效率;另外,尽管英国的监管影响评估也具有专门的《指南》做指引,但总体而言仍缺乏一种有效的机构对这种评估的质量进行控制,这也是英国监管影响评估制度可以改进的地方。

四 欧盟的立法评估制度

相对于美国和英国这些具体国家而言,作为国际组织的欧盟,其立法评估制度发展相对较晚,但进入 21 世纪以来,欧盟的立法评估制度迅速成型,并且在系统性和规模上都取得了令人瞩目的成就。欧盟对其开展的大多数活动都发展出了评估系统,而并不仅限于立法评估。例如,2001 年,欧盟为欧盟各机构评估预算的影响专门制定了《事前评估:准备预算草案实践指南》(Ex Ante Evaluation – A Practical Guide for Preparing Proposals for Expenditure Programmes)。2004 年欧盟制定了用来评估欧盟活动综合性文件的《评估欧盟活动：欧盟机构实践指南》(Evaluating EU Activities – Practical Guide for the Commission Services)，该《指南》对欧盟内部的机构组织、开展或利用评估活动提供指导性意见。它既可以用来指导欧盟机构的事前评估，也可以用来指导事中和事后评估，既可以用来对预算编制问题进行评估，也可以用来对政策进行评估。在欧盟发展出的诸多评估体系中，最引人瞩目的是用来对立法进行评估的影响评估制度。下面就对欧盟这一立法评估制度的发展及其主要内容做一简单介绍。

(一) 欧盟立法影响评估制度的发展

为了有效提高欧盟立法的质量，从而增加欧盟监管市场的能力以及欧盟的竞争力，欧盟在21世纪初掀起了发展"更好监管"(better regulation)活动。手段既包括降低行政成本，完善监管方法，简化监管法规，也包括对监管法规进行有效评估。2002年，欧盟委员会发布了第一个统一的《委员会影响评估指南》，为配合该文件的落实，欧盟委员会同时发布了《改善监管环境行动计划》。这是欧盟首次努力将原来分散的监管影响评估制度统一起来。2002年《统一监管影响评估指南》实施3年后，欧盟委员会对成员国的落实情况进行了一次系统的检查，并于2005年系统修订了2002年《委员会影响评估指南》，从而形成了2005年版的《影响评估指南》。后经进一步征求意见、讨论和修订，形成了2006年3月15日的版本。2009年1月15日，经过2008年6月和7月的公开咨询协商，在吸收了利益相关者和总结经验的基础上，欧盟委员会又公布了最新的《影响评估指南》(Impact Assessment Guidelines)。该指南还附有14个附件，对指南中涉及的问题具有重要的参考价值，它涉及有关文件的具体格式、确定和分析问题的具体方法以及有关评估指标、监测及对评估本身的评估方法。

(二) 立法影响评估制度的实践状况

自从2002年欧盟系统实施立法影响评估制度以来，立法影响评估的实践很快就驶入快车道，立法影响评估的数量每年都有增长。据欧盟委员会总秘书处统计，2003年到2006年完成的影响评估数量如图1所示：

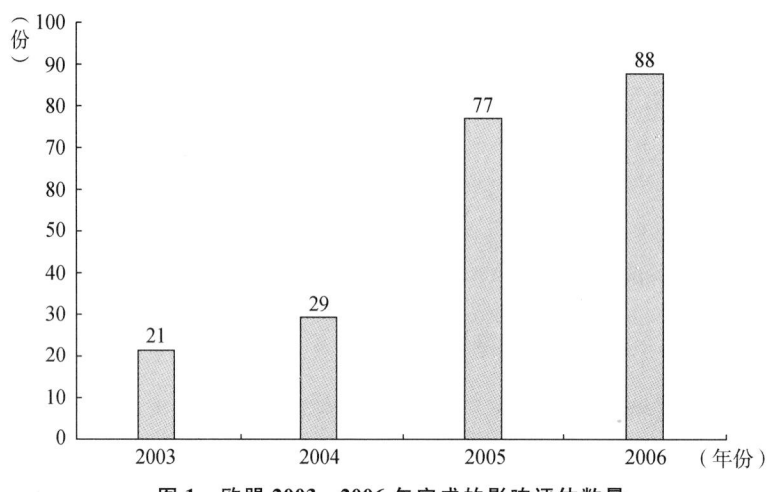

图 1 欧盟 2003—2006 年完成的影响评估数量

资料来源：Detlev Clemens, Improving the Quality of EU Legislation: A Contribution to Lisbon。

根据影响评估委员会 2008 年提交的报告（Impact Assessment Board Report for 2008），评估委员会（Impact Assessment Board）在 2007 年一共审查了 102 份影响评估草案，2008 年则达到 135 份。[①] 影响评估委员会认为，随着各欧盟委员会机构经验的积累以及对背景分析的大力投入，它们实施的立法草案影响评估总体都能够按照《影响评估指南》规定的步骤和方法开展活动，在评估报告的内在协调性上也有了很大提高。正是由于影响评估质量的提高，影响评估委员会与影响评估单位之间讨论的问题也从原来的结构性问题到更为精细的技术性问题。不过，影响评估委员会也认为，要求委员会第二次或第三次进行审核的影响评估报告不断增多（要求进行二次以上审核的影响评估报告 2008 年比 2007 年增加了 32%）这一点也说明，负责进行影响评估的欧盟委员会各机构的工作还有很大的提高空间。欧盟委员会总秘书处相信，欧盟的影响评估制度尽管发展的时间并不长，但由于它使立法建立在具有更加充分证据的基础上，因此欧盟委员会的决策也得到了很大的改善。[②]

---

① Impact Assessment Board Report for 2008: Third Strategic Review of Better Regulation in the European Union, Brussels, 28.1.2009 SEC (2009) 55.

② Detlev Clemens, Improving the Quality of EU Legislation: A Contribution to Lisbon.

(三) 立法影响评估制度的内容

2009年公布的《影响评估指南》（以下简称《指南》）全面阐述了影响评估的性质、作用、程序、范围、方法乃至对评估本身的评估方法，它既为欧盟委员会各机构开展立法影响评估提供了全面的指导，同时也能对利益相关者以及普通欧盟国家公民参与欧盟的立法提供全面的指引。

1. 影响评估概述

对于什么是影响评估这个问题，《指南》一开始就指出，它"是指拟定监管政策草案时所应遵循的一系列具有逻辑性的步骤，它是通过评估可能采取的政策方案的利弊为政治决策者提供证据的过程。这个过程的结果将在影响评估报告中予以概述和说明"。《指南》特别指出，影响评估是确保欧盟委员会计划和立法能够建立在透明、全面和平衡证据基础上的核心工具，它是政治决策的助手，但无论如何它不能代替政治决策本身。

根据《指南》，立法影响评估具有如下一些作用或者说要达成如下一些目标：（1）帮助欧盟各机构设计更好的政策和法律；（2）使立法整个过程中的决策都能以更多的信息为基础；（3）确保欧盟委员会内部能够早日进行协调；（4）根据欧盟委员会对其他机构和公民社会保持透明和公开的精神充分考虑外部利益相关者的意见；（5）有助于确保欧盟委员会政策的内部一致性以及它们与条约确定的尊重基本权利等目标相协调；（6）通过保持不同政策方案收益和成本的透明性以及欧盟干预尽可能的简单有效提高政策建议的质量；（7）有助于确保对团结和比例原则的尊重并且解释所建议采取之行动的必要性和适当性。

进行影响评估的主体主要是负责提出立法草案的欧盟委员会各机构，这些机构将负主要责任。但根据《指南》，其他利益相关者、欧盟委员会内外的专家也有权在一定程度上参与这种评估；欧盟委员会的其他机构（如总秘书处）也通过影响评估的领导组织和机构间的咨询提供帮助；此外，影响评估委员会将负责控制影响评估的质量。

那么哪些政策或立法需要进行影响评估呢？《指南》对此并没有明确界定。它只是指出，每年由总秘书处、影响评估委员会以及有关的部门予以确定。总的原则是，大多数欧盟委员会提出的政策规划以及那些将最具有深远影响的政策规划都应该纳入影响评估的范围。具体说来，欧盟委员会立法和工作计划组织提出的所有立法草案，将会带来明显的经济、社会和环境影响的其他立法草案（日常性的执行细则立法除外）以及确定未来政策的非立法性规划（如白皮书、行动计划、预算、国际协议谈判指南）都应进行影响评估。此外，某些可能具有重大影响的执行性措施草案也应该进行此类评估。政策或立法草案的制定部门应该尽早与影响评估的支持部门和总秘书处协商以确定自己的规划是否需要进行影响评估。

2. 影响评估应遵循的逻辑分析步骤

《指南》花了很大的篇幅详细论述了影响评估应该遵循的逻辑分析步骤，但简而言之，可以通过表3予以说明。

表3　影响评估应遵循的主要分析步骤

1	确定问题
	描述问题的性质和范围
	确定主要的主体/受影响的人群
	确定动因和潜在原因
	该问题是属于欧盟可以解决的权力范围吗？它符合必要性和具有附加值标准吗？
	总结出一个清晰的基本概括性说明，必要时应包括敏感性分析和风险评估
2	界定目标
	确定与所要解决的问题及其根本原因相应的目标
	确定目标的层次性，按照从一般到具体的顺序予以排列
	确定这些目标是与目前欧盟现行的政策和战略（如里斯本和可持续发展战略、尊重基本人权与欧盟委员会的优先事项和建议）是一致的
3	提供可供选择的主要政策方案
	确定各种政策方案，在必要时应区分有关内容的方案与有关实现机制的方案（包括管制或非管制的方法）
	审核是否符合比例原则
	在考虑技术和其他限制以及有效性、效率性和协调性的基础上筛选方案并开始缩小范围
	草拟几个用于进一步分析的潜在有效的最后方案
4	分析各种方案的影响
	确定（直接和间接）的经济、社会和环境影响及其产生的原因
	确定谁受到了影响（包括欧盟内外）以及受影响的方式
	用定性、定量和金融术语评估基本的草案内容的影响，如果定量化不可能，请说明原因
	确定和评估行政负担/简化带来的收益（如果这不可行，请说明理由）
	考虑在政策选择过程中的风险和不确定性，包括权力换位过程/执行过程中可能会出现的障碍

续表

5	比较各种方案
	根据与目标密切相关的标准权衡每个方案的积极和消极影响
	如果可行的话，说明总体的结果和具体结果
	对根据影响的类型或者受影响的利益相关者划分的不同方案进行比较
	可能或适当时，确定一个倾向性的方案
6	概述政策监督和评估
	为可能的干预所要达到的主要目标确定核心的进展指标
	概述可能的监督和评估方法

3. 立法影响评估程序

《指南》设定了一些影响评估主体必须遵循的程序，这个程序总的原则是要确保影响评估具有明确的计划性，确保评估的过程有相关单位和专业人员的参与，确保影响评估经过质量控制机关的审核和把关。根据《指南》的规定，影响评估的流程大致可以用表4表示。

表4 影响评估的主要程序

1	对影响评估做出计划：制定路线图、列入欧盟委员会年度战略计划和项目、制定时间表
2	在影响评估的所有阶段都与影响评估支持单位保持紧密联系
3	成立一个影响评估实施小组并使其参与所有影响评估的工作
4	与有关的各方协商、收集专业知识并分析结果
5	开展影响评估分析
6	将分析结果写入影响评估报告
7	将影响评估报告草案连同执行概要提交给影响评估委员会并且考虑再次提交修改版本所需的时间
8	根据影响评估委员会的建议最后完成影响评估报告
9	将影响评估报告、影响评估委员会意见与立法草案进行机构间咨询
10	将影响评估报告、执行概要、影响评估委员会意见与立法草案提交欧盟委员会执行组织
11	将影响评估报告、执行概要与立法草案分送其他机构
12	由秘书将最终影响评估报告和影响评估委员会意见在欧盟网站上予以公布
13	欧盟委员会可以根据新的信息或者基于欧洲理事会和欧洲议会的要求对影响评估报告进行更新

在这些程序中，值得特别关注的是以下几个步骤。（1）成立影响评估

实施小组（Impact Assessment Steering Group）。这是进行任何一次影响评估的前提。实施小组的成员中必须有影响评估支持单位的人员，必须有其政策可能受影响或者将有助于本评估对象的部门的人员。总的原则是要能够充分利用其他部门掌握的知识，使立法草案的各种影响都能受到适当的评估。这种人员构成也有利于在进行部门间咨询时得到其他部门的支持。（2）影响评估委员会的作用。影响评估委员会是独立的专门从事对影响评估工作进行质量控制的机构。它的作用主要体现在两个方面：一是在影响评估主体进行影响评估时可以随时就评估方法征求其意见；二是影响评估主体在正式提交影响评估报告之前必须听取影响评估委员会的意见和建议，并且根据其建议进行修改或补充，在必要的情况下还需要多次提交影响评估草稿以听取委员会的意见。（3）影响评估报告和影响评估委员会意见的公布。如果影响评估报告认为立法草案可行，那么最后立法草案、影响评估报告和影响评估委员会的意见都将在欧盟的网站上予以公布，并供所有人进行评论。如果涉及保密事项或者比较敏感，那么可能会限制或者延迟有关草案、报告和意见的公布。

4. 咨询利益相关者和公众

为了体现立法的民主性，《指南》特别将咨询利益相关者的意见作为影响评估必不可少的内容。《指南》指出，这种咨询不仅对于确保政策建议的质量和可信度以及增加欧盟行动的合法性至关重要，而且"咨询那些将受新政策或计划影响的人以及那些将执行政策或计划的人是一项条约义务"。

这种咨询并不是一次就能完成的，它将贯彻这个评估的始终。咨询的目标是寻找新的思想、收集事实性资料以及确证假设；咨询的目标人群既包括一般公众，也可以是某一类利益相关者甚至某些具体的个人或组织；适当的咨询工具包括咨询委员会、专家小组、公开听证、临时会议、网络咨询、调查问卷、研讨会等。

《指南》指出，并没有适合所有利益相关者咨询的咨询方法，但是还是存在必须达到的最低限度的咨询标准：（1）必须为受咨询者提供包含所有必要信息的清晰准确的咨询文件；（2）包含在问卷中的问题不得模糊不清；（3）咨询的目标人群应该是受政策影响的人或者参与执行的人；（4）确保充分公开并选择适合目标人群的手段，公开的公众咨询至少应通过欧盟网站栏目"你在欧洲的声音"进行；（5）留下充分的咨询时间，至少应保证8个星期。（6）在"你在欧洲的声音"栏目公布公众咨询结果；（7）以集体或个人名义对公众的回应予以确认或表示感谢；（8）提供反馈：报告咨询过程、咨询的结果以及评估报告吸收公众意见的情况。

因为《指南》要求公众的咨询是影响评估工作不可缺少的部分，因此阐述咨询的过程和结果也是影响评估报告必备的一部分。它要求评估主体必须具体指出咨询的对象、事项以及方式，并且陈述咨询过程中的不同意见以及对不同意见的吸收情况。如果通过咨询收集到了有关事实性的资料，那么评估主体也应表明其提出了什么要求，收到了什么资料以及如何利用这些资料。《指南》在要求影响评估报告反映利益相关者和公众的咨询情况这一点上可谓用心良苦，不厌其烦，其根本目的就是要让立法评估尽可能吸收民意，从而增加立法评估以及相关立法的合法性。

（四）总体评价

从总体上看，欧盟立法影响评估制度有以下几个特点：

第一，系统性强。欧盟立法评估制度的发展非常具有规划性，也具有清晰的发展轨迹，在总结经验的基础上不断完善《影响评估指南》等立法评估文件。从《指南》的制定内容看，欧盟的影响评估制度也体现出了极强的系统性。它不仅规定了系统的影响评估逻辑步骤和严格的评估程序，而且在具体评估方法上总结出了非常具体的制度建议。例如，《指南》不仅一般性地"界定了影响评估分析的范围和程度"，而且根据立法和政策的不同类型详细界定了所要达到的适当分析程度。对于《指南》涉及的很多内容，欧盟也都发展出了一套比《指南》更加具体的方法，如附件所附的《评估经济、适合和环境影响的具体方面》、《评估特别对于环境和健康的非市场影响》和《评估欧盟法律行政成本》等文件都是更加技术化的评估方法。

第二，注重过程控制和质量控制。欧盟的立法影响评估制度一个非常可贵的地方是非常重视过程控制和质量控制。过程控制不仅体现在影响评估过程都要经过比较严格的程序，而且还体现在对影响评估报告的格式、必需内容和论证过程都提出了形式和内容上的严格要求。更为重要的是，它还成立了专门用来指导和评估各部门进行影响评估的统一质量控制机构，这种专门对影响评估本身进行再评估的机构不仅有利于实施影响评估的过程控制，而且有利于评估活动的经验总结和评估制度的完善。注重过程控制和质量控制可以确保影响评估的科学化，使这项制度在运行过程中不至于逐渐流于形式。

第三，彻底贯彻公开、透明、民主原则。公开、透明和民主原则可以说贯彻到影响评估的每个层面，并且是影响评估活动的强制性要求。欧盟是一个由众多国家组成的国际组织，其虽然具有众多适用于全欧盟的法律和政策制定权，但很大一部分法律和政策要严重依赖于各国政府去执行。如果没有公众的支持，欧盟制定的法律和政策就可能很难落实，正是基于这一点，欧盟简直就将决策程序的公开性、透明性和民主性视为欧盟生命力的源泉所在。

还有一点值得指出的是，从表面上看，欧盟的立法影响评估制度主要着重于立法前评估，但事实上并非如此。这主要是因为在很多情况下，立法前评估和立法后评估是紧密结合在一起的。在对现有的法律和政策是否需要进行修改以及如何进行修改进行评估时，既要求对新修改方案对未来的影响做出预测，又要求对以前法律的影响进行评价。并且从影响评估的方法和步骤来说，两者基本上也不存在本质的区别，因此欧盟的立法影响评估制度同时可以适用于我们通常所谓的立法前评估和立法后评估。

第二章

立法后评估的实践探索

1. 上海市立法后评估工作的实践经验*

【编者按】2012年11月6日，中国社会科学院创新工程"完善我国法律体系与立法效果评估"项目首席研究员刘作翔教授率领项目组研究人员前往上海市人大常委会实地调研上海市立法后评估工作的实践经验。6日上午，上海市人大常委会法制工作委员会有关负责人和中国社会科学院创新工程项目组研究人员举行了"上海市立法后评估工作的实践经验"座谈会。在会上，与会的上海市人大常委会法制工作委员会各位负责人分别从不同角度、不同层面介绍了上海市立法后评估工作的实践经验，具体内容包括评估的由来、评估的具体操作、评估的理论思考、评估的前景展望等方面。针对上海市立法后评估工作的实际，创新工程项目组成员提出了一系列的问题，包括评估机制的建立、评估的常态化、评估方式的改进等方面。围绕上海市立法后评估的实际和地方立法后评估的未来发展，双方与会人员具体而深入地展开了研讨。

【关键词】上海　立法后评估　实践经验　调研

丁伟（上海市人大常委会法制工作委员会主任）：很荣幸能够在同行间有一个交流的机会。在立法评估这一块，实践部门做得比较多，但是理论界也在做。包括上海社科院，搞立法研究的也在做。那么现在时间比较久了，已经做了十几年了，到底接下来怎么走，应该要进行探讨。上海2005年搞了一个《历史文化风貌区和优秀建筑保护条例》，对此做了评估，这个评估得到了全国人大的肯定，很多场合都提到了我们的评估。实际上我们的评估也是在借鉴兄弟省市的基础上建立的。当时我们去了云南省考察，他们叫"回头看"。实际上后评估的做法有很多种，但是他们的做法很简

---

* 此文是中国社会科学院"完善我国法律体系与立法效果评估"项目组和上海市人大常委会法制工作委员会有关负责人举行的"上海市立法后评估工作实践经验"座谈会纪要。

单。就是针对一个条例，领导带几个人出去走走，开座谈会，然后回来写个报告，签个字。我们是2005年开始做立法后评估的，花了很多钱。我们设计了一个指标体系，这大概是我们国家第一个比较系统规范的评估体系。当然这是我们自己的话，大家各自有各自的做法。在上海这个地方，也有不同的评估。比如，上海市社科院2008年前对现行有效的法规进行了评估。当然这是学者评估的成果。我们也有自己的成果。比方我们针对一个法规的实施效果进行评估，也有针对立法修改的评估。

走到这一步，我们做了很多，书也出了，也有很多困惑。接下来到底怎么走，大家都有很多想法。在我们的立法工作会议中、领导讲话中也强调了几个着重点，其中一个着重点就是对后评估怎么推动。现在我们的困惑，一是评估体系的指标怎么定，二是评估是自己做还是社会做，是立法系统自己来做还是委托给中介做，例如交给专家来做。如果交给专家来做，他们的意见我们是否能够接受。例如社科院所做的评估，拿出来就得要达到一个引导和推动立法的目的。这牵涉一个合法性问题，当然这个是下文。因此这方面我们不能完全按学者的意见来。比方说有些法规是国家修改法律之前就存在的，那么你肯定要按当时的标准来看，不能按现在的立法环境来看。比如新的《行政强制法》出台后，很多法律法规就要进行修改。因此我们的评估只能说在当时的立法基础上进行评估，怎么做，谁来做都可以进行研究。

现在我考虑到一个问题，一个法规，我们花了很多精力、时间去做评估，但是实际上很多是没有意义的。我们需要考虑的是将评估小型化、常态化、经常化。在审议的时候哪几个制度是有争议的，综合起来进行评估，而不能就一个法规的某几个制度进行评估。例如针对地方性法规行政许可的合法性、合理性、适当性进行评估。也就是说我们的评估不是针对一个，而是针对一类法规，比方说针对城建环保，比方说针对教科文卫类法规的创造性问题进行评估，针对行政许可以及行政处罚法规专门进行评估，或者专门针对立法体例问题进行评估。一个行政法规出台，我们花些钱认为可以做，但投入很多，产出很少，程序往往搞得很复杂，但实际与座谈会、论证会也没有什么区别。那么接下来怎么搞，我认为是可以进行进一步探讨的。全国人大做评估起步比较晚，但是非常严谨。它接下来准备成立一个课题组。法工委搞了几个专题，包括立法体例的问题、法规的清理问题、人大立法和政府行政法规规章冲突的问题，以及大量法规规章资源整合的问题，等等。在此希望各位针对地方性法规提供一些宝贵意见，我们也提供了一些材料，供各位做理论研究时参考。下面就有我们具体承担立法后评估工作的各位负责人向各位介绍一下上海市立法后评估工作的实际情况。

刘作翔（中国社会科学院法学研究所教授，创新工程"完善我国法律体系与立法效果评估"项目首席研究员）：我们也知道你们工作非常忙，能抽出时间来，我们表示非常感谢。

吴勤民（上海市人大常委会法制工作委员会副主任）：上海的评估类型比较多，有单项的，也有一个面上的，有整体法规的，整个立法面上的与个案我们都分别进行阐述。我们先介绍，然后看有什么问题大家可以交流一下。

郑辉（上海市立法研究所副所长）：我先介绍一些面上的东西，首先回顾上海立法评估的实践工作。上海实际上是从2004年开始有动作的，在原沈国明主任提议下，党委决定成立了研究所。沈主任设立研究所是为了整合社会资源，发挥集群作用，公开向社会招投标。其中一个就是刚才丁主任提到的环保问题。环保类问题除了国家的法律法规外，上海有3个地方性法规、10个政府规章。我们分为A、B两个方案进行评估。A方案由环保局作为执法主体组织实施，B方案由原华东政法大学教授，现在是财经大学法学院院长的郑少华教授组织实施。我们将两个方案的结论进行加权，然后把意见提供给决策部门，为今后上海法规的修改和完善做储备。

接下来是2005年，这一年我们的动静比较大。后评估实际上是由常委会领导，由人大法制委员会和常委会法制工作委员会作为实施部门的。我们当时主要是对《历史文化风貌区和优秀建筑保护条例》进行评估。特别是其中的32条，我们通过问卷调查，实施部门对实施情况自评，听取管理相对人意见等，来全方位进行评估，然后将评估报告报常委会审议。至于后续处理也是我们稍后讨论的问题。在实践中，我们不是为评估而评估，而是要检验法规在实践中的效果，制度在运行中是否有瑕疵、空白、漏洞、不协调等问题，以此来为我们下一轮次的法规修改完善做准备。关于《历史文化风貌区和优秀建筑保护条例》，我们在后续处理上实际还是差点火候的。

我们在2005年主要是对单项法规进行评估，此后直到现在，这类评估做得都比较多。我们除了对环保问题做评估外，后续还对居住物业、安全生产、养犬管理、电力场所管理、维护供电秩序、公共场所控烟等方面的法规进行了评估。之所以选择这些法规做评估，主要有以下的原因：

第一，人大对一些问题提出了疑议。例如在《历史文化风貌区和优秀建筑保护条例》中，徐汇区有一些二三十年代的花园洋房应该怎么执行。人大提出了疑议，而且问题突出。

第二，与民生密切相关的问题，与城市安全运行，与老百姓密切相关的问题。这类单项法规领导重视、代表关心、社会关注。

第三，我们会进行一些专题评估。例如2010年世博会，这是一个国家战略问题，这里存在应如何把筹备举办工作做好、如何保障世博会科学有序有效进行的要求。人大针对世博会集中修改制定了7部地方性法规，包括公交客运、志愿服务、拆除违规建筑、公共场所控烟、绿化市容、旅游条例、消防条例等。2010年5月1日世博会开幕，我们8月份就开始对这7部地方性法规做专项评估。世博会一闭幕，我们就马上发布了世博制度群的评估报告。10月30日世博会闭幕，11月5日我们就召开了后世博时代法制建设研讨会，同时发布了我们编辑的书。

第四，对整体做评估。2010年中国特色社会主义法律体系形成，形成之前上海对现行142件法规进行了体检。我们从合法性、适应性、操作性、绩效性、特色性、参与性等六个指标进行评估。当时在社会上产生了很大的反响。沈国明还编写了《在规则与现实之间》一书。当时我是总协调，上海市社科院百分之七八十的人都参与进来了。142件法规不是很好分类，我们分为了6个小组，包括各专门委员会，即法制、内务司法、教科文卫、华侨民族宗教外事委员会、财政经济、城市建设与环境保护等。6个小组，每个小组都有研究员参与和担当，调研很细致。上海社科院社会学所专家陆晓文设计问卷，问卷设计非常细腻。问卷的设计时间长达两个月，其间陆晓文与各专门委员会比较有想法的领导进行了讨论。后期我们在人大代表、政协委员、律协等共发放了2500份问卷，样本很大。律协主要是通过定期培训将问卷发放给律师来进行问卷调查的。同时我们还去法院调档，看在司法审判实践中应用地方法规的频次，去政府复议处调查法规在现实中出现的问题。我们采取三三制原则，三个人大专门从事立法的领导，三个法制委员会委员，三个实务部门专家，三个法学专家进行打分。但是打分难免引起非议，打分制度是重庆首先实行的。我们认为单一的评估制度难免有负面性，我们应该进行多层次的综合评估。总体上上海就是分为这四种类型的评估模式。

刘作翔：我想问一下，对142件法规进行评估进行了多久？

郑辉：一年四个月，说实话，非常累。

林荫茂（上海市人大常委会副秘书长，原上海社会科学院法学研究所副所长、研究员）：我想插一个细节。2007年底2008年初的时候，沈国明找到上海市社科院法学所说要给我们这个项目。开始所里领导有不同意见，但是最后还是接下这个课题了。2008年是新的一届，这个142件法规指十二届的。做得好做得不好怎么说法，容易得罪人。我就和史建三找沈国明谈这个问题。后来这个项目党组同意，领导支持，就开始做了。项目做了以后效果也蛮好。沈国明看了我们做的后，吓了一跳，觉得合法性做得有点太难看了。当然他也是有理由的，因为上位法改了后，才出现的合法性问题。这些报告后来出版了一本书，书名是《在规则与现实之间——上海市地方立法后评估报告》。沈国明在这本书里面有一个"前言"，篇幅很长，花了很多功夫。而且对于史建三做的这个评估，他也一页一页都看过，而且对很多观点、提法进行推敲。当然现在大家都统一认识了，包括我们副所长也积极支持史建三。我过来也积极支持他，当时对史建三说上海可以通过这个活动将立法评估工作做到全国前沿，你在这个其中也是有作用的。同时法学所参与其间，也可以成为法学所的一个亮点。

郑辉：要做好这项工作整个过程工作量相当大。我们经常二三十个人晚上做到十点十一点，天天这样。后续出评估结论时，我们为了某一个法规，追本溯源，再跟当时制定法规的人员交流，反反复复。特别要提到的是上海的漕河泾，它属于国家级经济技术开发区，但当时设立时没有管委会，他的支撑就是这部地方性法规。这部地方性法规制定比较久了，已经20多年了。曾经有一名常委领衔19名常委会组成人员临时提出动议想废除该法规，但由于种种原因，最终还是保留了。后来我们做142件的后评估时，也遇到了这个问题，到底应该怎么看待漕河泾的这个法规？现在还是保留了，保留一个"壳资源"。因此在整个工作中，我们的工作量很大，但是结论是很难拿捏的，分寸感把握非常难。142件法规的后评估报告实际是以学界为主开展的，对于我们人大进行法规的清理起到了一个间接的推动作用，是我们工作的参照物，最起码为我们法规的清理提供了思考问题的余地。它的观点有时有失偏颇，我们取长补短，得出一个相对中肯的结论。在2010年3月份，吴邦国委员长在全国人大常委会工作报告中第一次提出了立法后评估，并且全国人大试点，具体情况我后来不是十分了解。当时分管法制工作的副主任邹永红在一个全国人大的法制工作简报里面直接提到我们的法学研究所，让我们抓紧行动，尽快拿出报告，吴主任担任组长，和社科院史建三团队一道用了八个月时间，又把兄弟省市，例如云南、陕西，做得比较早的省进行了梳理。

吴勤民：立法后评估最早还是我们上海。起头在轨道交通，搞了一个回头看，还没有成形。还有的叫跟踪问效，北京叫效果评估，国土资源部也比较早。有规章的评估，有部门规章后评估制度。北京也形成了一定的制度。我们课题组首先把兄弟省市和国务院部委的评估活动做了摸排梳理。国外情况就更多了。国外有代表性的是德国，在法规评估上是做得最完备的。美国的法规实施到一定阶段就要进行"体检"，英国也是这样的。我们把域外的制度在有限的搜索范围内进行了梳理。外国制度想在中国移植难度还是很大，我们可以作为研究的视角，但要立足上海开展这项工作。我们花了八个月时间，完成了一个比较全面的报告，当时的目标是希望把目前国内开展后评估理论与实践的东西作为我们研究的基础材料，希望给刘老师的团队提供一些参考。

我们的启动好像有点随意性。实施主体怎么确定，这是一个焦点问题。我们对自己手里通过的东西总是会有一些偏好，最理想的是交给独立第三方来进行评估。但是这也会有一个缺点，就是信息不对称。第三方虽然位置是客观公正的，但是调研、采集信息的难度可想而知。执法或实施部门对流程耳熟能详，但是也有缺点，总是不让人说自己的软肋。评估方法、程序安排、报告的处理很多问题我就不一一讲了。我们希望立法后评估能够形成一个有效的工作机制。因为我们是成文法国家，制度总是落后于鲜活的社会实践的，随着法律体系的形成，不断完善面临一个紧迫性任务。因此我们要让立法后评估与立法规划，计划的编制，立法的定期常态清理，法规的修改、废止、解释等成为一个系统，尤其是立法后评估的结论不能为评估而评估。我不敢说立法后评估结论有法律效力，但是希望立法后评估结论对后续立法展开能形成一个促进作用。下面请郑辉所长一般性地介绍一下上海市的立法后评估实践。

郑辉：我从九个方面，简单说说上海市立法后评估工作的特点。

第一，关于评估主体。我们当时的意见是人大常委会是评估主体，人大其他各专门委员会、常委会有关工作委员会是实施部门，根据常委会具体要求负责地方性法规立法后评估，当然也不排除独立第三方进行评估。

或者还有另一种类型,比如联合的方式,就是体制内的机构和社会上比较具有权威性的学术科研机构联合起来,实施机关评估与委托评估结合起来形成第三种模式。

第二,关于评估原则。立法后评估的宗旨应当是推动科学、民主、实效立法,提高立法质量,检验法规效果,检验制度在实践中的问题,从而提出建设性的修改完善建议。立法应是阳光下的行动,因此后评估也应公开透明。除了国家秘密、商业秘密、个人隐私外,应该公开。

第三,关于评估要求。我们对于评估的具体要求是:为了全面了解法规实施中效果和存在的问题,不要预设结论;实施部门和受托主体,应该全面详尽了解地方性法规的实施情况,广泛听取各方意见;运用科学方法和技术手段,客观全面进行评估。全国人大特别是吴邦国委员长要求地方性法规在维护国家法制统一下,做到不抵触、可操作,我们因此进行了合法性、合理性、有效性方面的评估。我们上海还多了个参与性评估,即如何扩大有序参与。参与既是立法的过程,也是普法的过程,还是便于法规实施的过程。评估工作不光是某个部门,比方说人大常委会组织队伍单枪匹马去做,因为一部法规涉及政治、经济、文化、社会方方面面,有关部门应协助配合支持。我们吴主任带领的实施部门进行自评,区县政府主管部门自评,我们区县常委会虽然没有立法权,也委托他们开展相应的执法检查,因为立法后评估跟执法检查某些地方还是蛮相像的。

第四,关于评估的范围。具体评估什么,实际中我们考虑这样几个标准:(1)与公众利益相关。(2)人大代表多次呼吁修改,多次提出议案或者代表书面意见。比如养狗,印象深刻的是今年年初,我们大会联络组到代表团主要听批评建议,我负责6个代表团,下团听意见时,很多代表对我们养狗、物业管理、公共场所禁止吸烟等法规的实施情况忧心如焚,认为实施效果有问题。听了代表的意见后,我们研究所在安排全年调研的时候就把这两个作为重点后评估项目。(3)公民、法人或其他组织对法规提出的意见比较集中。(4)一部法规实施满五年。因为我们曾经提出一个命题,我们现在处于转型阶段,政治、经济、社会变动不居,因为我们国家没有顶层制度,政策在不断地调整,地方制度也在不断调整,因此法规的生命周期偏短。整个来说,作为地方性法规,五年为宜。限于机构的设置,我们人大不可能设置法规的专门评估机构。不像德国专门有法规评估机构,美国有预算评估机构,但是我们不可能实现。这个也是我们制度不得已而为之的一种选择。有了这四个标准,可以使我们的启动工作更加正式。

实践中我们是对地方性法规的全部内容或部分条款进行评估。等评估方法运用比较熟练以后,可以对某一领域或某一专题进行评估。全面"体检"更好,但是限于人手原因,做起来比较复杂。

第五,关于评估指标。我们主要是参考兄弟省份,主要有三、四、五、六要素说。我们认为五要素说比较好一些。第一个要素是合法性,评估法规是否抵触、超越地方立法权限;第二个是操作性,各方领导都一再强调法规要管用、有效;第三个是规范性,看立法技术是否规范统一,逻辑结构是否缜密科学,上海比较早进行了立法技术规范的研究;第四个是实效性,即合目的性,立法是有一定目的的,通过评估看是否实现其目的;第五是合理性,看政府的权限责任是否清楚,公民、法人或其他组织的权利义务是否设置恰当。

第六,关于评估的程序和方法。评估应该在年初纳入常委会工作计划中。市人大专门委员会、常务委员会工作委员会在征求市政府有关部门和社会各界意见后,向市人大常委会主任会议在年初安排工作计划时提出,建议由主任会议确定。如果地方性法规实施机关也有需求的话,也可以向人大常委会会议提出建议。同时我认为一定数量的人大代表也可以向人大常委会对某一地方性法规提出评估要求,如果判断认为合理,也应该纳入年度工作计划中。评估过程过一会儿由明君通过个案详细阐述。我就稍微点一下。如果列入工作计划,则应该有一个详细的工作方案,明确的评估内容、评估方法。被委托机关实施评估工作,制订的工作方案应该报有关机关审查同意。

第七,关于评估的阶段。实施阶段前面已经说了,我就不再说了。在后评估的完成阶段,评估报告应该有四个要素。第一个要素是评估工作的基本情况,第二个是评估内容分析。在评估内容分析中,最好是把一部法规的主要条款通过各种评估方法进行验证,确定其是否具有正相关性。评估是要建立有效的发现机制,要检验制度到底怎么样,所以评估的内容分析是很重要的,有了基础性分析,就有了第三要素:评估结论以及建议。第四个要素是其他需要说明的问题,例如分析其是执行还是立法层面的问题,若是立法层面的问题,是不是地方权限问题,还是制度本身存在瑕疵造成的。

第八,关于评估报告的审议。人大会议资源稀缺,两个月一次常委会,有专项工作监督、立法监督、重大事项决定、人事任免等等，不可能一次会期十天半个月，按照我们人大会期一般是两天或者三天，三天可能是最长的。上海比较特殊，因为它是区域狭小的城市，不像省，不像全国，会期比较长。所以一年安排三个四个后评估项目都上常委会，会议也不太允许。建议通过主任会议，而且让报告派上用场。我在报告里面用了这样一句话：增强评估报告的权威性和评估结论的约束力。不用法律效力这个概念，因为目前还没有全面接受法律评估效力的问题。

第九，关于评估的结果和应用。评估结论是制定、修改、废止、解释地方性法规，制订未来立法计划和编制五年规划的重要依据。

我不是很系统地介绍了这些情况，不对的地方请吴主任、各位老师多提批评意见，有什么问题可以多交流。

吴勤民：郑所长讲得比较全面，主要是面上的东西。

刘作翔：地方人大每五年第一届要推出一个立法规划？

吴勤民：一般是这样，每年有个计划，五年有个规划。从事后来看，规划的完成率在百分之六十左右。

规划作为地方来说，其必要性的问题，有些地方也在研究。从目前来看，有些地方已经开始放弃规划了。我们还是按照全国人大的做法制定规划。

刘作翔：制度上没有要求？

吴勤民：制度上没有要求，《立法法》也没有规定，属于立法准备，前期的一项工作。全国人大从法律体系的角度看还是必要的，地方涉不涉及这个问题，理论上也可以探讨。社会主义法律体系，自己搞一个东西，没什么名堂也不好讲。接下来请张明君就《历史文化风貌区和优秀建筑保护条例》的具体操作过程稍微讲一下。

张明君（上海市人大常委会法制工作委员会办公室副主任）：上海是2005年选择《历史文化风貌区和优秀建筑保护条例》做立法后评估的，这是上海第一次立法后评估工作。整个过程耗时耗力。2005年7月29日常委会决定开始做立法后评估，2006年五六月份做完，为期八九个月。立法后评估刚开始做总得起个名字，我们查了很多资料。实践中有叫"立法回头看"或"效果评估"的，甚至德国分为三个阶段，前期立法效果评估、立法效果评估、跟踪立法。后来我们觉得我们的立法评估其实属于跟踪立法这一部分内容，所以上海借鉴了德国的经验，后来把这项活动取名为"立法后评估"。人大、国务院、各省市后来也认可了这个名字。后来全国人大也使用了,但是上海市是第一次使用的。

我们之所以选择《历史文化风貌区和优秀建筑保护条例》作为评估对象,主要是基于以下四个方面的考虑。第一,上海是国务院批准的国家级历史文化名城,现成的历史风貌建筑比较多,这对于建设国际文化大都市、提高上海的文化底蕴是有重大意义的。第二,《历史文化风貌区和优秀建筑保护条例》的实施已经超过三年。如果选择使用半年一年的法规,没有办法检验实施效果。另外一个,2004年上海市城市规划法规实行,其中法规条例也是一项内容。第三,随着经济社会的发展,历史文化风貌区和优秀建筑保护出现了新情况、新问题。十二届人大三次会议上就有两位人大代表提出了议案。有关部门和市民也通过电话、来信来访等方式反映了一些意见,对管理体制、专项保护资金、共有问题提出了一些意见。第四,是从技术层面来看,《历史文化风貌区和优秀建筑保护条例》内容单一,区域明确,与其他法律法规牵涉较少,受外界因素影响少,得出的结论更客观。

我们的做法主要有以下几种方式:第一,相关区县评估与执法部门评估相结合。相关区县主要是历史文化风貌与优秀建筑分布比较集中的诸如徐汇、黄浦等8个区,由他们对自己区县的实施情况进行评估。而规划局、保密局、法制办等主要从执法角度进行评估。第二,座谈会与实地考察相结合。我们召开了20多场座谈会,到历史文化风貌和优秀建筑分布较集中的地区进行实地考察。第三,问卷调查与社会访谈相结合。问卷调查选择了居住或曾经居住在历史文化风貌区的居民。由统计局城市社会调查大队设计问卷,问卷设计包括了27项指标。我们选择了883个样本,所以调查不管是从数量上看还是从内容上看,都是比较客观的。第四,全面评估与专题调研、个案分析相结合。全面评估是对整个保护条例进行评估,个案分析主要针对个别条款,包括对一些具体案例集中分析。第五,走出去看看例如北京、天津历史文化风貌区量比较大的城市,对照上海情况,进行比较。

我们具体评估的对象和内容主要有四个重点:管理体制、保护资金投入机制、使用权调整和保护对象。总体的过程做下来是非常耗时耗力的。

刘作翔:总的做下来持续了多长时间?

张明君:8—10个月,原计划是半年。

刘作翔:历史文化风貌建筑由哪个机构来确定?谁是确认机构?像我

们法学所的那个楼,北京市作为文物,因为是梁思成和林徽因设计的,这是北京市确定的市级文物。

吴勤民:这也是我们评估的内容之一。对于不可移动文物过去文物保护法规定不多。我们上海首先规定房管局为确定主体。随着文物保护法的不断完善,现在包括不可移动文物。过去我们对于移动文物谈得比较多,所以现在问题出来了。不可移动文物包括优秀历史建筑,这就牵涉房管局和文物管理局之间谁来管的问题。北京是文物管理局来管,天津和我们的做法是一样的。这也是我们评估的一个内容。基本情况大致就是这样,有点上的也有面上的。

刘作翔:听了后我们很受启发,我们也做了一些功课。因为现在中国社科院搞创新工程,我们承担的项目就是"完善我国法律体系与立法效果评估",其中最主要的内容就是研究立法后评估。对于立法后评估,全国人大之前还有迟疑、犹豫,但现在已经接受了,而且成为他们的工作内容,在开会时也确定对某一法律进行评估。为了开展这项研究,我们将在各地进行调研,我们的课题调研第一站就选择了上海。刚刚听了各位领导的发言,启发很大。但现在我还有些问题,提出来向各位负责人请教。我想到哪就说到哪。目前立法评估已经做了10年了,重庆是不是晚一些?

吴勤民:比我们单项评估要晚一些。

刘作翔:我主要想问工作机制的问题。现在立法后评估制度化仍处在摸索阶段。现在全国人大也在做,但是目前仍没有现成的工作机制。到底属于立法制度这个环节里面,还是把它放在哪个环节里面,我们还没有形成一个工作机制,还处于摸索阶段。我认为随着法律体系的发展,立法后评估可能成为一个重要的环节,甚至成为一个产业,这是我刚才想到的。当然评估主体、实施主体现在争议还很大。我们在华东理工大学开会,立法评估也作为一个重要的单元。上海市法制办刘平副主任也发了言,主要是讲制度化的问题。有些人不做研究,想当然地认为自己评估自己怎么可能。但只要对立法工作或立法后评估稍微有所了解的人,就不会这么说。关于部门立法,我们批判了多少年,你找任何一个人,他可能会做到客观,但不一定能立出一个东西来。因为最清楚的还是这个部门,这个部门对它的工作比较了解。你老是抱着怀疑的态度,批评部门利益,这也是不切实际的。部门利益可以通过别的环节来纠正,因为我们不是起草一个东西出来我们就关上了,它还有那么多环节,我们可以通过立法机制杜绝部门利益的渗入。

吴勤民：刘老师是搞法理的，对立法还是很有研究。我和沈国明想尝试一下，没有成功，费了很大的劲。你说的立法起草情形和后评估类似。

刘作翔：我们老是批判部门利益，但最后发现法律起草还是得交给部门去做。任何别的主体，包括中介机构、专家学者等，根本拿不出一个像样的东西来。立法后评估的这个工作机制，上海做了10年了，现在能不能纳入立法工作机制里面去，就是建立相应的工作机制？

第二个问题是常委会审议的评估报告在法律上怎么界定？因为常委会讨论的问题具有法律属性，我们立法后评估有可能是学术的，或者一个学术机构的，假如第三方拿出一个东西来，立法机关根本没有参与，这个东西是否会提交到常委会审议？或者一个学术机构，像上海市社科院法学所拿出一个报告，他们做的东西会不会提交到人大常委会来审议？如果是联合做的，立法机构参与的又会不会提交？不管哪种形式，拿到常委会审议，就不一样了。因为我有一个看法，我是这样理解的，一个东西，比如说七个部门划分，是王维澄牵头的一个课题组做的，开始还是一个学术研究成果，拿到全国人大常委会做报告，这还是学术层面上的，他是1998年做的报告，1999年3月，这七大部门划分成了常委会工作报告的内容，性质就不一样了，带有法律属性，成了带有官方的、权威性的一个法律部门分类。常委会审议报告，在法律上是一个法律程序。这是过去没有的，过去常委会开会，不管是全国人大还是地方人大，它没有这个东西，这涉及评估报告的最终结果。

第三个问题是目前地方人大主要针对自己现行有效的地方性法规来进行研究评估。那么对于国家层面的法律我们有没有涉及，我们只是考虑下位法怎么和上位法相符，这是必须的，但是国家的法律怎么在上海实施有没有考虑。第二个是规章层面，有没有考虑。因为在大立法概念里面，这些全包进去了。我能想到的就是这几个问题，看看其他几位博士还有没有问题。

郑辉：我谈一下不成熟的意见。开始提的11月2、3号的会本来也邀请了我，但我正好在新疆开会。我谈一下刘老师说的第一个问题，就是工作机制的问题。上海如果像我们吴主任讲的轨道交通最早开始尝试的话应该是十年多了，我们评估的四种类型都开展了，单一的，专题的，一个领域的，整体后评估都开展了，应该在总结评估经验基础上建立一个有效的机制。在我们的附件中有一个工作办法。办法是 2009 年拿出来，2010 年印的。我们当时也是希望向领导建议实施的。但是正好面临常委会分管领导调整。领导对我们的办法进行了批示，也进行了充分肯定，但是因为即将退下来，所以这事就搁着了。我们还是想把它制度化的。

刘作翔：你们现在成套的想法与当年相比变化大不大？

郑辉：我感觉变化不大。我们希望有一个很好的启动机制。实施主体确定，标准、范围、程序、报告结果的应用等这几个环节抓住了，总体后评估与年度计划安排、立法清理、修改、解释等整个工作看成一个系统，不能单打一。这个应该建立工作机制。

刘作翔：其他地方有没有这套东西？

郑辉：有两个省有。北京叫"立法效果评估"。

吴勤民：关于机制的问题我插两句。第一句，整体来说它还处于一个探索阶段，制度化是有一个过程的。第二句话是上海立法评估走了一段路，现在有条件制度化，现在的总体原因是还没有转化为制度和政策。第三句话是从长远来看它是应该制度化的。这对于立法的整个过程，对我们科学立法、民主立法是有好处的。

林荫茂：从全国人大来说，这项工作 2009 年全国人大针对立法评估的提法是研究开展立法后评估工作，2010 年的提法是试点开展立法后评估工作。2009 年，李飞代表法工委在全国人大做的全国立法工作科学立法民主立法报告中有一个提法是研究立法后评估的试点工作，到了 2010 年叫试点启动，全国人大是这样起的，2010 年以后我不知道是不是残疾人权益保障法，2010 年做了 4 个立法评估，基本每年选择 2—3 个。你刚说的工作机制中，它里面提出了四个方法：文献研究、问卷调查、实地调研、案例分析。评价标准主要是科学性、操作性、有效性。最近全国人大提出的主要是工作机制问题，即完善立法后评估工作机制，推动其规范化、经常化。对于工作机制，我们虽然有一个，从上海地方来说，虽然走在前面一点，但也还处于积累经验阶段。

郑辉：我的第二个观点呢，我觉得全国人大有可能考虑把它机制化。理由是：在行政许可法中，设定行政许可后，有一个优先条款。公民、法人或其他组织能够自主决定的、市场竞争机制能够有效调节的、行业组织或者中介机构能够自律管理的、行政机关采取事后监督或其他行政管理方式能够有效解决的，都可不设定行政许可权。设定行政许可权后，经过行政许可的实施,要定期进行评估。这对于我们的立法评估工作起到了一个间接引导作用。我也听说《立法法》在下一个五年里可能进行全面系统的修改。其实我觉得《立法法》的修改,刚开始丁主任提出一个问题,对于地方性法规和规章权限的划分,地方人大和政府部门的认识是非常有问题的。其实按照《立法法》,政府规章也是法律资源,政府规章如果能够解决问题,那么地方性法规就不用搞了。在实践中,法规名字没有"条例"叫得响,把政府规章上升一个层级,而实际上地方性法规和规章内容毫无二致。或者就是把上位法的制度在地方性法规中强化一下,然后在地方行政区域内落地。这是现在的一个误解。

林荫茂:我想提一下,在全国十八次地方立法工作会上明确提出了两者的界限问题。

郑辉:规章和地方性法规权限问题,这个问题在修改《立法法》时是绕不开的。上海从地方上来说,首先讲地方化。

刘作翔:上海现行有效的规章数量有没有一个统计?

郑辉:现行有效的规章和行政法规数量差不多,有150多件。

刘作翔:这个好像不合比例,规章的数量应该是远远大于法规的。据统计,现在有8800多个地方性法规。规章的数字很混乱,有些说13000,有些说23000。北大网上也是有两个数据。其中一个是17000,但是这个数据究竟是地方性规章,还是包括了国务院的部门规章,不是很清楚。

郑辉:不光是地方性规章和国务院部门规章不清楚,准规章也不是很清楚,即省政府、市政府办公厅转发的这类文件根本不清楚。我们认为评估工作还是应该形成一个机制化安排的。但是我们现在也即将面临换届,下一届人大常委会产生后,关于立法后评估如何能在探索的基础上进一步前行,有待领导的进一步决策。评估在我个人看来最好是交给独立第三方,但是独立第三方真正的权威性达不到,且各地方政府部门间相互切割,很难拿到真实信息,了解真实情况。情况不真实就不可能对症下药。我认为比较正常的操作模式就是人大与专家学者联合展开。而且上常委会后,常委会作为议事机构,其结论是具有法律效力的。那么后评估的报告,特别是结论的处理应该是派上用场的。

刘作翔:常委会审议报告后,要不要形成一个意见?

郑辉:会形成一个审议意见书,以人大常委会办公厅的名义转发给市政府。不是立法,是监督。法律有规定的,多少时间必须反馈。

刘作翔：立法后评估如果遇到执法问题就转到政府，但立法后评估更多的是立法问题，会不会有一个结论明确要对某法律进行修改呢？

郑辉：后评估与执法检查的区别在于，执法检查是看在执行中出现哪些问题，进而提出一些建设性意见，较少涉及法规本身制度性的缺失与瑕疵。而立法后评估报告往往会对这部法规今后的修改完善提出一些方向性建议。

刘作翔：我们这些意见都在里面包含了，然后常委会是否会对评估有一个表态意见？

林荫茂：表态是有的，只是效力多大的问题。

张明君：报告每一句话就是常委会审议认可通过的，在2005年历史风貌区保护条例的审议意见中写到建议有关部门在此基础上调研论证，适时提出保护条例的修改议案，并将其列入了十三届的五年立法规划中。

郑辉：但是我们没修改。

林荫茂：说白了，有点程序化、形式化，但是常委会的落实需要我们这些工作人员去推进。实际中落实会遇到一些障碍。

郑辉：一个积极性是不行的，需要两个积极性。

林荫茂：我们这次法规清理是明确提出来要参考后评估的结论。

郑辉：我印象中有两个评估对后续法规修改产生了比较好的作用。第一个是住宅物业法规。当时市委市政协领导很重视，做了后评估，过了两年，这个后评估报告派上了用场，我们法规的名字叫规定，对于后续的住宅物业管理若干规定的修改起到了一定作用。第二个是《安全生产条例》，我们是在《国家安全法》基础上制定的这个条例，过了三年，我们进行了后评估，我们评估后的第二年就立项了。简单说它不是机制化安排，可以算是歪打正着。所以我说评估工作是需要两个积极性都调动起来的。所以我认为，从实施主体来看，人大专司立法工作的机构只有和专门委员会一起行动，这个后评估也才可能是对立法修改的评估，工作才会比较顺畅。

刘作翔：我理解法律清理就是法规的废除，而后评估有时只是针对某个法律条文，因此对法律修改的作用更大。常委会在拿到意见后，法规修改必须要纳入立法计划，这才能提案。有的能列入，有的还不能列入。

林荫茂：这次王兆国已经提到了立法评估与立法立项结合起来。之前我理解立法后评估是在法律有效实施、民主立法的大帽子下进行的，后来在法规清理中，渐渐认识到后评估与立项、法规清理、解释、修改应该是一个完整的系统，彼此是相互影响的。十八次地方工作立法会就提到了立法后评估为立法立项提供重要依据。

郑辉：至于第二个问题，规章层面的问题，我想就不言自明了。那天开会刘平也说他们现在在做一些相应的研究。据我了解现在的做法是在规章的最后一条写"本规章有效期自什么时候开始，什么时候结束"。第二句话是在规定有效期前多少日进行评估。行政管理认为确属需要的，可以继续使规章有效。

刘作翔：这在立法技术方面来说是有问题的。预见性明确，你可以给它个截止日期，但是有很多你无法预测到。有些事项是有阶段性的，例如世博会是可以预测的，但有些事项是做不到的。

郑辉：关于世博会，上海法规涉及7大领域、28项专控措施。有些是当年10月30日截止的，有些是12月截止的。

黄金荣（中国社会科学院法学研究所副研究员，创新工程"完善我国法律体系与立法效果评估"项目研究员助理）：从主体上来看，我们现在还是以立法人员为主。国务院行政法规做得比较好，他们的做法是组成人员联合，以专家为主。组成人员通过这种方式保持一定的独立性，毕竟专家人数占多数。这个在地方也可以多种主体结合，但是人员不能以人大成员为主，否则有自评的倾向，这也是程序正当性的要求。这一点既保证了充分的信息调查，有一定的权限保障，又保持了一定的中立性。

吴勤民：从一般来说，第三方评估是最客观的。但我们考虑这属于立法性评估，还是由人大主导比较好。第二个是第三方来评估，根本没有能力，必须完全按照人大的信息资源进行评估，所以根本没有这样的能力。所以这样结合就没有什么意义了。因此我们这里还是有结论，评估总体还是应该以人大为主导，但是更多采纳社会各界的民意。部门起草规章也是这个意思，这个道理大家都懂，独立第三方肯定是比较客观的。

黄金荣：我来举个例子，例如全国人大之前做的科学技术推广，涉及很多部门，农业部、科技部，很多部门组成一个评估委员会，小组是可以灵活的，我们可以多请一些专家。

吴勤民：这个是可以实现的。第三方也可以做，不是不可以，但是要拿出一个东西来。上海的评估虽然以人大为主体，但也是多方面的联合。我们既有实务专家，又有理论的专家；既有市里的专家，又有区里的专家；既有实际工作者，又有人大的代表。

郑辉：所以是三三制结合。

刘作翔：我想问一下民意的问卷调查对你们的评估影响有多大？

吴勤民：我个人认为，我最倾向于问卷调查，认为它是最能反映实际情况的。因为尽管我们组织很多座谈会，律师、代表、精英阶层都不能代表整个社会民意。但是现阶段民意怎么来正确地反映，那就是民意调查，它比较客观。而问卷是有科学方法的，有科学的方法作为支撑。我要的是统计局的资料，抽样也比较准确，得出结论也比较准确。

林荫茂："评估"二字会让我们马上想到"第三方"，但我们是立法后评估，与一般评估的概念性质是不一样的。科学性立法只有我们自己才能做到，而实施效果就应该要老百姓、代表、政府部门去评。因此评估工作还是应该以我们人大为中心，公众、专家积极参与。整个环节我都提议人大为中心，人大要参与，公众要参与。

冉井富（中国社会科学院法学研究所副研究员，创新工程"完善我国法律体系与立法效果评估"项目执行研究员）：本来来之前我有很多问题，但是听了各位领导的发言后，解决了很多。还是有几个问题想问一下。这项工作上海开展了近十年，是以人大常委会为主体的方式进行，我想了解一下做这项工作在时间和经费要求方面是否容易实现。在评估常态化以后，对于工作量有没有分析，现在的技术人员是否足以应付常态化工作？

第二个问题，目前立法部门自己评估，因为它是一项立法工作，也是获得信息的一个条件，是否可以将评估工作开放，例如某些高校主动评估，评估后可否以上书或其他方式递交人大？

郑辉：这个门是肯定不会关的。但是在上海还没有哪所大学会这样做。没有利益驱动一般是不会做的，上海没有这样的生态环境。

冉井富：第三个问题是，在理论上我们已经区分了执法检查和立法后评估是性质不同、对象不同的工作。但在实践中是很容易结合的。到底是法律机制保障问题，还是立法本身不好实施？这可以结合起来考察。想请问我们现在在实际中是不是已经这样做了，或者可不可以在执法检查中把有些指标或要求派发给他们，一起收集一些信息，结合做的可能性有没有？第四个问题是，立法评估报告的影响主要在立项阶段，一项立法工作有立项规划，草案制定，还有表决，那么如何在修正案起草以及人大表决时产生影响？在实际中是否已经产生影响或者是否有这方面的考虑？

吴勤民：评估工作我们只能是有选择的，选择反映较大的、老百姓关心关注的，涉及他们切身利益的，每年选择一些进行评估。从经费上来说，上海是可以承受的，但其他省市就很难说，尤其是西部地区。从力量上来说，也不是不可以做，主要看常委会领导的想法。

刘作翔：插一下，咱们做建筑的那个，咱们投入多少？

吴勤民、郑辉、林荫茂：不说别的，光调查问卷就是七八万，其他都是常委会的钱。七八万还是属于少的。

林荫茂：如果在立法环节中把它作为必做的事情，常态化，可能要成立一个规章，成立一个部门，要人财物保障。现在只是想做就做。

吴勤民：主要是尽量和领导的意愿结合起来考虑。

冉井富：如果能把人大的几个工作，立法议案、立法计划、执法检查、清理工作、立法监督结合起来的话，可能成本上会降低一点。

吴勤民：结合的问题我们谈到了。最近也在跟郑所长谈要结合要研究，这个是效率最大化的。但在实践中为什么做不到，其实也是有很多原因的。例如执法检查由专门委员会进行，评估由法制工作委员会进行，这两者的工作领导机构就是不同的。事物还没到那个层面，所以也要制度化，所以我们要通过研究来推进这个东西，包括清理、执法检查、立项，很多工作结合起来就能减少很多资源浪费，它的效果可能更加明显。这个我们其实已经认识到了。

林荫茂：这几项工作，提结合已经提了好多年，包括我自己也在全国人大会上专门提了议案要结合起来。所以这个意识是有的。但这还是不同的工作，我所认为的结合其实是结论的相互影响和应用。现在实践中清理和立项很明显已经结合。为什么？我们现在立项，要立改废是可以的，立项论证的理由就有在几几年清理当中已经提出来要修改的。我们上海人大已经把清理作为立项的理由之一。要求必须把理由写清楚，清理中提出过的就有，后评估又提出的我就不知道了。这个意识要贯穿起来。吴主任刚才说的主要是人力、物力成本的降低，这个其实是有意识的，但也是有困难的，因为时间阶段、完成方法、影响力很多是不一样的。

刘作翔：非常感谢各位负责人百忙中能够给我们讲这么多。有很多时候看书面材料也不能像今天这样谈得很深入，分析很多细节。希望今后有机会就这一问题进一步交流。

2. 上海地方立法后评估的总结和完善研究[*]

【内容摘要】近十年来，上海、重庆、云南等许多地方进行了广泛的立法后评估实践和探索。从国外的经验和我国近年来的实践来看，立法后评估对立法工作具有描述与评价、检验与改进、批判与反思等功能，立法后评估正逐渐发展成为评价、检验和总结立法工作的一个重要工作环节。回顾过去的实践经验，分析立法后评估的性质和定位，对于将来地方立法后评估工作的具体开展，我们总结出四个方面的结论：（1）地方立法后评估需要适度的制度化，制度化有助于规范后评估活动，提高地方立法的质量。（2）要明确立法后评估工作的性质和定位。既要看到立法后评估与立法规划、法规清理、执法检查和立法监督之间的区别，也要看到它们之间的联系，特别是应当将立法后评估与法规清理相结合，与法规的立、改、废活动相结合，从而使后评估活动真正地发挥作用。（3）地方立法后评估应当遵循四项基本原则，即客观性原则、科学性原则、民主性原则和实效性原则。（4）地方立法后评估工作应当具体包括七个环节，即评估主体的确定、评估程序的启动、评估对象的选择、评估指标的设立、评估方法的运用、评估报告的制作、评估结果的利用。

【关键词】上海　地方　立法后评估　制度化

一　立法后评估的由来、现状和趋势

（一）立法后评估的由来

从广义上来讲，评估是借助一定的标准、程序和方法，由一定的组织或个人对评估客体的价值大小或高低、趋势或发展的评价、判断、预测的

---

[*] 此文由上海市立法研究所立法后研究课题组撰稿。

活动，是人们认识、把握事物或活动的价值或规律的行为。[1]

在经济与社会领域，人们最常用的评估方法是绩效考核，它首先运用于企业管理当中，一般以投入与产出之比率评价企业与职工的工作效率和竞争力，具有相当程度的科学性。20世纪70年代，西方国家普遍受到机构庞大、行政效率低下、资源浪费严重等问题的困扰，于是绩效评估运动开始被引入公共行政领域。英国政府率先开展了形式多样的绩效评估，1993年美国政府成立全国绩效评估委员会，制定颁布了《政府绩效评估与结果法》，其他发达国家也都广泛运用这种方法。与此同时，绩效评估在西方国家的立法活动中获得推广，因为立法机关是公共部门之一部分，立法活动也是公共管理的手段之一，具有可评估性。

在绩效评估中，西方国家主要用经济（economic）、效率（efficiency）、效果（effectiveness）、公平（equity），即4E指标开展评估。前三个指标都属于经济范畴，可以运用完善的统计学方法，设计精巧的数学模型，以纯客观的形式展示立法的实际效果。即使是最难量化的"公平"指标，也被转化为了经济学中的帕累托标准，即公共政策让一个人境况变好的同时，不能使其他人的境况变坏，"公平"由此从主观的感受变为可客观评价的标准。西方新公共管理理论在用企业家的精神改造政府的同时，将私人企业的绩效评估方法带入了公共政策评估，立法效果评估就是重要的一项。以德国为例，该国立法效果评估分为三大模块，即先行立法效果评估、跟踪立法效果评估和事后立法评估，这三类评估可以依次进行，也可以单独进行。[2]

20世纪初，公共管理领域内的绩效评估理念和方法传入我国，很多政府机关都相继开展了绩效评估活动。此举有效提高了政府效率，推进了依法行政工作，我国的立法后评估工作也在这个时期开展起来。2000年后，山东、云南、重庆率先对若干地方性法规进行后评估，各地纷纷效仿，评估主体和形式各具特色；行政立法也同步推行后评估制度，部分行政法规、部委规章与地方规章先后引入后评估程序。立法后评估在各地称谓不尽相同，浙江称为立法质量评估，云南称为立法回头看，海南称为立法跟踪评估；学者们有的称其为立法评估（相对于立法前的立法预测），有的称其为

---

[1] 许安标：《立法后评估初探》，《中国人大》2007年4月25日。
[2] 《德国和欧盟的立法效果评估制度》，《政府法制参考》2005年第10期。

立法效果评估，还有的称其为立法绩效评估。①

为什么立法后评估日益引起各级立法机关的重视呢？一方面，理论联系实际，从实践－理论－实践的认识过程是马克思主义哲学强调的基本路线，这一理论具体落实到立法工作中，就必然地表现为通过总结反思法规的实施效果来检验立法的思路、方法和质量。另一方面，在立法实践中本来就存在着执法检查、执法监督、立法后的调研等类似于立法后评估的做法，只不过在名称上没有明确叫"立法后评估"，形式上也比较简单。换言之，立法后评估本来就有传统的基础，随着立法数量的日益膨胀，需要将立法质量检验、立法质量评估的工作专门化、规范化甚至制度化，立法后评估就应运而生了。我们认为，法律文件的颁布并不是立法任务的终结，在法律运行一定时间后，有必要对实施效果进行评估，为将来的立、改、废打下基础，这就是立法后评估在中国方兴未艾的重要原因。

(二) 立法后评估的概念

在理论研究和立法实践中，出现了许多内涵相近的概念和提法，诸如"立法质量评估"、"立法回头看"、"立法跟踪评估"、"立法效果评估"和"地方性法规实施效果反馈"等等。不过现在"立法后评估"这一概念逐渐被学界和立法机构所接受。例如，近几年有关这一主题的著作包括沈国明等著的《在规则与现实之间——上海市地方立法后评估报告》，俞荣根主编的《地方立法后评估研究》等均采用了"立法后评估"这个概念。全国人大常委会委员长吴邦国在2010年3月"两会"上所做的《全国人大常委会工作报告》中也提到了"立法后评估"，指出将适时启动立法后评估试点，结合常委会执法检查中发现的问题和法律实施中出现的新情况、新问题，有针对性地选择一到两部事关群众切身利益的法律，开展立法后评估试点工作，探索建立立法后评估工作机制。此外，一些重要的学术研讨会也普遍采用"立法后评估"的提法，如2010年4月在山西太原举行的"全国规范性文件备案审查和立法后评估工作研讨会"，2010年6月由全国人大常委会法制工作委员会主办，在陕西西安举行的"立法后评估国际研讨会"等。这说明"立法后评估"已经成为一个被普遍接受的概念，不过对于其内涵，

---

① 沈国明等：《在规则与现实之间——上海市地方立法后评估报告》，上海人民出版社，2009，第2页。

尚无统一的界定。以下列举几个具有代表性的表述：

所谓"立法后评估"，是指法律施行一段时间后，在立法部门的主持下，组织执法部门及社会公众、专家学者等，采用社会调查、定量分析、成本效益计算等多种方式，对法律的实施绩效进行分析评价，对法律中所设计的制度进行评判，并针对法律自身的缺陷及时加以矫正和修缮。①

立法后评估虽然称呼不尽相同，但大体都是指具有地方性法规、政府规章制定权的国家机关或者由其委托的主体，按照一定的评估程序，对地方性法规、政府规章的合法性、合理性、实效性、协调性等指标进行评价，并提出完善法规、规章建议的活动。②

"立法后评估"是指评估主体按照一定的标准和程序，运用科学的方法和技术对现行有效的法律、法规、规章的文本质量、实施效果做出定性和定量的分析和评价。③

2010年7月9日国土资源部发布的《国土资源部规章和规范性文件后评估办法》第三条规定："本办法所称规章和规范性文件后评估（以下简称后评估）是指国土资源部制定的规章和规范性文件实施后，依照本办法规定的程序、标准和方法，对其政策措施、执行情况、实施效果、存在问题及其影响因素进行客观调查和综合评价，提出完善制度、改进管理的意见的活动。"

从以上定义中可以概括出关于立法后评估的共性认识：第一，立法后评估的对象是颁布实施了一定时间的规范性法律文件，从而将其与立法计划、立法论证等活动区别开来；第二，立法后评估的主体包括责任主体、实施主体、委托主体等，一般以立法机关为责任主体，负责立法后评估的启动、批准和报告的审议，但具体的实施可以由其工作部门进行，也可委托其他主体进行，在概念界定时不一定要加以限定；第三，立法后评估应按照一定的程序，运用一定的指标和方式进行；第四，评估的内容可以是多方面的，主要针对实施效果、存在问题、立法质量等；第五，立法后评估的目的是完善法规、改进执法、提高立法质量。

---

① 丁伟：《从"立法后评估"看民主立法》，《文汇报》2007年2月9日，第5版。
② 沈国明等：《在规则与现实之间——上海市地方立法后评估报告》，上海人民出版社，2009，第2页。
③ 俞荣根主编《地方立法后评估研究》，中国民主法制出版社，2009，第11页。

基于以上认识，课题组认为，"地方立法后评估"是指地方性法规实施后，根据经济社会发展要求，结合立法目的，按照一定的原则、标准和程序，运用科学的评估方法，对地方性法规的整体或部分条文的制度设计、实施绩效、存在问题及其影响因素进行跟踪调查和综合评价，并提出评估意见的活动。

（三）立法后评估的现状

改革开放 30 多年来，我国从中央到地方都进行了大规模立法。这突出地表现在立法数量庞大、立法主体多元、立法领域广泛等方面。但是长期以来，我国立法机关偏重于法规的制定工作，无暇顾及法规出台后的实际效果，对法规是否达到立法的预期，缺乏足够的了解。随着规范性法律文件的不断增多，新旧法律之间、不同主体制定的法律之间不可避免地出现摩擦和冲突。这些相互矛盾的法律文件给现实生活带来很多困扰，降低了法律的权威。甚至有时候立法机关也明显感觉法律规范存在问题，但由于受到立法程序的限制，使其无法得到及时纠正。此外，由于部分法律文件不能适应时代发展的要求，已经在现实生活中产生了非常严重的负面影响。正是在这样的背景下，"立法后评估"应运而生。

目前，立法后评估在我国仍处于探索研究阶段。按照《立法法》的规定，我国现行的立法体制是中央统一领导和一定程度分权的立法体制，存在中央立法和地方立法两级立法权限。在这样的背景下，我国的立法后评估经历了一个由地方立法实践探索到中央机关充分肯定，再到中央立法践行评估的过程，形成了国家与地方良性互动的发展轨迹。对我国的立法后评估现状可以从以下三方面做具体介绍。[1]

1. 法律方面

到目前为止，全国人大及其常委会通过了 400 多部法律、法律解释和有关法律问题的决定，其中现行有效的法律有 230 多部，但是由于《宪法》、《立法法》以及全国人大常委会的相关工作制度都没有对立法效果评估做出制度性规范，因此到目前为止，全国人大及其常委会对其制定的法律的立法效果评估工作还没有开展。为了不断完善中国特色社会主义法律体系，

---

[1] 部分内容参见宋爱琴《立法效果评估理论与实证研究》，上海社会科学院硕士学位论文，2008。

2008年全国人大常委会开展了对法律的系统清理工作，废止和修改法律67件，其中废止的法律有 8 件，对 59 件法律中的 141 个条文进行了修改。2008 年 3 月，全国人大常委会法工委在北京召开立法后评估研讨会，部分已开展立法后评估工作的省、市人大的法制委员会（法工委）负责同志以及一些法学专家、学者参加了会议。与会人员交流了立法后评估工作情况，并围绕立法后评估的相关问题展开了深入的讨论。这在很大程度上表明，最高立法机关已将自身的立法后评估问题提上议事日程，并为立法后评估工作的开展积累地方经验和理论支持。

2. 行政法规、部门规章方面

2006 年国务院悄然启动了对《信访条例》、《艾滋病防治条例》、《蓄滞洪区运用补偿暂行办法》、《个人存款账户实名制规定》、《劳动保障监察条例》和《特种设备安全监察条例》等六项行政法规的立法后评估试点工作。国务院 2004 年颁布的《全面推进依法行政实施纲要》第十七规定："积极探索对政府立法项目尤其是经济立法项目的成本效益分析制度。政府立法不仅要考虑立法过程成本，还要研究其实施后的执法成本和社会成本。"为此，2006 年财政部选取《会计师事务所审批和监督暂行办法》和《注册会计师注册办法》为评估对象，启动了行政规章层面的立法效果评估工作，开启了我国部门规章立法效果评估工作的先河，具有里程碑的重要意义。

3. 地方性法规、政府规章方面

与中央层面的法律、行政法规和部门规章相比，地方立法机关的立法效果评估的实践工作走在了国家的前面，并进行了积极有益的探索。2000年山东省人大法制委员会对《私营企业和个体工商户权益保护条例》、《产品质量法实施办法》、《法律援助条例》和《就业促进条例》，对法规设定的权力和责任、权利和义务是否合理，以及法规的执行情况等方面进行了立法效果评估；2004 年云南省人大法制委员会和其他专门委员会对《邮政条例》、《广播电视管理条例》和《农村土地承包条例》开展了立法效果评估工作；北京市相关部门也在 2004 年对《北京市实施〈中华人民共和国水污染防治法〉办法》和《城市规划条例》的合法性、可操作性、实效性以及法规是否需要进一步完善进行了立法效果评估工作；2005 年上海市以人大法制委、常委会法工委为主导，对《上海市历史文化风貌区和优秀历史建筑保护条例》在实施近三年后进行了首次立法效果评估。据不完全统计，自 2000 年以来，山东、甘肃、重庆、云南、福建、海南、吉林、太原、武汉、北京、上海和深圳等省市人大常委会对其制定的地方性法规，安徽、河北、杭州等省市政府对其颁布的政府规章都相继开展了或者正在开展立法效果评估工作。

通过对我国实施立法后评估情况的考察，我们发现这项工作呈现出以下特点。第一，立法后评估走的是先地方后中央的路子。立法后评估是立法制度中的重要组成部分，理应由《立法法》加以规定，所有立法主体应当同步执行。但是该法在制定之初，立法后评估的理念还未被立法者所接受，实践活动也没有深入展开，因此《立法法》及其配套法规不可能将其作为一项制度纳入。目前，地方立法的后评估工作已经进入总结经验的阶段，某些成熟先进的做法在制度竞争中脱颖而出，全国人大及其常委会有必要在立法中加以体现，同时其自身也可以开展立法后评估的探索。第二，行政立法后评估的步伐快于人大立法后评估。国务院自2006年起就开始了对行政法规的后评估工作。行政立法后评估有完备的制度保障，而人大立法后评估却没有形成固定的工作制度，随意性较强。在中央层面，《全面推进依法行政实施纲要》与《国务院工作规则》要求政府部门实施立法后评估，实现这项工作的常态化；在地方层面上，广东、哈尔滨、无锡、宁波等地方政府也纷纷出台政府规章立法后评估的办法。而地方人大立法后评估工作文件仅见《郑州市人大常委会地方性法规评估办法》与《北京市地方性法规合法性评估工作规程》。第三，立法后评估的法律依据不足，启动环节存在诸多缺陷，主要表现如下：启动的随意性，有些地方没有充分论证立法后评估的必要性，只是在工作需要时临时提出、临时决策、临时行动，这样"仓促上阵"危害极大；启动的非常规性，在实践中，立法后评估常常为预定的结论服务，缺乏启动的独立性，导致评估过程流于形式；启动时机选取不科学，各地启动评估程序的时间有早有晚，对于到底何时开展评估工作没有科学的考量。第四，制度化规范的缺失导致立法后评估活动较混乱，表现如下：一是评估主体的范围较窄，广泛性、专业性不够；二是评估对象比较片面，还没有形成系统的立法后评估；三是缺乏统一的立法后评估标准；四是评估缺乏规范的程序；五是评估方法缺乏科学性，信息不充分；六是评估结论的效力没有确定。①

---

① 第三、四个特征参见李鸿飞《立法后评估制度研究》，中国海洋大学硕士学位论文，2008。

（四）立法后评估的趋势

2006年以来，国务院法制办已连续4年开展立法后评估试点工作。在此基础上，国务院法制办已拿出《关于行政法规、规章立法后评估的指导意见》讨论稿，正在专家学者间征求意见。立法后评估是国务院《全面推进依法行政实施纲要》确定的一项制度。2008年3月，新修订的《国务院工作规则》纳入了此项内容，并明确要求："行政法规实施后要进行后评估，发现问题，及时完善。"上述信息表明，立法后评估工作的趋势是，它已经由地方频繁的制度尝试走向了中央机关层面的试点或常态工作。

在地方人大立法领域，据不完全统计，截至2009年底，北京、上海、浙江、福建、江西、山东、湖北、海南、重庆、四川、云南、甘肃、宁夏等10余个省级人大常委会，以及太原、杭州、宁波、青岛、广州、珠海、武汉、长沙等10余个有立法权的市级人大常委会已经或者正在对地方性法规进行立法后评估。[①]

要使立法后评估在以后的立法工作中更充分地发挥作用，各地还应该寻找出一些规律性的东西，将之固定化、制度化，从而建立规范化、常态化的立法后评估长效机制。我们认为可以从以下几个方面做出尝试。第一，建立经常性的评估制度。评估工作的开展要纳入年度工作计划，从实际出发，确定评估项目、时间和人员。其中越是涉及公民切身利益的法规就越需要及时对其进行效果评估，以便及时发现问题并加以解决。第二，在立法后评估制度取得实践经验和逐步完善的基础上，尽快将该项制度的程序规范通过立法或工作制度的形式确立下来，使之成为地方立法中必须长期遵守的一项主要制度。第三，赋予立法评估报告一定的法律效力。对"立、改、废"的评估结果，地方人大应当充分重视，确保将评估报告与地方年度立法计划有效地结合起来，使立法后评估制度切实发挥积极作用。随着立法后评估经验的不断积累和社会经济日新月异的发展，立法后评估制度一定会在地方立法领域中得到更加充分和广泛的应用，更多的"良法"将得以出现。从这个意义上讲，立法后评估制度的建立，对于完善民主法治，构建和谐的社会主义法律体系，是一项比单纯立法本身更加紧迫的任务。

---

① 艾志鸿：《地方人大立法评估工作概述》，中国民商法律网：http://www.civillaw.com.cn/article/default.asp？id=45727。

二 地方立法后评估制度建设的必要性和可能性

(一) 地方立法后评估制度化的必要性

1. 提高立法质量的需要

民主立法、科学立法既是建立和完善中国特色社会主义法律体系的内在要求，又是提高立法质量的根本保证。2000年《立法法》的颁布实施以及各地根据《立法法》制定的立法条例，加快了地方立法的制度化进程，立法权限、立法事项有了明确的划分，立法程序、立法技术得以完善。民主立法和科学立法体现在议案的提出、法律草案的审议、法律草案的表决、法律的公布等各个环节。但是立法质量的评判并不能止于立法的完成，而应当延伸到法律实施的效果出现之后，立法后评估就满足了这样的需要。立法后评估既是立法后检验质量的重要一环，也是"二次立法"的开端，它直接决定着立法的更新，实现着法律制定与社会发展的动态契合。我们知道，法律的效力和实效是不同的概念，前者是指法律规范是有约束力的，人们应当服从并适用法律规范，后者是指人们实际上就像根据法律规范规定的应当那样行为而行为，规范实际上被遵守和服从。[1] 如果立法因质量低下而成为恶法、劣法，那么即使它具有强制力，人们也不愿去遵守和适用，法律就会成为一纸具文，例如各地关于禁止燃放烟花爆竹法规的实施情况说明，法律与有着深厚群众基础的民俗等社会规范相抗衡时，并不占优势。[2] 立法后评估就是发现和克服立法非民主与不科学因素的重要机制，而它本身却蕴含着民主与科学的天性。就民主性而言，立法后评估的参与主体包括社会组织和广大群众，他们通过参加座谈会、参与实地考察和问卷调查，反映对所评估法律的意见和建议；就科学性而言，立法后评估的受托主体通常是高校和科研机构，它们凭借专家的特长，设计有效的评估方案，提供科学的评估标准，撰写客观的评估报告，从而实现评估结果的科学性。因此，民主与科学的立法后评估是保证立法本身民主与科学的重要手段，今后有必要将其纳入法定程序。

---

[1] 〔奥〕凯尔森：《法与国家的一般理论》，沈宗灵译，中国大百科全书出版社，1996，第42页。

[2] 周慕尧主编《立法中的博弈》，上海人民出版社，2007，第2页。

2. 适应经济和社会发展的要求

党的十六大报告指出，要"适应社会主义市场经济发展、社会全面进步和加入世贸组织的新形势，加强立法工作，提高立法质量，到 2010 年形成中国特色的社会主义法律体系"。2010 年是形成中国特色社会主义法律体系的"收官"之年，也是检验依法治国成效的关键之年。到 2010 年，除宪法和四个修正案外，已制定现行有效的法律 235 件（其中包括起支架作用的法律 50 多件）、行政法规 690 多件、地方性法规 8800 多件、自治条例和单行条例 700 多件。大量法律、法规的制定，一方面满足了国家政治与经济生活的需要，推进了依法治国的进程，另一方面也造成了法律之间的冲突，破坏了法律的权威。1979 年的地方组织法赋予省级人大及其常委会以立法权，1982 年省会市和较大市享有了地方性法规的拟定权，2000 年地方立法权又扩大到经济特区所在的市。立法权逐步下放反映了中央与地方分权的法制化，但也造成了地方立法数量的剧增，立法质量有所下降，这就对地方立法提出了新的要求，"要高度重视立法质量，及时转变观念，调整立法工作的思路，从重视立法的数量和速度转移到重视立法的质量和效益上来"。[①] 因此，在法律体系已经基本健全的格局中，地方立法已经从以制定新法规为主向修订完善法规为主。九届人大以来，地方立法机关越来越重视对现行法规实施效果的考察，将对现行法规的修改、补充、废止与制定新法规放在同等重要的位置。可以说立法后评估工作的兴起顺应了立法工作发展的现实需要。

3. 促进依法行政的需要

立法后评估工作对促进依法行政意义重大。首先，我国历次法规规章清理活动本质上就是大规模的、专题性的立法后评估，有力保障了国家法制的统一。1996 年《行政处罚法》的出台、2001 年中国加入世贸组织、2003 年《行政许可法》的颁布，都促使各级政府开展了规范性文件的清理工作，其目的在于使政府的抽象行政行为符合上位法和入世承诺的规定，可以说，这三次清理行动主要是对规范性文件合法性的评估，是全面推进行政立法后评估的先导。其次，行政许可的定期评价制度与立法成本效益制度是后评估制度的进一步尝试，依法行政上升到更高阶段。《行政许可

[①] 王兆国：《加强地方立法工作　提高地方立法质量》，在内蒙古召开的第十次全国地方立法研讨会上的讲话。

法》确立的许可定期评价制度强调的是，立法机关、许可实施机关和公民等对于行政许可的定期评价；《全面推进依法行政实施纲要》提出的立法成本效益制度，着重于立法、执法和社会成本与所产生社会效益的考量。这些制度已经包含了立法后评估制度应有的一些基本要素，如成本效益分析、评估的公众参与等。再次，2006年国务院试点的立法后评估工作以及各地方政府的立法后评估工作，为行政立法后评估制度的建立与完善提供了基础，从根本上推进了行政立法的质量。行政立法的民主性、科学性与合法性是依法行政的基础，因为在高位阶规范过于抽象的情况下，法律规范的层级越低，执法者使用的频率越高，他们普遍按照规章这个层次的立法进行执法，规章的优劣直接决定着执法的好坏，规章的后评估解决了依法行政的根源性问题。最后，地方人大立法的后评估也促进了依法行政。一方面，地方性法规也是执法者经常使用的执法依据，立法后评估工作可以准确发现立法的适应性与操作性问题，用立法、修法的手段解决执法效率低、执法成本高以及规避法规的情形；另一方面，立法后评估有一部分执法检查的功能，对法规的主要实施部门有一定的监督作用，在评估的过程中还有利于执法者加深对法规的理解，从而提高执法水平。

4. 维护法制统一的需要

我国是一个统一的社会主义国家，必须在保证中央统一领导的前提下充分发挥地方的积极性和主动性。这是宪法确立的处理中央与地方关系的一项重要原则，也是制定《立法法》的一个重要指导思想。《立法法》对中央与地方的立法权限范围做了进一步明确。需要说明的是，最重要的立法权限由中央行使，同时也应给地方立法主体留出广泛的空间，这是所有法治国家的通行做法。地方立法后评估的首要标准就是合法性标准，即地方性法规不得与宪法、法律以及行政法规相抵触。地方立法有三类，即实施性立法、先行性立法与自主性立法，立法后评估应当分别对待。第一，针对实施性立法，立法后评估应当考察其与作为立法依据的上位法是否发生冲突，当上位法修改以后，该地方性法规的内容是否需要做相应的修改；第二，针对先行性立法，立法后评估也要遵循法律优位原则，在国家制定的法律或行政法规生效后，应判断地方性法规是否有与之相抵触的规定，从而建议制定机关及时修改或废止；第三，针对自主性立法，立法后评估要评判该立法事项是否属于"法律保留"的范围，同时还应考察其是否为本地区面临的独特问题，否则该自主性立法就没有必要，应当废止。在上海的 142 件有效法规中，自主性立法和先行性立法合计占比 56.3%，超过了实施性立法的 43.7%（2008 年的数据，由市人大法工委提供），这可以反映出上海地方立法具有创新性。

（二）地方立法后评估制度化的可能性

1. 国外已经有比较成熟的制度

目前，国外针对立法后评估已经形成了比较成熟的制度，有些做法可以为我国建立和完善立法后评估制度所借鉴。例如，美国有些法律规定，本法或者本法中的某些条款到期时，应当通过评估和再次审议，决定这些条款是否延长或变更，这被称为"日落条款"。如果评估后没有做出延续适用的决定，该法或者部分条款在有效期届满时即告终结。英国于 1985 年引入以成本评估为重点的立法效果评估。1996 年英国内阁办公室成立了"立法效果评估组"，负责对所有的中央立法项目进行效果评估。从 1998 年起，全面实施立法效果评估，其总体要求是对立法实施后各阶段的效果进行全面评估，对经济、社会、环境效果进行全面评估，并尽可能量化，还需就法律对经济、企业的影响进行分析。德国在 20 世纪 70 年代就开展了立法评估，评估内容包括立法项目计划的评估、立法制定过程中的跟踪评估以及实施后的评估，甚至在制定法律时就明确若干年内进行效果评估。2001 年，德国内政部发布了首部《立法效果评估手册》，对立法效果评估的程序和方法都做了说明，以指导联邦政府各部门的立法效果评估工作。欧盟从 20 世纪 80 年代中期开始运用立法效果评估的相关工具。2003 年，欧盟引入综合评估程序，就法律对经济、社会和环境的影响进行分析，一般由各专业部门负责各自领域的评估，但也设有一个负责协调和平衡各部门立法效果评估的工作机构，并对负责立法的官员进行培训。[1]

2. 兄弟省市进行了不少探索和实践

国内各兄弟省市对立法后评估工作进行了不少探索和实践，积累了一些经验和教训，这为上海改进和完善立法后评估制度创造了有利条件。目前各地在评估主体、评估内容、评估方法、评估结果的运用等方面，既有共性也有差异。我们可以通过观察比较与分析，在将来的制度设计中择善

---

[1] 沈国明等：《在规则与现实之间——上海市地方立法后评估报告》，上海人民出版社，2009，第 1—2 页。

而从。

就评估主体而言，目前主要有以下四种模式：地方人大常委会是唯一的评估主体，由其组织一个专门的评估组；地方人大专门委员会或者常委会工作机构是评估主体，由其组织评估；由有需求的部门（既可以是常委会，也可以是专门委员会或者是常委会有关工作机构）在确定评估对象后，委托独立机构开展评估；评估主体既可以是常委会工作部门，也可以加入政府部门，或者法规施行中的其他参与主体。[①] 就评估内容而言，各地往往从立法必要性、合法性、针对性、操作性、绩效性、特色性等方面选择若干个标准对单项法规进行评估。就评估方法而言，有的采用实地专题调查法，有的采用问卷调查法，有的采用走访座谈法，但大多数都使用了综合评估方法。就评估的结果运用而言，大多数地方都能根据立法后评估的报告对法规进行修改，对执法问题进行改进，但也有些地方产生回应阻滞的问题。

目前国内各地主要是对单项法规进行立法后评估，对现行有效的法规进行整体评估的地方还很少。据课题组考察，重庆、湖北和青岛已经做了这方面的尝试，重庆的做法最值得借鉴。2007年6月至12月，重庆市社科规划项目"地方人大立法后评估制度研究"课题组从立法必要性、地方特色、法制统一、权力配置、技术规范五个方面，对重庆市当时有效的160件地方性法规文本进行量化评估，平均得分83.09，得90分以上的法规有9件，70分以下的4件，60分以下的为零。五项质量要素中，地方特色所得比例最高，技术规范次之，立法必要性居第三，权力配置为第四，法制统一排在末位。这在一定程度上说明，重庆市地方性法规文本所反映的地方特色比较鲜明，讲究立法技术，但在突出地方特色和注重地方立法创新中还须更加注意法制统一，科学地处理好权利与权力的关系，严格防止部门权力的立法扩张。[②] 重庆在法规整体评估方面的经验具有很强的借鉴意义。

3. 上海自身积累了一定的经验

上海市人大是实施立法后评估的先行者之一。从2004年开始，上海市人大组织力量，先后对《上海市黄浦江上游水源保护条例》、《上海市环境

---

① 阮荣祥：《地方立法的理论与实践》，社会科学文献出版社，2008，第434—435页。
② 俞荣根：《地方性法规文本质量研究——以重庆市160件法规文本评估为基础》，《西南政法大学学报》2009年第4期。

保护条例》、《上海市实施〈中华人民共和国大气污染防治法〉办法》、《上海市历史文化风貌区和优秀历史建筑保护条例》、《上海市促进行业协会发展规定》、《上海市安全生产条例》和《上海市住宅物业管理规定》等多部地方性法规开展了立法后评估活动，取得了良好的成效。

在单项法规后评估活动中，针对《上海市历史文化风貌区和优秀历史建筑保护条例》进行的后评估工作最值得称道。2005年3月，在上海市十二届人大三次会议上，市人大常委会在工作报告中要求"加强立法的后续工作，注重立法的质量评估"，将立法后评估工作列入2005年度常委会工作要点。2005年7月29日，经市人大常委会主任会议讨论，决定于2005年7月起，以《上海市历史文化风貌区和优秀历史建筑保护条例》作为立法后评估的对象，开展为期半年的立法后评估。经研究论证，确定把法规的实施绩效及法规中各项制度设计和程序规定是否需要进一步完善作为评估的主要内容，并确定了执法部门评估、委托相关区县人大常委会组织调研、向社会公众开展问卷调查、专题调研、邀请市人大代表参与的评估方法。经评估认为，该条例的立法目的基本实现，同时存在若干需要重视的问题。上海市人大常委会专门听取和审议了这项评估报告，并将《立法后评估工作方案》转送给市政府办公厅及有关委办局，相关区人大常委会要求各有关单位认真组织实施。此次立法后评估是上海市提高地方立法质量的首次尝试，全国人大领导充分肯定了上海地方立法的这一创举，国内新闻媒体及时做了相关报道，并在期刊上发表了不少评论文章。很多省市纷纷前来取经，并相继开展了立法后评估活动。

2008年，上海市人大常委会委托上海社科院法学所对142件现行有效的地方性法规进行了整体评估。此次立法后评估比以往有很大的创新。[1] 一是评估主体实现了多元化。这次评估借助法学专业和社会学专业学者的参与，通过民众意见的问卷收集、执法机关经验的总结归纳、专家学者理性认识的数量化评测，以及在此基础上的综合评估，从多个主体的不同视角，得出更为接近客观实际情况的结论。二是对地方性法规的整体进行评估。将100余件现行有效的法规作为一个整体进行宏观的、全局的、总体性的评价，是一个新的尝试和探索。评估主体将评估指标确定为以下六个：合法

---

[1] 沈国明等：《在规则与现实之间——上海市地方立法后评估报告》，上海人民出版社，2009，第16—22页。

性、适应性、操作性、绩效性、特色性和参与性。以这六个方面评价地方人大立法，足以发现法规中的局限与不足，对今后地方性法规的立、改、废提供了有价值的建议。三是运用了综合评估方法。评估主体除了运用传统文献收集整理、座谈访问、问卷调查等方式外，还通过执法机关评估反馈、不同领域专家"三三制"打分、司法文书检索、单项指标分类评估等多种方式，力求获得最全面的信息，为完成评估奠定了基础。这次立法后评估在做整体评估的基础上，对单项法规也做了一次简易评估，对所有的有效法规进行了全面"体检"。由上观之，上海在立法后评估的理论与实践方面走在全国的前列，为立法后评估的制度化积累了很多有益的经验。

4. 行政立法后评估制度已经率先建立

2010年7月26日，我国第一个专门规范立法后评估活动的部门规章——《国土资源部规章和规范性文件后评估办法》正式颁布，并将于9月1日正式实施。该办法共22条，对立法后评估的目的、对象、实施主体、标准、内容、方式、程序以及结果运用等做出了规定。这一部门规章的出台，表明发端于行政立法领域的后评估活动得到了进一步的发展，同时也为地方立法后评估的制度化提供了重要的参考和借鉴。

三 地方立法后评估制度的法理基础

（一）地方立法后评估与若干相关制度的关系

1. 立法后评估与立法前评估

两者的区别和联系是：（1）立法后评估是对法规制定后诸多问题的反思，它与立法前评估分别存在于不同的时间段，所评估的内容也可能存在差异。但无论立法后评估还是立法前评估，客观上都是为立法本身提供参谋和服务的，只是服务的角度不同而已。实际上，两者之间也未必有不可逾越的界限，因为立法后评估的结果可能就是下一次立法前的预测和引导，就是下一次立法前的评估。[①] 例如，2010年7月，上海市人大常委会拟废止《上海市城乡集市贸易食品卫生管理规定》和《上海市社会治安防范责任条

---

① 参见刘松山《关于全国人大常委会开展立法后评估的几个问题》，《政治与法律》2008年第10期。

例》两项法规，但为了避免出现管理真空，决定待有关新法规实施后再废止它们。在新旧法规转换之际，立法机关必定做了大量的评估工作，它既是对拟废止法规的后评估，又是对承继法规的前评估，不仅是对旧法规的反思批判，也是对新法规出台的论证。（2）立法前评估和立法后评估的重点是不同的。前评估首要检验的是立法的必要性与合法性，其次才是规范性与操作性等内容，因为必要性和合法性是最基础的前提条件，如若达不到，其他评估则无须进行。后评估则要全面评判合法性、合理性、操作性、规范性等诸多内容，但实效性却是最重要的标准，因为立法前论证预设的法律制度、法律措施，在法规生效后，执法和社会遵守的程度如何，耗费的社会成本如何，是检验立法质量的关键所在，以至于某些国家的立法后评估仅仅是成本效益分析型的后评估。虽然两者的重点不同，但大多数标准是重合的，从某种意义上说，前评估是对法规将来实行状况的假设，后评估是对法规实际运行情况的评价，因而后评估也成为对前评估工作的一次全面检验。

2. 立法后评估与立法规划（立法计划）

立法规划或立法计划与立法后评估有密切的联系。（1）一般认为，立法前评估，即立法调研，才是形成立法规划或立法计划的主要来源。因为能够列入立法规划的待拟法规一般都经过了可行性论证，条件基本成熟的就确定为正式项目，需要进一步论证等待条件成熟的就确定为预备项目。立法计划也大抵如此。这种观点仅仅把制定法规看作立法，而忘记了法规修改也属于立法的范畴。事实上，上海市人大常委会五年立法规划（2008—2012年）中，新制定法规31件，修改法规39件。既然法规修改也被纳入立法规划或计划，那么立法后评估就与之关系重大，因为法规修改之前必定经过后评估，哪怕这种后评估不是本课题所述之严格意义上的立法后评估，也许仅是立法机关采用简易程序实施的自我评估。（2）立法后评估的运作有时会影响立法规划与计划的实施。从各地立法实践来看，立法规划的执行情况都不甚理想，规划的指导作用未得到充分体现。以武汉市为例，该市人大常委会1998—2002年立法规划确定了23件立法规划项目，实际完成立法31件，其中规划外项目16件，规划项目只有15件，占立法规划项目总数的65%，占立法总数的49%。造成这种局面的原因一方面是法规提案主体会超越规划和计划提出立法项目，另一方面是即时性和计划性的立法后评估活动不断制造立法需求，尤其是修改法律的需要随时产生，特别是当某些上位法发生重大修改的时候。(3) 立法后评估活动也可视作立法规划和计划的一部分。太原市人大常委会就曾建议,把立法的程序从原来的以起草为起点上溯到立项选择,从原来以立法通过为结束延伸到立法后评估,建立"大立法程序"观念,形成立项前论证、立法中调研和立法后评估的立法程序机制。因此,在实践工作中,各级人大在制定年度立法计划时,应当转变传统的立法工作思路,突破现行立法年度计划的结构框架,将"立法论证项目"和"立法后评估项目"都纳入计划范畴,与"立法项目"一起构成年度立法工作计划的内容,并从名称上将"年度立法计划"改称为"年度立法工作计划"。立法规划亦可如此。

3. 立法后评估与法规清理

有学者主张,应当把立法后评估与法律法规和规章的清理相结合,与法律法规的改废相结合。① 因为立法后评估还有一个时效问题,如果评估的结果不与启动法律法规和规章的清理程序挂钩,如果评估的结果不能通过法律法规的修改修正和废止的立法活动体现出来,那么高成本的立法后评估活动就难以促进立法质量的提高,同样会走入与"观赏性立法"一样"为评估而评估"的"观赏性评估"的形象工程歧途,那将是法治建设事业的又一个悲哀。正如上文所述,我国历次大规模法规清理其实就是与立法后评估相结合的法规改废活动,这包括1996年《行政处罚法》出台、2001年中国加入世贸组织、2003年《行政许可法》颁布之后的一系列法规清理工作。2009年11月,全国人大常委会明确提出了对地方性法规进行清理的要求,上海市也将该项工作列为2010年常委会立法工作的重要内容,纳入本次清理范围的法规共135件,建议废止法规7件,建议按简易程序修改法规48件,建议纳入立法计划或立法规划修改法规39件。② 这次法规清理很大程度上依据了历次单项法规的立法后评估结论以及2008年针对142件现行有效法规整体评估的成果,它使立法后评估成果得到了实际应用,体现了评估工作的重要性。在某种程度上,它也实现了立法后评估、立法规划与计划、法规清理三者的有机结合,解决了"为评估而评估"的弊病,使

---

① 俞荣根主编《地方立法后评估研究》,中国民主法制出版社,2009,第21页。
② 据最新资料统计,上海自1979年设立人大常委会并赋予其立法权至今,上海市人大及其常委会共制定地方性法规151件次,其中已废止和自然失效的59件,现行有效的143件;做出法规解释和法律性问题的决定21件,现行有效的6件。

有关的人大专门委员会和常委会工作机构的业务工作达到事半功倍的效果。

4. 立法后评估与执法检查

执法检查是各级人大常委会履行监督职能的手段之一，它是在视察基础上发展起来的一项专门监督法律实施的制度，与立法后评估制度有一定的联系，如：（1）两者都需要对法规的贯彻执行情况进行调研；（2）执行工作一般皆由本级人大有关专门委员会或者常委会有关工作机构具体组织实施；（3）立法后评估报告有时也包含执法检查的内容，当提出完善行政管理制度或者改进行政执法建议时，有关行政部门应当及时采取措施予以落实。但它们也有很大的区别：[①]（1）重点不同。执法检查侧重于检查有关部门在贯彻执行法律、法规中的薄弱环节和存在的问题；而立法后评估的重点在于挖掘与立法有关的信息，客观地评价法律实施的绩效，着重检验法律中制度设计的合法性、操作性和针对性。（2）目的不同。执法检查的主要目的是监督法律的贯彻执行，纠正在法律、法规落实过程中存在的错误和不足，纠正有法不依、执法不严、违法不究的现象，保证法律、法规得到严格遵守和认真执行；立法后评估的主要目的是发现立法工作的不足，以便有针对性地改进立法工作，不断提高立法质量。（3）被检查对象或者被评估对象不同。执法检查主要由各级人大专门委员会组织，被检查对象一般是对某一法律负有组织实施职责的政府主管部门；立法后评估可以由各级人大专门委员会组织，也可以由人大常委会法制工作机构组织，被评估对象是法律的制定主体。

5. 立法后评估与备案审查

广义的立法监督是指，包括国家机关、社会团体和公民在内的一切组织和个人，在一定的范围内，依据一定的程序和方式，对有关立法主体的立法活动和立法结果所实行的监察和督促。[②] 这里从狭义理解，系指规章备案审查。立法后评估制度与备案审查有着天然的联系，这主要表现在以下方面：（1）立法后评估是一种内部立法监督，立法后评估的实施主体为本级人大常委会、各专门委员会以及法制工作部门，它们本身也是制定法规的主体，尽管在评估过程中有执法机关与社会公众的参与，但他们的意见

[①] 上海市人大常委会法工委立法一处：《立法后评估的理论与实践初论》，《政治与法律》2008 年第 1 期。

[②] 周旺生：《立法学教程》，北京大学出版社，2006，第 352 页。

不具有决定性;(2)立法后评估是一种立法结果监督,目的在于监督所立之法是否具有合法性,是否体现了立法意图、人民意志和人民利益,是否科学、合理或适当,是否存在立法技术方面的缺陷,是否便于实行,这就使其区别于立法过程监督;(3)立法后评估是一种事后监督,它是在法规生效之后所实施的监督,用以解决事后在法的实施过程中显露出的问题,可以直接导致法规的立、改、废。备案审查指的是,有权机关依据宪法、立法法、地方组织法等法律,在特定的范围内依法定程序实施的对立法活动与结果的监督,因此立法后评估与之有显著差异:(1)主体不同。备案审查的实施主体具有法定性,主要包括上级行政机关对下级行政机关的监督、上级人大对下级人大的监督、各级人大对常委会以及本级政府的监督等;立法后评估目前尚未通过法律予以明确规定,操作的依据主要是各地人大的工作制度,因此评估主体没有法定化,各地有所差异,但都属于自体监督。(2)方式不同。根据立法法等宪法性法律的规定,对立法活动过程的监督主要有批准、备案与审查三种方式,对立法结果的监督主要有撤销、改变与裁决,有时还包括要求有关机关处理监督对象、责令制定主体予以改正等方式,对这些方式的适用都有严格的对象与范围的限定;而立法后评估的方式没有法定化,各地的工作方式多种多样,有文献分析、典型个案分析、相关人员访谈、调查统计、成本效益计算、定性评价、定量评价以及计算机模拟等,各地在实际操作中往往按需选择一种或多种方法。(3)结果不同。备案审查的结果具有法律效力,被监督的主体必须服从,它将直接导致法规的立、改、废;而立法后评估的结果虽然具有科学性,有的还经由人大常委会审议通过,但并不具有法律效力,如果有关机关没有积极回应,或仅是形式回应,也不承担任何法律责任。

(二) 地方立法后评估的主要背景

1. 法律的稳定性要求与改革开放大背景的冲突

法律的稳定性是法律的内在属性,直接决定了法律的权威性。但是法律的变动性也是不可避免的,因为只有法律的制定符合社会生活的实际,才能获得普遍的认同和良好的遵守。在我国改革开放的大背景下,各种社会关系总是处于变动不居的状态,利益集团博弈的结果也是变化多端,具有调节社会关系与分配法权功能的法律也会随之修改,法律的稳定性受到干扰。在法律的形式渊源中,宪法应当是最有刚性的,其修改遵循最严格的程序，但现行宪法已经历了四次修正，因为宪法的权威不能仅仅靠稳定来维持，它必须积极回应社会需求做出必要修改，而不能以"良性违宪"解决现实问题，从而破坏法治的根基。法律也是如此，个人所得税法频繁变更纳税起征点，就是为了有效调节收入分配，实现社会公平。在这样的时代，地方立法的稳定性更是相对的，变动性才是绝对的。但是地方立法的变动不是随意的，它必须遵循一定的标准，立法后评估就是设定标准和执行标准的重要机制。合法性标准要求，地方立法的变动不得与上位法相抵触，也不得与法律的原则和精神相违背；适应性标准要求，当社会环境发生重大变化时，法规作为上层建筑也要及时进行调整；操作性标准要求，法规必须具有可操作性，若制度规范超前或者落后于社会发展水平，都会影响可操作性的实现。可见，立法后评估工作可以促进地方立法的合理变动，在动态的稳定中维护法制权威。

2. 中央立法与地方立法的差异

地方立法是相对于中央立法而言的立法，是国家立法体系的重要组成部分。在中国，制定地方性法规，至少要处理六种关系：与宪法和法律的关系，与行政法规的关系，与部门规章的关系，与地方政府规章的关系，与上级或下级地方权力机关及其常设机关的地方性法规的关系，民族自治地方制定地方性法规还要处理与自治条例和单行条例的关系。[①] 这就使得地方立法需要处理的法律规范之间的协调关系更加复杂，远远甚于中央立法，立法后评估工作也就更显重要。首先，无论是哪一种形式的地方立法，都必须遵守"法律优位"和"法律保留"的原则，要做到在不同宪法、法律、行政法规相抵触的前提下制定地方性法规，而全国人大的立法只要做到符合宪法即可。其次，有些立法事项，由地方先行立法做试点，待条件成熟后再由中央立法，这就使得中央立法的准备比较充分，将来实行起来适应性较好，而先行性地方立法与自主性地方立法因缺乏试错的机会，适应性就较差，可操作性也不强。再次，在实施性地方立法中，有一些地方性法规对上位法照抄照搬，没有对中央立法的欠缺和疏漏之处加以补充和完善，严重缺乏特色性，造成立法资源浪费。最后，地方立法的部门利益化倾向比较严重，很多法规草案都是在相关行政机关的主导下起草的，利益主体的博弈不充分，行政部门的私利裹挟其中，公众参与立法的权利被剥夺，

[①] 周旺生：《立法学教程》，北京大学出版社，2006，第301页。

在立法的民主性方面，国家立法做得更好一些。鉴于以上原因，地方立法后评估十分必要。

3. 立法与执法、守法之间的隔膜

立法是执法的依据，执法情况也能反映立法的质量。过去我们非常重视执法检查，目的是改变有法不依、执法不严的状况，似乎立法总是正确妥当的，只是不良执法才影响了法律的实施。现在我们应当辩证地看待这个问题，立法后评估不仅要了解立法在实施中的实际状态，还要分析执法困境中立法自身的原因。地方立法虽然效力不及国家立法，但它规定得更具体、更有针对性，因而成为行政机关和司法机关最常用的法律依据，其质量优劣直接影响执法效果。立法环节的科学性缺失、行政机关主导地方立法、民众立法参与性不足等原因都会导致地方立法缺陷，给执行带来困难。目前立法不当造成的执法成本高是最常见的现象，例如，地方法规规定随地吐痰罚款两百元，但是五十元以上的罚款不能适用简易程序，因手续繁琐，执法者大量放弃处罚，这与立法初衷违背。立法与守法也常发生矛盾，有时公民并非故意违法，而是立法本身出现了问题。一种情况是，立法者患上了"法律依赖症"，认为"凡事都要有法律规范"，因此立法时常侵入社会自治领域，占领了道德规范、乡规民约与民间习俗的领地，这样的立法往往无人遵守，最典型的莫过于禁止燃放烟花爆竹的规定无法得到群众的认同，最终被迫修改。另一种情况是，有的立法在制定过程中没有经过绩效性评估，公民守法的有效性根本就无法实现，例如，有的立法使得"守法成本高，违法成本低"，经过成本计算的公民做出违法选择才是符合理性的。如此看来，对地方立法的操作性和绩效性进行考察，是解决立法与执法、守法之间隔膜的有效途径。

（三）地方立法后评估的基本原则

地方立法后评估的原则是指评估主体对法规进行评估时所应当遵循的基本准则。它主要包括客观性原则、科学性原则、民主性原则和实用性原则。[①]

1. 客观性原则

客观性原则是指，评估工作必须坚持实事求是，采取公正客观的态度

[①] 参见阮荣祥主编《地方立法的理论与实践》，社会科学文献出版社，2008，第427—428页。

和方法，要掌握第一手资料，尽可能搜集全面真实的信息，获得符合实际的评估结论。课题组基于现实情况，将立法后评估主体确定为市人大常委会，评估实施部门确定为人大专门委员会（主要是法制委）和常委会有关工作机构（主要是法工委），而它们本身又是制定法规的主体以及立法的统一审议机关和立法工作机构，因此在评估工作中不可避免地成为评价自己的"法官"，这就使得客观性原则成为立法后评估的首要原则，必须始终加以贯彻和坚持。虽然后评估工作可以委托给相对超脱的第三方实施，但是受托方必须接受实施部门的指导和监督，不可逾越受托范围，因此其评估结论也有可质疑性。基于此，一方面，评估实施机关不得预设评估结论，将评估活动搞成形式主义的"走过场"，也不得对受托主体进行任意干涉和不当引导，使评估结论迎合立法机关的好恶，须确保评估过程排除人为干扰；另一方面，评估活动要掌握客观材料，不能仅仅读取实施机关报送的材料，更不能依据自己的预测和臆断妄下结论，评估者要深入基层，了解实施过程中守法者、执法者与司法者等多个群体的意见和建议，其后还要对获取的信息进行去伪存真的处理，保证据以获得结论的资料数据具有客观真实性。

2. 科学性原则

科学性原则是指，评估工作应当坚持科学严谨的态度，运用科学的方法，遵循科学的程序，得出科学的结论。立法后评估工作大量借鉴了自然科学的知识、方法和手段，尤其是在实施效果评估方面更是如此，因此注重科学性是立法后评估工作必须加以重视的。首先，评估对象的选择要注重科学性，排除评估启动机制设置的随意性，不能基于领导的关注度和评估的难度任意选取评估对象。至于究竟是单项评估、分类评估还是整体评估，抑或是法规全部评估还是部分制度条文评估，也都需要全面地考量。其次，评估指标体系的建立要遵循科学性。目前来看，由合法性、合理性、协调性、操作性、规范性、实效性、适应性等七项指标组成的指标体系是较为科学的，它基本上可以涵盖评估工作需要考虑的全部内容。至于是否在每次评估活动中都运用这些标准，则不是一概而论的，评估者可以根据不同的评估目的和对象合理设置评估指标。再次，评估的程序也应确保科学性，从委托单位的选择、评估方案的确定、评估方法的选取到数据资料的整理分析都要一以贯之。评估程序的科学是最终结论科学的保证，也是评估结论让人信服的外在表现。总之，立法后评估不仅是社会性很强的工作，也是一项技术性很强的工作，必须以科学的态度认真对待它。

3. 民主性原则

民主性原则是指，评估工作要注重公民的参与和充分的意愿表达，评估的全过程应该公开透明。民主原则贯穿于立法的整个过程，它是实现人民主权之必需，也是反映人民意志和客观规律之必需，更是对立法实行有效的监督和制约，防止滥用立法职权、个人独断或不尽立法职守所必需。①立法后评估作为立法工作中被日益重视的新环节，也必然受制于立法的民主性原则。首先，评估对象的选择应当体现民主性，在以下三种情况下，有关法规可优先评估：与公众利益密切相关的；市人大代表在历届人代会多次提出议案，要求修改的；公民、法人或者其他组织对法规实施提出意见较为集中的。其次，评估的内容应当反映民主性，评估的重点应当是法规对权利义务的配置是否合理、对权利的保障和救济是否充分，法规所确立的制度的实效性及群众的认同度等内容。再次，评估的形式应当展示民主性，评估的参与主体理所当然地包括社会组织和广大群众，他们通过参加座谈会、参与实地考察和问卷调查，反映对所评估法律的意见和建议，要避免完全由立法决策者和立法工作者自我评价情况的发生。最后，评估的全过程应当公开透明，一方面要满足人民群众的知情权，另一方面要自觉接受公众的监督。立法后评估报告，除涉及国家秘密、商业秘密或者个人隐私外，应当向社会公开。

4. 实效性原则

实效性原则是指，要把评估工作作为提高地方立法质量的出发点和落脚点，要敢于发现问题、解决问题，对法规提出具体的修改意见和建议，使评估的结论成为法规修改和今后立法的参考。今后，我们还要赋予立法评估报告一定的法律效力。对"立、改、废"的评估结果，地方人大应当充分重视，确保将评估报告与地方年度立法计划有效地结合起来，使立法后评估制度切实发挥积极作用。针对立法后评估报告的运用，我们认为有以下几个具体途径。第一，审议后的立法后评估报告是制定、修改、废止地方性法规以及制定年度立法计划和立法规划的重要依据。立法后评估报告经常委会审议后，应当送交政府有关部门。第二，立法后评估报告建议制定、修改或者废止地方性法规的，常委会应当要求有关部门进行相关问

---

① 周旺生：《立法学教程》，北京大学出版社，2006，第84页。

题调研，并将调研情况报市人大常委会。有权提出地方性法规案的单位或者部门应当根据立法后评估报告，按照法定程序，向常务委员会提出制定、修改或者废止地方性法规的议案。法规案原则上应当采纳评估报告提出的建议，未采纳的应当在起草说明中做出解释。第三，立法后评估报告提出完善行政管理制度或者改进执法建议的，有关行政部门应当及时采取措施予以落实，并将有关情况向常委会报告。

（四）地方立法后评估制度的主要功能

简单地说，功能就是事物或者方法所发挥的有利作用。地方立法后评估作为一项制度或方法，应当体现且在实际运行中已经体现出如下功能。

1. 描述与评价功能

立法后评估是借助一定的标准、程序和方法，对立法的质量做出评价的活动。对立法质量进行评判具有极大的不确定性，通常因人因时而褒贬不一，因此有必要通过系统的指标体系将表征立法质量的要素定型化，将抽象的概念转化为可以用具体的指标体系衡量的条款。在这个意义上，立法后评估活动及其确立的指标体系为我们提供了一个描述性的工具，由此给公正地评价立法质量创造了前提。当然，客观描述有时还不构成完整的评价，对立法优劣的评判通常还需通过比较获得。例如，上海在对142件法规进行评估时，评估主体依据事先确立的若干指标，不仅在单项法规之间通过分值排序进行比较，而且将法规进行分类（如经济管理类、社会管理类等），然后进行类别比较；重庆在法规整体评估时，主要做了指标之间的横向比较，得出立法质量诸要素的优良排序。在科学的评估指标体系下，有了客观的比较，评价结果也就一目了然了。要是指标体系能做到基本稳定，我们还能够进行某地区立法质量的历史比较，以及不同地域立法质量的水平比较。

2. 检验与改进功能

有学者指出，如果说立法前期工作是从实践到理论的过程，立法后评估就是让理论再回到实践中去，让实践去检验立法的效果如何的过程。立法后评估首先确立了检验立法质量的各项指标，然后据此逐项检验立法是否符合指标的要求以及契合的程度。立法者则根据检验结果，决定地方立法的立、改、废。也就是说，立法评估通过对立法规则的合法性、适应性、操作性、绩效性、特色性、参与性以及规避执行的原因等进行全方位的检测,及时发现漏洞并修缮,并以先进的立法理念对后续立法进行科学引导,实现立法后评估的改进功能。立法后评估的结果直接决定了立法改进的对象、步骤和方式,并不是有缺陷的立法都将进入改进程序,因为立法的资源是有限的,瑕疵较少的立法将继续适用,问题较严重的可以进行修改,弊病丛生且脱离实际的立法应当废止。在需要修改的立法中,也要分清轻重缓急,合法性出现问题的法规优先修改,适应性、操作性出现问题的后修改,特色性、参与性不足的法规可暂不修改,此顺序在立法规划和计划中应有所体现。

3. 批判与反思功能

立法后评估可视作"二次立法"的先导活动,是对既往法规的系统批判。它使法规在运行状态中被人们重新认识,实现以实践检验立法成效的目的,为地方立法的完善奠定了基础。立法后评估主要是立法机关的自我批判,它不仅要对法规质量的优劣反躬自问,也要对立法活动的经验教训进行反思。前者针对的是静态的法规本身,批判的角度无外乎依据本课题所设计的若干指标,直接决定某一部具体法规的修改内容和进度;后者涉及的是动态的立法过程,主要是对立法程序与立法技术的反思,其结果反映在将来的立法活动中。我们认为,后一种批判与反思更为重要,它是立法正反经验的理性总结,对今后法规的制定与修改提供了根本性的指导。比如,我们要极力反思如何避免立法部门化倾向、如何增加公众的立法参与性、如何做立法的成本效益分析等等。所以说,对地方性法规进行后评估,既是对法规文本的个别批判,也是对立法制度的整体反思。此外,执法者和社会公众是地方性法规的适用者和遵守者,尽管他们可以对法规做出否定性评价,但不能随意否定法规的效力。在后评估活动中,作为评估参与主体,他们对法规的批判就被纳入制度化的轨道,他们的意见和建议可以帮助立法者更好地反思立法的成败。

四 地方立法后评估的指标体系

(一) 评估指标对于评估工作的意义

评估指标是指衡量立法活动和立法成果利弊优劣的标尺或准则,它是评估工作的起点,也是评估得以顺利进行的基本工具。评估指标直接决定着评估工作方向、过程、手段和工作量的大小,也决定着评估结论是否可信、是否科学、是否符合实际。因此,评估指标是构建立法后评估制度的关键内容。

第一,评估指标的设置是否科学合理,在很大程度上决定了评估结论的科学性程度。诚如美国政策分析专家邓恩所指出的那样,如果评估者将自以为是的价值标准应用于政策评估,那么即使评估广泛使用了诸如实验设计、数学统计、随机抽样、问卷调查、社会审计等计量化的评估方法,它依然只是一种"假评估",其引导政策实践的功用是十分有限的。[1] 这一论断对于立法后评估工作同样具有指导意义。评估指标应当能够全面体现法规质量的基本方面,发现法规存在的主要问题,反映立法后评估的任务与目的,从而能够对所评估的法规做出适当的评价。

第二,评估指标体系的不同内容决定了评估所应当采取的方式手段。针对不同的指标,在立法后评估过程中需要综合运用文献收集整理、法条梳理比对、座谈访问、问卷调查、执法机关反馈、司法文书检索等方式,获得执法部门、司法部门、法律工作者、行政相对人和普通民众对法规的看法。

第三,评估指标体系的取舍必然影响评估工作的难易程度和工作量的大小。例如,关于立法成本—效益的评估,需要采集的信息比较复杂,投入的人力物力比较巨大,因此在实践中操作的难度就比较大。在设置评估指标时必须考虑这一因素。

第四,不同评估指标的设置决定了评估工作的参与主体。后评估工作需要全面收集法规实施之后的各种信息和意见。例如,对于法规可操作性的评价,显然要以执法部门的意见为主,其他人很难有切身的体会;对于法规条文的规范性,司法机关在运用法规进行裁判的时候会有直接而具体的认识。因此在后评估过程中需要执法、司法等相关部门的配合支持,征求其意见。

总之,评估指标体系对于后评估的规范化具有重要的意义,对于后评估工作的具体开展也有直接的影响。但是,由于立法后评估是一项新生事物,相关的制度目前尚处于空白状态,不同主体在进行立法后评估时往往是"摸着石头过河",从而导致在立法后评估实践中各行其是,缺乏统一的

---

[1] 参见张国庆《现代公共政策导论》,北京大学出版社,1997,第212页。

评估标准。

（二）设立评估指标应当考虑的因素

在制定评估指标体系时，必须考虑各方面的因素，客观全面地反映法规实施的效果，对法规所设定的各项制度的合法性、合理性、可操作性、协调性以及立法技术做出基本的评价。

1. 体现建设社会主义法律体系的要求

党的十七大报告指出，"立法质量和法律的社会效果都要受到实践的检验。要总结多年来的经验，更加注重立法质量"，"认真研究新情况、新问题，增强法律的针对性、实效性和操作性，以更好地发挥法律促进经济社会发展的功能作用"，"立法工作必须走群众路线"。全国人大则强调要通过法规清理工作，消除法规中存在的"不一致、不适应、不协调"的地方，以保证中国特色社会主义法律体系的"统一、科学、和谐"。① 这些表述体现了对建设社会主义法律体系的要求，同时也是设立评估指标体系的指导方针。

2. 地方性法规的特殊性

在确定评估指标时，需要考虑的一个重要方面是应当体现地方性法规评估的特殊性。作为评估对象的地方性法规与法律、行政法规相比，在性质、地位和任务方面有自身的特点。2003年吴邦国委员长在全国人大常委会立法工作会议上的讲话中指出，地方立法在坚持立法工作总的指导思想和原则的基础上，还应坚持三条原则，这就是坚持与宪法和法律不抵触的原则、坚持具有地方特色和时代精神的原则、坚持增强可操作性的原则，这样才能有针对性地开展立法工作，切实提高地方性法规的质量。可见，合法性、操作性和特色性是衡量地方性法规质量的重要指标。

3. 结合后评估的具体目的

目的决定手段，立法后评估的目的决定着需要采用的具体指标。例如，以法规清理为目的的后评估，必然以下位法是否符合上位法、法制是否统一、法律体系内部是否协调作为评估的主要指标。以修订法规为目的进行的后评估则需要将法规的适应性、可操作性和实施效果作为评估的主要

---

① 顾一琼、刘莉：《将清理8800多件地方法规　全国人大法工委召开座谈会》，《文汇报》2010年4月1日。

内容。

4. 根据评估对象的不同调整指标体系

根据对象的不同,立法后评估可以对一部法规中的若干条款,可以对某一部法规整体,也可以对某一领域的所有法规进行。这就需要根据评估对象的不同对指标体系进行调整取舍,而不能搞一刀切。例如,在对某一时期或者某一领域的多部法规进行整体评估时,除了单项指标之外,还可以对地方立法的特色性、立法中的公众参与性等整体属性进行评估。

5. 考虑评估工作的可操作性

在建立评估指标体系时应当充分注意到实践中的具体工作要求,是否具备现实的调查评估条件,数据采集的可能性、全面性和客观性,评估工作的人力、物力和时间成本,进行定性或定量分析的难易程度等因素,力求实现指标项目内涵明确、表述简洁、重点突出。

由此可见,鉴于立法后评估工作尚处于探索阶段,而且不同的评估所要达到的具体目的不同、投入的人力物力有差异、评估选择的对象不一,所以不宜在后评估制度中规定评估的强制性指标,否则将自缚手脚。比较稳妥的办法是规定已经通过实践检验、具有一定共性、相对较为成熟的选择性指标,作为评估工作的参考和指南。

(三) 关于评估指标体系的理论探讨

对于评估指标体系,不少学者已经从学理上进行了较为深入的探讨和研究。有人认为应当包括三类标准,即合目的性标准,考量其立法目的是否科学、合理以及在法规实施过程中是否达到立法目的;合法性标准,评估其立法从实体到程序是否合法;技术性标准,主要从狭义的立法技术角度考察法规的协调性、完备性和可操作性。[①]

有学者则主张,立法质量的评估标准应包括四类:法理标准,即用法的原理来评价立法,包括立法的合法性与合理性,这是立法质量评价的首要标准;价值标准,即考察立法目的、立法理念和立法的价值取向,主要包括制衡标准、激励标准、正义性标准和合目的性标准等;实践标准,也称实效标准,即对法律实施效果的评价;技术标准,也称规范性标准,即从立法技术的角度考察法内部的协调性、完备性和可操作性,考察法的逻辑结构是否合

---

① 卿泳:《立法评价对于提高地方立法质量的意义》,《民主与法制》2005 年第 5 期。

理，条文设计是否科学、严谨，文字表述是否准确、简练、易懂等。[1]

有学者提出了五个标准：效率标准，是指法律实施所达到的水平（收益）与所投入的人财物力资源之间的比率关系；效益标准，即立法实施所达到的效果与其实施成本的比较关系，一般包括经济效益与社会效益；效能标准，即法律实施绩效与立法预设的绩效目标之比；公平标准，指法律法规实施后所导致的与该法律法规有关的社会资源、利益及成本公平分配的程度；回应性标准，即法律对社会环境的各种变化做出的反馈程度。[2] 也有学者针对行政规章后评估，提出五项指标，包括合法性、合理性、实用性、效益性及技术性五个方面。[3]

此外，还有的研究提出了更为具体的八个标准，包括合法性、合理性、实效性、协调性、立法技术性、专业性、成本效益、社会认同等。[4]

上述研究为课题组确定评估的指标体系提供了重要的理论依据和参考对象。但是，理论的探讨与实践的操作毕竟存在着一定的差距，所谓知易行难，有不少指标理论上非常重要和必要，但是真正操作起来十分困难，要受到各种客观物质条件的制约。因此，有必要通过考察立法后评估的具体实践，归纳和总结其运用的指标体系，从而在理论性和可行性之间找到平衡。

（四）评估指标体系的实践经验

云南省是较早探索立法后评估的省份。2004年，云南省人大法制委员会选择了三件地方性法规，即《云南省邮政条例》、《云南省广播电视管理条例》和《云南省农村土地承包条例》，采取不同形式组织实施了"立法回头看"活动——实质上就是立法后评估的雏形。他们将"回头看"的内容明确为四个方面：一是法规实施后取得的成效；二是法规实施中存在的问题及改进的建议；三是法规实施中是否发现与上位法有抵触的地方；四是法规的有关规定是否符合实际，是否具有针对性和操作性。[5] 可见，"立法回头看"活动尽管没有明确提出评估指标体系，但实际上隐含着合法性、

---

[1] 王亚平：《论地方性法规的质量评价标准及其指标体系》，《人大研究》2007年第2期。
[2] 汪全胜：《立法后评估的标准探讨》，《杭州师范大学学报》2008年第3期。
[3] 陈建平：《行政立法后评估的标准》，《行政与法》2008年第9期。
[4] 刘平等：《地方立法后评估制度研究》，《政府法制研究》2008年第4期，第47—59页。
[5] 云南省人民代表大会法制委员会：《前进中的反思——关于"立法回头看"活动的探索与思考》，内部资料。

操作性、适应性等指标。

2005年，上海首次进行了立法后评估工作，即对《上海市历史文化风貌区和优秀历史建筑保护条例》的评估。评估的指标主要是两个方面。一是法规实施的绩效，包括上海的历史文化风貌区和优秀历史建筑的保护情况，以及法规所取得的社会和经济效益；二是法规中各项制度设计和程序规定是否需要进一步完善。[①]

2009年上海市人大常委会委托上海社科院法学所对现行有效的142件地方性法规进行了整体评估。在此次评估中，设置了合法性、适应性、操作性、绩效性、特色性和参与性六项指标。其中的"特色性"是评估地方性法规是否体现地方特色、是否针对地方的特殊问题、是否符合地方实际情况等情况；"参与性"是评估在多大程度上实现了民主立法、开门立法，公民和利益相关群体在地方立法中的参与方式和范围。这两项指标都是侧重对142件法规进行整体评估的。[②]

国务院《艾滋病防治条例》评估。《艾滋病防治条例》是国家为依法防治艾滋病专门制定的第一部针对单一病种的行政法规。为了解该法规所设定的有关法律制度的科学性、合理性、实践性，进一步研究提出健全完善条例的意见和建议，2008年，国务院法制办公室教科文卫法制司和研究中心与卫生部疾病预防控制局、政策法规司、中国疾病预防控制中心共同组织了对《艾滋病防治条例》的立法后评估工作。此次评估选择了具有代表性的五项制度：（1）建立政府组织领导、部门各负其责、全社会共同参与的工作机制制度；（2）宣传教育制度；（3）各级政府及其有关部门采取措施，鼓励和支持有关组织和个人开展艾滋病防治工作制度；（4）对吸毒成瘾者的药物维持治疗制度；（5）安全套推广使用制度。对上述五项制度分别提炼出每项制度的三个关键点，并从以下三个方面进行评估：（1）各级政府及其有关部门对该项制度的理解和认知水平；（2）该项制度的设计是否满足实际工作的需要；（3）制度的施行对艾滋病防治和社会发展的影响。[③]

---

① 季明：《上海首次对地方性法规"立法后评估"》，《新华每日电讯》2005年8月9日，第2版。
② 沈国明等：《在规则与现实之间：上海地方立法后评估报告》，上海人民出版社，2009，第19—22页。
③ 张建华、齐小秋编《〈艾滋病防治条例〉立法后评估报告》，中国法制出版社，2009，序言。

2009年，重庆市进行了立法后评估的实践，提出了五项指标：合法性标准、合理性标准、协调性标准、实效性标准和技术性标准。[1]

2010年，根据全国人大常委会的"一手抓法律制定，一手抓法律清理"的统一要求，上海市人大常委会对市十三届人大一次会议之前制定的现行有效的135件法规进行全面"体检"。这次法规清理的主要指标是针对法规的"不适应"、"不一致"、"不协调"和"不管用"四个方面问题进行检查。在工作中，上海市人大进一步提出了四项清理标准、九个方面需要清理的重点问题。具体是：地方性法规或者法规规定已经明显不适应国家确定的区域发展战略和本市经济社会发展特别是社会主义市场经济发展需要的；地方性法规或法规规定与法律和行政法规不一致的；地方性法规规定之间明显不协调的；地方性法规操作性不强，需要也有条件加以细化的。根据全国人大的要求，在这些问题中，地方性法规清理更要注重查找"不一致"的问题，解决法规中的"硬伤"。[2] 这次大规模的法规清理工作对于立法后评估的指标设定也有重要的参考价值。

以上所列举的几次立法后评估具有一定的代表性，既有对单部法规进行的评估，也有对多部法规的整体性评估；既有对地方性法规的评估，也有对行政规章的评估；既有以检验法规实施效果为目的的评估，也有以修订法规为目的的评估；等等。在几次不同的后评估过程中，都提出了若干相同或相近的评估指标，如合法性、操作性、协调性等。这说明，在立法后评估工作中逐步探索形成比较统一的评估标准是具有可行性的。当然，我们也要看到另一方面，即在不同时期、不同主体进行的后评估活动中，评估指标的差异性也是明显的，可见对于评估标准的设定不能采取"一刀切"的机械思维。

（五）评估指标体系的内容

基于以上的理论分析和经验总结，课题组认为立法后评估的主要参考指标可以包括以下内容。

1. 合法性指标

该指标主要考察地方性法规的制定是否超越立法权限，是否符合法定

---

[1] 俞荣根主编《地方立法后评估研究》，中国民主法制出版社，2009，第17—18页。
[2] 沈启帆：《135件法规年内接受"体检"》，《上海人大》2010年第2期。

程序，整体或部分条款与上位法是否存在抵触。

我国是一个单一制国家，维护社会主义法制的统一和尊严是一项基本宪法原则。中央和地方国家机构职权的划分遵循在中央的统一领导下，充分发挥地方的主动性、积极性的原则。一切法律、行政法规和地方性法规都不得同宪法相抵触，所有的下位法都不得同上位法相抵触。所以，不得与上位法相抵触，这是对地方立法的一个最基本和最重要的要求。

这一原则反映在立法体制上，就是在全国人大及其常委会集中统一行使国家立法权的同时，赋予一定范围的地方人大及其常委会以地方立法权，为发挥地方的积极性和主动性提供法律手段。地方立法权限，最初由宪法和地方组织法在原则上进行规定。2000年的立法法对地方立法权限做出了系统规定。之后，一些专门性法律如行政处罚法、行政许可法等的相继出台，又对地方立法权限做了更为具体的规定。总体上说，宪法和法律对地方立法权限的规范是一个原则性规定、一般性规定和具体性规定的集合。

（1）宪法和法律确立的"不相抵触"原则。1954年宪法第二十二条规定，"全国人民代表大会是行使国家立法权的唯一机关"，所以地方人大没有立法权。但是这一高度统一的一元集中立法体制无法适应我国多样化的具体国情。1979年《地方各级人民代表大会和地方各级人民政府组织法》第六条规定："省、自治区、直辖市的人民代表大会根据本行政区域的具体情况和实际需要，在和国家宪法、法律、政策、法令、政令不抵触的前提下，可以制订和颁布地方性法规，并报全国人民代表大会常务委员会和国务院备案。"这一规定确立了地方立法权的合法地位。1982年宪法第五条规定："一切法律、行政法规和地方性法规都不得同宪法相抵触。"但是"不相抵触"的原则性规定并不能对地方立法权限进行明确的界定，换言之，中央立法和地方立法的权限没有清晰的划分。

（2）立法法对地方立法权限的一般规定。2000年立法法出台，对我国的立法制度做了系统规定，其中第八条确定法律保留原则，明确了全国人大专属立法的范围。第六十四条则规定了地方立法的权限事项，包括：为执行法律、行政法规的规定，需要根据本行政区域的实际情况做具体规定的事项，属于地方性事务需要制定地方性法规的事项，以及其他国家尚未制定法律或者行政法规的事项，省、自治区、直辖市和较大的市根据本地方的具体情况和实际需要，可以先制定地方性法规。对地方立法权限的这项规定，实际上明确了三种类型的地方立法，即执行性立法、自主性立法和先行性立法。这实际上意味着地方立法空间的压缩和立法权力边界的逐步清晰。

（3）行政处罚法、行政许可法等法律对地方立法权限的具体规定。除了立法法的一般规定，1996年3月八届全国人大四次会议通过的《中华人民共和国行政处罚法》和2003年8月十届全国人大常委会第四次会议通过的《中华人民共和国行政许可法》就特定领域的地方立法权限做出了具体的划分。

行政处罚法对地方性法规可以设定行政处罚的权限做了明确具体的规定，该法第十一条规定："地方性法规可以设定除限制人身自由、吊销企业营业执照以外的行政处罚。"同时规定："法律、行政法规对违法行为已经作出行政处罚规定，地方性法规需要作出具体规定的，必须在法律、行政法规规定的给予行政处罚的行为、种类和幅度的范围内规定。"行政处罚法的规定，规范了地方立法对行政处罚的设定。

行政许可法对地方立法设定行政许可做了比较周密的具体规定，不仅规定了可以设定许可和不得设定许可的范围，还规定了设定许可不得超越的界限，实施许可不得违反的规范。专门法律对地方立法权限的具体规定，是关于地方立法权限的法律规定的有机组成部分，是对基本法律规定的补充，它们具体、清晰地规定了地方立法在特定事项上可以做什么、不可以做什么。

由此可见，从宪法和法律对地方立法权限的规定来看，从笼统的原则发展到一般的规定，进而深化为专门法律的具体规定，体现了我国在地方立法权限问题上的日益制度化和规范化。这也意味着，地方性法规的"合法性"是一个动态的概念，不同时期的地方立法在合法性方面的要求是不同的。

需要指出的是，在立法理论上还经常使用"立法冲突"的概念，其外延更为广泛，不仅包括下位法与上位法的冲突，还包括相同位阶法规之间的冲突。[①] 后者实际属于协调性的范畴。但是，即便是对于"不相抵触"原则也存在着不同的理解。狭义的理解认为，地方立法的合法性主要体现为两方面：首先，地方性法规的制定要有利于国家法制统一，只能由法律规定的事项，地方性法规不能涉及；法律、行政法规已经做出规定的，地方性法规不能与之相悖。其次，应充分发挥地方立法的主动性和积极性，通

---

① 余绪新等：《地方立法质量研究》，湖南大学出版社，2002，第28—29页。

过制定地方性法规，结合本地方的具体情况和实际需要，因地制宜，保证宪法、法律和行政法规的实施，同时有针对性地解决地方性事务。专属立法权之外的事项，中央立法尚未涉及的，地方可先行立法。①

广义的解释认为，地方立法不抵触上位法既包括直接内容的不抵触，也包括间接精神的不抵触。具体标准主要是：不做出与宪法、法律、行政法规基本精神、原则、具体规定相反或相违背的规定；不超越法律、行政法规所赋予的有关设定行政处罚、收费、许可行为的权限；不规定有关分割国内市场，搞地方保护主义的内容；不规定国家的基本政治制度、经济制度、司法制度及其基本程序。②

简言之，对于"不相抵触"原则的理解应当包括三个方面的含义：首先，在立法权限上，地方立法不能超越权限，僭越上位法的领域；其次，在立法内容上，不得与上位法具体的条文相冲突、相违背；最后，在立法精神上，不得与上位法的精神实质、基本原则相冲突、相违背。

2. 合理性指标

"立法内容的合理性主要表现为合规律性和合利益性。"③ 合理性标准可以弥补合法性标准的不足，具体而言，就是指法规是否适应经济社会发展的需要，法律制度设计的目的是否正当，权利义务的设置是否符合公平公正原则，是否符合社会的公序良俗，法律责任与违法行为的性质、情节、社会危害程度等是否相当，等等。

在对法规的合理性进行评估时着重于以下几个具体方面：（1）制度正义是否得到体现。主要表现为：法规是否体现广大人民的利益与意志，是否克服了部门保护主义与地方保护主义的影响；行政权力与公民权利之间是否实现了平衡；制度上的程序设计是否体现了公正，程序是否正当；是否较好处理了正义与效率之间的关系；等等。（2）立法中是否体现了人本法律观。以人为本思想体现在法治实践中即表现为人本法律观，其立论的依据是：人是法律的依归，人是法律的主体，人是法律的目的，其基本要求是尊重人格、合乎人性、保障人权。（3）比例原则的体现程度。比例原则是一项重要的法治原则，尤其是在行政法治领域。在立法后评估中主要

---

① 张春生主编《中华人民共和国立法法释义》，法律出版社，2000，第188—190页。
② 郭道晖主编《当代中国立法》，中国民主法制出版社，1998，第951—952页。
③ 周世中：《法的合理性研究》，山东人民出版社，2004，第318页。

从以下方面进行评价：立法中所确定的目的与相应的手段是否相一致；具体制度所规定的各种行政手段是否是实现目的所必要的，是否有适当的行政手段保证行政目的的实现，规定的行政手段是否为对当事人权益损害最小的方式；具体条文中所设定的行政自由裁量权的范围与幅度是否合理、适当。

3. 操作性指标

法的可操作性，又称为法的可行性，即执法机关能否依据法规所设定的各项制度措施在社会生活中得以实现立法目的以及实现的效果问题。具体包括各项规定是否切实可行，能否解决行政管理中的具体问题，各项措施是否高效、便民，程序是否简便、易于操作等。

对法规的可操作性评估主要包括以下几项内容：首先，法律规范是否完整。根据法律规范的三要素说，完整的法律规范一般由适用条件、行为模式和行为后果三个要素构成。法律直接告诉人们应该做什么，不应该做什么，以及相应的法律后果。一般情况下，可操作性差的法律规范大多原则性较强、提供的行为模式不切实际或者缺少具体的制裁措施，客观上造成执法机关无法可依，影响法律的实施效果。其次，可操作性标准还要考察法律规范是否符合社会发展水平。研究法律"仅仅研究条文是不够的，我们应该注意法律的实效问题。条文的规定是一回事，法律的实施又是一回事，某一法律不一定能执行，成为具文。社会现实与法律条文之间，往往存在着一定的差距。如果只注重条文，而不注意实施情况，只能说是条文的、形式的、表面的研究，而不是活动的、功能的研究"。[1] 法律的实施由于受到社会经济、文化的限制，太过超前的法律存在难以实施的问题，滞后的法律又会成为社会发展的阻碍，因而立法应当以客观实际情况为基础。最后，法律的可操作性还表现在法律是否被适用于司法实践。在一定意义上讲，法的司法适用性，是法能够被付诸操作的最重要的象征，一旦法不具有司法适用性，则意味着法律只是一种象征性宣告，没有实质的社会价值，也不可能更好地取得法律实效。[2]

对于地方性法规来说，可操作性具有更为重要的意义。根据立法法第六十四条的规定，制定地方性法规或者是为了执行法律、行政法规的规定，

---

[1] 瞿同祖：《中国法律与中国社会》，中华书局，1981，第215页。
[2] 谢晖：《论法律实效》，《学习与探索》2005年第1期。

或者是为了管理地方性事务，或者是为了先行探索。无论是哪一种形式，都是为了解决地方的实际问题、具体问题。因此，地方性法规应当做到调整的内容明确，法规的权利义务指向明确，避免"观赏性立法"的出现。

当然，在进行可操作性评估时，除了从以上几方面对法规制度措施的可行性进行考察之外，还应当进一步分析其原因。在法规实施情况难以达到预期目的的情况下，需要进一步区分是立法的不科学、不合理，还是执法的不严格、不到位。对于诸如公共场所控烟、养犬管理等事项的地方性法规，往往涉及面广泛、矛盾集中、利益关系复杂，在管理体制、执法体制等方面协调难度比较大，这就需要对法规的操作性进行全面深入的分析。

4. 规范性指标

规范性指标主要是对立法技术进行评估。立法技术是指立法活动过程中所体现和遵循的有关法律的制定、修改、废止和补充的技能、技巧规则的总称。其核心内容包括立法结构技术和立法语言技术，具体包括结构是否规范统一，逻辑结构是否严密，文字表述是否准确。立法技术的价值和目的在于使法律规范的表达形式臻于完善，使其与内容相符合，以便法律的遵守和适用。

（1）法规名称体例的统一性。法规的名称一般由制定机关、规范事项和体例三要素构成。法规的名称应当完整、准确、简洁，要准确表述法规的调整对象和基本内容，力求简明扼要。地方性法规的体例一般有条例、规定、办法。对地方性事务中的某些事项做比较全面、系统的规范，一般称"条例"；对某一具体事项做部分的规范，一般称"规定"；如果对特定事项做出较强的专项规定，通常称作"若干规定"；为贯彻实施法律、行政法规而做出比较具体、详细的规范（也可以根据实际需要设定若干创制性规范），一般称"办法"或"实施办法"。应当根据法规内容确定相应的体例。

（2）法规形式结构的完整性。法的形式结构是指"法律、法规应当具备的形式要件按照其内在规律要求，作出合理、科学的排列、组合和联结的形式"。[1] 一部完备的法规形式结构应当包括三方面的要件：一是法的名称；二是法的内容，其中包括规范性内容与非规范性内容；三是表现法的内容的符号，其中主要包括名称下方的括号、目录、总则、分则、附则、

---

[1] 李培传:《论立法》，中国法制出版社，2004，第284页。

各部分的标题、序言、卷、编、章、节、条、款、项、目,有关人员的签署,附录和语言文字。①

(3) 法规逻辑结构的规范性。法规的逻辑结构,又称为法规的实质结构,是指法律规范内部各个组成部分的搭配和排列方式。地方立法的实质结构(或内部结构)主要包括:"制定地方立法的目的、名词(术语)界定、解释机关、施行日期、废止条款等,其中最主要的是三部分:适用条件、行为模式和法律后果。"②

(4) 语言表达的准确性。立法语言的运用有特定的要求。立法语言的运用要做到准确、严谨和简明。所谓准确,就是说要用明确肯定的语言表达明晰的概念;所谓严谨,是指用逻辑严密的语言表达法律规范的内容;所谓简明,是指用尽可能简练明白的语言表达法律的内容。关于这一点,19世纪思想家边沁曾经对英国的普通法有过尖锐的评价。由于英国的普通法深奥和难以理解,边沁因此给普通法贴上了"狗法"(dog law)的标记。边沁说,由于狗不能理解我们的话语,当它们待在不该待的地方时,我们通常会猛击它们以便教它们待在其他地方。然而,因为人类可以理解我们的言语和希望,我们应该用清晰的英语告诉它们不能待在何处,并且只有在不服从我们的命令时才能击打它们。但是,由于普通法的不可知性,英国人惯常像狗一样地被对待。也就是说,关于什么是合法的和不合法的,他们没有得到任何清楚的指令,而在他们行动之后,普通法的法官们却不断地"判决"他们违反了法律。于是边沁做出结论说,他们像狗一样,只是在已经坐在椅子上后,才知道他们不该坐在上面。③

5. 实效性指标

法的实效指应受法律规范指引和约束的对象在事实上合乎法律规范的指引和约束。换句话说,就是人们的行为是否合乎法律规范,"人们实际上就像根据法律规范规定的应当那样行为而行为,规范实际上被适用和服从"。④ 需要指出的是,法的实效与法的效力是有区别的。法的效力是法律规范本身固有的一种特性,它表达的是"应当怎样"的概念,属于应然状

---

① 周旺生:《立法学》,法律出版社,2004,第334页。
② 汤唯、毕可志等:《地方立法的民主化与科学化构想》,北京大学出版社,2002,第278页。
③ 仝宗锦:《布莱克斯通法律思想的内在逻辑》,载郑永流主编《法哲学与法社会学论丛》第九期,北京大学出版社,2006。
④ 〔奥〕凯尔森:《法与国家的一般理论》,中国大百科全书出版社,1996,第42页。

态；法的实效是人们实际行为的一种特性，法的实效表明人们的实际行为符合法律规范，它表达的是"是怎样"的概念，属于实然状态。正是基于这样的认识，美国法学家博登海默指出："一条法律律令的效力必须同其在社会制度中的功效区别开来。"① 法以人的行为为规范的对象。法对社会关系进行调整，实际上是对社会关系中人的行为进行调整，要求人们的行为遵循、合乎法的要求和规定，这就是"法的效力"。而人们的行为是否实际合乎法的要求和规定，则是以"法的实效"来体现的。②

法的实效性的主要目的在于考察法规在实施过程中所产生的社会效果，也就是立法者所设计的制度在现实中所实现的程度。具体而言，就是社会公众对法规的认同度如何，法规与社会经济发展的关系如何，各项规定的实施效果是否实现预期的立法目的，经济效益和社会效益的实现程度如何，等等。

对于实效性，可以从不同的角度进行评估。如果以法规创设的各项制度和措施为中心，可以主要考察以下三个方面：一是通过实施，各项制度和措施是否达到了制定时的预期；二是所制定的制度和措施是否科学和合理；三是基于现状和对发展趋势的把握，各项制度和措施是否超前或者滞后。如果是以实施主体为中心进行评估，则可以通过行政执法的有效性、公民守法的有效性进行衡量。

五 地方立法后评估的基本环节

（一）评估主体的确定

建立立法后评估制度，首先应当确定评估主体。从我国的实践及域外经验来看，评估主体主要有三种模式：由法规的制定机关担当评估主体模式、由法规的实施机关担当评估主体模式和由社会机构担当评估主体模式。这三种模式各有利弊。第一种模式的优点在于制定机关的法律技术能力较强，更了解立法意图。第二种模式的优点在于实施机关更精通行政专业知识，在实施过程中能及时发现出现的问题。但前两种模式的弊端都在于它

---

① 〔美〕博登海默：《法理学——法哲学及其方法》，邓正来、姬敬武译，华夏出版社，1987，第319页。
② 刘焯：《法的效力与法的实效新探》，《法商研究》1998年第1期。

们都属于自我评估模式，法规评估结果的好坏，与制定机关、实施机关均有着密切的利害关系。如果评估中发现了违法问题，他们还有面对问责、承担法律责任的风险。在这样的情况下，他们自然会衡量利弊得失，在评估时考虑额外的因素，这将使最终的评估效果大打折扣。这种模式很难保障评估的客观、公正。第三种模式主要是由独立于行政立法的制定机关、实施机关之外的研究机构、学术机构和社会中介组织等来承担评估职能。第三种模式的优点在于符合自然正义原则的要求，评估组织地位超脱，能实现评估工作的客观性、独立性，提高评估结果的公信度。但是其缺点是难以克服信息不对称的问题，难以切中肯綮。

根据我国目前的社会发展状况，我国的立法后评估应以立法机关为主体。通常的运作模式是由享有立法权的人大牵头（常委会、负责统一审议的专门委员会、与需要评估的法规相关的专门委员会、常委会的工作机构等均可），法规的执行部门、其行政相对人、专家学者参与。之所以采取这种方式是因为：第一，我国目前的政治体制决定了权力机关、立法机关作为评估主体有利于提高评估的效率和评估效果；第二，人大常委会及其工作机构比较全面地掌握立法前后的各种信息，其他任何组织和个人都很难有这样的条件；第三，立法机关具有较强的组织能力，可以获得行政机关、司法机关的协助，掌握必要的信息。但是，从发展的角度来看，第三种模式应该成为主要的方式。毕竟，由国家机关主导实施立法后评估不可避免地存在消极因素。[①]

当然，后评估工作可以尝试委托大学、科研院所等社会机构参加部分工作。这样做的好处是：一是充分吸收社会力量，使评估更加科学有效；二是更公开、公正，能引起较好的社会反响；三是节省政府部门的人力、物力资源。

（二）评估对象的选择

有学者认为，确定立法后评估的对象，可以采取以下三种方式。[②] 一是，预先提出问题，确定主题，并围绕所提出的问题或者主题，展开立法后评估。这样既可以总结多年来立法及其实施中的经验教训，也可以对理

---

① 汪全胜：《法律绩效评估的发生机制——以国家主导为视角》，《法商研究》2008年第3期。
② 刘松山：《全国人大常委会开展立法后评估的几个问题》，《政治与法律》2008年第10期。

论和实践中提出的诸多问题和意见，有针对性地做出正面的回应，并为日后的立法打下基础。二是，选取单个法律标本或者内容相关的几个法律标本，采取类似国外立法后评估中一些量化的检验方法进行评估。三是，选取一个时期或者一个领域、一个方面的法律进行评估，或者对几十年来的国家立法及其实施进行总体性评估。这种宏观的、全局的、总体性的评估，有助于回顾历史，总结经验，提出问题，鉴往知来，具有重要意义。这是学者从理论上提出的设想，尚缺乏实践的检验。

也有学者认为，应当硬性规定评估的时间，即法规实施后达到一定时间就需要进行评估。对评估时间的规定可以采取初次评估与定期评估相结合的方式。初次评估一般在法规实施1年或2年期满时进行，可以视法规的具体内容而定。初次评估时间太长，不利于及时发现问题；时间太短，问题尚未暴露，各项规定是否具有操作性、科学性、可行性还难以确定。初次评估之后，再进行定期评估，可规定每经过3—5年评估一次，从而使该制度长效化。[①] 但是这样的设想在实践中可能遭遇实际操作的困难，在当前普遍以立法机关为主体进行评估的情况下，担负大量立法和其他工作的人大常委会难以完成如此繁重的评估任务。

从实践经验来看，评估机构在选择评估对象时，一般会考虑几个因素：法规的影响面大小、实施时间的长短、争议性的大小、主管机关和实施机关的多少、评估工作量的大小等。出于这样的考虑，那些存在严重问题、社会公众意见较大、涉及多方利益的法规在评估实践中往往被绕开了。例如深圳市在首次进行立法后评估时，确定了选择评估对象的三项标准：一是特区法规；二是已实行了一段时间，最好3年左右；三是内容相对单一，涉及执法部门较少，立法效果容易判断。[②] 这是在开展后评估初期所采取的较为谨慎的做法，并不具有全面的指导意义。

课题组认为，在确定评估对象时，应当注意以下几个方面：（1）一般来讲，涉及经济、社会和公共管理类的法规在颁布实施4—5年后，应当进行立法后评估。（2）在实施过程中产生了矛盾和冲突的法规和规章应该优先进行立法后评估。一些地方性法规和规章在制定、颁布过程中看似完美无缺，但在实施过程中一经时间和实践的检验，随着法律文件的不断增多，

[①] 陈珺珺：《论行政立法后评估制度之构设》，《兰州学刊》2006年第11期。
[②] 周森：《深圳人大首尝立法后评估》，《深圳商报》2006年12月16日，第A02版。

新旧法律文件之间、不同部门制定的法律文件之间，经常性地出现摩擦和碰撞。其法律、法规之间的衔接性不够甚至"撞车"、规范的内容缺乏科学性和可执行性等毛病和漏洞就会凸显出来，就会在执法、司法活动中产生矛盾和冲突，给现实生活带来很大困扰，降低了法律的权威。(3) 在制定过程中意见分歧比较大，表决时低票通过的法规要予以高度关注，重点评估，看其是否适应当前经济社会发展的要求，检视它的规范是否科学合理，评估它的实施是否达到预期的效果。对于这一类法规，可以通过立法后评估进行跟踪观察，及时补救完善。

基于以上的考虑，从制度化、规范化的立场出发，课题组认为，下列法规应当列为评估的重点：（1）市人大代表在历届人代会多次提出议案，要求修改的；（2）实施部门认为存在突出问题，影响法规实施的；（3）公民、法人或者其他组织对法规实施提出较多意见的；（4）法规长时间未修改的。

（三）评估程序的启动

从目前的实践来看，评估程序的启动缺乏应有的规范，具有较大的随意性，这是影响后评估制度化建设的一大软肋。

在后评估实践的初期，主要是通过地方人大法制工作委员会启动的，如山东、云南、福建等。2005年，上海市通过人大常委会决定启动对《上海市历史文化风貌区和优秀历史建筑保护条例》进行评估，引起了更大的社会关注。由于这一制度尚处于探索阶段，因此，立法后评估的启动具有一定的偶然性，缺乏制度性的规范。

课题组认为，司法领域的起诉—立案模式或者行政领域的申请—审查模式均不适合于地方立法后评估制度。一方面，后评估的对象是地方性法规，不会直接与具体公民、法人和其他组织的利益产生联系。另一方面，在目前以人大常委会为主导进行后评估的情况下，地方人大也没有足够的人力和精力对评估请求进行审查。因此，课题组建议采取制定年度工作计划的模式，具体而言，地方性法规立法后评估应当纳入常委会年度工作计划。市人大专门委员会、常委会工作委员会在征求市人民政府有关部门和社会各界意见后，可以向市人大常委会主任会议提出立法后评估建议。地方性法规实施机关或者适用机关认为需要评估的，可以向市人大常委会主任会议提出评估建议。

评估计划的提出实际上是立法后评估的启动环节，考虑到立法后评估工作尚处于探索阶段，还没有成为一项经常性的活动，因此，采取制订年度工作计划的方式启动比较具有可行性和可操作性。同时将有权提出评估建议的主体确定为市人大专门委员会、常委会工作委员会、地方性法规实施机关和适用机关，因为上述主体对法规的实施情况和存在的问题了解得比较清楚深入。

（四）评估方法的运用

评估方法的使用对于评估结果有重要影响。立法后评估要运用法学、社会学、经济学等学科的方法对法律、法规进行综合分析，全面地考核评价。既要考察地方性法规的经济意义，也要把握地方性法规的社会意义；既要看到地方性法规的现实意义，也要远眺地方性法规的未来价值；既要洞察单个法规条款、制度的实施状况，也要宏观把握某一领域法规的整体效果。这就需要综合运用各种科学方法和手段，获取必要的信息，得出科学公正的结论。从实践来看，运用比较普遍的方法有以下几种。

1. 公众问卷调查法

这种方法是最为普遍采用的一种方法，虽然工作量较大，调查周期较长，但其可信度较高，能基本上真实反映法律、法规实施的效果。如福建省向全省9个设区的市、80个县（市、区）发放各种问卷调查8800份，分别对青年志愿者、青年志愿者组织以及普通群众展开问卷调查。为了提高评估结果的准确性，要选取比较稳定、客观的社会指标作为评价依据。如对义务教育法及实施办法立法效果的评估，可以考虑根据实施后一定时期内适龄儿童的入学率、辍学率、在校学生交纳的费用变化、义务教育经费投入、学校课程设置等数据分析实施效果情况。[①]

2. 专家组评估法

这种评估方法也是较为普遍采用的一种方法，具有较高的理论深度和专业水平。此方法要求评估主体广泛正确地遴选高校、研究机构、行业组织、社会团体中的有关专家组成专家组，开展专题研究并做出评估报告。

3. 座谈会调查法

这种方法目前在立法机关运用得比较普遍，它是由立法机关组成人员

---

① 许安标：《立法后评估初探》，《中国人大》2007年4月25日。

分别到各基层执法部门、企事业单位、社会团体和各典型社区进行专题调研，召开座谈会。

4. 典型个案分析法

这种方法是对法律、法规实施后出现的典型个案进行分析，由个别到一般的了解整个法律、法规的实施情况。

5. 成本效益分析法

这是新兴的一种评估方法，它是对立法成本、执法成本与立法效益及立法获得的收益进行权衡比较，从而判断所立之法可取性的过程，是法律的经济分析方法之一。从成本效益理论上看，耗费的成本必须小于收益，也就是"得大于失"。相反，当立法成本与执法成本的总和大于预期收益时，就应该考虑放弃这一措施或者废止相关的法律规范，因为这样的法律规范或者具体措施是不符合社会根本利益的；当立法成本与执法成本的总和接近预期的收益时，就应十分谨慎地考虑是否有其他更好的措施或者应当如何修改。成本效益分析法的优点在于它是定量分析，结论相对来说更为准确，更具说服力。但由于这种方法涉及具体的数据，成本一般是经济成本，相关信息的收集还相对容易；至于效益，在立法上，更大程度上应当理解为社会效益，而社会效益的量化就非常复杂了。因此这一方法的运用有一定的难度。

需要强调指出的一点是，评估方法属于社会科学的范畴，其本身应当遵守特定的科学规范和科学规律，因此对于其具体的实施方式和程序不宜通过立法的形式加以硬性规定。否则，就有越俎代庖之嫌。

（五）评估报告的内容

不同的评估对象和评估标准体系的取舍直接决定了评估报告在具体内容上会有不同的侧重。但从评估报告的格式而言，它至少应当包括以下内容：（1）评估工作的基本情况。对评估的目的、背景、实施主体、选取的对象等加以必要的说明。（2）评估内容分析。通过具体的评估指标，对法规的实施效果，是否与上位法存在冲突，法规的操作性、适应性等内容加以具体的分析。（3）评估结论及建议。这是评估报告的核心部分。评估主体应当在评估报告中具体阐明评估对象是否必要、是否可行，进而提出是否需要进一步修改、废止或整合的意见和建议，在可能的情况下，给出大致完善的方向或者具体的完善措施。（4）其他需要说明的问题。

(六) 公众参与的方式

立法后评估必须有社会公众的参与。一方面，只有通过对相对人特别是利害关系人的调查，了解其对法规实施的评价，才能得出全面、准确、客观的评估结论。另一方面，公众的广泛参与以及评估结果的公开，可以使更多的人关注立法、了解立法，并积极参与立法，从而形成立法机关与社会之间的良性互动，推进社会主义法治建设的进程。

评估过程是收集信息、整理信息、分析信息的过程。相关信息是评估的原材料，没有关于该行政立法的真实详尽的信息，评估就无法做到客观、科学。因而，在这一阶段中评估者首先应最大限度地实现与立法者、实施者、社会公众之间的有效沟通，广泛收集相关信息，避免信息截流、失真。为此，有必要建立社会公众参与机制，广泛征求社会各界的意见。

在上海市首次进行的立法后评估活动中，为了确保社会各界的广泛参与，采取了召开各类座谈会与实地视察、考察相结合，问卷调查与个别访谈相结合，全面评估与专题调研、个案分析相结合等方法。为贯彻以民为本、民意为先的精神，设计了包括27项调查指标的调查问卷，委托专业机构随机抽取调查点和调查样本，调查成功的样本为883个。评估人员还走访了部分市民和市人大代表征求意见，从而使评估报告有了科学、严肃的数据支撑。

(七) 评估结果的处理和利用

评估本身并不是目的，关键在于对评估结果的利用。立法后评估结果的利用主要体现在三个方面：一是用于对被评估法规的修改完善，二是用于对法规实施的指导。通过对法规实施状况的考察分析，确认哪些问题是法规本身的问题，哪些是法规执行的问题。对于执行中的问题，应当通过改善执法解决；对于立法本身的问题，则应当通过修改完善法规来解决。立法后评估还可以起举一反三的作用，通过对少数立法项目的评估，发现立法中具有普遍性、规律性的问题，在今后的立法工作中予以避免、防止或重视，从而指导立法工作。因此，应当将立法后评估报告作为制定、修改、废止地方性法规和改进行政执法工作的重要参考文件。立法后评估报告经常委会审议通过后，应当送交政府有关部门并采取适当的形式向社会公开。

1. 评估报告的立法运用

立法后评估报告建议制定、修改或者废止地方性法规的，常委会可以要求有关部门进行相关问题调研，并将调研情况报市人大常委会。

有权提出地方性法规案的单位或者部门可以根据立法后评估报告，按照法定程序，向常务委员会提出制定、修改或者废止地方性法规的议案。法规案原则上应当采纳评估报告提出的建议，未采纳的应当在起草说明中做出解释。

2. 评估报告的执法运用

立法后评估报告提出完善行政管理制度或者改进行政执法建议的，有关行政部门应当及时采取措施予以落实，并将有关情况向常委会报告。

3. 评估报告的守法运用

对于某些社会关注度高、影响面广、涉及利益关系复杂的法规的后评估结论，还可以通过媒体报道的形式，引起社会公众的关注、思考和讨论，促进并提高执法、守法的意识和水平。

六 对完善上海地方立法后评估工作的建议

（一）本市开展地方立法后评估的不足

如前所述，上海市人大是较早对立法后评估进行尝试和探索的单位，积累了一定的经验。但由于其尚处于起步阶段，不可避免地存在着一些不足和问题，从而制约着这一工作规范化、制度化的进程。具体体现为以下几个方面。

1. 对立法后评估有待于进一步统一认识

从课题组调研和访谈所获得的信息来看，不同的主体对立法后评估这一新事物的性质、功能、地位等基本属性还存在着一些不同的认识，总体来看，虽达成了局部的共识但仍存在一定程度的分歧。造成这一现象的原因主要是两个方面：一方面，关于立法后评估的性质定位在法律上还是一个空白，立法法对此并没有明确的规定；另一方面，立法后评估与人大的法律监督、法规清理、法规立项调研等工作存在一定的交叉重叠。因此，在如何认识立法后评估独立的制度价值方面就不可避免地存在着模糊和分歧，这就影响到了立法后评估工作的进一步推进。例如，有人认为，地方人大的立法工作已经非常繁重了，立法后评估活动偶尔为之尚可，如果要将其制度化、常态化，恐怕难以胜任；有人认为，既然立法后评估并非法定立法程序的一个必备环节，那么何必花费大量的人力、物力、精力去做呢？甚至还有人认为，立法后评估是在挑战地方性法规的权威性、地方人大的权威性。这些看法虽然不具有普遍性，但是这些认识上的分歧一定程度上影响了立法后评估工作的进一步推进。

2. 立法后评估的启动缺乏制度规范

从上海已经进行的几次后评估实践来看，程序的启动都是通过人大内部决定的方式进行的。至于启动立法后评估的动因，则各有不同：有的是为了尝试后评估这种形式，如对《上海市历史文化风貌区和优秀历史建筑保护条例》的评估，正因为如此，所以选择了这样一个影响面相对较小、利益关系比较单一的法规作为对象；有的是为法规修订进行准备工作，如对《上海市安全生产条例》的后评估；有的则是为了检验立法质量、总结立法规律，如对上海市142件现行有效地方性法规的整体评估。虽然从法规个体的角度来看，都有比较令人信服的理由，但是从整体来看，为什么要对某一部法规进行立法后评估显得缺乏制度性的安排，往往取决于领导的注意力和重视程度。

3. 评估过程缺乏系统性操作规程

由于立法后评估还没有形成制度化的规范安排，所以在实际操作中往往缺乏必要的步骤，缺乏时间节点的限制，具有较大的随意性。这表现在评估参与人的选择、评估时间的规定、评估报告的内容等环节都由评估工作小组自行安排。

在已经进行的几次立法后评估过程中，采取的方法多种多样，既有传统的文献整理、座谈会、个别访谈等，也有数据分析、专家打分、问卷调查等社会学方法。采取何种方式，往往取决于评估者的知识背景、资源条件、人力物力等因素。有的评估所收集的信息来源的广度和深度不够，无法得出客观、全面和科学的结论。

从评估的指标体系来看，由于立法后评估的目的不尽相同，有的侧重于法规实施的效果，有的侧重于法规自身存在的问题，有的侧重于法规实施中存在的问题，所以采取的指标体系有较大的差异。

4. 评估报告的结果运用不充分

例如2005年对《上海市历史文化风貌区和优秀历史建筑保护条例》的

评估，提出了修改相关条款的建议，但是由于各种原因，一直没有加以落实。

总之，上述不足的存在说明上海市的立法后评估活动，亟待建立规范化、长效化的后评估制度。

（二）立法后评估制度化的建议

从以上的分析来看，要进行后评估的制度化建设，必须在几个关键环节形成和完善工作机制，将这一工作纳入规范化的轨道。

1. 立法后评估启动机制

建立后评估的启动机制是立法后评估制度规范化的重要环节，通过这一机制，有助于克服立法后评估活动随意化、偶然性的倾向。

建立后评估启动机制主要包括三个基本环节：

第一，明确启动立法后评估的主体，也就是说，谁有权提出立法后评估的动议。从以往的实践来看，主要是采取地方人大内部启动的模式。这一模式的优点是可以根据人大工作的计划，选择适当的时机，选取适恰的法规开展后评估活动，有助于后评估的具体操作。不过在这一模式下，立法后评估不可避免地成为人大的一项内部活动，缺乏社会公众和人大代表的参与，难以克服人大机关的主观偏好。因此，课题组认为，应当扩大有权提出立法后评估的主体。具体包括：（1）人大常委会。地方性法规立法后评估应当纳入常委会年度工作计划。（2）人大工作机构。市人大专门委员会、常委会工作委员会在征求市人民政府有关部门和社会各界意见后，可以向市人大常委会主任会议提出立法后评估建议。（3）行政司法机关。地方性法规实施机关或者适用机关认为需要评估的，可以向市人大常委会主任会议提出评估建议。（4）人大代表。一定数量的人大代表联名，可以向人大常委会主任会议提出评估建议。

第二，启动立法后评估的批准主体。市人民代表大会常务委员会是立法后评估的评估主体，也是启动立法后评估的批准主体。市人民代表大会各专门委员会和市人民代表大会常务委员会法制工作部门根据常委会的要求具体负责地方性法规的立法后评估工作。

第三，明确启动立法后评估的具体条件。课题组认为，地方性法规有下列情形之一的，应当优先作为立法后评估的对象：（1）市人大代表在历届人代会多次提出议案，要求修改的；（2）实施部门认为存在突出问题，影响法规实施的；（3）公民、法人或者其他组织对法规实施提出较多意见的；（4）法规已颁布五年以上，未做修改的。

2. 委托评估机制

所谓委托评估，就是评估机关根据工作需要，将立法后评估的全部事项或者部分事项委托高等院校、科研机构、社会团体、人大代表等进行，受托单位根据委托机关的要求，并在其监督指导下，坚持客观、公正、独立的原则，做出评估结论。这一机制主要包括以下几点：

（1）委托评估的必要性。建立委托评估机制有助于提高评估活动的科学性，节约人大机关的人力成本，提高评估结论的客观性和公正性，减少不必要的质疑。

（2）接受委托的单位。包括高等院校、科研机构、社会团体、人大代表等。

（3）对委托评估的监督。评估机关应当指导、监督受托主体开展立法后评估工作。受托主体在委托范围内，不得将评估工作转委托其他单位或者个人。

（4）委托评估的工作原则。除了坚持立法后评估工作的一般原则之外，特别需要强调的一点是，受托主体在立法后评估过程中应当坚持客观公正的原则，独立开展工作，不得按照评估机关及其工作人员的偏好取舍信息资料。

3. 社会参与机制

立法后评估是一项社会参与度很高的工作，在评估过程中应当重视执法部门、行政相对人、人大代表、政协委员、法律工作者、社会公众的协助和参与。只有通过调查利害关系人尤其是行政相对人的意见，了解行政机关对法规实施情况的反馈，掌握社会公众对法规作用的评价，才能得出全面客观的评估结论。

评估机关可以根据需要，要求负责组织实施地方性法规的有关行政管理部门和单位参与立法后评估工作。

与地方性法规实施有关的部门应当按照评估机关的要求，提供与地方性法规实施情况有关的材料和数据，协助做好立法后评估工作。

评估机关可以根据需要，在立法后评估过程中听取有关司法部门的意见和建议。

4. 执法主体信息反馈制度

这一制度实际上已经有借鉴的对象。2001年4月3日淮南市人民政府颁布的《淮南市政府立法跟踪问效试行办法》确定了行政执法主体的反馈义务。该《试行办法》第四条规定："地方性法规和政府规章自实施之日起满3个月，负责实施的部门应当于15日内向市人民政府法制工作机构报送下列材料：（一）宣传贯彻情况；（二）行政执法人员学习、培训情况；（三）配套文件制定情况；（四）采取的主要措施和落实情况。"第五条规定："地方性法规和政府规章自实施之日起满6个月，负责实施的部门应当于15日内向市人民政府法制工作机构报送下列材料：（一）贯彻执行情况；（二）存在的问题及对策。"第六条规定："地方性法规和政府规章自实施之日起满一年，负责实施的部门应当对贯彻实施情况进行自查；市人民政府法制工作机构应当对贯彻实施情况进行检查，并将检查结果向市人民政府报告。"

5. 后评估结论运用机制

立法后评估工作结束之后，评估工作小组应当将评估报告提交人大常委会主任会议审议通过，形成正式的评估结论。评估结论的内容包括建议废止、及时修订、立法解释、进行法规编纂等。立法后评估的制度价值应当通过后评估结果的运用机制体现出来，没有拘束力的评估结论终究不过是几句轻描淡写的评论而已。立法后评估结论运用机制具体包括如下内容：

（1）明确立法后评估结论的作用。通过规范性文件明文规定立法后评估结论是制定、修改、废止地方性法规和改进行政执法工作的重要参考。

（2）立法后评估报告经常委会审议通过后，应当送交有关部门。

（3）评估报告的立法运用。立法后评估报告建议制定、修改或者废止地方性法规的，常委会可以要求有关部门进行相关问题调研，并将调研情况报市人大常委会。

有权提出地方性法规案的单位或者部门可以根据立法后评估报告，按照法定程序，向常务委员会提出制定、修改或者废止地方性法规的议案。法规案原则上应当采纳评估报告提出的建议，未采纳的应当在起草说明中做出解释。

（4）评估报告的执法运用。立法后评估报告提出完善行政管理制度或者改进行政执法建议的，有关行政部门应当及时采取措施予以落实，并将有关情况向常委会报告。

(5) 评估报告的守法运用。通过适当的形式将评估结论向社会公开，引起社会公众的关注，提高公民对法规的认识理解，引导公民进一步知法、守法。

(三) 建立立法后评估制度的若干重要认识

第一，立法后评估是近年来地方人大为检验地方性法规实施效果而开展的一项具有探索性的工作，上海也较早在这方面进行了有益的实践，取得了一定的经验和成果。但是，总体而言，立法后评估工作还处于探索阶段，尚未形成稳定的制度。鉴于立法后评估工作起步不久，具有很大的不确定性，应该给它保留较大的空间和余地，在制定规范时不宜过于具体和细致，以免作茧自缚，限制后评估工作的开展。

第二，后评估的制度化建设是一个长期的过程，不可能通过一个规范性文件就一劳永逸地解决问题。换言之，立法不是万能的，法只是规范调整社会生活的一种重要手段，但并不是全部手段。法还要为新事物的发展、探索留出空间和时间。鉴于立法后评估制度化建设尚缺乏深入的理论研究和丰富的实践经验，可以先制定人大内部的工作规范，建立以立法机关为主体进行后评估的制度。

第三，立法后评估是立法活动的延伸，是完善和促进立法工作的重要环节。对已有法规实施效果进行评估，是马克思主义所坚持的"实践是检验真理的唯一标准"在立法领域的贯彻。通过这一制度，有利于提高立法质量，减少和避免制定成本高、实施成本高、监督成本高、社会效益差的"劣法"，减少形象工程式的"观赏性法规"。立法后评估应当根据工作需要，在适当的范围内采取适当的方式进行，不应成为立法的必经程序，但可以作为检查立法工作的多种方式中的一种。

第四，确定合适的后评估的实施主体是实施后评估工作的一个关键环节。立法后评估的主体应当具备地位中立、社会信誉良好、拥有较强的社会动员资源和能力、具有法学专业人员等条件。目前很难找到全部具备上述条件的主体，因此，采取以人大为主体、适当辅助以委托评估的模式是一个次优选择。

第五，后评估的难点在于法规实施效果的社会调查。社会调查本身有一套科学规范，这与人大机关制定的工作规范的性质是不同的，二者不能混淆，不能相互套用。因此在制定立法后评估规范时，不能将后评估具体的实施方式规定得过于细致具体。

第六，后评估工作必须具有针对性和实效性，必须将后评估活动与法规编纂、法规清理、执法检查、备案审查等人大日常的立法工作环节紧密结合起来，避免"为评估而评估"的形式主义倾向。如果后评估工作和后评估的结论不能在法规的制定、修改、废止等立法活动中体现出来，那么投入大量人力物力的后评估活动同样会走进"观赏性评估"的歧途，沦为形象工程的又一种表现形式。

第七，立法后评估应当根据需要采取灵活多样的形式进行，或者是对法规中争议较大的几个条款，或者是对某一部法规，也可以对某一类法规的实施情况进行评估工作。

第八，公开性是立法后评估的一项重要原则。后评估的标准、主体、对象、程序和结论等应当公开透明，便于社会的参与和监督。但公开性原则也有例外情况，评估的一些资料和具体细节不能全部公开，因为立法后评估的对象是现行有效的法规，在修订废止之前仍然具有法律效力。换言之，立法后评估不能损害法规的权威性，阻碍法规的正常实施。

3. 以实施效果检验立法质量

——《上海市历史文化风貌区和优秀历史建筑保护条例》立法后评估回顾总结[*]

【内容摘要】 根据上海市人大常委会的工作安排，2005年7月，上海市人大法制委、人大常委会法工委以施行了三年的《上海市历史文化风貌区和优秀历史建筑保护条例》（以下简称《保护条例》）作为评估对象，开展了本市首次立法后评估工作。评估工作根据《保护条例》实施中的重点和难点，确定了五个方面的评估内容：（1）关于优秀历史建筑的管理体制；（2）关于保护资金投入机制；（3）关于公有优秀历史建筑使用权的调整；（4）关于搬迁补偿安置标准的确定；（5）关于保护对象。在具体的评估中，主要采取了如下方法：（1）市与各相关区人大常委会的评估和执法部门的评估相结合；（2）召开各类座谈会与实地视察、考察相结合；（3）问卷调查与个别访谈相结合；（4）全面评估与专题调研、个案分析相结合；（5）本市法规条文各种方案的比较研究和与兄弟省市同类法规之间的比较研究相结合。在法制委、法工委的科学策划、精心组织下，上海市顺利完成了首次地方立法后评估工作。这项评估实践对于修改和完善《保护条例》，对于合理确定立法后评估的选题标准和范围，对于如何选择和组建最佳的评估主体，对于如何建立评估标准的指标体系，对于如何选择和运用评估方法，对于探索建立立法后评估长效机制等方面，都有积极的意义。

【关键词】 上海　立法后评估　实施效果　立法质量

党的十六大对立法工作提出了"加强立法工作，提高立法质量"的总

---

[*] 此文由吴勤民、张明君、丁贤等撰稿。吴勤民，上海市人大常委会法工委副主任；张明君，上海市人大常委会法工委办公室副主任；丁贤，上海市人大常委会法工委立法一处干部。

要求。吴邦国委员长在全国人大常委会立法工作会议上反复强调提高立法质量这个重点，要求各地方把主要精力放在提高立法质量上。市人大常委会按照中央要求，不断探索提高地方立法质量的方法和途径。2005年1月，在市十二届人大三次会议上，市人大常委会在工作报告中明确提出"加强立法的后续工作，注重立法的质量评估"的要求，并将立法后评估工作列入2005年的常委会工作要点。

根据常委会的工作安排，法制委、法工委经过研究，选择《上海市历史文化风貌区和优秀历史建筑保护条例》（以下简称《保护条例》）作为评估对象，开展了本市首次立法后评估工作。

一 立法后评估工作回顾

《保护条例》于2002年7月由市十一届人大常委会第四十一次会议通过。《保护条例》实施以来，对于进一步加强本市历史文化风貌区和优秀历史建筑的保护工作，起到了很好的作用。但是，随着经济和社会的发展，也出现了新情况和新问题。为了更好地了解《保护条例》的实施效果，检验法规的立法质量，2005年7月29日经主任会议讨论，决定开展对《保护条例》的立法后评估工作。

本次立法后评估主要对以下几个环节进行了评估。

（一）合理确定评估对象

选择合适的评估对象是评估工作取得成功的前提。选择立法后评估的对象要注重有的放矢，既要考虑立法工作的现实需要，又要考虑开展后评估的工作基础，既要考虑社会公众的关注程度，又要考虑评估工作对执法工作可能产生的影响，既要考虑评估工作的典型意义，又要考虑评估结果的客观、真实。本次开展立法后评估工作，是上海自1979年行使地方立法权以来首次进行的对立法质量的系统评价工作。选择《保护条例》作为此次立法后评估的对象，主要基于以下几方面的考虑：

其一，上海是国务院批准的国家级历史文化名城，现存的历史文化风貌区和优秀历史建筑是上海提高城市综合竞争力、建设国际大都市的历史文化内涵。在城市改革和发展过程中，如何加强对历史文化风貌区和优秀历史建筑的保护，妥善处理好保护和发展的关系，已成为各级政府工作的难点之一和人民群众关心的焦点之一。选择《保护条例》进行评估有利于形成市区联动、条块结合的工作机制，动员社会公众积极参与，使评估工作产生良好的社会影响。

其二，《保护条例》自通过至评估时已逾三年，其间，市人大常委会于2004年对本市城市规划法律法规的实施情况进行了执法检查，对于《保护条例》的执法检查也是其中的一项重要内容。立法后评估是执法检查基础上的深化，常委会的这一执法检查无疑为立法后评估创造了良好的工作基础。

其三，从立法后评估的技术层面来看，《保护条例》规范的内容比较单一，区域范围比较明确，调整对象容易确定，涉及的法律、法规比较少，影响法规实施效果的周边因素比较简单，法规评估的评价指标容易设定，而且评价指标受其他因素变动的幅度小，容易做出直接有效的判断。因此，选择《保护条例》作为评估对象，既有利于准确判断法规的实施效果，同时也有利于确保立法后评估结论的客观、真实。

（二）选择科学合理的评估方法

立法后评估需要考虑多种因素，采用科学的评估方法，确保评估工作科学化、规范化、程序化、系统化。具体来说，既要考虑对于开展评估工作的针对性，又要考虑可操作性，既要考虑人大代表、社会公众参与的广泛性，又要考虑技术专家、法律专家参与的专业性，既要考虑评估工作的全面性、系统性，又要考虑评估焦点问题、难点问题的特殊性，既要摸索评估工作的规律性，又要着眼于对法规修改、完善的指导性。

以本次立法后评估为例，在评估工作中采用了以下几种方法：

其一，市与各相关区人大常委会的评估和执法部门的评估相结合。市人大常委会委托徐汇、黄浦、长宁、虹口、杨浦、卢湾、静安、青浦等八个历史文化风貌区和优秀历史建筑较为集中的区人大常委会对本区实施法规的情况进行评估，形成评估报告。同时由市规划局、市房地局对本部门实施法规的情况进行评估，形成执法部门的评估报告。

其二，召开各类座谈会与实地视察、考察相结合。在评估过程中，工作组针对不同对象，先后召开了二十余次座谈会。常委会组成人员分别赴市房地局、徐汇区、黄浦区进行视察。工作组还分别赴虹口区、杨浦区、青浦区进行实地考察。

其三，问卷调查与个别访谈相结合。这次立法后评估工作充分贯彻了以民为本、民意为先的精神，设计了包括27项调查指标的调查问卷，委托市统计局城市社会经济调查队随机抽取调查点和调查样本，调查成功的样本为883个。问卷调查的结果使评估报告有了科学、严肃的数据支撑。与此同时，评估人员走访了部分市民和市人大代表，征求其对《保护条例》的意见。公民广泛参与立法后评估也是人大开门立法、民主立法的又一次有益尝试。

其四，全面评估与专题调研、个案分析相结合。在各评估单位全面评估的基础上，工作组及时梳理各项评估报告，针对评估报告中反映的倾向性问题赴市文管委及有关区进行专题调研，并对徐汇区建业里和黄浦区外滩源历史建筑搬迁情况进行个案分析，从而为准确评价法规实施中存在的问题，进一步完善法规中的制度设计奠定了良好的基础。

其五，本市法规条文各种方案的比较研究和与兄弟省市同类法规之间的比较研究相结合。本市法规条文各种方案的比较研究包括法规在审议过程中各种方案的甄选和论证。立法后评估的重点在于检验法规中各项制度设计的优劣，需要追溯到立法之初就相关制度所设计的不同方案，工作组通过对比分析验证了法规在制度取舍上的成败得失。为了进一步开阔视野，克服评估工作的局限性，工作组还赴京、津两地调研，对同类立法进行比较研究，并就地方立法面临的共同问题与当地的立法部门、执法部门进行交流。

（三）精心策划、精心组织

立法后评估工作量大，难度高，涉及面广，需要精心策划，精心组织。为保证评估工作的顺利进行，工作组抓住以下两个关键环节：

一是成立高效运作的工作机构。此次立法后评估工作采取统一部署、分级组织、市区联动的方式进行，成立了以市人大常委会分管副主任为组长、市人大各有关专门委员会、市人大常委会各有关工作委员会以及市政府各有关职能部门领导参加的领导小组，下设工作组，具体组织实施评估工作方案。

二是制订切实可行的工作方案。工作组在调查研究、充分酝酿的基础上，制订了详细的工作方案，其内容包括评估内容、评估组织、评估工作步骤和方法、评估工作的时间节点。

（四）关注立法中的难点，突出评估重点

为了确保评估工作取得实效，必须关注立法难点，突出评估重点。本次立法后评估工作，在制订工作方案、指导评估工作的过程中，牢牢把握以下两点：一是对立法层面的问题进行梳理、提炼，结合法规审议过程中就法规中的制度设计常委会组成人员和其他各方面存在较大分歧的意见，关注立法难点问题，确定评估重点。二是重点挖掘与立法有关的信息，客观地评价法规实施的绩效，着重检验法律中制度设计的合法性、操作性，为法规以后的立改废提供实践经验和评估信息，并与执法检查进行有效区分。工作组经过反复研究，最终选择了各方共同关注的管理体制、专项保护资金、公有优秀历史建筑使用权调整、保护对象等四个立法层面的问题作为评估工作的重点。

二 本次立法后评估工作的评估重点和特点

（一）重点评估法规立法质量，明确评估结论

立法后评估工作是立法工作的有机组成部分。立法后评估的主要目标，是在分析法规制度设计的基础上，为法规的立改废提出建议，并对完善以后的立法活动寻求规律性的东西，以达到提高立法质量的目的。本次立法后评估工作，主要是从以下几个重要的制度设计进行评估的：

其一，关于优秀历史建筑的管理体制。经过对优秀历史建筑管理体制的考量，发现市政府目前已经建立的包括市规划局、房地局和文管委在内的历史文化风貌区和优秀历史建筑保护委员会，初步形成了联合保护的工作机制。为有利于对优秀历史建筑进行保护，建议从本市实际出发，按照"依法行政，各司其职，协调统一，形成合力"的原则，确立规划局、房地局、文管委三家联合保护的工作机制。同时，可以考虑对登记不可移动文物和优秀历史建筑的认定程序和法律责任做出协调性的安排。

其二，关于保护资金投入机制。在评估过程中，市规划局、房地局和有关区人大常委会普遍反映：专项保护资金没有完全到位。尽管个别区投入了一定的保护资金，但由于体制和财政预算等各方面因素的限制，设立专项资金、专项账户的机制至今没有得到落实；由于对捐赠给予鼓励的政

策还不完备，境内外捐赠的渠道也不够畅通；公有优秀历史建筑转让、出租的收益尚未有效用于优秀历史建筑的保护与修缮，也未形成收益与保护、修缮的良性互动机制。

评估认为，从制度设计层面上分析，专项保护资金和投入渠道的设定是合理的、必要的。从法规实施层面上看，主要是贯彻落实的问题。2004年9月，市政府发布了《关于进一步加强本市历史文化风貌区和优秀历史建筑保护的通知》，规定市、区县两级财政要抓紧建立专项保护资金，具体办法由市财政局和相关部门共同商定。为此，建议各级人民政府和有关职能部门加大对《保护条例》的贯彻力度，抓紧落实市政府通知的要求。同时要探索多元化、多途径、市场化的投入机制；制定具体的鼓励措施，吸引民间资本投入到保护工作中来。国外一些吸引民间资本投入的激励政策，如税收减免、资金补助、容积率转移和建立周转资金等措施可以借鉴。

其三，关于公有优秀历史建筑使用权的调整。《保护条例》第三十二条关于公有优秀历史建筑使用权调整的问题是当初立法的焦点问题。常委会审议《条例（草案）》时焦点有两个：一是对承租人搬迁进行补偿安置的标准如何确定；二是承租人和出租人对补偿安置数额协商达不成一致意见时的救济途径如何安排。

关于搬迁补偿安置标准的确定问题，经过评估认为，《保护条例》在立法过程中采用听证会的形式，确定补偿安置应当"高于"而不是"参照"本市房屋拆迁补偿安置的标准是科学的，规定在市政府指导性标准的基础上，由出租人和承租人协商确定补偿安置数额的原则是比较合适的，在已搬迁出历史文化风貌区或优秀历史建筑的住户中，有90.0%的住户是双方协商一致后搬迁的。确定这样的一种搬迁补偿安置标准的制度设计，很大程度上体现了对承租人合法权益的保护，也更有利于优秀历史建筑保护工作的推进。评估认为，目前在搬迁过程中依然存在的矛盾的关键是补偿安置的数额应当以市场评估价为基准，由独立的社会中介机构进行评估。同时，要进一步探索符合各方利益的补偿安置方式，使承租人的利益维持在搬迁前的水平，并略有提高。

关于补偿安置数额协商达不成一致意见时的救济途径问题。在立法之初，法制委员会向主任会议提出了两套方案，经主任会议投票确定了第一套方案，即出租人和承租人就补偿安置数额协商不成的，可以申请区、县人民政府裁决；对裁决不服的，可以依法向人民法院提起行政诉讼。《保护条例》实施过程中,有关职能部门反映《保护条例》设计的救济途径较为单一,居民搬迁工作难度大。为了解决这个问题,法工委于2005年4月就市房地局关于如何理解与实施《保护条例》第三十二条的询问做出答复,明确对补偿安置数额协商不成的,除了不服政府裁决可以向法院提起行政诉讼外,也可以不经裁决,直接向法院提起民事诉讼。评估认为,这种救济途径的设计,在实际操作中是可行的,可以在以后的法规修改中予以吸纳。

其四,关于保护对象。《保护条例》确定的保护对象为历史文化风貌区和优秀历史建筑。在评估过程中,我们发现,从目前城市改造和建设的实际情况看,许多保留建筑的维修、装修、改造、调整使用、买卖、出租、拆除等十分频繁,矛盾突出,直接影响着历史文化风貌区内的风貌留存。因此,有的部门建议,在将来修改《保护条例》时,可建立历史建筑的分类保护制度,明确保留建筑的法律地位,在此基础上实施分类管理;也有的部门认为,是否将保留建筑纳入《保护条例》的保护对象要慎重考虑。问卷调查数据显示,有74%的市民认为在保护建筑外扩大保护范围"很有必要"和"有必要"。北京、天津等地也建立了对历史建筑分级分类保护的制度。

评估认为,从本市实际情况出发,可以考虑在现有的保护制度基础上,结合历史文化风貌区的保护,建立历史建筑分类保护的制度,区分不同类别的历史建筑,确定不同的保护措施,从而更大程度地实现优秀历史建筑的源头保护和资源保护。

(二) 运用问卷调查的评估方法,深入了解法规实施效果

问卷调查法,也称问卷法,它是调查者运用统一设计的问卷向被选取的调查对象了解情况或征询意见的调查方法。问卷调查的最大优点是,便于对调查结果进行定量研究,尤其是自填式问卷调查可以排除人际交往中可能产生的种种干扰,为调查者提供最直接的第一手客观资料。由于问卷调查法的这些优点,使得它被普遍运用于目前的社会调查中。

问卷调查法在本次立法后评估工作中的使用,为此次后评估工作广泛了解、听取和采纳市民意见,客观评估《保护条例》的实施绩效,准确把握《保护条例》中若干重要制度设计的成败起到了重要作用。此次问卷调查工作是委托市统计局城市社会经济调查队实施的。调查遵循了随机抽样调查原则抽取调查点和调查样本,在调查成功的883个样本中,历史文化风

貌区样本 500 个，占 56.6%；优秀历史建筑样本 283 个，占 32.1%；曾经住在历史文化风貌区或优秀历史建筑内已搬迁的样本 100 个，占 11.3%。本次调查在调查指标设计方面，根据评估重点共设计了 27 项调查指标：市民对《保护条例》的知晓度、了解程度及相关内容（11 项指标）；优秀历史建筑所有人（产权人）对《保护条例》的遵守情况（6 项指标）；优秀历史建筑或风貌区内建筑的使用人遵守《保护条例》和搬迁意愿（5 项指标）；曾经住在历史文化风貌区或优秀历史建筑内的居民搬迁情况（5 项指标）；等等。通过这些指标的分析，评估主体基本掌握了市民对《保护条例》中有关保护资金的投入机制、公有优秀历史建筑使用权调整以及历史建筑分类保护制度的意见和建议，尤其在对法规中设计的关系搬迁居民切身利益的制度在实施中的合法性和合理性方面，取得了直接的反馈信息，这对于考量法规的立法质量，为以后法规的修改提供了重要的信息。

三　关于立法后评估工作的思考

所谓"立法后评估"，是指法律施行一段时间后，在立法部门的主持下，组织执法部门及社会公众、专家学者等，采用多种方式进行调查研究，对法律的实施绩效进行分析评价，对法律中所设计的制度进行评判，并针对法律自身的缺陷及时加以矫正和修缮。立法后评估在功能上既是对立法的效果评估，也是根据实际情况对立法的再次校正。从我国人大工作的实践来看，地方人大常委会作为地方国家权力机关，除行使立法职能外，在日常工作中往往将大量精力投入在执法监督和检查方面，立法与执法两者之间缺乏良性互动机制，立法者很少将目光投向实施中的法规本身。而通过对法规全面、系统的评估，客观评判法规中制度设计的合法性、合理性、可操作性及实施成效，可以及时总结立法工作的成功经验，冷静反思立法工作中存在的不足。本次立法后评估的实践表明，开展立法后评估工作，并且形成相应的长效机制，对于提高地方立法质量具有重要意义。我们在总结本市和兄弟省市开展立法后评估工作取得成功经验的基础上，尝试着对立法后评估工作的制度化建设进行了以下思考和探索。

（一）立法后评估选题标准和范围

立法后评估应该选择什么样的法律进行评估？是对所有的法律进行评

估，还是只针对一部分法律进行评估？考虑到立法后评估工作所需的时间、人力、财力等成本较高，法律数量庞大，再加上目前国内的评估主体普遍是以立法部门为主，立法部门每年的立法任务繁重，因此，有选择地对一部分法律进行评估是比较切实可行的。

本着立法后评估工作既贴近社会现实、关注社会公共利益，又兼顾评估成本，既考虑社会公众的关注程度，又考虑评估工作对执法工作可能产生的影响的原则，评估对象的选择应该界定为以下几项：对人民群众切身利益有重大影响的法律、法规和规章；由于社会、经济形势的变化，需要进行修改的法律、法规和规章；公权力比较集中的法律、法规和规章；评估结果与法律间相关度较高的项目，也就是影响法律实施效果的其他因素较少的项目。做这样的界定，主要是考虑到：首先立法反映了最广大人民的根本利益和共同意志，对对人民群众切身利益有重大影响的法律进行立法后评估，也体现了立法为民的立法理念；其次是因为社会、经济类法律与社会经济的关联度比较高，而且经济、社会的发展较快，容易出现一些新问题、新情况，这些新情况、新问题也对法律提出了新的要求，对这方面法律进行评估，不但可以及时发现制度设计中的不合理因素，并对其及时进行纠偏或者拾遗补阙，而且能够适应社会、经济的发展要求；然后，选择公权力比较集中的法律和法规进行评估，主要是与公权力容易无限扩张的特性有关，对公权力比较集中的法律和法规进行适时评估，便于及时消除由于制度设计上的瑕疵而对公共秩序产生的不良影响，同时，还可以对公权力的运行进行有效的控制和监督；最后，选择实施效果与法律间关联度高的法律，容易确定调整对象，涉及的法律、法规比较少，影响法规实施效果的周边因素比较简单，法规评估的评价指标容易设定，而且评价指标受其他因素变动的幅度小，容易做出直接有效的判断，最终的评估结论也更客观、准确。

（二）评估主体

立法后评估主体应当由立法部门承担，或者由立法部门和执法部门共同承担，还是由其他无利益相关方的评估专业组织、科研机构以及个人承担，值得研究。立法部门是法律的制定者，执法部门是法律的实施者，两者与被评估的法律具有最紧密的联系，同时，两者也是掌握法律信息和法律资源最多的部门。从评估工作的有效性和专业性来说，由它们承担立法后评估工作具有较强的操作性。但是，由于两者与被评估法律具有一定的利益关系，难免给评估工作的客观公正性带来一些影响。从评估工作的客观公正性来看，中介组织、科研机构甚至个人承担评估工作，能够以一种超然、中立的角色对被评估法律进行独立、客观、公正的评估。但是，中国的现实情况是，这些组织或个人掌握的法律资源和法律信息非常有限，人员力量也很薄弱，由他们进行评估，很难取得全面的评估信息，从而削弱了评估价值。针对国内现状，总结已有的评估经验，建立以立法部门评估为主，相关执法部门配合为辅，广泛引入社会力量共同参与的评估主体模式是比较切实可行的。这样，不但能够充分利用立法、执法部门所掌握的法律资源，还可以最大限度地发挥社会力量的监督制约作用，同时还能够促进立法与社会的良性互动，从而保证立法后评估工作的有效性和客观性。

（三）评估标准

所谓评估标准是指衡量有关法律的利弊优劣的指标或准则。对于立法后评估而言，没有标准是不可能有评估的。评估标准直接决定着评估的方向和结论。因此，建立立法后评估标准是进行立法后评估的起点，也是立法后评估的重要内容。立法后评估标准分为以下几项：（1）合法性。这是立法后评估需要遵循的首要标准。所谓合法性，就是要审查被评估的法律是否符合宪法和立法法的规定，是否与上位法相抵触，是否与同位法相衔接和协调，除此之外，还要审查立法部门是否超越立法权限越权立法，法律中规定的制度设计是否符合法治原则。从国内已有的立法后评估实践来看，都是按照合法性标准展开的。（2）针对性。就是要求立法后评估工作要面对现实情况，对法律中规定的几项比较重要的制度在当今是否具有可操作性及有效性进行评估。如上海的立法后评估就主要针对优秀历史建筑的管理体制、专项保护资金和公有优秀历史建筑使用权调整等制度进行了有针对性的评估。（3）操作性。立法后评估的操作性标准就是以客观现实为基础，对制度和措施是否可行进行评估。主要包括以下几项内容：一是制度和措施的制定是否科学，要求是否合理；二是就目前的经济、社会发展状况而言，制度和措施是否超前或者落后；三是就制度和措施的实施状况而言，是否达到了制度制定之初预期的效果。

（四）评估方法

立法后评估需要考虑多种因素，采用科学的评估方法，能够确保评估工作规范化、程序化、科学化、系统化。具体来说，就是要考虑评估工作的针对性、可操作性、社会参与的广泛性、评估技术的专业性，同时还要兼顾评估工作的全面性、系统性和难点、焦点问题的特殊性。

立法后评估一般采用比较分析法、系统评价法、成本效益分析法，具体到评估方式，通常情况下有以下五种：

其一，问卷调查。在采用问卷调查法时，要注意受调查群体的代表性。调查问卷的发放，既要面向整个社会，也要注意向利益相关群体的重点发放，这样，问卷信息的采集才会更有效，更具有参考价值。如上海市评估《保护条例》时，除了委托上海市统计局城市社会经济调查队向社会公众发放调查问卷以外，还重点收集了从优秀历史建筑中搬迁出去的居民的意见。

其二，座谈会。就评估中的重点、难点问题召集有关的行政执法部门、专家学者进行座谈，是详细了解制度设计、制度衔接反馈信息，听取专家意见的有效途径。这对于评估专项工作的展开具有很大的帮助。座谈会可以采用专题座谈、部门座谈、利益相关方座谈等多种形式。

其三，实地调研。实地调研能够帮助评估主体获取法律执行绩效的第一手资料。这也是促使评估结果客观公正的有效保证。国内已有的评估实践都采用了实地调研的评估方法。

其四，个案分析。评估主体通过个案分析，能够对需要评估的重点问题进行深入研究，从而为准确评价法律实施中存在的问题，进一步完善法规中的制度设计奠定良好的基础。

其五，定量分析。定量分析的目的是获取比较直观的数据资料。通过对立法成本与其预期所取得的社会、经济效益的权衡比较，得出一系列的数据。这种分析方法比较直观，更能说明问题。不过，经济学的很多问题容易进行量化，而法律涉及的问题大多关系复杂，全盘量化也是不可能的。定量分析的结果只能为以后的定性分析提供有效的借鉴。

（五）建立立法后评估长效机制，切实提高地方立法质量

立法后评估的制度化是指对评估主体、评估程序、评估方法、评估内容、评估标准以及评估成效的利用进行规范的过程。立法后评估制度的建

立，对于进一步推动地方立法的科学化、民主化有着重要而深远的意义。欧盟、英国、荷兰、德国等国家和地区已经将立法后评估工作固定为一种制度。近几年，国内部分省市在立法后评估工作方面也取得了一定的成绩，对于提高地方立法质量起到了较大的作用。但是，这些成功的经验和做法并没有形成一种制度，从而使得立法后评估始终处于一种摸索阶段，没有形成一些统一的做法，各个省市的做法也不一。在实际工作中则表现为：立法部门有选择地挑选某一部法律进行"实检"，评估工作仅仅停留在"个案"的层面，评估结束后没有直接在法律的立改废中得到反馈。针对这种现状，我们应该研究和借鉴欧洲一些国家和地区好的经验和做法，如规范评估程序和评估方法、建立专门的评估机构等。另外，考虑到立法后评估工作涉及的面广、时间长、人员成本高等特点，针对我国立法资源稀缺的现状，我们可以考虑建立立法后评估的一般程序和简易程序两种模式。所谓立法后评估的一般程序就是指对整件法律进行全面系统的评估，立法后评估的简易程序是指针对法律的某一条或者某几条进行评估。探索建立立法后评估的简易程序，主要是为了便于评估程序的启动、节省评估成本、提高评估效率。当然，这只是一种制度构想，其真正实施还需要在理论和实践上进一步探索。

党的十六届四中全会提出的建设社会主义和谐社会的科学命题，不但是对我们全社会提出的要求，也是对我国的法治建设提出的要求。立法工作作为法治建设的一个重要环节，在追求法律数量的同时，更应该关注法律的质量。立法后评估制度则是完善法律质量、提高立法水平的一项重要制度，同时也是促使法律自身协调和法律之间协调的有效途径。目前，国内在立法后评估制度方面尚处于"制度真空期"。对于立法后评估制度的研究和探索，必将推动中国的法治进程，为中国特色社会主义事业奠定坚实的法治基础。

4. 地方立法后评估的实务研究

——以重庆市人大常委会 2012 年立法后评估为例[*]

【内容摘要】 积极有效地开展地方立法后评估，需要合理确定后评估的主体，科学选定后评估的项目，建立有效的指标体系，探索建立常态化的后评估工作机制，实现后评估和备案审查两项工作的整合和联动。通过回顾和总结 2012 年重庆市人大常委会开展地方性法规后评估工作的实践，得出成功开展地方立法后评估的经验心得：一是精心组织、科学编制后评估方案，是做好后评估工作的前提；二是领导重视、精干的工作机构，是做好后评估工作的组织保证；三是突出重点、注重实效的工作方法，是做好后评估工作的重要保证；四是人大主导、多方参与的工作机制，是做好后评估工作的重要制度；五是科学严谨、实事求是的工作作风，是做好后评估工作的关键。

【关键词】 重庆　立法后评估　实务研究

一　关于立法后评估的主体

立法后评估主体，是指立法后评估的决定者、主持者，负责制订和落实评估方案，组织和开展各项评估工作，提出评估报告。[①] 从以往的实践来看，基本是以各种立法机关为主体的，如国务院的行政法规后评估是由国务院出文件，国务院法制办组织实施的；各地的地方性法规后评估是由这些地方的人大常委会或人大法制委牵头进行的。立法后评估主体应当由立法部门承担，还是由立法部门和执法部门共同承担，抑或是由其他无利益

---

[*] 此文由李媛、张书铭撰稿。李媛，重庆市人大常委会法制工作委员会备案审查处处长；张书铭，重庆市人大常委会法制工作委员会备案审查处干部。

[①] 任则禹：《立法后评估的主体及其他》，《公民导刊》2010 年第 6 期。

相关的评估专业组织、科研机构以及个人承担，目前，学界的争论比较激烈，且未有定论。但是根据评估主体的不同性质，可以分为法定评估主体和非法定评估主体两类。其中法定评估主体包括制定机关、实施机关；非法定评估主体则包括法定评估主体之外的公民、法人和其他组织。值得我们认真思考的是法定评估主体。

从国外实践来看，后评估的法定主体主要借助于政府专门成立的独立评估机构，如英国的法定评估主体除了法案的制定机关、部长和议会外，还专门成立了评估机构，如规制责任专门小组、良好规制小组、规制影响工作组等。[1] 在德国，立法评估工作由法规评估委员会和执行成本评估委员会具体负责。法规评估委员会是由总理府直接领导的独立的工作机构，其职责是对各部门提交的法律、法规进行审查和评估。执行成本评估委员会属于非常设机构，成员来自高等院校或相关研究机构，由内设部根据立法项目组织，评估重点是设定义务性规定的类目、合理性等。[2]

但我们不能照搬国外模式。根据我国目前的社会发展状况，我们认为，我国的立法后评估的主体应为立法机关。一般由有立法权的人大牵头，法规的执行部门、行政相对人、专家学者参与。理由是：第一，我国目前的政治体制决定了立法机关作为评估主体有利于提高评估的效率和评估效果。随着立法背景时过境迁和法规实施外部条件的不断变化，不少问题与矛盾在长期的法治实践中必然会暴露出来。立法后评估以实证调查为基础，可以为法律规则的立、改、废提供实践依据。立法后评估能够对诸如法规制度是否合法合理、是否产生了应有效益、是否已过时失效、是否需要废除或继续保留完善之类问题做出回答。立法机关在此基础上有针对性地改进地方立法工作。第二，政府组成部门往往是法律法规的执行机关或者说直接受益者，如果让其作为评估的主体，公正性可能会大打折扣，目前大多数的地方性法规的制定，往往是由该规范事项涉及的政府行政主管部门选题立项，并由这些部门领导和业务人员直接承担起草、修改、论证及协调等工作。这样做的结果，容易导致立法中出现一些部门痕迹，在一定程度上影响了法规的质量。对这些问题的评价、监督、改正，只能由相对超脱

---

[1] 汪全胜：《英国立法后评估制度探讨》，《云南师范大学学报》（哲学社会科学版）2009年第5期。
[2] 魏明、张雅萍：《德国立法成本效益分析与评估体系》，《水运科学研究》2007年第2期。

的权力机关和立法机关来做。第三，我国目前正处于政治体制以及行政机构改革的关键时期，如像一些西方国家那样，设置专门机构作为立法后评估的主体，对于本来就机构臃肿的中国来说也不现实。第四，针对学者建议的委托独立的机构开展评估的方案，本文认为由于我们制度建设中独立评价机构的缺失，以及独立评估机构公信力的构建也需要时间的积淀，因此现阶段不具有操作性，而且委托的主体仍然是权力机关和立法部门。

因此，现阶段后评估的法定主体应为该法律、法规的制定机关或监督机关。2010 年，全国人大常委会开始试点对《科学技术进步法》和《农业机械化促进法》中的有关制度进行评估，此次的评估主体就是全国人大常委会法制工作委员会，尽管我国的立法法对于立法后评估没有明确规定，但是，从理论上来说此次的评估主体是法定的评估主体，也符合我国的国情。2012 年，我们对《重庆市产品质量监督管理条例》等三部法规进行后评估，评估主体是市人大常委会，法制委、相关专门委员会、常委会法工委打主力，协调各方，实践证明，这种模式有效保证了后评估工作的顺利进行。

二 关于后评估项目的选择

美国社会法学家庞德说过：法律的生命在于它的适用和生效。为保障每一部法律法规都充分发挥其应有的作用，提高立法质量，在其实施了一段时间后，都应对其进行评估，及时发现法规在实施过程中存在的问题，并进行修改完善。这样需要评估的法规数量就会很多，但是由于立法机关力量有限，不可能对每部法规都开展立法后评估，因此在选择法规时必须有所侧重。近年来，各省市都是选取一些具有代表性、典型性的法规作为后评估的对象。我们认为，在后评估项目的选择上，可以按照时限性、公众性、可修改性的原则进行确定。

时限性应包括两方面的内容。其一，是在评估对象的选择方面，一般应该在立法实施 3 年期满后进行，这样可以防止因法律法规的运行时间过短，而使一些矛盾问题还没有充分暴露，各项规定是否具有操作性、可行性还难以确定，从而影响到评估的实际效果；如果开展得太晚，则可能会使法规在实际应用中暴露出的问题长期得不到解决，有损法规的严肃性和权威性，甚至会导致相关矛盾突出、激化，人为地扩大了负面影响。其二，评估工作原则上应当在 1 年内完成。对于内容复杂或有重大影响的法律法规的评估不能按期完成的,也可以适当延长期限。评估工作结束后,评估机关应当及时将评估报告报人大常委会审议,待人大常委会通过后,以适当的方式对外公布后评估报告,以便公众了解后评估这项工作。公众性,即选择的项目必须与社会公众利益息息相关,能够通过后评估工作促进更多人关注立法,积极参与立法活动,提高立法的民主程度,增强立法的遵从度,同时也有利于弱势群体的声音通过合法的渠道表达出来,并通过立法渠道成为社会的准则。可修改性,即选择的项目应为法规在实施过程中存在问题较多,社会反响较大,公众要求对法规进行修改或者是相关上位法和国家政策出现调整变化,需要对法规予以修改的。"法制统一原则"是我国宪法确立的基本原则,任何法律法规不得违反宪法,下位法不得违背上位法,否则违法立法应是无效的。但是如果缺少相应的后评估机制,这些问题便不容易发现,甚至早应该过时的法规还会沿用多年。

2012年,我们市人大常委会选择的三部评估法规——《重庆市产品质量监督管理条例》、《重庆市公路路政管理条例》和《重庆市城乡居民最低生活保障条例》都是在制定或修订之后的3年以上进行的,比较科学。三部法规的立法后评估工作,从2012年2月开始,11月26日将后评估报告提交市人大常委会审议,共历时9个月左右。同时,选择的这三部法规既有实施性法规,又有创设性法规,既有经济管理领域的,又有社会民生领域的,有利于吸引各个社会层面公众的广泛参与。在具体评估工作中,通过报纸、网络等媒体,引导公众参与到后评估工作中来,通过向管理相对人、普通公众等发放专门设计的调查问卷,从而调查了解公众的声音,吸引他们关注我们的立法工作,我们也能够及时总结和研究出法规在实施过程中存在的问题,为适时修改完善法规提供可靠的依据。

三 关于后评估的指标体系

要做到客观地评价一部法规,必须有一套科学合理的评价指标体系,如何保证这个指标体系科学合理,并经得起实践检验,是我们面临的一大难题。对社会科学进行量化分析和评价,本身就是一件带有较强主观性的工作。无论是文本质量的评价指标,还是实施效果的评价指标,都带有指标体系设计者本身的主观性,并且难以用一个指标体系来应对千差万别的各种法规。

从各地方人大的立法后评估实践工作来看,各省市对法规质量普遍从不同方面和角度进行评估。有的重点是从法规设定的权力和责任、权利和义务是否合理,公民权利有没有得到切实保障,赋予行政部门权力的同时有没有加以限制等方面进行评估,如山东省人大常委会对该省私营企业和个体工商户权益保护条例、产品质量法实施办法、法律援助条例等进行的评估;有的重点是对法规的实施效果、是否与上位法抵触、规定是否符合实际和可操作性进行评估,如云南省人大常委会对其邮政条例、广播电视管理条例、农村土地承包条例的评估;有的重点是对法规是否实现立法的预期效果,产生的效益与付出的成本是否相协调,适用范围、管理体制等是否适应行业发展和市场管理的需要以及立法技术的规范性进行评估,如江苏省人大常委会对其道路运输市场管理条例的评估。从以上实践可以看出,对地方性法规的后评估,无法用一个单一化的专门指标进行衡量,需要通过指标体系来进行全面的分析和反映。

目前,在各类指标体系设计中,尽可能排除指标之间的交叉性,有五个关键指标被我们采用到了2012年对三部法规的评估中去:法制统一性、制度设计和权利义务配置、地方特色、可操作性以及技术规范。

法制统一性标准是指法规的各项规定是否与上位法一致,与相关地方性法规是否相互衔接、协调,条文内部之间是否冲突;制度设计和权利义务配置标准是指执法主体的权力责任是否明确、匹配,是否有超越权限制或剥夺管理相对人的合法权利或者增加管理相对人的义务,设置的救济渠道合理有效,对违反禁止性规定和限制性规定的行为是否有相对应的处罚;地方特色是指法规是否细化了上位法的规定,是否有利于上位法的实施,创制性规定是否符合本地实际,条款内容是否能针对性地解决实际问题;可操作性是指法规中的名词术语界定清楚,没有歧义,规范的行为模式是否容易被辨识,是否细化了违法行为和行政处罚的情形,提倡性、号召性、宣示性条款较少;技术规范标准是指立法技术是否规范,逻辑结构是否严密,文字表述是否准确。

四 关于后评估的工作机制

从目前立法后评估的实践来看,地方人大还没有形成常态化的后评估工作机制,这就容易导致立法后评估工作具有随意性,进而影响评估工作的持续深入开展和取得实效。目前仅有个别地方人大对此做出了规定。如 2007 年，江西省人大常委会主任会议通过了《江西省地方性法规质量评价办法》，对地方性法规质量评价的内涵、适用范围、评价主体、评价程序、评价标准等做了较为详细的规定，从地方性法规所应具备的一般特点，以及地方性法规的作用方面，将地方性法规质量评价标准分为法理标准、地方性法规自身特征标准、实效性标准和技术性标准四个层次。[1] 但该办法仅是常委会主任会议通过，效力层次上较低。需要制度性规定，使后评估工作长期坚持并走向规范化，可以考虑由人大常委会通过立法后评估办法，提升其效力。

2012 年我市的后评估工作是第一次以市人大常委会的名义开展，是一次有益的探索，主要是为今后立法后评估积累经验。我们认真总结了本次试点经验，为下一步建立规范的、可行的后评估实施办法提供了依据。我们将建立后评估制度，推动工作的常态化。在以后的工作中，每年选择几件有代表性的法规进行立法后评估，把立法后评估作为我市人大常委会检验立法质量、修改完善法规、提高执法效果、推动法规实施的重要手段，进一步提高我市地方性法规的立法水平和实施效果。

五 关于后评估与备案审查

法律体系的形成，总体上解决了有法可依的问题，在这种情况下，人大及其常委会就需要切实履行保证宪法和法律有效实施的重要职责，其中重要的一点就是要把立法工作和监督工作有机结合起来。人大的监督工作是全方位的，通常讲主要体现在工作监督和法律监督两个方面。工作监督是对受监督机关工作情况的监督，法律监督是指对立法权的监督，备案审查制度就是对立法权的监督。根据我国立法法及监督法，只有全国人民代表大会对其常委会制定的法律有撤销的权力，因此，我国的备案审查制度不适用于法律，而适用于行政法规、地方性法规、自治条例和单行条例等规范性文件。[2] 同样，对于地方人大的备案审查机构而言，其备案审查制度不适用于地方性法规。

---

[1] 周雍:《立法后时期的选择》,《时代主人》2008 年第 1 期。
[2] 全国人大常委会法工委法规备案审查室:《规范性文件备案审查制度理论与实务》, 中国民主法制出版社, 2011, 第 35 页。

但是，立法后评估与备案审查，这两项工作有一定的内在关联性。首先，从目的上看，两者都是为了保证我国的法制统一性。备案审查着眼于法律法规文本的合法性审查，以保证法律体系内部保持协调统一，而立法后评估关注法律法规的实施效果，立足法律法规实施中反映出的问题，从而逆向检验所设置条文的合法性、合理性。其次，从对象上看，两者都是对权力机关自身立法结果的监督。备案审查的范围包括下级人大及其常委会制定的规范性文件，而立法后评估的对象是本级人大及其常委会制定的法规。最后，从结果上看，两者都是为修改完善法规、规章等提供依据，同时增加监督实效，确保法规、规章等的有效实施。两项工作的结果可以说是互相印证的，既有利于克服法律法规的既有缺陷，也有利于提高法律法规的质量。因此，备案审查制度的健全和完善，将推动立法后评估工作的深入，促使立法后评估向深入细致方向发展。

同时，从利于后评估工作制度化、常态化的角度看，虽然后评估工作由各个专门委员会或常委会工作机构在具体承办，但应该有一个专门的处室来协调后评估的相关工作，特别是当同一时间段有两个以上后评估项目小组时，显得尤为必要。2012年我们在同时对三部法规进行后评估时，备案审查处就承担了综合协调的工作，起草了地方性法规后评估工作方案、关于地方性法规后评估工作情况的报告、后评估实施办法的草案以及落实召开后评估领导小组会议的相关工作。三个项目小组分别具体实施三件法规的评估工作，备案审查处负责综合协调和组织联络，后评估领导小组负责重要问题决策和督促检查。我们认为这种组织形式为后评估工作的顺利推进起到了很好的保障作用。项目小组和领导小组是临时组建的、多方参与的机构，后评估工作一结束就解散。要长期推动后评估工作，需要一个专门机构相对固定地承担日常性工作。鉴于后评估和备案审查工作的关联性，建议在合适的时候将"备案审查处"改为"备案审查评估处"，使其在承担规范性文件备案审查的同时，为常态化的后评估工作提供综合协调服务。

六 重庆市立法后评估的经验和心得

（一）精心组织、科学编制后评估方案，是做好后评估工作的前提

选择好后评估项目、科学编制后评估方案是搞好后评估工作的前提。

重庆市三届人大五次会议结束后,市人大法制委、常委会法工委就开始牵头研究后评估工作。一是选择好评估项目。按照时限性、公众性、可修改性几个标准,我们从现行有效的202件地方性法规中选择了《重庆市产品质量监督管理条例》、《重庆市公路路政管理条例》和《重庆市城乡居民最低生活保障条例》三部法规作为评估对象。这三部法规既有实施性法规,又有创制性法规,既有经济管理领域的,又有社会民生领域的,比较具有代表性,有利于后评估目的的实现。二是编制了具有指导性的后评估总体方案。2012年2月22日,市三届人大常委会第六十一次主任会议通过了关于后评估工作的总体方案,明确了后评估工作的目的、组织机构、评估方法、评估要素等重要内容。三是细化了后评估实施方案。三个项目小组用一个多月时间,深入研究论证,集思广益,制订了操作性强的实施方案,明确了每部法规评估的重点制度和条款,细化了后评估要素及分值,选择了具有地域代表性的区县(自治县)进行委托,还针对不同对象设计了调查问卷。

(二)领导重视、精干的工作机构,是做好后评估工作的组织保证

地方性法规后评估是一项探索性的工作,没有先例和规范的章程可循,加上涉及面广,工作量大,协调难度高,需要强有力的领导机构和工作机构作为组织保证。为搞好立法后评估工作,我们市人大常委会成立了后评估工作领导小组和三个项目小组。领导小组组长由常委会领导担任,法制委、相关专门委员会、常委会法工委、研究室、市政府法制工作机构等部门的主要负责人或分管负责人担任成员,阵容强大。三个项目小组分别由法工委分管领导负责,并邀请法学专家、相关专业领域专家、立法机构工作人员等专业人员担任,保证了后评估工作的力量。实践证明,这次后评估工作在领导小组的统一指导下,各项目小组以高度的责任心、良好的专业素质,较好地完成了后评估工作。

(三)突出重点、注重实效的工作方法,是做好后评估工作的重要保证

后评估工作要有所侧重,要选择当前经济社会发展中比较重要的法规,并选择法规中比较重要的法律制度进行评估,不搞大而全。在评估过程中,要把重点放在与人民群众日常生活息息相关、群众关注度高的条款,使评估工作得到社会公众的广泛认同,积极参与评估工作。

2012年我市人大常委会对几个法规的评估，既有全面的文本质量评价，更有重点制度的评估。各项目小组根据法规的不同特点，有重点地选择了全面评估的要素，包括法制统一性、地方特色和可操作性、立法技术规范性、执法司法适用性、社会效益和公众接受度等，每部法规又选择了几项关键制度进行重点评估。《重庆市产品质量监督管理条例》评估六项重点制度、《重庆市公路路政管理条例》评估三项重点制度、《重庆市城乡居民最低生活保障条例》评估两项重点制度。例如，《重庆市城乡居民最低生活保障条例》有几十条，但我们只选两项制度，但这两项都是最关键的，一个是低保标准的确定，另一个是低保对象的选择。整个低保制度最核心的就是这两项，重点突出，精力也更集中，分析也更透彻。如果每一项都去评估，精力顾不过来，也达不到现在这种深度，效果也突出不了。突出重点、注重实效既是这次后评估工作的宝贵经验，也是今后后评估工作应当坚持的一条原则。

（四）人大主导、多方参与的工作机制，是做好后评估工作的重要制度

后评估工作是一项系统工程，涉及评估对象的选择、调查问卷的设计与组织填写、座谈调研、评估数据分析、评估报告起草等大量工作，需要多方参与，共同协调推进。在后评估工作中，我们注重发挥了人大的主导作用。在组织机构设置上，法制委、相关专门委员会、常委会法工委打主力。法工委负责具体和日常工作，并发挥协调各方的作用。除了发挥立法机构的主导作用外，还可以积极调动政府相关部门、区县（自治县）人大、专业机构、专家学者的作用，协同一致做好评估工作。常委会法工委先后向万州区、渝中区、渝北区、江津区、忠县、秀山自治县人大常委会发函，请它们就本地区贯彻执行法规的情况进行专题调研和问卷调查，并起草了调研报告。《重庆市公路路政管理条例》项目小组还委托西南政法大学专家开展了文献分析和制度比较分析工作。同时，我们通过电台、报纸、网络等多种方式宣传法规的后评估活动，充分调动社会公众，特别是管理相对人参与后评估工作的积极性。三个项目小组专门针对管理相对人设计了调查问卷，《重庆市产品质量监督管理条例》后评估项目小组还在邀请管理相对人召开座谈会后，起草了相应的调研分报告。以上这些措施，保证了我们的评估工作得以顺利推进，并取得了良好效果。

（五）科学严谨、实事求是的工作作风，是做好后评估工作的关键

后评估工作是一项严肃认真的立法活动。搞好后评估，需要我们本着科学严谨、实事求是的工作作风，脚踏实地，深入基层，了解法规实施的真实情况，得出科学准确的评估结论。我们通过细致的问卷调查、实地调研、专题座谈、文献研究等方式收集信息，力求得来的数据真实、完整。其中《重庆市城乡居民最低生活保障条例》后评估小组先后赴5个市级部门、14个区县、25个乡镇和64个村社开展了实地调研，发放调查问卷1100余份；《重庆市公路路政管理条例》后评估小组先后赴渝西、渝东北、渝东南等19个区县（自治县）进行了实地调研，还针对区县路政管理机构、企业和个人、执法人员设计了三套调查问卷，采取定向发放、单位组织填写、网络问卷调查等方式，先后对25家路政管理机构、2550名服务对象和750名基层执法人员进行了问卷调查，收回了5000余份调查问卷；《重庆市产品质量监督管理条例》后评估小组先后赴8个区县进行了调研，通过质监系统、工商系统、人大系统在全市范围内开展了问卷调查，共收回问卷3500余份。调研期间，三个项目小组深入相关企事业单位、工厂企业，与管理相对人、普通群众进行面对面交流，随机抽查行政机关办理的案件，召开了30多场专题座谈会，参与人数达500余人，比较客观、全面地掌握了法规实施的相关情况，为最后形成科学的评估报告提供了可靠依据。

第三章

立法后评估报告

1. 全国人大常委会法工委关于《科学技术进步法》有关制度立法后评估主要情况的报告[*]

(2011年6月)

根据2010年全国人大常委会工作报告和全国人大常委会工作要点关于开展立法后评估试点工作的部署，法制工作委员会在全国人大教科文卫委员会、科技部以及其他有关部门和单位的积极支持和配合下，进行了《科学技术进步法》有关制度立法后评估试点工作。现将主要情况报告如下：

一 围绕建设创新型国家战略，确定评估对象和评估目的

《科学技术进步法》是促进科学技术进步，发挥科学技术第一生产力的作用，促进科学技术成果向现实生产力转化，推动科学技术为经济建设和社会发展服务的一部重要法律。这部法律自1993年颁布以来，对促进我国的科技进步发挥了重要作用。随着经济、社会发展，新任务的提出，新问题的出现，2007年十届全国人大常委会第三十一次会议对这部法律进行了修订。修订解决的主要问题，一是发挥科技人员的自主性、积极性和创造性，加大科技投入，整合科技资源；二是推动企业真正成为科技创新的主体，使科技成果真正转化为生产力。经与有关方面沟通协商，认真研究，结合全国人大常委会2010年度执法检查工作安排，围绕建设创新型国家战略，将《科学技术进步法》作为立法后评估试点工作的对象。同时，紧扣鼓励自主创新、促进科技进步、推动经济结构调整与经济发展方式转变的主题，选择2007年《科学技术进步法》修订的重点内容，同时又是科技界

---

[*] 此报告源自"中国人大网"，网址：http://www.npc.gov.cn/wxzl/gongbao/2011-09/16/content_1671754.htm，2013年12月10日访问。

和广大企业普遍关心的第二十条（见附件1—1.1）规定的财政性资金科技项目知识产权归属和使用制度以及第三十三条（见附件2—2.1）规定的鼓励企业增加研究开发和技术创新投入制度两项关键性制度，作为具体评估对象，开展评估工作。

评估工作的主要目的是，通过评估，加强和改进立法工作，提高立法质量，确保法律有效实施。一是对法律制度的设计进行评估。通过评估工作，了解法律制度设计是否科学、合理、可行，是否准确表达了立法本意，在实践中是否存在不同的理解以及其他问题，并根据发现的问题研究是否提出修改和完善法律制度的建议。二是对法律制度的执行情况进行评估。通过对法律实施情况的调查分析等评估工作，对法律制度的可操作性、实施效果等进行评估。客观分析与评价法律实施中存在的问题和不足，有针对性地提出推动法律制度进一步有效实施的建议。

二 扎实做好前期准备，按照评估方案积极开展评估工作

（一）充分准备，拟定评估工作方案

2010年上半年，法制工作委员会先后两次组织召开由十七个地方人大、国务院有关部门以及国内外专家参加的研讨会，围绕立法后评估工作涉及的问卷调查设计、评估工作步骤、评估结论的形成等进行研讨。相关人员分别参加了由路甬祥、陈至立副委员长率领的科学技术进步法执法检查组的活动，开展试调研工作。成立了由全国人大常委会法制工作委员会、全国人大教科文卫委员会、国务院法制办、科技部、教育部、财政部、工信部、国家税务总局等单位组成的立法后评估试点工作领导小组和工作小组。同时与科技部等有关方面就问卷调查的内容设计、发放范围、发放方式和实地调研的地区选择等多次进行沟通协商。

通过前期大量的准备工作，对于本次立法后评估工作的重点与难点做到了心中有数。在认真准备的基础上，就评估工作的组织实施、工作原则、工作方法、时间安排进行研究，拟定评估工作方案。

（二）确定评估工作的原则，确保评估工作的客观、公正与科学性

这次评估工作确定并遵循了以下工作原则：

1. 客观公正原则。坚持立法机关主导，法律实施主管机关配合，专业评估机构规范操作相结合。评估工作由法制工作委员会牵头，科技部配合，并吸收有关单位参与工作。同时，充分发挥专业评估机构的作用，运用专业、规范的方法开展问卷调查、实地调研、数据分析等具体工作，为评估结论的形成提供科学、客观的依据。

2. 科学规范原则。坚持定性分析和定量分析相结合。在借鉴国务院和地方人大常委会开展行政法规、地方性法规评估的做法以及国外立法后评估经验的基础上，采用科学、规范的方法，定性分析与定量分析相结合。通过文献研究、实地调研、问卷调查等方式收集大量信息资料，并运用专业工具进行数据分析。以此为基础作出科学的评估结论。

3. 公众参与原则。坚持社会公众参与和法律制度密切相关者参与相结合。注重公众参与，通过媒体发布消息，引导企业、科研机构、高等院校、科研人员及社会公众广泛参与评估工作。进行广泛的问卷调查，分别针对不同对象设计不同内容的问卷，既有针对普通公众的问卷，又有针对专业机构和专业人员的问卷。通过各种途径广泛收集第一手资料，为评估工作提供详实的基础数据。

4. 注重实效原则。坚持切实了解情况与问题和提出针对性的评估建议相结合。选择《科学技术进步法》中对于鼓励和促进企业进行科技创新具有重要作用并具有可操作性的关键制度。从实际需要出发，紧紧围绕评估目的设计相关调查问卷和调研提纲。严格按照评估方案确定的工作任务，分阶段、分步骤扎实完成评估工作。在认真研究评估结论和充分征求各方面意见基础上，针对评估发现的问题提出相关建议。

（三）按照确定的评估方法，精心组织实施

为了客观真实和全面系统收集《科学技术进步法》第二十条和第三十三条的信息和数据，本次评估工作采用专业评估机构的评估方法，按照文献研究、问卷调查、问卷调研、实地调研、有关部门和单位提交实施情况报告、实例分析等环节具体组织实施。

1. 文献研究。通过全国人大机关信息中心委托国家图书馆，搜集《科学技术进步法》修订以后报纸、杂志以及网络等媒体登载的相关资料，系统梳理相关法律制度产生的原因、针对的问题和制度设计的过程。

2. 问卷调查。一定数量的问卷调查是立法后评估工作的基础。针对与这两项法律制度实施关系密切的高等院校、科研机构、企业、科研人员、有关政府部门设计了三份调查问卷，针对社会公众设计了一份调查问卷，开发了网上问卷系统软件。四份问卷在全国人大、科技部、教育部、中国科学院、中国科协网站发布，全部实行网上在线填报和数据统计分析。问卷调查活动从 2010 年 10 月中旬开始，由科技部、教育部、国资委、工信部、中科院、中国科协等单位分别组织中央和地方科研机构、高等院校、国家高新技术产业开发区企业、民营科技企业、国有企业、中小企业以及科技人员填报。问卷调查活动历时一个半月。截至 2010 年 12 月 1 日，共收到问卷有效反馈 10386 份。其中就第二十条针对高校、科研机构、企业的问卷 1 有效反馈 1477 份；就第二十条针对科研人员的问卷 2 有效反馈 3606 份；就第三十三条针对企业的问卷 3 有效反馈 3505 份；针对社会公众的问卷 4 有效反馈 1798 份。

3. 问卷调研。按照东部、中部、西部各有代表性地方参加的原则，10 月中旬，法制工作委员会向北京、安徽、甘肃等 15 个地方人大发函，请地方人大协助组织当地税务部门填写针对《科学技术进步法》第三十三条设计的调研问卷。各地都反馈了问卷。

4. 实地调研。根据经济发展情况，综合考虑科研资源和企业分布情况，法制工作委员会与科技部联合组织 5 个调研组，于 11 月分赴江苏、吉林、青海等 9 个地方开展实地调研，了解地方贯彻实施《科学技术进步法》两项制度的情况。共召开 18 场、约 200 家科研单位和企业参加的专题座谈会，实地考察 10 多家企业，听取科技、财政、教育、税务等部门以及科研单位、企业、科技人员的意见和建议，形成了 9 份调研报告。

5. 情况报告。为了解与法律制度关系密切的部门和单位贯彻实施法律制度的情况，科技部、教育部和中国科学院三个单位分别提交了贯彻实施《科学技术进步法》第二十条规定制度的情况报告。

6. 实例分析。为了解有关地方、科研机构实施法律制度的有关情况，本次评估工作专门请科技部、教育部等单位提供本系统的地方、科研机构在法律制度实施过程中的具体情况，作为重点实例进行分析。

通过上述工作，收集了大量信息资料、意见和建议，获得了客观、详实的数据。经过专业化数据处理程序，对分类的数据进行了汇总、处理和分析，起草了《科学技术进步法》两项重要制度的评估报告稿。评估报告分为评估总报告、专题评估报告和评估支撑报告三个层次。报告稿经多次听取相关单位的意见和建议并根据这些意见和建议反复修改，各相关单位对评估报告的主要内容达成了共识。

三 《科学技术进步法》两项制度的评估情况

（一）《科学技术进步法》第二十条规定的财政性资金科技项目形成的知识产权授权项目承担者依法取得的制度

1. 制度目标

通过授权项目承担者依法取得财政性资金科技项目形成的知识产权的制度，调动项目承担者的研发积极性，鼓励创造知识产权，促进科技成果的转化，推动创新型国家战略的实施。

2. 实施情况

（1）各级政府积极采取措施，促进知识产权的保护和实施。一是加强财政性资金科技项目知识产权的管理。如科技部要求把专利权等知识产权的取得、保护和实施作为科技计划管理的重要内容；地方科技部门将知识产权的取得数量、成果转化情况等纳入项目执行情况检查范围等。二是采取灵活多样的措施促进财政性资金科技项目知识产权的实施。如财政部、科技部于2010年2月发布了《中关村国家自主创新示范区企业股权和分红激励实施办法》，在中关村自主创新示范区落实股权激励政策。到2010年底，有350家单位申请参加试点，47家单位的激励方案得到批复。科技部等实施"十城千辆""金太阳"等成果转化示范工程，建立"863计划"科技成果产业化基地，推动清洁能源汽车等科技计划成果的产业化运用。各级财政、科技、税务、银行等部门运用政府资助、科技贷款、知识产权质押等多种方式引导社会资本投入科技成果转化。

（2）项目承担者积极落实知识产权管理和实施规定。一是积极完善相关管理制度。问卷调查显示，81%的财政性资金科技项目承担单位包括高校、科研机构和企业都建立了知识产权管理制度。其中，绝大多数"211"高等院校制定了本院校的知识产权管理制度（见附件1—1.2）。二是积极实施财政性资金科技项目知识产权。问卷调查显示，91%的企业选择了自行实施知识产权；64%的科研机构自行实施知识产权，40%的科研机构转让或者许可使用知识产权；61%的高等院校转让知识产权，57%的高等院校许可使用知识产权，56%的高等院校自行实施知识产权（见附件1—1.3）。同时，80%以上的项目承担单位落实了激励科技人员成果转化的奖励政策。

3. 实施效果

（1）专利申请量和专利数量快速增长。一是国家科技计划和重大科技专项专利申请量和专利数量快速增长。2009年，国家"863计划""973计划""科技支撑计划"专利申请数量是2006年的5.7倍，获得授权的专利数量是2006年的5.9倍，其中发明专利申请量和授权量分别占总量的80%和70%左右（见附件1—1.4）。同时，上述三个计划制定技术标准的数量也保持稳步增长，2009年制定的技术标准数量是2006年的8.7倍。二是高等院校、科研机构等的专利申请量和专利授权数量大幅增长。2008年，高等院校、科研机构、机关团体职务发明专利申请量分别比2006年增长77.9%、81.7%、82.1%，职务发明专利授权量分别比2006年增长65.6%、54.5%、16.7%。中国科学院所属单位2007年专利申请数量为4424个，2009年上升为6222个（见附件1—1.5）。教育部直属高等院校2007年专利申请数量为15261个，2009年上升为23687个（见附件1—1.6）。

（2）实施转化效果显著。2009年，全国共有26104项财政性资金科技项目知识产权成果通过技术市场进行交易，成交额574.78亿元，比2008年增长17.7%。科研机构通过技术市场输出技术30925项，成交额191亿元，增长29.6%；高等院校输出技术31940项，成交额132.6亿元，增长13.8%。

（3）对法律制度的知晓度和认同度较高。在参加问卷调查的单位和个人中，约有80%的单位知道该条规定，其中高等院校为86%、科研机构为84%、企业为76%（见附件1—1.7）；57%的科研人员知道该规定。61%的科研单位和53%的科研人员认为该制度作用很大，仅有3%认为作用很小。关于作用很大表现在哪些方面，89%的科研单位认为主要是单位更加重视知识产权的申请和保护，76%的科研单位认为单位更加重视知识产权的实施（见附件1—1.8）；82%的科研人员认为该制度有利于项目成果得到知识产权保护，71%的科研人员认为有利于提高科研人员的积极性，70%的科研人员认为有利于项目成果的应用和推广（见附件1—1.9）。

4. 存在的主要问题

（1）对法律制度的个别内容存在不同理解。一是法律规定利用财政性资金科技项目形成的知识产权授权项目承担者依法取得，其中"项目承担者"是否包括个人？现实中存在项目成果由项目承担单位和个人共有的情况。从立法本意看，项目承担者是指与项目下达机构签订财政性资金科技项目合同的主体，既包括单位，也包括个人。二是法律规定项目承担者在合理期限内没有实施知识产权的，国家可以无偿实施或者许可他人实施，其中对如何界定"合理期限"有不同看法。问卷调查显示，34%认为合理期限为5年以上，27%认为合理期限为5年，7%认为合理期限为4年，12%认为合理期限为2年，20%认为对合理期限不应作具体规定（见附件1—1.10、1.11）。

（2）制度中的个别规定还未得到落实，相关配套措施还有待制定。如财政性资金科技项目的承担者在"合理期限"内没有实施相关知识产权的，国家可以无偿实施或者许可他人实施，但确定由国家无偿实施或者许可他人实施的机构、条件和程序不够明确；又如财政性资金科技项目承担者向项目管理机构提交知识产权实施和保护情况的"年度报告"的规定也未得到普遍落实。

（3）促进科技成果转化激励政策的落实仍存在若干体制机制性障碍。如财政性资金科技项目承担者实施知识产权所产生的利益分配，依照有关法律、行政法规的规定执行。但高等院校和科研机构在知识产权转让中普遍遇到国有资产管理等政策措施与鼓励科技成果转化制度衔接与配套不够、审批程序复杂，以及科研人员以知识产权出资入股或者企业职工以股权形式获得个人奖励时需要在获得实际收益之前缴税等问题，影响了科技成果的转化与应用。

（4）资金投入是影响科技成果转化的重要因素，科技成果转化具有较高的市场、技术风险等，需要相应的投融资机制与环境的支持。而当前科技成果产业化资金投入不足，多元化、多层次、多渠道的科技成果转化投入机制尚需完善。

（二）关于《科学技术进步法》第三十三条规定的鼓励企业增加研究开发和技术创新投入的制度

1. 制度目标

通过保障企业开发新技术、新产品、新工艺发生的研究开发费用可以按照国家有关规定税前列支并加计扣除，企业研究开发仪器、设备可以加速折旧以及鼓励企业对引进技术进行消化吸收和再创新等三项制度措施，激励企业加大研发投入，不断增强自主创新能力。

2. 实施情况

（1）制定配套文件，增强制度可操作性。一是国务院及其有关部门围绕鼓励企业增加研发投入及时出台配套文件，对法律规定进行细化，增强了制度的可操作性。国务院出台的《国家中长期科学和技术发展规划纲要（2006—2020年）》及其《实施〈国家中长期科学和技术发展规划纲要（2006—2009）〉的若干配套政策》对企业研发费用加计扣除、研发仪器设备加速折旧和技术引进消化吸收再创新等提出了明确要求。国家税务总局《企业研究开发费用税前扣除管理办法（试行）》（国税发〔2008〕116号）对研发费用加计扣除政策适用范围、具体办法等作了规定，为这两项制度的实施提供了具体、可操作的依据。二是截至2010年底，全国已有20个省（自治区、直辖市）及计划单列市就加计扣除政策出台了相关操作性文件。北京、重庆等地出台了技术引进消化吸收再创新的具体实施办法。

（2）建立健全相关工作机制，积极实施法律制度。一是，不少地方对相关部门在执行企业研发费用加计扣除制度中的责任与分工进行了明确，建立相应的工作机制。如上海市科委配合税务部门做好企业研发项目的鉴定工作，授权直属机构负责对市属企业的研发项目进行鉴定；四川省科技、国税、地税等三部门成立企业技术开发费用认定办公室，对"新产品、新工艺、新技术"进行界定，对实际发生的企业研发费用进行核查等。二是，各地采取多种措施支持企业对引进技术的消化吸收再创新。如北京市设立了"企业消化吸收与再创新"科技专项。辽宁省在企业技术中心专项资金和重大装备产品及高技术产品出口专项中，安排50%以上的资金支持企业重大技术装备国产化研制和引进技术消化吸收再创新项目。此外，为鼓励企业对引进技术进行消化吸收再创新，北京、山西、湖南、山东、青岛、大连等省市将消化吸收再创新形成的装备和产品纳入政府优先采购范围。调查问卷显示，在对引进技术进行消化吸收再创新过程中享受了优惠的企业中，有64%获得"消化资金补助"，24%获得"制定标准补贴"，22%获得"重大装备采购"（见附件2—2.2）。

（3）加大宣传培训力度，做好配套服务。各地普遍通过加强宣传培训，为企业享受制度优惠提供便利和帮助。各地普遍采取通过网站、报刊、电视台等媒体进行宣传，印发宣传册，召开各类宣讲会等形式，组织开展企业研发费用加计扣除制度的宣传培训工作。如上海市多渠道、多层次、多方式开展制度宣传和培训，充分发挥专业机构的作用，取得了良好的效果（见附件2—2.3）。问卷调查的3505家企业中，有80%以上的企业表示了解该制度（见附件2—2.4、2.5、2.6、2.7）。

3. 实施效果

（1）实施效果较好，成效逐步显现。从了解的情况看，研发费用加计扣除制度实施效果较好，引导和激励企业加大研发投入的成效已初步显现。调查数据显示，绝大多数地方均有一定数量的企业享受到优惠。根据本次评估对15个省市调研的结果，2008年共有1.2万多家企业享受加计扣除政策，2009年超过1.5万家，同比增长24.5%；企业少交所得税额2008年为94.4亿元，2009年为112.9亿元，同比增长19.6%（见附件2—2.8、2.9、2.10）。

（2）企业研发投入力度加大，对制度满意度高。调查问卷显示，在享受加计扣除政策的1200多家企业中，近80%表示享受政策后加大了研发投入力度。企业对制度实施效果的满意度普遍较高。调查问卷显示，在接受调查的4531家企业中，有23%表示非常满意，56%表示比较满意，二者合计占79%；表示不满意的仅占2%。东部、中部地区企业对政策效果满意度的评价高于西部地区。

4. 存在的主要问题

（1）享受研发费用加计扣除制度优惠的企业总数依然偏少，配套措施还不够完善。2008年除浙江（3052家）、上海（1858家）、江苏（1530家）、北京（1120家）外，其他省市均少于1000家；2009年，超过1000家企业的，仅新增安徽（1315家）、广东（1078家）和山东（1003家）三个地方。总体来看，东部发达地区落实情况较好，西部欠发达地区的落实情况欠佳。同时，评估表明，由于相关配套措施不够完善，影响企业享受优惠待遇。如一些企业反映，根据国税发〔2008〕116号文件，只有从事《国家重点支持的高新技术领域》或者《当前优先发展的高技术产业化重点领域指南（2007年度）》规定项目的研发活动支出才能纳入研发费用加计扣除范围，国税发〔2008〕116号与财企〔2007〕194号《关于企业加强研发费用财务管理的若干意见》规定的可加计扣除的企业研发费用范围不完全一致等，导致不少企业特别是中小型企业难以准确归集研发费用，降低了制度的普适性，影响法律制度的激励作用。

（2）研发仪器设备加速折旧和对引进技术进行消化吸收再创新制度实

施力度有待进一步加强。问卷调查显示，在接受调查的 3505 家企业中，有 62% 了解研发仪器设备加速折旧制度优惠（见附件 2—2.11、2.12），仅有 18% 表示享受了该项优惠（见附件 2—2.13）。在对引进技术进行消化吸收再创新过程中享受了制度优惠的企业中，大型企业享受比例明显高于中、小型企业，分别高出 11 和 19 个百分点；国有企业高于民营企业，大约高出 12 个百分点。实地调研中，广东、四川、黑龙江、青海等地反映，企业研发仪器设备加速折旧制度落实企业较少。在对引进技术进行消化吸收再创新方面，国家层面出台的配套措施多数属于指导性或者规划性，操作性不强。同时，科技规划纲要配套政策中规定的重大技术重大装备引进消化吸收再创新方案的咨询论证和审核机制等措施尚未普遍落实。

评估表明，《科学技术进步法》第二十条和第三十三条规定的两项制度立法意图明确，条款设计合理、可行，很有必要，对于明确财政性资金科技项目形成的知识产权归属，鼓励知识产权的实施，引导企业加大研究开发和技术创新投入，增强技术创新能力，促进科技进步，起到了明显的促进作用，总体实施效果是好的。同时，评估也发现，两项制度的部分规定在实施中存在配套措施与工作机制不够完善，个别条款中有关内容有待细化等问题。

四　有关建议

（一）关于财政性资金科技项目形成的知识产权授权项目承担者依法取得的制度

针对评估中发现的问题，提出以下建议：

1. 有关主管部门研究制定配套措施。一是采取措施，加强财政性资金科技项目知识产权的监督管理，落实项目承担者知识产权实施和保护情况的报告制度；二是对如何确定"合理期限"提出指导原则；三是明确国家自行实施或者许可他人实施项目知识产权的机构、条件与程序。

2. 研究完善科技成果转化的有关法律制度。近年来，一些全国人大代表提出修改完善促进科技成果转化法的建议，有关部门也在开展前期调研工作。为促进财政性资金科技项目知识产权的成果转化，建议适当时候修改完善促进科技成果转化法。

3. 完善高等院校及科研机构成果转化激励机制等与科技成果转化有关的配套政策。鼓励高等院校和科研机构积极探索科技成果转化的有效机制和建立技术转移的激励机制，完善财政性资金科技项目知识产权实施及其收益管理机制，落实对科技成果完成人员和为成果转化作出贡献人员的奖励措施。在总结中关村国家自主创新示范区有关简化国有资产管理程序和加大科研人员股权激励税收措施等试点工作经验的基础上，进一步研究完善相关政策措施。

4. 进一步建立健全财政性资金科技项目成果转化的多渠道投入机制。通过对在行业发展中起示范带动作用的财政性科技项目成果转化活动的支持，引导财政性资金科技项目知识产权的运用及产业化。积极采取股权投资、贷款贴息、以奖代补等多种方式支持和引导科技成果转化活动。充分发挥财政性资金投入的导向作用，推动建立政府、高等院校、科研机构、企业、金融机构以及科技中介服务机构共同参与的成果转化风险分担机制，引导全社会资本参与财政性资金科技项目的成果转化。

5. 全面落实财政性资金科技项目知识产权管理措施。进一步落实财政性资金科技项目指南编制、立项评审、项目执行和验收等各个阶段的知识产权工作内容。建立和完善财政性资金科技项目知识产权信息登记管理系统，建立知识产权信息发布、转让的机制。进一步明确财政性资金科技项目参与主体的管理职责，落实知识产权责任主体，完善知识产权管理措施。

（二）关于鼓励企业增加研究开发和技术创新投入的制度

针对评估中发现的问题，提出以下建议：

1. 完善加计扣除制度的配套措施，增强制度的操作性和执行力度。一是研究允许享受政策优惠的研发项目及研发费用范围，并进一步研究"新技术、新产品、新工艺"的范围和条件，扩大加计扣除制度的适用面。二是完善企业研发费用的认定标准和归集口径，简化认定程序，降低政策执行成本。三是进一步完善企业会计制度，借鉴现行企业会计准则中关于"研发支出"的相关内容，对中小企业有关研发费用的归集科目进行完善，以充分体现企业研发费用实际支出情况。

2. 梳理技术引进消化吸收再创新的相关规定，完善配套措施。一是研究制定在重大工程中对引进消化吸收再创新方案进行审查的办法，增强制度的可操作性；二是研究制定促进技术引进消化吸收再创新和自主制造的装备技术政策等配套措施。

3. 完善协调机制，解决实施中的问题。一是完善企业研究开发费用加计扣除的部门协调工作机制，简化企业申报研究开发费用加计扣除的工作程序，研究解决政策措施实施中的问题。二是加强国家层面在技术引进消化吸收再创新方面的组织协调，建立统筹机制。建立健全部门政策协调机制，加强产业、技术政策与引进消化吸收再创新政策的协调。

（三）其他建议

1. 加强法律实施监督，提高制度实施效果。为提高这两项制度的实施效果，特别是切实解决目前第三十三条制度在地方落实存在的不均衡状态，建议有关部门根据各自职责，加强对法律制度落实情况的监督、检查和指导，推动有关方面和地方完善相关配套措施。同时，通过召开制度落实研讨会、经验交流会等，交流法律制度落实中的好经验、好做法并及时总结和推广，对出现的问题及时研究解决，进一步推动两项法律制度的有效实施。

2. 加强宣传和培训力度，促进两项制度更好落实。《科学技术进步法》第二十条和第三十三条规定的两项制度，是鼓励科技创新活动，增强自主创新能力，建设创新型国家的重要举措。评估发现，仍有一些从事科技创新活动的主体和社会公众对这两项制度及其有关配套措施不熟悉，对有关规定理解不够准确。建议进一步采取措施，加强宣传和培训，扩大这两项制度在企业、高等院校、科研机构以及广大科技人员和社会公众中的影响，进一步提升其知晓度、认同度，更好地让企业、科研机构、高等院校以及广大科技人员理解好、享受到法律规定的优惠措施，从而实现立法目标。

附件：1.《科学技术进步法》第二十条相关统计图表和案例
2.《科学技术进步法》第三十三条相关统计图表和案例

附件1：

《科学技术进步法》第二十条相关统计图表和案例

1.1 《科学技术进步法》第二十条

利用财政性资金设立的科学技术基金项目或者科学技术计划项目所形成的发明专利权、计算机软件著作权、集成电路布图设计专有权和植物新品种权，除涉及国家安全、国家利益和重大社会公共利益的外，授权项目承担者依法取得。

项目承担者应当依法实施前款规定的知识产权，同时采取保护措施，并就实施和保护情况向项目管理机构提交年度报告；在合理期限内没有实施的，国家可以无偿实施，也可以许可他人有偿实施或者无偿实施。

项目承担者依法取得的本条第一款规定的知识产权，国家为了国家安全、国家利益和重大社会公共利益的需要，可以无偿实施，也可以许可他人有偿实施或者无偿实施。

项目承担者因实施本条第一款规定的知识产权所产生的利益分配，依照有关法律、行政法规的规定执行；法律、行政法规没有规定的，按照约定执行。

1.2 典型案例：清华大学加强知识产权管理

近年来，清华大学从国家自然科学基金、"863"计划、"973"计划、科技支撑计划、科技重大专项等国家级科技计划中获得的项目数和经费数连续多年居于全国高校前列。2010年全校科研经费已经超过30亿元，其中超过2/3来源于国家财政性科研资金。清华大学为提高知识产权工作质量，从课题申报到专利申请、保护的全过程都制定了管理制度和措施，知识产权管理体系已初具规模，将创新成果管理、专利管理、专利代理、专利服务有机结合起来，形成了完整的管理服务体系。出台了《清华大学保护知识产权规定》（1997年）、《清华大学关于促进科技成果转化的若干规定》（1999年）、《清华大学关于加强专利工作的若干意见》（2001年）、《清华大学关于促进科技成果转化奖励的管理细则》（2004年）、《清华大学申请专利及专利基金使用管理暂行规定》（2007）等基本制度。《科学技术进步法》修订发布后，清华大学新修订出台的重要知识产权制度包括《清华大学关于促进科技成果转化的若干规定》（2009年修订）等。这些制度措施具有针对性、有效性和可操作性。

清华大学还出台了相关激励措施，对以技术转让、专利委托等方式直接将职务科研成果提供给他人实施所获得的收益，学校享有15%，院系享有45%，奖励技术发明人团队40%，其中作出主要贡献的技术发明人不低于发明人团队奖励总额的50%；以技术资产入股方式对职务科研成果实施转化的，学校享有科研成果作价入股时股份的60%，奖励技术发明人团队40%，其中作出主要贡献的技术发明人不低于发明人团队奖励总额的50%。

清华大学全过程的知识产权管理工作，有效促进了知识产权的创造、运用和保护，为执行和落实《科学技术进步法》第二十条提供了好经验。

1.3 高校、科研机构和企业实施知识产权的方式

单位类型	占相应单位的比例（%）		
	自行实施	转让	许可使用
高等院校	55.9	60.9	57.0
科研机构	64.3	39.3	39.3
企业	90.6	7.3	13.1
其他	74.2	29.0	25.8

1.4 2006—2009年三个科技计划专利申请和授权数量增长情况

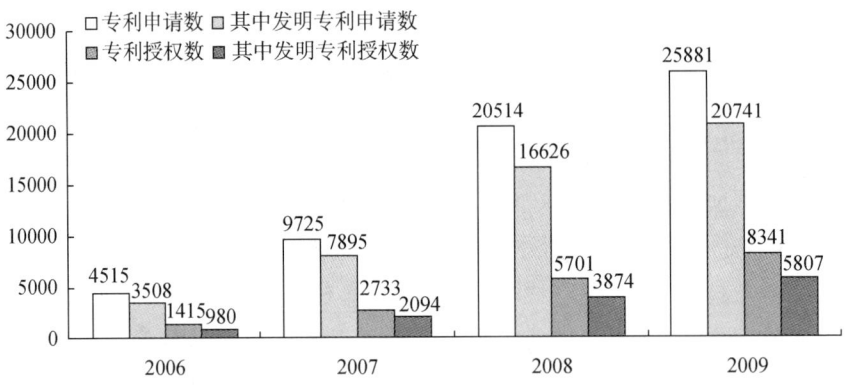

1.5 中科院所属科研机构专利申请和授权情况（2007—2009年）

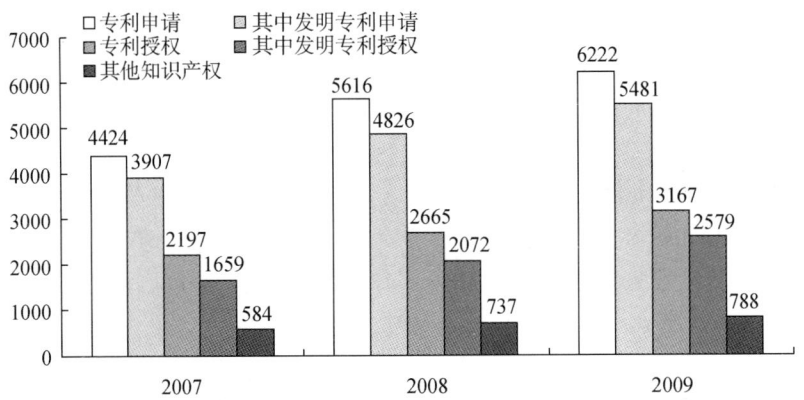

1.6 教育部直属高校知识产权申请和授权情况（2006—2009年）

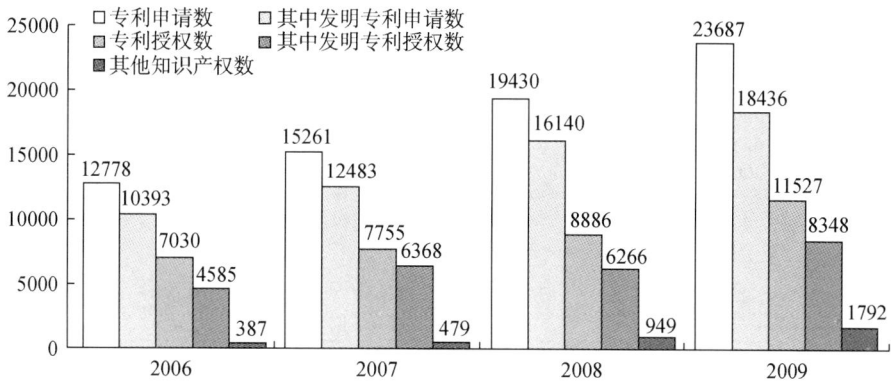

1.7 高校、科研机构和企业对《科学技术进步法》第二十条规定的了解情况

单位类型	占相应单位的比例（%）	
	了解	不了解
高等院校	86.0	14.0
科研机构	83.8	16.2
企业	76.0	24.0
其他	80.7	19.3

1.8 科研单位认为《科学技术进步法》第二十条发挥很大作用的表现情况

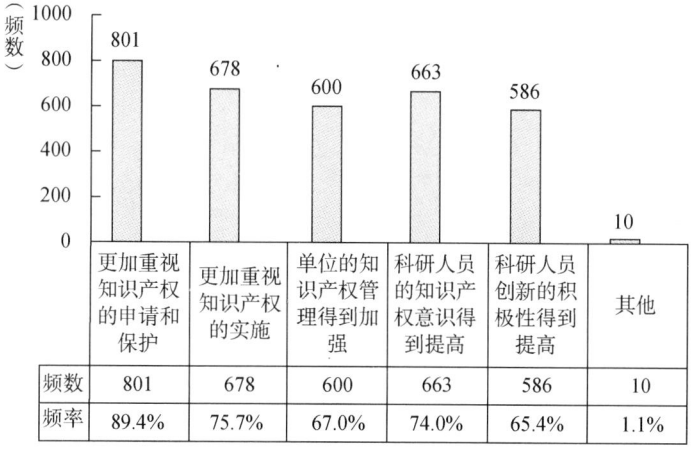

1.9 科研人员认为《科学技术进步法》第二十条发挥很大作用的表现情况

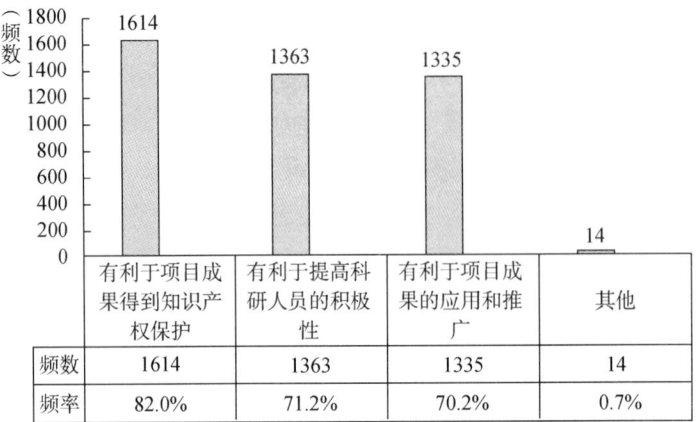

	有利于项目成果得到知识产权保护	有利于提高科研人员的积极性	有利于项目成果的应用和推广	其他
频数	1614	1363	1335	14
频率	82.0%	71.2%	70.2%	0.7%

1.10 调研单位对"合理期限"如何界定的意见情况

选项	频数	频率
2 年	424	11.78%
3 年	982	27.29%
4 年	260	7.23%
5 年以上	1222	33.96%
不应作具体规定	710	19.73%

1.11 调研单位对"合理期限"如何界定的意见情况（按单位性质统计）

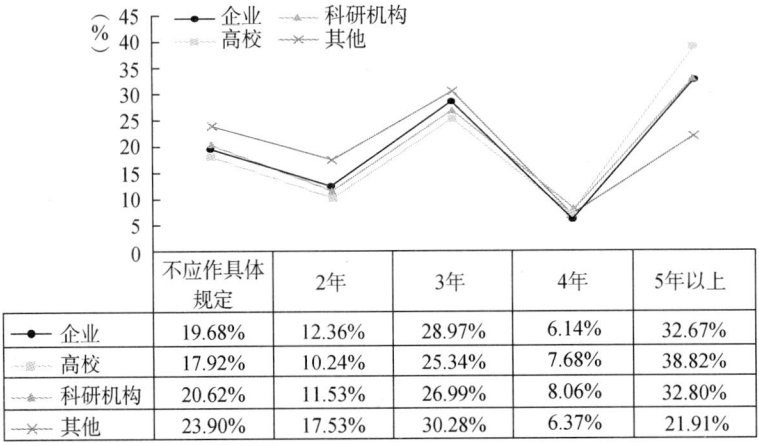

	不应作具体规定	2年	3年	4年	5年以上
企业	19.68%	12.36%	28.97%	6.14%	32.67%
高校	17.92%	10.24%	25.34%	7.68%	38.82%
科研机构	20.62%	11.53%	26.99%	8.06%	32.80%
其他	23.90%	17.53%	30.28%	6.37%	21.91%

附件 2：

《科学技术进步法》第三十三条相关统计图表和案例

2.1 《科学技术进步法》第三十三条

国家鼓励企业增加研究开发和技术创新的投入，自主确立研究开发课题，开展技术创新活动。

国家鼓励企业对引进技术进行消化、吸收和再创新。

企业开发新技术、新产品、新工艺发生的研究开发费用可以按照国家有关规定，税前列支并加计扣除，企业科学技术研究开发仪器、设备可以加速折旧。

2.2 调研企业在对引进技术进行消化吸收再创新方面获得制度支持的形式

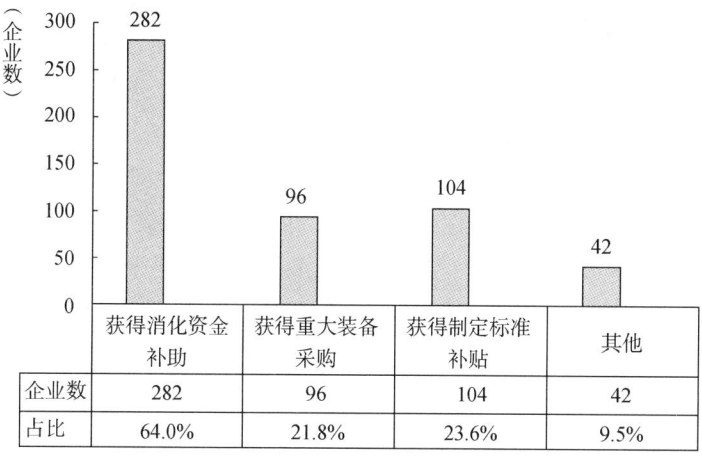

	获得消化资金补助	获得重大装备采购	获得制定标准补贴	其他
企业数	282	96	104	42
占比	64.0%	21.8%	23.6%	9.5%

2.3 典型案例：上海市加计扣除制度宣传培训与辅导

多渠道、多层次和多方式开展制度宣传和培训。一是在《解放日报》《文汇报》等八大报刊，上海热线网站，以及上海电视台、东方电视台和上海人民广播电台等政府主流媒体，连续数日宣传并刊登加计扣除政策和办理程序公告。二是税务部门连续两年向全市所有查账征收企业（20多万户）送达《关于企业研发费用税前扣除有关事宜通知》或《企业研发费用加计扣除事宜告知书》，将政策告知到每户企业。三是为保持加计扣除政策长期宣传，在上海税务网站专门开设专栏，公布政策文件和办理流程，提供政策讲解视频、常见问题解答和表格下载服务；依托12366咨询服务热线，为企业和市民做好及时解答；将政策和操作流程编制成册发放给企业。四是区县税务局和直属分局利用各自网站和服务大厅显示屏为企业提供加计扣除政策咨询、现场解答服务。五是组织编写《上海市企业研发费用加计扣除政策操作手册（试用版）》，供企业从事实践操作的相关研究、管理人员，以及政府科技、税务等工作人员参考。

充分发挥专业机构的支撑作用，服务内容丰富细致、形式灵活多样。在市科技、税务等相关部门的指导和支持下，上海市高新技术成果转化服务中心（以下简称转化中心）充分发挥专业服务机构功能，通过"一门式"服务等方式，广泛开展加计扣除制度宣讲和辅导活动。仅2007年至2008年上半年间，转化中心就组织了与加计扣除政策相关的宣讲会和培训会197场，实际到会的企业代表共2.23万人次，范围遍及全市16个区县。转化中心还充分依托设在各区县、大企业集团、高校科研机构以及高新技术园区内的39个联络站，深入各单位所属企业组织政策培训，同时积极与市科技创业中心、市政协科技促进会、技术交易所、研发公共服务平台、市总工会职工技协等30多家机构联动，共同组织对各自网络企业的政策宣传，构建起了面向全市的政策宣传培训组织体系。此外，针对企业在政策理解和操作过程中存在的各种"个性化"问题，转化中心积极探索各种灵活多样、更贴近企业需求的培训形式。如从2007年开始，把每个月第三周的星期四定位为"定时定点的政策培训日"，每次安排一场加计扣除政策专题讲课；组织政策培训小分队，开展"预约上门的政策培训"；针对企业财务人员，组织开展专业人员的专题培训。

2.4 调研企业了解研发费用税前加计扣除政策情况

选项	频数	频率
是	2871	81.91%
否	634	18.09%

否,634, 18.09%
是,2871, 81.91%

2.5 调研企业了解研发费用税前加计扣除政策情况（按企业性质统计）

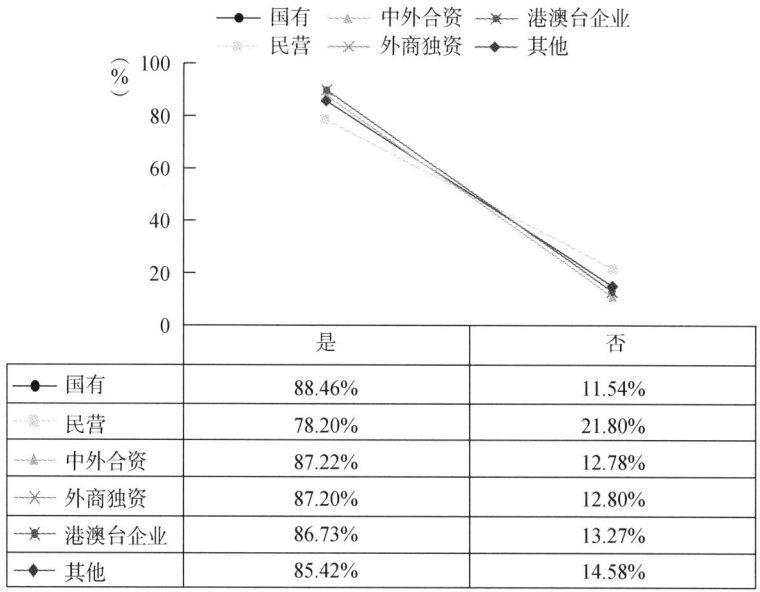

	是	否
国有	88.46%	11.54%
民营	78.20%	21.80%
中外合资	87.22%	12.78%
外商独资	87.20%	12.80%
港澳台企业	86.73%	13.27%
其他	85.42%	14.58%

2.6 调研企业了解研发费用税前加计扣除相关政策文件情况

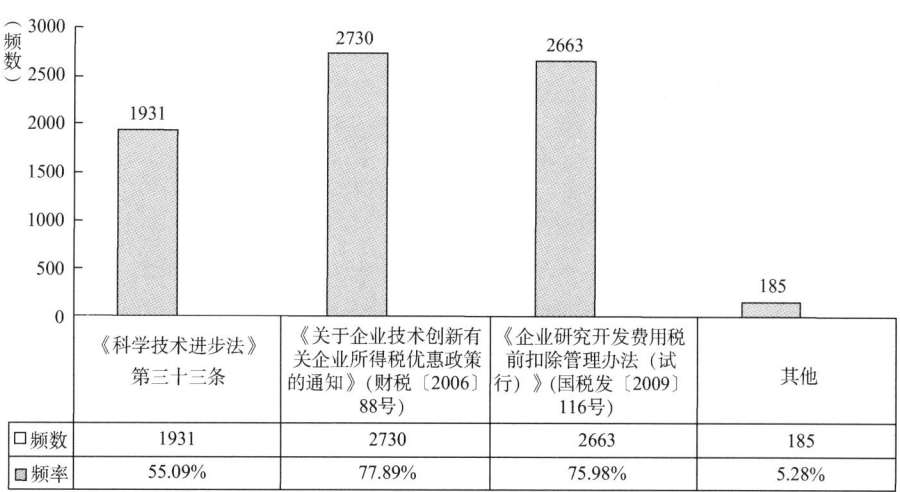

	《科学技术进步法》第三十三条	《关于企业技术创新有关企业所得税优惠政策的通知》（财税〔2006〕88号）	《企业研究开发费用税前扣除管理办法（试行）》（国税发〔2009〕116号）	其他
频数	1931	2730	2663	185
频率	55.09%	77.89%	75.98%	5.28%

2.7 调研企业了解研发费用税前加计扣除相关政策文件情况（按企业性质统计）

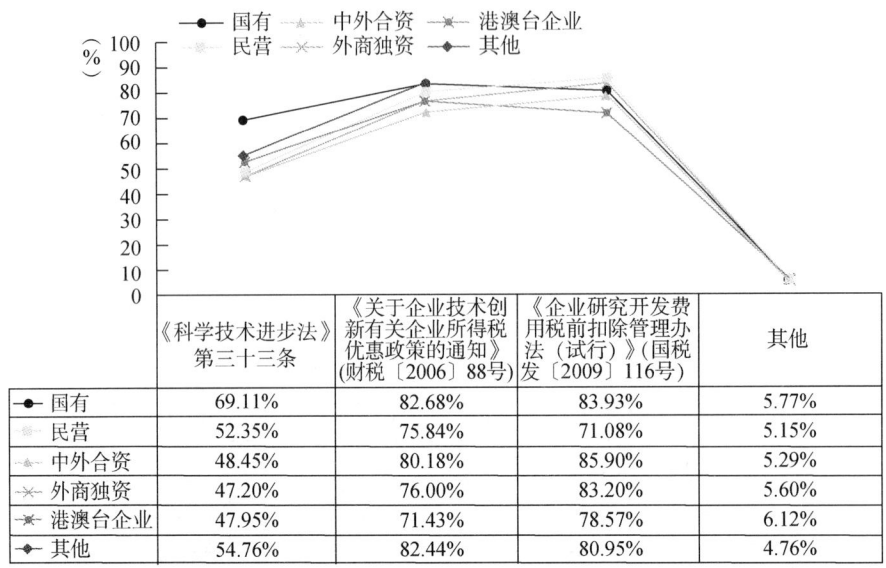

	《科学技术进步法》第三十三条	《关于企业技术创新有关企业所得税优惠政策的通知》（财税〔2006〕88号）	《企业研究开发费用税前扣除管理办法（试行）》（国税发〔2009〕116号）	其他
国有	69.11%	82.68%	83.93%	5.77%
民营	52.35%	75.84%	71.08%	5.15%
中外合资	48.45%	80.18%	85.90%	5.29%
外商独资	47.20%	76.00%	83.20%	5.60%
港澳台企业	47.95%	71.43%	78.57%	6.12%
其他	54.76%	82.44%	80.95%	4.76%

2.8 2008—2009年全国15个省（市）实施《科学技术进步法》第三十三条企业研发费用税前加计扣除制度有关情况统计表

统计项省（市）	享受税收优惠的企业数（个） 2008年	享受税收优惠的企业数（个） 2009年	占税务部门查账征收企业总数的比例（2009年）	加计扣除额（按150%算）（亿元） 2008年	加计扣除额（按150%算）（亿元） 2009年	少交税额（亿元） 2008年	少交税额（亿元） 2009年
北京	1120	1287	0.33%	78.71	114	2.97	3.59
辽宁	557	548	0.4%	12.9	14.3	2.93	3.05
吉林	284	276	0.29%	55.9	59.3	2.7	2.7
黑龙江	66	77	0.1%	20.68	28.42	2.73	3.38
上海	1858	2738	0.69%	364.3	548.4	30.4	34.3
江苏	1530	2230	0.63%	147.0	213.9	12.25	18.08
浙江	3052	3158	—	112.95（国税）	125.97（国税）	14.73	17.2
安徽	916	1315	1.14%	47.22	68.29	3.12	4.56
山东	918	1003	—	63.12	70.17	5.27	5.85
湖北	669	970	0.28%	33.8	40.6	0.29（地税）	0.44（地税）

续表

统计项省（市）	享受税收优惠的企业数（个）		占税务部门查账征收企业总数的比例（2009年）	加计扣除额（按150%算）（亿元）		少交税额（亿元）	
	2008年	2009年		2008年	2009年	2008年	2009年
广 东	956	1078	0.41%	66.22	89.53	8.92	10.58
四 川	289	547	0.37%	79.56	87.09	6.24	6.86
陕 西	166	216	0.3%	10.28	16.99	0.86	1.42
甘 肃	73	73	0.15%	3.98	4.38	0.85	0.76
青 海	10	6	0.05%	2.09	1.8	0.18	0.15
合 计	12464	15522		1099.21	1483.14	94.44	112.92

2.9 2008—2009年全国15个省（市）享受加计扣除制度优惠企业数分布情况

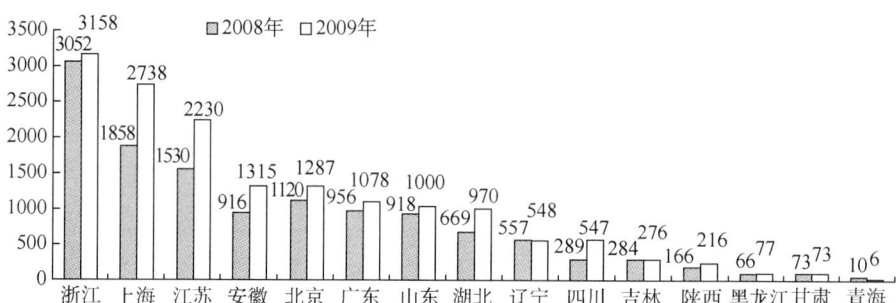

2.10 2008—2009年全国15个省（市）企业享受加计扣除制度实际少缴税额数分布情况

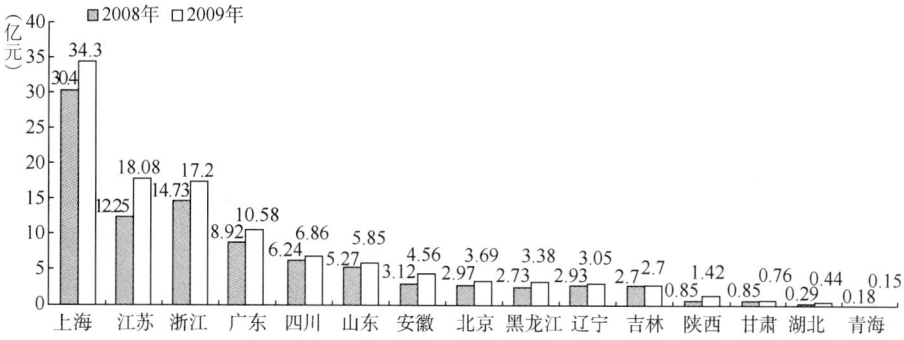

2.11 调研企业了解科研设备仪器加速折旧政策情况

选项	频数	频率
是	2168	61.85%
否	1337	38.15%

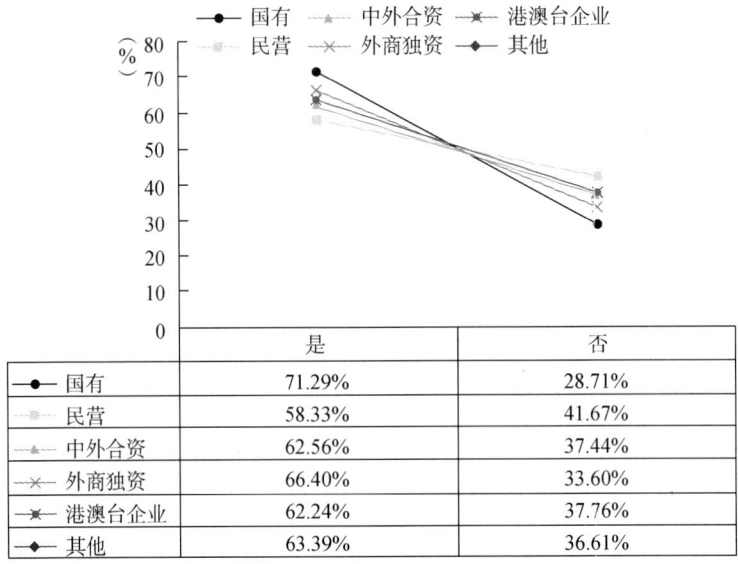

2.12 调研企业了解科研设备仪器加速折旧政策情况（按企业性质统计）

	是	否
国有	71.29%	28.71%
民营	58.33%	41.67%
中外合资	62.56%	37.44%
外商独资	66.40%	33.60%
港澳台企业	62.24%	37.76%
其他	63.39%	36.61%

2.13 调研企业享受科研仪器设备加速折旧政策情况

选项	频数	频率
是	644	18.37%
否	2861	81.63%

2. 全国人大常委会法工委关于《农业机械化促进法》有关制度立法后评估主要情况的报告[*]

（2011年6月）

根据2010年全国人大常委会工作报告和全国人大常委会工作要点关于开展立法后评估试点工作的部署，法制工作委员会在全国人大农业与农村委员会、农业部的积极支持和配合下，进行了《农业机械化促进法》有关制度立法后评估试点工作。现将主要情况报告如下：

一 围绕巩固和加强农业基础地位、促进农业现代化，确定评估对象和评估目的

《农业机械化促进法》是鼓励、扶持农民和农业生产经营组织使用先进适用的农业机械，推动农业机械化，建设现代农业的一部重要法律。这部法律自2004年颁布以来，对促进农业机械化和农业现代化的发展发挥了重要作用。经与有关方面沟通协商，认真研究，将《农业机械化促进法》作为立法后评估试点工作的对象。同时，紧扣推动农业现代化进程、促进农业机械化的主题，选择了与广大农民和农机户利益密切相关的第二十一条关于鼓励农业机械跨区域作业服务、第二十七条关于对农民和农业生产经营组织购买先进适用的农业机械给予补贴、第二十八条关于对农业机械生产作业用燃油安排财政补贴三项关键性制度（见附件1），作为具体评估对象，开展评估工作。

评估工作的主要目的是，通过评估，加强和改进立法工作，提高立法

---

[*] 此报告源自"中国人大网"，网址：http://www.npc.gov.cn/wxzl/gongbao/2011-09/16/content_ 1671754.htm，2013年12月10日访问。

质量，确保法律有效实施。一是对法律制度的设计进行评估。通过评估工作，了解三项法律制度设计是否科学、合理、可行，是否准确表达了立法本意，在实践中是否存在不同的理解以及其他问题，并根据发现的问题研究是否提出修改和完善法律制度的建议。二是对法律制度的执行情况进行评估。通过对法律实施情况的调查分析等评估工作，对三项法律制度的可操作性、实施效果等进行评估，客观分析与评价法律实施中存在的问题和不足，有针对性地提出推动法律制度进一步有效实施的建议。

二 扎实做好前期准备工作，按照评估方案积极开展评估工作

（一）充分准备，拟订评估工作方案

为确保评估工作顺利开展，扎实做好前期准备工作。2010年上半年，法制工作委员会先后两次组织召开由十七个地方人大、国务院有关部门以及部分国内外专家参加的研讨会，围绕立法后评估工作涉及的问卷调查设计、评估工作步骤、评估结论的形成等进行研讨；与农业部等有关方面就评估对象的选择、评估工作的组织实施、评估方法、工作原则、问卷调查的内容设计、发放范围、发放方式和实地调研的地区选择以及时间安排等多次进行沟通协商。在认真准备的基础上，拟定了《农业机械化促进法》有关制度立法后评估试点工作方案。

（二）确定评估工作原则，确保评估工作的客观、公正与科学性

这次评估工作确定并遵循了以下工作原则：

1. 客观公正原则。坚持立法机关主导，法律实施主管机关配合，专业评估机构规范操作相结合。评估工作由法制工作委员会牵头，农业部配合。同时充分发挥专业评估的作用，运用专业、规范的方法开展问卷调查、实地调研、数据分析等具体工作，为评估结论的形成提供科学、客观的依据。

2. 科学规范原则。坚持定性分析与定量分析相结合。在借鉴国务院和地方人大常委会开展行政法规、地方性法规评估的做法以及国外立法后评估经验的基础上，采用科学、规范的方法，定性分析与定量分析相结合。通过文献研究、实地调研、问卷调查等方法收集大量信息资料，并运用专业工具进行数据分析。以此为基础作出科学的评估结论。

3. 公众参与原则。坚持公众参与和法律制度密切相关者参与相结合。注重公众参与，进行广泛的问卷调查，分别针对不同对象设计不同内容的问卷，既有针对普通公众的问卷，又有针对农机户和农机企业的问卷。通过各种途径广泛收集第一手资料，为评估工作提供详实的基础数据。

4. 注重实效原则。坚持切实了解情况与问题和提出针对性的评估建议相结合。选择《农业机械化促进法》中对于促进农业机械化具有重要作用并具有可操作性的关键制度。从实际需要出发，紧紧围绕评估目的设计相关调查问卷和调研提纲。严格按照评估方案确定的工作任务，分阶段、分步骤扎实完成评估工作。在认真研究评估结论和充分征求各方面意见基础上，针对评估发现的问题提出相关建议。

（三）按照确定的评估方法，精心组织实施

为了客观真实和全面系统地收集《农业机械化促进法》第二十一条、第二十七条和第二十八条的信息和数据，本次评估工作采用专业评估方法，按照文献研究、问卷调查、实地调研、有关单位提交实施情况报告等环节具体组织实施。

1. 文献研究。通过全国人大机关信息中心委托国家图书馆，搜集报纸、杂志以及网络等媒体登载的相关资料，系统梳理相关法律制度产生的制度需求、针对的问题和制度设计的过程、法律实施后社会的反映等信息。

2. 问卷调查。针对相关的农机企业、农机户、农机合作社、政府主管部门、高校和科研机构、社会公众等调查对象，设计了三套调查问卷。针对社会公众问卷实行在线填报；针对农机户问卷和农机企业问卷则分别由农机主管部门和农机工业协会发放。问卷调查活动从 2010 年 12 月上旬开始。一是由农业部向 15 个省级农业机械化管理局发函，协助组织农机户填写调查问卷；二是由中国农业机械化协会发函，组织农机企业填写调查问卷；三是在中国农业机械化信息网上发出通知和问卷，请从事相关工作的同志及社会公众在网上填写。问卷调查活动历时 1 个月。截至 2011 年 1 月 10 日，共收到 6358 份有效反馈，其中针对农机户、农机合作社的问卷 1 的有效反馈 3884 份；针对农机企业的问卷 2 的有效反馈 100 份；针对社会公众的问卷 3 的有效反馈共 2374 份。

3. 实地调研。按照地域特点、农机化作业程度、农机生产企业分布状况，法制工作委员会与农业部组织两个调研组，于 2011 年 1 月赴山西、江苏等地开展实地调研。召开了4次专题座谈会，深入3家企业、5家农机合作社、1家农机大户开展实地考察，听取地方农机管理部门、农机企业、农机合作社、农机大户的意见和建议。实地调研后形成了两份调研报告。

4. 情况报告。为了解与法律制度关系密切的政府主管部门贯彻实施法律制度的情况，本次评估工作专门安排由山西、江苏两省的农机主管部门分别提交了贯彻实施相关制度的情况报告。

通过上述工作，收集了大量的信息资料、意见和建议，获得了客观、详实的数据。经过专业化的数据处理程序，对分类的数据进行了汇总、处理和分析，起草了《农业机械化促进法》三项重要制度的评估报告稿。报告稿经多次听取相关单位的意见和建议并根据这些意见和建议反复修改，相关单位对评估报告的主要内容达成了共识。

三　《农业机械化促进法》三项制度的评估情况

（一）《农业机械化促进法》第二十一条规定的农业机械跨行政区域作业制度

1. 制度目标

《农业机械化促进法》第二十一条规定国家鼓励跨行政区域开展农业机械化作业服务，旨在推动农业机械社会化服务，提高农业生产效率，保证农业的丰产丰收。

2. 实施情况

（1）各级政府及其部门出台配套文件，增强制度的可操作性。一是，2004年9月国务院公布实施《收费公路管理条例》，该条例第七条第二款中明确规定，"进行跨区作业的联合收割机、运输联合收割机（包括插秧机）的车辆，免交车辆通行费"。这是对《农业机械化促进法》第二十一条内容的进一步具体化。二是，农业部及时修订《联合收割机跨区作业管理办法》，部分省、市相继配套出台或者修订了适用于本行政区域的相关管理办法，如《陕西省联合收割机跨区作业经纪人管理办法》《江苏省联合收割机跨区作业管理有关规定》等。这些文件进一步明确了农机部门、交通部门、公安部门在农机跨区作业的具体职责和对参加跨区作业机具、中介的具体管理措施。2007年，农业部、国家发展和改革委员会、公安部、交通部等联合出台了《关于做好农机跨区作业工作的意见》，进一步明确了促进农机跨区作业的一系列政策措施。

（2）有关部门积极组织跨区作业工作，全面贯彻落实法律制度。一是加强组织领导。农业部每年都针对跨区作业的实际发展情况和需求，及时调整工作重点，并发布年度《关于做好农机跨区作业工作的通知》，明确规定各级农机管理部门的工作要求；每年制定《全国农业机械化生产月历》和《农业机械化生产信息报送制度》，及时组织"三夏"小麦跨区机收启动仪式等重大活动，并派出工作组赴主产区开展督导。同时，各地农机管理部门也把推动跨区作业作为重要内容，提早筹划，周密部署。各粮食主产省的政府成立了"小麦跨区机收工作领导小组"，统一协调领导小麦跨区机收工作，各市县均成立了相应机构，强化了组织保障。二是注重部门联动。地方农机部门每年设立2800多个跨区机收接待服务站开展接待、信息、技术、安全等服务，公布24小时值班电话，随时为农机手和农户提供信息咨询并解决问题。中央气象台和地方气象部门加强天气监测预报和预警，及时将天气信息以短信形式发送给农机手。公安交管部门护送作业队转移，并确保道路畅通。交通部门开通绿色通道，积极落实农机跨区作业免费通行措施。发展改革部门强化价格监督检查，打击非法哄抬价格行为。石油石化企业加强资源储备和调配，保障农机用油，并积极送油到田。三是强化作业市场信息服务。农业部和各级农机管理部门通过各种平台有效连接作业市场的供需主体，以减少跨区作业中的无序流动。农业部通过中国农机化信息网"农机跨区作业服务直通车"系统，免费为农机跨区作业服务双方提供供需信息交流和配对平台。各级农机管理部门通过发布公告、作业指南、致农机手的一封信等形式，指导农民和农机手有效地开展农业机械化生产。四是重视新闻宣传。农业部编发《跨区机收工作动态》，及时向有关领导和新闻媒体通报。各地和主要媒体注重宣传跨区作业在帮困助贫、抗灾救灾夺丰收、促进农民增收等方面取得的成效，宣传推动农机跨区作业的典型事迹。每年"三夏"跨区作业高峰期间，新华社、人民日报、中央电视台等主流媒体报道"三夏"跨区机收近100篇次，为跨区作业营造了良好的舆论氛围。

3. 实施效果

（1）参加跨区作业机具保有量快速增长。目前参加跨区作业的机具保有量达40万台左右，带动了全国联合收割机保有量迅速增长（见附件2图1）。2010年全国各类联合收割机保有量为99.2万台，是2005年的2.08

倍,是 1978 年的 52.22 倍(见附件 2 图 2);2005 年至 2010 年全国各类联合收割机保有量年均增长率为 16.12%,而《农业机械化促进法》制定以前的 2000 年至 2004 年 5 年间年均增长率仅为 12.35%,年均增速比前 5 年高 3.77 个百分点。

(2)跨区作业内容不断拓展。由于跨区作业的推动,小麦机收水平 2009 年达到 86.07%,有力地保证了小麦的丰产丰收。近年来,小麦跨区机收面积增幅有所放缓,但水稻、玉米的跨区作业面积增加迅速(见附件 2 图 3)。2009 年全国跨区机收水稻面积达 5985.52 千公顷,是 2004 年的 1.96 倍;2009 年全国跨区机收玉米面积达 989.63 千公顷,是 2004 年的 11.58 倍。此外,跨区农机插秧、机耕也迅速发展。

(3)经济效益和社会效益显著。主要表现在以下几个方面:一是"抢农时",保丰收。跨区作业的开展,减少了对人力的依赖,大大提高了农忙时期的农业生产进度,抢收抢种,为保障粮食丰收起到了巨大作用。2010 年"三夏"期间,高峰期日收获小麦 2700 万亩,麦收时间比上一年缩短 4 天,为夏粮丰收作出了突出贡献。二是减少粮食损失。联合收割机收获小麦、水稻可减损 3% 左右。2004—2010 年 7 年间,累计有 280 万台收割机投入"三夏"麦收,较人工收获累计减少损失 372 亿斤。三是减少农民人工成本。在农业劳动力成本不断上升的背景下,机械作业的成本比人工作业成本平均每亩要低 30—40 元。2009 年,由于跨区作业的开展,全国农业生产节约人工成本在 90—120 亿元之间。四是增加农机户收入。2009 年,全国从事农机作业服务的专业户人数约 610 万,当年农机户获得的跨区作业收入达 1512 亿元,人均获得收入 2.48 万元。五是保障农业劳动力有序转移。由于跨区作业的开展,为外出打工的农民解除了后顾之忧。上个世纪末农民工在"三夏"时期大规模返乡参加抢收抢种的现象目前已不复存在。

(4)农机户和社会公众满意度较高。一是,对农机户、合作社问卷(问卷 1)的统计结果表明,在 3884 个调研对象中,有 48.43% 表示国家关于农机跨区作业有关规定和政策措施"有很大作用",有 48.53% 表示"有一定的作用",两者合计占 96.96%;表示"基本没有作用"的仅占 3.04%。二是,对于参加跨区作业对自己收入影响的问题,有 41.58% 的调查对象表示"收入大幅度增加",有 47.12% 表示"收入有小幅度增加",两者合计占 88.70%;认为"基本没影响"的仅占 11.30%。

4. 存在的主要问题

（1）免费通行的车辆范围有待扩大。近年来，由于跨区作业内容不断延伸，大中型拖拉机开展中短距离跨区机耕、机播、植保和其他作业的逐渐增多。被调研农机户认为，应当对直接从事跨区作业的大中型拖拉机和联合收割机一视同仁，免收过路过桥费。

（2）农机户在跨区作业中存在加油难的问题。主要表现为：作业区加油站较少，加油不够便利，一些加油站要求农机户必须将农机开到加油站才能加油，不允许带桶加油，农机长距离往返加油站和作业地块，耽误作业进度；在成品油调价关口，部分油站囤积惜售柴油，对0#柴油实行限量供应，农机即使排长队也难加到油；有些非中石化、中石油设立的社会加油站存在加价销售农用柴油行为。

（二）《农业机械化促进法》第二十七条规定的购买农业机械补贴制度

1. 制度目标

调动购买农机的积极性，优化我国农机装备结构，加大先进适用的农机推广应用力度，促进农机工业结构调整和技术进步，提升我国农业机械化水平和质量。

2. 实施情况

（1）制定具体操作办法，不断完善操作程序。一是，2005年2月，财政部、农业部联合发布了《农业机械购置补贴专项资金使用管理暂行办法》，各地也陆续制定了有关农业机械购置补贴专项资金使用管理的办法。二是，农业部、财政部每年联合发布年度《农业机械购置补贴实施指导意见》，对农机购置补贴的适用范围、补贴机具及标准、补贴对象等提出明确要求。三是，各省（自治区、直辖市）每年也在农业部、财政部发布的指导意见的基础上，根据本地实际，制定具体实施方案。

近年来，在实践中逐渐形成以下五项具体制度：一是补贴机具实行目录制。在企业自主申报的基础上，将先进适用、技术成熟、安全可靠、节能环保、服务到位的列入国家或者省级支持推广目录的产品纳入补贴范围。二是资金集中支付制。补贴专项资金只拨到省级财政部门。农民在购机时，只交纳扣除补贴金额后的差价款即可提货。农业机械管理部门逐台核实、汇总实际补贴金额，报省级财政部门统一与供货方结算，集中支付。三是受益农户公示制。县级农业机械管理部门按照规定的方法和程序，初定受益者名单后，要张榜公示，接受社会和群众监督。四是管理实行监督制。行使补贴职能的执行主体要接受社会、不同部门和系统内部的监督。同时，建立农机购置补贴档案。五是绩效实行考核制。对于不按规定操作，出现违规问题的地区进行通报，并暂停或者调减资金规模。对于不认真履行承诺的企业，及时取消目录内产品的补贴资格。

（2）持续加大补贴力度，补贴范围不断扩展。一是财政补贴资金规模逐年大幅增加。由2004年的7000万元，增加到2010年的155亿元（见附件2图4），7年共计投入补贴资金354.7亿元。二是实施范围不断扩大。由2004年16个省的66个粮食主产县，逐步扩大到目前覆盖全国所有农牧业县（场）（见附件2图5）。三是补贴机具种类不断增加。由2004年的"六机"扩大到2011年的12大类46小类的180个品目。四是补贴对象逐步扩大。由农民、直接从事农机作业的组织，扩大到农牧渔民、直接从事农机作业的组织以及部分专业合作社等。五是补贴标准有所提高。在坚持总体补贴比例不超过30%的基础上，对特殊地区和部分机具适当提高了补贴标准。

（3）完善监督措施，强化监管力度。一是，为确保农业机械购置补贴政策的顺利实施，国务院提出了"三个严禁"的要求，即：严禁采取不合理政策保护本地区落后生产能力，严禁强行向购机农民推荐产品，严禁借国家扩大农机具购置补贴之机乱涨价。二是，农业部、财政部制定年度《农机购置补贴政策落实监督检查方案》，并不定期开展专项检查和重点抽查。三是，农业部每年派出督察小组到重点省份开展补贴政策落实情况的督察，各省（市、区）也各自派出督察小组进行督察。四是，财政部于2011年2月下发《关于切实加强农机购置补贴政策实施监管工作的通知》（财农〔2011〕17号），要求各级财政部门特别是基层财政部门积极履行职责，切实加强对农机购置补贴的监管工作。

（4）加强宣传力度，营造良好环境。一是，农业部和财政部每年年初在主要媒体发布农机购置补贴政策信息，回答社会关注的问题，向社会公开补贴政策内容、程序、要求以及实施情况等。二是，各地广泛利用广播、电视、网络等媒体宣传补贴政策，采取张贴公告到村、发放指南到户、发送手机短信到人等方式，使补贴政策家喻户晓。

3. 实施效果

农机购置补贴制度从2004年实施以来至2010年，中央财政累计投入农机购置补贴资金354.7亿元,带动地方和农民投入约1187亿元,补贴购置农机具1108万台(套),直接受益农户达到925万户。农机购置补贴制度的实施对提高我国农业机械化装备水平、优化装备结构、加快农机化发展进程、促进农业稳定发展和农民持续增收等发挥了重要作用,同时也扩大了内需,带动了农机工业振兴,促进了我国经济平稳较快发展。

(1)提升了农业机械化装备水平,促进了农业机械化装备结构的改善。2005年至2009年5年间,农机总动力年均增速达6.40%,高于《农业机械化促进法》实施前五年(2000—2004年)的5.59%。其中大中型拖拉机保有量年均增速高达28.01%(见附件2图6),远高于前五年的7.37%;插秧机保有量年均增速达31.32%,远高于前五年的9.05%;玉米联合收割机保有量年均增速高达70.20%,远高于前五年的27.19%。

(2)加快了农业机械化进程,促进了农业科技进步。2009年全国种植业耕种收综合机械化水平达到49.13%,比2004年提高了14.81个百分点。2005年至2009年5年间,全国耕种收综合机械化水平年均提高2.96个百分点,而2000—2004年年均增幅仅为0.54个百分点(见附件2图7)。据初步统计,2010年我国种植业耕种收综合机械化水平超过52%,实现了我国农业生产方式从以人力为主向以机械动力为主转变的历史性跨越。

(3)推动了农业生产方式转变,促进了农业稳定发展、农民持续增收。在农机补贴政策推动下,农业机械广泛应用,农业机械化发展质量稳步提升,促进了农业生产规模化、标准化、集约化和产业化,提高了土地产出率、劳动生产率和资源利用率,既减轻了农民劳动强度,改善了农民生产生活条件,又降低了农业生产成本,提高了农产品产量和质量。

(4)拉动了农村需求,促进了农机工业发展。一是,在农机购置补贴政策的刺激下,2004年以来,农民购置农业机械的潜在需求得到极大释放。有52.94%的调查样本表示,"本来没打算买,因为有补贴所以买了或者最近想买";有28.42%的样本表示"本来就打算买,但有了补贴多买了1台(或几台)",两者合计81.36%。2009年全国农民个人投入用于农业机械购置的资金达452.8亿元,是2004年的1.9倍。二是,农民购机需求的释放,带动了农机工业持续稳定快速发展。2004—2009年,规模以上农机工业总产值由753亿元增加到2265亿元,2010年达到2838亿元,年均增长20%以上,而2000—2003年,农机工业总产值年均增速仅为5.45%(见附件2图8)。

4. 存在的主要问题

问卷调查显示，65.35%的受访者认为，工作经费缺乏影响农机购置补贴政策的有效实施。近年来，随着补贴资金的大幅度提升，县级农机管理部门的工作量成倍增加，宣传、公示、打印协议、喷号、协调供货、监督等工作所投入的物质和人工成本大幅度增加。财政部、农业部虽然在补贴资金管理办法中要求地方财政保障工作经费，但没有明确具体标准和配套比例，许多市县农机管理部门没有专项工作经费。在配套工作经费缺乏的情况下，一些地方存在降低宣传和审核监督力度的现象，在一定程度上影响了实施效果。此外，一些企业反映，有的地方政府利用地方财政资金，在中央补贴比例基础上仅给本地生产的机具累加补贴比例，不利于国内农机企业间的公平竞争。

（三）《农业机械化促进法》第二十八条规定的农业机械作业用燃油补贴制度

1. 制度目标

明确燃油补贴的对象是直接从事农业机械作业的农民和农业生产经营组织，旨在调动和保护农民使用农业机械的积极性，提高农业生产的机械化水平。

2. 实施情况

（1）建立健全农资综合补贴制度。2006年国家在出台石油价格综合改革方案时，建立了对种粮农民的农资综合补贴制度，即对农民种粮因柴油、化肥等农资价格上涨引起的增支给予适当补偿。2009年初国家实施成品油价格和税费改革时，明确规定成品油价格变动引起的农民种粮增支，继续纳入农资综合补贴政策统筹安排。2009年8月，经国务院同意，财政部、发展改革委、农业部联合下发通知，对农资综合补贴动态调整机制作了进一步完善。完善后的机制，明确了国家每年底综合考虑当年柴油、化肥等农资价格和粮食价格变化以及财力情况，确定下一年农资综合补贴规模，对农资综合补贴实行动态调整，补贴规模只增不减。同时，从2006年以来，国家不断加大补贴力度，增加补贴资金。2011年农资综合补贴规模增加至835亿元，比2006年增加715亿元，增长近6倍。农资综合补贴制度实施以来，对于降低农业生产成本、保护农民利益、调动农民种粮积极性、保障国家粮食安全，发挥了重要作用。

（2）各级农机管理部门和部分地方开展了一些有益探索。2005年，农业部采取三种补贴形式在北京、陕西等6个省市各选一个县作试点进行农机田间作业用油的补贴。此外，一些省、市、县农机管理部门也进行了一些有益探索。如山西省晋城市、长治市分别出台《农机田间作业燃油补贴实施方案》《农机田间作业燃油补贴实施意见》，明确规定补贴范围、补贴重点、补贴对象、补贴标准、补贴程序，从2008年以来通过与农机手签订作业协议、考核作业情况等办法，对当地参加农机田间作业的拖拉机和联合收割机进行了补贴，并将补贴跟农机上户、年审挂钩。2011年1月，甘肃省白银市人民政府办公室发布《关于印发白银市农资综合直补中农机柴油补贴实施方案的通知》，改变原来按土地面积平均分配的方法，在农资综合补贴中单列800万元作为柴油补贴，实行专项管理，按拖拉机、联合收割机动力平均补贴给农机户。江苏省近年来采取发放"农机优先优惠加油IC卡"的做法，探索燃油补贴的方法。

（3）在油价不断上升，农机作业用油成本大幅增加的情况下，一些省结合本省主推机械化技术，采取作业补贴方式降低农机使用成本。如浙江省从2007年起，对水稻机插秧和病虫害统防统治两个作业环节进行了作业补贴，每亩各20元；黑龙江、吉林等省近年安排专项资金对农机深松作业进行补贴；江苏等省实施秸秆机械粉碎还田补贴。

3. 存在的主要问题

2008年燃油税改革前，国家对联合收割机、农田作业拖拉机等农业机械一直免征养路费。燃油税改革以后，油价都包含燃油税，绝大多数农机手感觉以前免征农机养路费的政策实惠享受不到了，对此意见较大。同时，国家在确定农资综合补贴资金规模时考虑了燃油涨价的因素，但未明确其中具体用于弥补燃油涨价支出的数额，也不区分该农户是否使用农机，没有"向直接从事农业机械作业的农民和农业生产经营组织发放"。部分地方实施的农机作业补贴，在一定程度上减少了作业成本，但实施的范围和补贴的作业环节还有待拓展。

近年来，用油成本持续攀升，在一定程度上影响了农民特别是经济相对不发达地区农民使用农机的积极性。据测算，全程机械化作业情况下，每亩地一季用柴油约10升，柴油价格由2004年年初的3.13元/升上涨到2010年年底的6.65元，每升柴油价格上升3.52元，则每亩地作业成本增加35.2元，在目前我国粮食作物亩均净利润在230元左右的情况下，增加35.2元的成本就等于降低了15%左右的净利润。用油成本的增加，农机户较难通过提高作业价格转移给购买作业服务的农户。问卷调查表明，

84.47%的农机户、76.23%的公众认为,"作业市场竞争激烈,作业价格很难上调"。近几年农机作业价格有所提高,但难以弥补因油价上涨而增加的作业成本。这种情况不利于保护农机户继续从事农机作业服务的积极性。

评估表明,《农业机械化促进法》第二十一条、第二十七条和第二十八条规定的三项制度立法意图明确,条款设计合理、可行,很有必要,对于健全农业机械社会化服务体系,完善促进农业机械化的扶持政策,调动农民和农业生产经营组织购买和使用农业机械的积极性,推动农业机械化和农业现代化的发展,起到了积极的促进作用,总体实施效果是好的。同时,评估也发现,三项制度的部分规定在实施中存在配套规定与工作机制不够完善等问题。

四 有关建议

(一)关于农机跨区作业制度

针对评估中发现的问题,提出以下建议:

1. 进一步完善跨区作业农机免费通行制度,针对近年来出现的农机参加跨区作业的新情况和产生的新问题,研究扩大跨区作业免费通行的农机种类,适应跨区作业内容拓展的需要,更好地促进跨区作业,让农民得到更多实惠。

2. 建立健全跨区作业等重要农时农机作业用油保障供应长效机制,更好促进跨区作业发展,保障争抢农时和农业生产顺利进行。同时,研究探索允许服务组织农忙时期存储一定量燃油等措施,有效解决农机户在跨区作业中遇到的加油难问题。

(二)关于购买农机补贴制度

针对评估中发现的问题,提出以下建议:

1. 健全农机购置补贴政策配套工作经费保障机制,明确地方财政配套工作经费标准、经费来源和使用流程,为补贴工作高效实施提供必要保障。

2. 进一步完善农业机械购置补贴专项资金使用管理工作机制,规范地方配套补贴资金的使用管理,同时加大监督力度,将监督制度化,严格约束各种违规行为。

(三)关于农机作业燃油补贴制度

针对评估中发现的问题,提出以下建议:

考虑到燃油税改革、农业机械作业市场等方面的新情况新问题，建议有关部门认真研究农资综合补贴政策及其实施情况，总结农机田间作业用油补贴试点和一些地方实施燃油补贴措施的经验，研究探索更适应形势发展需要的补贴机制，增强补贴针对性和补贴力度，切实减轻农民和农业生产经营组织从事农业机械作业的燃油支出负担，保护农民使用农业机械的积极性。

（四）其他建议

1. 加强法律实施监督，提高制度实施效果。为提高这三项制度的实施效果，切实解决制度落实中存在的问题，建议有关部门根据各自职责，加强对法律制度落实情况的监督、检查和指导，推动相关配套措施的制定和完善。同时，通过召开制度落实研讨会、经验交流会等，交流法律制度落实中的好经验、好做法并及时总结和推广，对出现的问题及时研究解决，进一步推动三项法律制度的有效实施。

2. 加强宣传和培训力度，促进三项法律制度的更好落实。《农业机械化促进法》第二十一条、第二十七条和第二十八条规定的三项制度，是支持跨区作业，鼓励农民和农业生产经营组织购买国家支持推广的先进适用的农业机械，提高农户从事农业机械化生产的积极性的重要举措。为了更好地实施三项法律制度，应当采取多种方式，通过各种渠道，继续加强宣传和培训，进一步扩大这三项制度在农民、农机企业和社会公众中的影响，提升其知晓度、认同度，使广大农民真正理解好、享受到法律规定的优惠政策，加深全社会对于促进农业机械化、发展现代农业总体战略的理解和把握，从而实现立法目标。

附件：1.《农业机械化促进法》第二十一条、第二十七条和第二十八条
2. 相关统计图表

附件1：

《农业机械化促进法》第二十一条、第二十七条和第二十八条

第二十一条 农民、农业机械作业组织可以按照双方自愿、平等协商的原则，为本地或者外地的农民和农业生产经营组织提供各项有偿农业机

械作业服务。有偿农业机械作业应当符合国家或者地方规定的农业机械作业质量标准。

国家鼓励跨行政区域开展农业机械作业服务。各级人民政府及其有关部门应当支持农业机械跨行政区域作业,维护作业秩序,提供便利和服务,并依法实施安全监督管理。

第二十七条　中央财政、省级财政应当分别安排专项资金,对农民和农业生产经营组织购买国家支持推广的先进适用的农业机械给予补贴。补贴资金的使用应当遵循公开、公正、及时、有效的原则,可以向农民和农业生产经营组织发放,也可以采用贴息方式支持金融机构向农民和农业生产经营组织购买先进适用的农业机械提供贷款。具体办法由国务院规定。

第二十八条　从事农业机械生产作业服务的收入,按照国家规定给予税收优惠。

国家根据农业和农村经济发展的需要,对农业机械的农业生产作业用燃油安排财政补贴。燃油补贴应当向直接从事农业机械作业的农民和农业生产经营组织发放。具体办法由国务院规定。

附件2:

相关统计图表

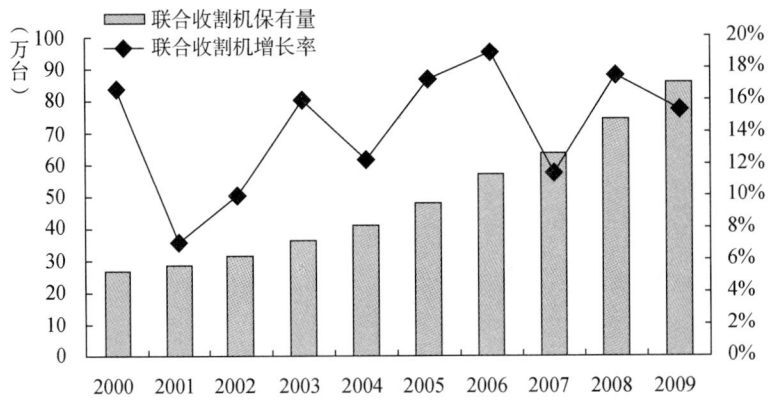

图1　近年来全国联合收割机保有量及其年增长率

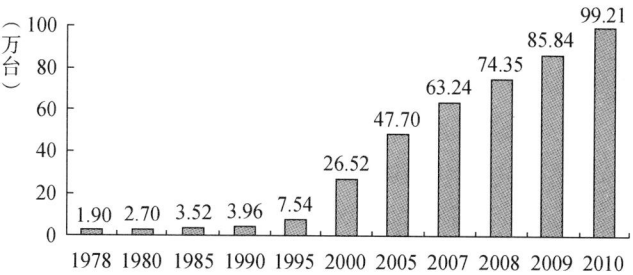

图 2 联合收割机拥有量变化情况

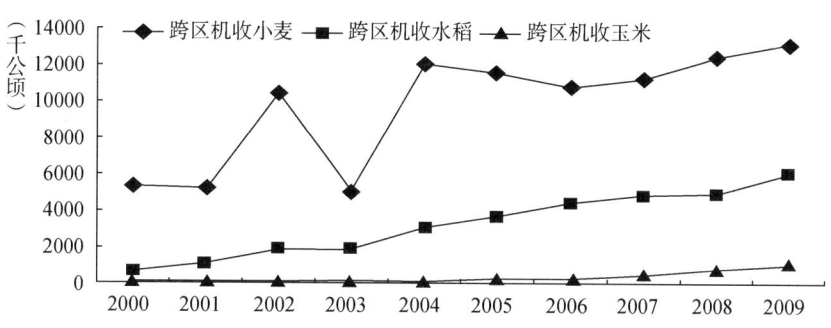

图 3 近年来全国三大粮食作物跨区作业面积

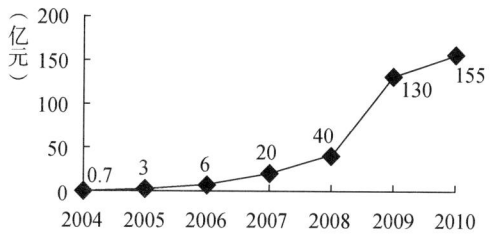

图 4 2004—2010 年全国购机补贴中央投入资金量

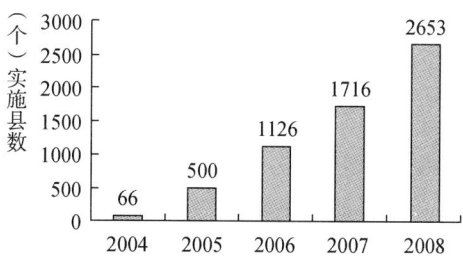

图 5 2004—2008 年购机补贴覆盖范围

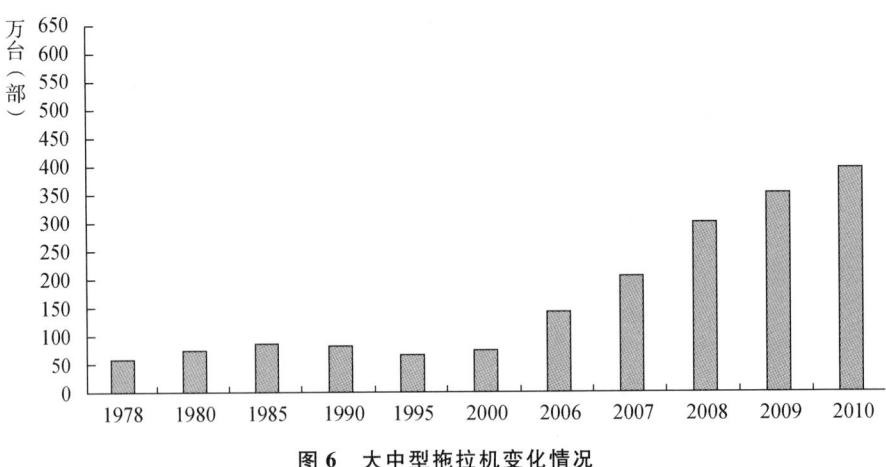

图 6　大中型拖拉机变化情况

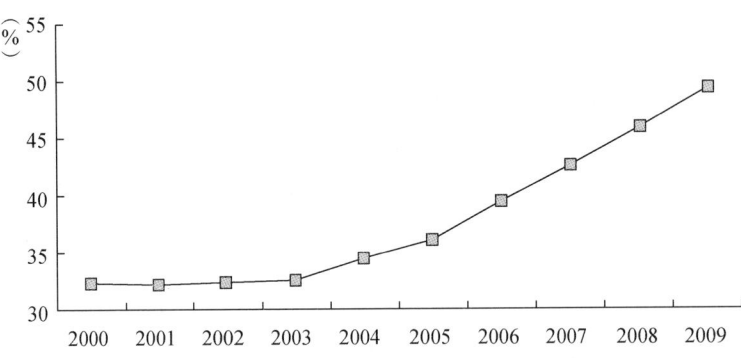

图 7　近年来全国种植业耕种收综合机械化水平

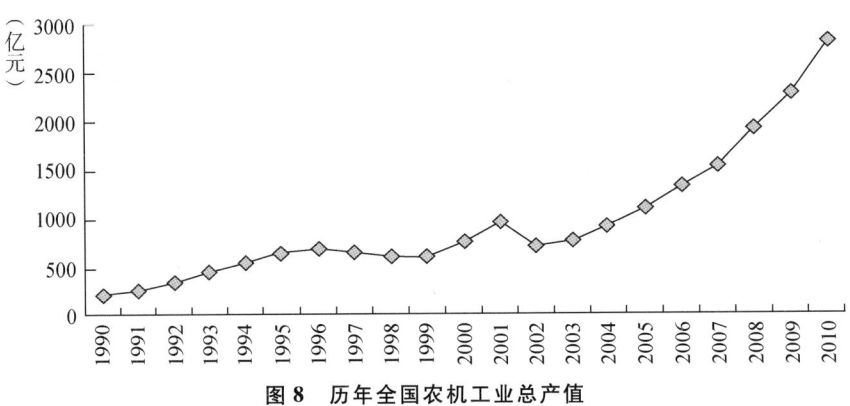

图 8　历年全国农机工业总产值

3. 全国人大内务司法委等关于《中华人民共和国残疾人保障法》立法后评估的报告[*]

（2012年8月）

根据《全国人大常委会2012年工作要点》关于"对残疾人保障法开展立法后评估，为修改完善法律、加强和改进有关工作提供依据"的部署，内务司法委员会会同常委会法制工作委员会、中国残疾人联合会组成评估工作领导小组和工作机构，在民政部、人力资源和社会保障部、教育部、卫生部、工业和信息化部、财政部、住房和城乡建设部等有关部门的积极配合和帮助下，对残疾人保障法设立的一些主要法律制度进行了评估。现将评估情况报告如下：

一 残疾人保障法立法后评估的背景、目的和方法

（一）评估背景

中国特色社会主义法律体系形成后，修改完善法律和制定配套法规摆到立法工作更加重要的位置上来。吴邦国委员长就立法后评估工作多次指出，要在总结试点经验基础上，积极开展立法后评估工作，通过多种形式，对法律制度的科学性、法律规定的可操作性、法律执行的有效性等做出客观评价，为修改完善法律、改进立法工作提供重要依据。为落实吴邦国委员长的指示精神，探索立法后评估规范化、制度化的有效方法和途径，结合《中华人民共和国残疾人保障法》（以下简称残疾人保障法）实施20周

---

[*] 此报告源自"中国人大网"，网址：http://www.npc.gov.cn/wxzl/gongbao/2012-11/12/content_1745510.htm，2013年12月10日访问。

年，内务司法委员会会同有关部门对残疾人保障法设定的一些主要制度进行了立法后评估。

残疾人保障法于1990年12月28日颁布，1991年5月15日起实施，2008年4月，第十一届全国人大常委会第二次会议进行了修改。残疾人保障法是保障残疾人权益、发展残疾人事业的一部重要法律，实施20多年来，在保障残疾人权益、促进残疾人事业发展上发挥了重要作用。我国残疾人事业起步较晚，基础相对薄弱，要全面发展残疾人事业，促进残疾人状况的改善，需要在加强残疾人社会保障体系和服务体系建设的同时，不断完善相关法律制度，为残疾人事业发展提供法律保障。改革开放以来，我国经济社会发展取得的成就，为全面发展残疾人事业打下了坚实的基础，也为进一步完善保障残疾人权益法律制度创造了条件。

（二）评估目的

对残疾人保障法立法后评估，目的在于通过对其主要制度设计的科学性、合理性和可操作性进行评价，为考量是否需要修改完善提供依据。同时，通过对其实施情况的定量、定性分析，发现实施中存在的问题，对改进法律实施提出有针对性的建议，努力营造与经济社会发展相适应、有利于残疾人事业发展的良好环境，落实党中央提出的着力保障和改善民生的要求，推动残疾人事业进一步发展。

（三）评估方法和过程

本次立法后评估采用定性与定量相结合的方法，包括文献研究、问卷调查、实地调研和统计分析等。

文献研究主要是通过查阅和分析现行法律、法规、规章，立法档案资料，各级人大的相关执法检查报告、专题调研报告，各级残联及教育、工信、民政、财政、人社、住建、卫生等相关政府部门提供的统计数据、工作报告和研究报告来完成。

问卷调查采用多阶段、分层抽样调查的方法进行。在抽取残疾人样本的同时，调查残疾人所居住社区的居民、所在地政府相关部门工作人员及部分相关政府部门。此次立法后评估共调查了1217名14周岁以上的残疾人，其中城镇613人，农村604人；617名18周岁以上的残疾人所居住的社区的居民，其中城镇311人，农村306人；504名政府部门工作人员；6个省（直辖市）、9个地区（市）、12个县（区）的189个部门。

实地调研在海南、四川等地进行。李建国副委员长参加了在海南省的调研。调研通过召开座谈会、实地考察、随机走访等方式，深入基层、深入群众、深入残疾人群体，了解社会各界对法律制度及实施情况的评价、意见和建议，共召开11场约150名各界人士参加的专题座谈会，实地考察多家残疾人康复和劳动就业服务机构，形成了2份实地调研报告。

统计分析主要是根据收集到的各种信息，对评估的主要内容，从不同角度进行比较研究，客观评价法律制度及实施情况。

本次立法后评估共形成了关于残疾人康复、教育、就业、社会保障和无障碍建设等5份专题报告、1份现场调查报告和2份实地调研报告，在此基础上形成本报告。

二　残疾人保障法立法后评估的内容和标准

康复、教育、就业、社会保障是残疾人最重要、最基本的权益，无障碍环境是残疾人权利实现的一个重要保障。本次立法后评估将残疾人保障法第二章残疾人康复制度、第三章残疾人教育制度、第四章残疾人就业制度、第五章残疾人社会保障制度和第七章无障碍建设制度作为评估的重点。

评估标准：对上述重点，围绕法律制度设计、法律实施保障和法律实施绩效三个层面进行评估。在法律制度设计方面，通过考察其是否符合立法原则，内容是否完整及是否与《残疾人权利公约》相衔接，评估其科学性、合理性；通过考察各项条款是否清晰、明确、具体，评估其可操作性。在法律实施保障方面，通过考察与残疾人保障法相配套的行政法规、地方性法规、规章等规范性文件制定及实施情况，评价各级法律实施责任部门是否履行法定职责，是否为法律实施提供保障。在法律实施绩效方面，通过考察残疾人事业的发展状况，特别是倾斜于、服务于残疾人的各项优惠、扶助政策落实情况，评估法律实施的实际效果。

三　残疾人保障法立法后评估结论

（一）制度设计较科学、合理，具有较强的可操作性

残疾人保障法在保障残疾人康复权、教育权、劳动权、社会保障权和

享有无障碍环境等方面的制度设计上，立法意图明确，符合宪法原则和我国经济社会发展实际，基本实现了与《残疾人权利公约》相衔接。各项制度内容比较全面、结构比较合理、大多数条款比较严谨，表现为设定的残疾人权益比较完整，政府及有关部门和社会组织的职责比较明确，保障措施比较具体，比较具有可操作性，特别是对各类保障措施和各级政府及有关部门保障责任的设定，体现了残疾人保障法总则中关于国家"维护残疾人的合法权益，发展残疾人事业，保障残疾人平等地充分参与社会生活，共享社会物质文化成果"的立法宗旨和基本原则。

（二）法律实施保障逐步加强

1990年残疾人保障法颁布后，国务院积极开展残疾人保障法配套行政法规制定工作，先后制定了《残疾人教育条例》、《残疾人就业条例》和《无障碍环境建设条例》。国务院各有关部门在法定职责范围内，分别制定了70余件落实残疾人保障法的规章、标准等规范性文件。全国31个省（区、市）和部分较大的市结合本地实际，制定了残疾人保障法实施办法。2008年，残疾人保障法修订后，已有19个省（区、市）修改了本地的残疾人保障法实施办法或制定了残疾人保障条例。部分地方政府还在残疾人就业、社会保障和无障碍环境建设等方面制定了规范性文件，将残疾人保障法及相关法律的规定进一步细化。以宪法为核心，以残疾人保障法为基础，以行政法规、地方性法规为配套，以国务院部门规章和地方政府规章为补充的保障残疾人权益法律规范体系基本形成。

各级政府认真履行法定职责，从"八五"到"十二五"，始终将残疾人事业纳入国民经济和社会发展规划。国务院有关部门制定了多个发展残疾人事业的五年计划（纲要）和配套实施方案，对残疾人权益保障工作的指导原则、目标、任务、措施、监测和绩效评估等做出具体安排。地方各级政府也相继出台了本地区发展残疾人事业的五年计划。这些计划（纲要）的执行，为法律的实施奠定了基础。仅"十一五"期间，中央财政通过多种渠道，共安排残疾人康复、托养、服务设施建设、危房改造、家庭无障碍改造等专项资金56.37亿元，比"十五"时期增长189.97%。各地方政府也在地方财政中做了相应的资金安排。"十一五"期间，海南省各级财政共安排残疾人事业补助资金2.96亿元，相当于"十五"时期的3倍。四川省仅2011年就投入资金3.35亿元，落实各项残疾人扶助项目，使44.62万残疾人受益。

(三) 法律实施的绩效不断凸显

1. 残疾人平等参与社会生活、共享改革发展成果的状况得到改善。一是残疾人权益保障状况得到了大多数受访残疾人的肯定。问卷调查结果显示，84.4%的受访残疾人认为和10年前相比，残疾人权益保障状况进步"非常明显"或"比较明显"，只有6.5%的受访残疾人认为"不太明显"或"不如以前"。二是大部分残疾人对权益保障状况表示满意。超过65%的受访残疾人对目前的残疾人权益保障状况表示"很满意"（18.7%）或"比较满意"（46.4%），表示"不太满意"和"很不满意"的比例不足5%。三是受访居民遇到残疾人权益受侵害情况的频率较低。有48.8%的人表示从未遇到过残疾人权益受侵害事件，另有49.3%的人表示偶尔遇到过，只有1.9%的受访居民表示经常遇到。四是超过96%的受访政府部门工作人员认为当前残疾人事业发展情况与自己刚接触这项工作时有明显进展。受访政府部门工作人员对残疾人保障法的执行情况较为认可，超过80%的政府部门工作人员认为残疾人保障法得到了完全执行（20.2%），或是大部分得到了执行（61.7%），另有17.7%认为部分得到了执行。

2. 康复服务体系建设初见成效。一是康复服务覆盖面不断扩大。由康复机构、教育机构、残疾人服务设施以及社区卫生站、康复站等组成的，集康复管理、技术指导和服务为一体的康复服务网络体系正在形成。截至2010年底，全国共有各级各类康复服务机构1.5万个，社区康复站18.6万个，社区康复协调员31.4万名。二是康复服务水平逐步提高。"十一五"期间，中央财政安排残疾人康复专项补助资金8.46亿元，用于贫困残疾人的视力残疾康复、听力语言残疾康复、肢体残疾康复、智力残疾康复、精神病防治康复、残疾人辅助器具供应服务等。从2009年起，中央财政设立了"贫困残疾儿童抢救性康复项目"，截至2011年，共安排专项补助资金7.11亿元，为符合条件的城乡有康复需求的视力、听力、语言、肢体、智力残疾和孤独症儿童提供资助，并安排康复人才培训专项资金0.3亿元。2009年，中央财政加大了对公共卫生的投入，支持实施贫困白内障患者复明工程，2011年完成白内障复明手术75.8万例，为31万名贫困白内障患者免费施行了复明手术。2010年，中央财政一次性安排精神卫生体系建设补助资金14.9亿元，支持卫生系统470所市级以上（含县级市）精神卫生机构和地市级综合医院精神科、民政系统112所精神卫生机构、公安部门26所安康医院购置必要的医疗设备。

3. 残疾人教育稳步发展，残疾人受教育水平逐步提高。一是残疾人义务教育发展较快。残疾人保障法实施以来，我国义务教育阶段的特殊教育，在机构数量、在校生人数和专任教师人数三个方面逐年增加。1990年全国特殊教育学校为746所，在校学生7.2万人，专任教师1.4万人。到2010年底，特殊教育学校增加到1706所，在校学生达42.6万人，专任教师4万余人。全国未入学适龄残疾儿童少年总数从2000年的39.1万人降至2010年的14.5万人。二是残疾人学前教育取得一定发展。我国3—6岁残疾儿童接受学前教育的比例为43.9%，仅略低于全国3—6岁儿童入园率（50.9%）。三是高级中学以上残疾人教育发展态势较好。20世纪90年代初，我国高级中等特殊教育基本处于空白状态，到2011年，全国特殊教育普通高中班（部）达179个，在校生7207人。中等职业教育机构131所，在校生11572人。全国有33所开办各类高等特殊教育的学校，具备博士、硕士、本科、专科四个办学层次。四是残疾人受教育程度有所提高。抽样调查结果显示，每十万残疾人口中接受大学教育的人数从1987年的287人上升到2010年的1139人，提高了3倍；全国15岁及以上残疾人口的文盲率比1987年降低了15.71个百分点。五是残疾人受教育程度的性别差异逐渐缩小。以小学受教育程度为例，65岁以上年龄组男性仅比女性高27.7个百分点，55—64岁年龄组男性比女性仅高11.2个百分点，45—54岁年龄组男女比例基本持平。6—24岁年龄组的残疾人口，两性的受教育程度在各个层次的差距不明显。

4. 残疾人就业状况得到改善。一是残疾人就业服务体系建设进展较快。目前，我国各地普遍建立了残疾人就业服务机构。截至2010年底，全国共有残疾人就业服务机构3019个，基本覆盖了全国县级以上的行政区域，初步形成了省、地、县三级就业服务体系。其中，省级残疾人就业服务机构31个，地区（州、盟）残疾人就业服务机构55个，市（含地级市、县级市）残疾人就业服务机构634个，县残疾人就业服务机构1506个，市辖区残疾人就业服务机构793个。二是城镇残疾人就业总量保持基本稳定，就业方式日益多样化。自2004年以来，城镇残疾人就业人数一直稳定在430万人左右，2011年就业规模为440.5万人。三是农村残疾人从业人数有所增加。2006年农村残疾人从业人数为1672万人，2011年达到了1748.8万人，其中，从事农业生产劳动的残疾人占 77%。

5. 残疾人社会保障体系初步形成，社会保障状况得到改善。一是包含社会保险、社会救助、社会福利和特别扶助措施等内容的多层次残疾人社会保障体系初步形成。二是残疾人参加社会保险的比例有所上升。中国残疾人状况和小康进程监测数据显示，2010 年度城镇残疾人至少参加了一种社会保险的比例达 76.1%，比 2007 年度增加 34 个百分点；2010 年度参加城镇基本养老保险的比例，比 2007 年度增长 14.1%；城镇残疾人参加基本医疗保险的比例从 2007 年度的 36% 上升到 2010 年度的 74.4%；农村残疾人参加新型农村合作医疗的比例由 2007 年度的 84.4% 上升到 2010 年度的 96%。三是残疾人城乡最低生活保障覆盖率不断提高。城乡领取最低生活保障金和得到救济的比例分别由 2007 年度的 32.2% 和 39.1% 增加到 2010 年度的 52.6% 和 56.3%。

6. 城市无障碍化基本格局初步形成，无障碍环境有所改善。一是我国大中城市初步形成了无障碍化的基本格局。2002 年起在北京等 12 个城市开展创建全国无障碍设施建设示范城市工作，2007 年在 100 个城市开展了创建全国无障碍建设城市活动。目前，对这些城市的医院、银行、车站、商场、文化体育场所无障碍建设和改造的检查验收工作已全部完成。二是信息交流无障碍逐步发展。中央、省级和部分地市电视台在节目中配备了字幕、开办了手语新闻栏目；部分城市的银行、邮局等行业推出了手语服务；图书馆为盲人读者配备了有声读物；一些企业开发了盲人上网软件和聋人专用通讯设备。调查结果显示，所调查的 12 个市、县，在主要公共场所和公共交通设施上都有信息屏幕显示系统和语音提示系统，为残疾人出行提供了便利。中国盲人数字图书馆于 2008 年 9 月正式开通，有 2500 多本电子图书、6000 多首音频资料及 480 多个视频讲座，日均点击量达 8.4 万次。三是残疾人无障碍服务网络初具规模。目前，全国残联系统在每个省会城市都建立了省级服务中心；50% 以上的县级残疾人综合服务设施内有无障碍设备、产品和服务；发达地区的社区和乡镇，无障碍设备、产品和服务开始进入残疾人家庭。从 2009 年起，全国机场免费为具备乘机条件的残疾人提供无障碍设施、设备或特殊服务。从 2012 年 1 月 1 日起，铁道部实行在旅客列车上设置残障人专用座席，每趟旅客列车预留一定数量的残疾人旅客专用票，并计划 3 年内改造 5000 节无障碍车厢。

（四）评估中发现的问题

1. 立法缺陷

一是个别条款之间不尽一致。如第二十一条第三款、第四款关于各级政府对接受义务教育的残疾学生、贫困残疾人家庭的学生提供扶助的规定。两款规定的受助对象范围不一致，第三款仅将残疾儿童、少年纳入了政府受助对象范围，将贫困残疾人家庭的儿童、少年排除在外。

二是个别条款内容不够全面。如残疾人社会保障制度中对农村残疾人的社会保障问题规定过少，且存在一些欠妥当的地方。

三是个别条款不够具体。如关于对残疾人权益保障工作的实施和监测，法律虽有规定，但过于笼统，相关部门定位不够具体，权责划分不够明确。

2. 实施中存在的问题

一是配套法规、规章不够健全。残疾人保障法实施20多年来，虽然已制定了与之相配套的《残疾人教育条例》、《残疾人就业条例》和《无障碍环境建设条例》，但在残疾人康复等重要制度方面至今还没有配套法规，造成在法律实施过程中，有些制度实施较好，有些制度还未落实到位。

二是法律实施的资金投入机制有待完善。如对不同来源的资金投入缺乏相互间协调机制；资金投入多采用项目制，稳定性不够，缺乏长效机制；对不同地区的资金投入缺乏通盘统筹机制，致使经济落后地区对残疾人事业的资金投入无法保障。

三是普法宣传有待进一步加强。调查显示，受访残疾人中有35.5%还不知道有残疾人保障法，有23.9%知道有该法但不了解内容，有36.2%了解部分内容，只有4.4%知道该法并了解主要内容。受访居民对残疾人保障法知晓程度较高，达85.1%，但只有9.6%表示了解其主要内容。

四是法律制度有待全面落实。由于配套制度措施不够完善和资金投入不足，此次评估的残疾人康复、教育、就业、社会保障等制度实施绩效与法律规定的目标还存在一定差距。

在康复制度方面。一是基本医疗保障需要加强。目前，大多数地区只将9项康复项目纳入城乡基本医疗保障的支付范围，与残疾人康复的实际需求有较大的差距。同时，医疗保险报销比例过低。调查显示，在有医疗康复需求的受访残疾人中，29.6%认为需要的医疗康复项目没有纳入报销范围，58.1%认为医疗保险报销比例过低。二是医疗、救助和康复训练服务及辅助器配备需要加强。据第二次残疾人抽样调查数据显示，需要医疗、救助、康复训练服务和配备辅助器残疾人的比例分别为72.8%、27.7%和38.6%，而接受过上述服务的只占35.6%、8.5%和7.3%。此次调查显示，约有五分之四的残疾人急需医疗康复服务，22.7%的受访残疾人表示希望政府帮助解决医疗和康复服务的问题。三是康复服务覆盖面有待扩大。全国54.7万个社区（村）中，有30.2万个社区（村）没有开展社区康复服务，占全部社区（村）总数的55.2%。建有社区康复服务站的社区（村）14.5万个，仅占全部社区（村）总数的26.5%。四是康复服务人才严重不足，特别是西部地区和农村的康复人才极度匮乏。五是大多数省份对残疾人配备辅助器具缺乏必要的经济支持措施。

在残疾人教育方面。一是教育资源亟待增加，特别是面向残疾人的学前教育和职业教育资源不足，影响了特殊教育制度的落实。目前，国内长期开办的盲童学前教育机构仅有9所，2011年全国共有残疾人中等职业教育机构131所，教育规模与质量还不能满足残疾人接受职业教育的愿望和要求。二是特殊教育资源区域分布不均衡，影响了残疾人教育制度实施的普遍性。义务教育阶段的特教学校在东、中、西部比例分布为44.9%、32.2%和22.9%，而东、中、西部地区学龄残疾儿童少年的比例分布为34.1%、35.4%和30.5%。三是特殊教育师资力量薄弱，专业化水平不高，妨碍了法律实施的效果。按照国家关于特教学校生师比为4∶1的规定，我国义务教育阶段特教教师缺口近9万人。特教教师专业化水平不高，现有特教教师中大专及以上学历的仅占54.7%。四是经济困难是残疾人接受教育的最大障碍。调查发现，66.2%的残疾人表示经济困难影响了接受教育。

在残疾人就业方面。一是残疾人就业状况需进一步加以改善。根据中国残疾人状况及小康进程监测报告，2010年度，劳动年龄段生活能够自理的城镇残疾人就业比例为34.0%，农村残疾人就业比例为49.2%。2010年，城镇残疾人登记失业率为8.6%，高于当年全国4.1%的城镇登记失业率。调查显示，77.6%的政府部门工作人员和64.8%的受访居民认为，就业是目前残疾人面临的主要问题。二是残疾人就业服务需进一步加强。残疾人职业培训覆盖面小、培训内容与就业缺乏有效衔接及就业信息缺乏、渠道不畅通等影响了残疾人就业。调查显示，46.4%的受访残疾人认为就业面临的最主要困难是缺乏专业知识和技能，23.8%认为缺少就业信息。受访政府部门工作人员中有47.4%的人也有相同认识。三是对残疾人的就业歧视仍然存在，残疾人就业环境有待进一步改善。近35%的受访残疾人表示受到就业歧视。76.6%的受访政府部门工作人员认为用人单位不愿雇佣残疾人是妨碍残疾人就业的重要原因。

在社会保障方面。一是社会保障覆盖面有待进一步提高。中国残疾人状况和小康进程监测数据显示，2010年仍有23.9%的城镇残疾人没有参加任何社会保险，其中残疾人个体工商户的参保状况更差，参保比例仅为6.3%。此次调查显示，约有27.1%的受访残疾人没有参加任何社会养老保险。二是对残疾人的特殊扶助措施需要进一步加强。目前在多数地区残疾人低保标准与正常人没有区别或区别不大，且覆盖率需进一步提高，残疾人"应保尽保"制度尚未完全落实。2010年全国城镇残疾人的最低生活保障率为81.4%，农村残疾人的最低生活保障率仅为69.4%，大部分地区尚未建立贫困残疾人生活补贴制度，已建立的地区大多标准较低，只有个别地区开始实施护理补贴制度。三是残疾人生活状况有待进一步提高。调查数据显示，受访城镇残疾人家庭年人均收入为8708.4元，农村残疾人家庭年人均收入3629.9元，大大低于当年全国城镇和农村居民家庭人均19109元和5919元收入水平。47%的受访居民表示身边残疾人的生活状况"一般"，另有4.9%认为"生活状况很差"，24.5%认为"生活状况较差"。

在无障碍设施方面。一是无障碍环境建设任重道远。目前，我国无障碍设施的建设工作主要在大中城市展开，小城镇和农村地区的无障碍建设基本处于空白。调查显示，67.7%的受访残疾人在无障碍环境方面遇到了困难。二是现有无障碍设施建设不规范、被破坏或占用的问题严重。例如北京市公共建筑中无障碍设施的质量达到国际标准的仅占三分之一，相当比例的无障碍设施需要进行改造。三是信息交流无障碍与社会的总体需要相差较远。调查结果显示，有45%的受访残疾人表示在日常生活中需要信息交流无障碍服务，对于视力残疾人而言，该项比例达到69%。绝大部分省市的政府门户网站缺少无障碍设计，有无障碍设计的网站也不够全面，仅适用于聋人、肢残、智残等残疾人，盲人浏览则无语音提示；县（市、区）级电视台几乎没有电视手语节目和加配字幕。无障碍环境的不足影响了残疾人的社会参与，监测显示，2010年度全国残疾人社区活动参与率仅为33.7%。

四 建议

（一）进一步完善残疾人法律体系

1. 加快与残疾人密切相关法律的立法工作。社会救助法、社会福利法等法律与残疾人密切相关，应加快立法进程，并在适用对象、内容、程序、保障机制等方面突出对残疾人的优惠措施，明确扶助方法和途径，促进残疾人共享经济社会发展成果。

2. 完善与残疾人保障法相配套的行政法规。国务院有关部门应借鉴在残疾人就业、教育和无障碍环境等方面的立法经验，尽快制定《残疾人康复条例》，依照修改后的残疾人保障法和义务教育法，尽快修订《残疾人教育条例》，使之与上位法保持一致。

（二）进一步完善实施残疾人保障法的政策措施

1. 依照残疾人保障法的规定，各级政府及有关部门要进一步完善和细化相关实施措施，特别是在医疗康复、特殊教育、劳动就业、社会保障等方面，制定倾斜于残疾人的特殊优惠政策和扶助措施，把"国家采取辅助方法和扶持措施，对残疾人给予特别扶助，减轻或者消除残疾影响和外界障碍，保障残疾人权利的实现"的规定落到实处。积极引导社会力量兴办残疾人服务机构，建立社会力量投资残疾人服务业的激励机制。落实残疾人保障法关于"国家鼓励社会组织和个人为残疾人提供捐助和服务"的规定，动员全社会发扬人道主义精神，理解、尊重、关心、帮助残疾人，切实保障残疾人平等充分参与社会生活，共享社会物质文化成果。

2. 加强法制宣传教育。有关部门应开展经常性的残疾人保障法宣传教育活动，把普及法律知识融入保障残疾人权益的各项工作之中，认真落实禁止歧视残疾人的法律规定，鼓励和支持残疾人自立、自强，积极参与社会生活，塑造平等、公正的无歧视氛围和人人理解、帮助、尊重、关心残疾人的社会风尚。全面普及母婴保健和预防残疾的科学知识，提升全民预防意识，建立健全出生缺陷预防和早期发现、早期治疗机制，预防残疾发生，减轻残疾程度。

3. 加强法律实施监督，提高实施效果。为提高残疾人保障法的实施效果，解决此次立法后评估反映出的问题，建议全国和地方各级人大常委会加大对法律实施的监督力度，国务院及有关部门和地方各级政府要根据法定职责，加强对法律实施情况经常性的检查、监督和指导，推动相关配套措施的建立、完善，加大投入力度，及时总结和推广好的经验，进一步推动法律的有效实施。

4.《上海市历史文化风貌区和优秀历史建筑保护条例》立法后评估报告[*]

2005年1月，在市十二届人大三次会议上，市人大常委会在工作报告中要求"加强立法的后续工作，注重立法的质量评估"，并将立法后评估工作列入2005年的常委会工作要点。

根据常委会的工作安排，法制委、法工委经过研究，选择《上海市历史文化风貌区和优秀历史建筑保护条例》（以下简称《保护条例》）作为首次立法后评估的对象。《保护条例》于2002年7月由市十一届人大常委会第四十一次会议通过。《保护条例》实施以来，对于进一步加强本市历史文化风貌区和优秀历史建筑的保护工作，起到了很好的作用。但是，随着经济和社会的发展，也出现了新情况和新问题。有两位市人大代表在市人代会上分别领衔提出了关于修改完善《保护条例》的议案；一些部门和市民也通过各种方式反映法规在实施过程中遇到的问题，提出修改完善的意见和建议。经2005年7月29日的主任会议讨论，决定开展对《保护条例》的立法后评估工作。

开展立法后评估在本市尚属首次。为了做好这项工作，市人大常委会成立了以副主任周慕尧为组长的领导小组，下设工作小组，并下发了开展立法后评估工作的通知。2005年8月，召开了领导小组会议和动员部署会议。这项工作由市人大法制委、市人大常委会法工委具体组织，市人大城建环保委、教科文卫委，市人大常委会人事代表工委，市政府法制办、市规划局、市房地局、市统计局、市文管委和黄浦区、卢湾区、徐汇区、长宁区、静安区、虹口区、杨浦区、青浦区人大常委会共同参加，并邀请市人大代表和专家参与。评估工作采取执法部门评估和相关区人大常委会评估相结合的方式，同时委托市统计局城市社会经济调查队对公众进行问卷

---

[*] 此报告由上海市立法后评估工作小组撰写并提供。——编者注

调查。其间，工作小组到虹口区、杨浦区、青浦区和市文管委进行专题调研，对徐汇区建业里和黄浦区外滩源历史建筑搬迁情况进行个案分析，先后召开了二十余次座谈会。

工作小组还赴北京、天津就相关地方法规进行学习和比较，在此基础上，形成了立法后评估报告初稿。初稿形成后，根据各有关方面的意见进行了修改，并提请领导小组会议讨论。3月6日，市人大常委会副主任周慕尧率部分市人大代表、市政府有关职能部门、区人大常委会有关领导赴市房地局和虹口区进行实地调研。3月17日，部分市人大常委会组成人员对徐汇区历史文化风貌区和优秀历史建筑进行了视察，听取了有关方面对评估报告修改稿的意见。现将评估情况报告如下：

一 《保护条例》实施效果的基本评价

在评估过程中，各方面比较一致的看法是，《保护条例》的颁布实施以及配套规范性文件的制定，为历史文化风貌区和优秀历史建筑建立保护机制提供了法律保证，为有关职能部门依法行政提供了管理依据，初步营造了良好的法制环境。其主要效果是：

（一）历史文化风貌区的保护工作稳步推进

市有关职能部门和区县按照《保护条例》的规定确定保护内容，落实保护措施。中心城区12片、约27平方公里的历史文化风貌区的保护规划，已经市政府批准。郊区32片、14平方公里的具有历史文化风貌需要保护的地区，在征询有关方面意见后，也已报市政府批准。对城市总体规划确定的嘉定城厢镇和南翔镇、青浦朱家角镇、松江城厢镇等四个历史文化名镇进一步落实了保护措施。有关职能部门按照《保护条例》要求，加大执法力度，历史文化风貌区内的违法行为得到初步遏制。

（二）优秀历史建筑的保护力度逐步加大

《保护条例》实施后，按照《保护条例》规定的程序，本市第四批234处优秀历史建筑报市政府批准确定，保护建筑总数由《保护条例》实施前的398处增加到632处，保护范围逐步扩大。本市第二、第三批优秀历史建筑的保护技术规定也已经制定。在确定保护名单的基础上，30处居住类优秀历史建筑的修缮工作初步展开，针对优秀历史建筑的 15 片保护试点也已取得一定进展。建业里、思南路等部分高密度超负荷使用的优秀历史建筑，通过解除租赁关系搬迁了大部分居民，为历史建筑的保护和合理使用，创造了条件。此外，对城市建设中发现的部分有保护价值而尚未确定为优秀历史建筑的房屋，还采取了预先保护的措施。

（三）社会公众的保护意识不断增强

《保护条例》颁布后，市有关职能部门和区县做了大量的宣传工作。通过各方面的努力，市民对历史文化风貌区和优秀历史建筑的保护意识进一步增强，"利用服从保护"的原则逐步深入人心。问卷调查数据显示，接受调查的市民对《保护条例》的知晓度较高，有 69% 的市民通过电视、广播等媒体得知《保护条例》。有 88.9% 的市民认为保护工作很重要。如果发现某幢建筑具有历史文化价值，有 71.9% 的市民表示会向有关部门提出保护建议。如果发现有危害保护建筑的行为，有 82.9% 的市民表示会积极向有关部门举报。

从总体上看，《保护条例》的制定和实施，对于进一步加大本市历史文化风貌区和优秀历史建筑的保护力度、提高保护成效起到了积极的推动作用，取得了较好的社会效益，基本实现了《保护条例》的立法目的。问卷调查数据显示，接受调查的市民中有 78.9% 的认为，《保护条例》对历史文化风貌区和优秀历史建筑的保护发挥了作用。

二 关于《保护条例》几个主要制度的分析和评价

本次立法后评估的重点在于通过对《保护条例》实施效果的评价，分析法规中各项制度设计的合法性、操作性和针对性。从总体上看，《保护条例》的立法目的明确，制度设计基本合理，实施效果较好。在评估过程中，相关职能部门和社会公众对《保护条例》也提出了一些问题。这些问题中，有的是属于执法层面的问题，有的是属于立法层面的问题。在有关部门和相关区的评估意见基础上，我们选择了大家共同关注的管理体制、专项保护资金、公有优秀历史建筑使用权调整、保护对象等四个立法层面的问题，重点进行分析和评价。

（一）关于优秀历史建筑的管理体制

1991年市政府颁布的《上海市优秀近代建筑保护管理办法》，确定了由规划局、房地局和文管委对本市优秀近代建筑各司其职进行管理的体制。2002年，市政府提请市人大常委会审议的《条例（草案）》考虑到《文物保护法》正在修订，规定优秀历史建筑经依法确定为文物保护单位的，按照《文物保护法》实施，不适用条例。因此，市文管委的管理职责没有纳入《条例（草案）》。常委会审议通过的《保护条例》维持了市政府议案中关于管理体制的规定。

《保护条例》通过后三个月，《文物保护法》修订通过。该法规定："尚未核定公布为文物保护单位的不可移动文物，由县级人民政府文物行政部门予以登记并公布。"据此，从2003年3月至2004年3月，本市各区县文物管理部门陆续公布了635处登记不可移动文物，其中包括部分市人民政府批准的优秀历史建筑。对于这部分既是优秀历史建筑又是登记不可移动文物的建筑，其适用的法律、法规既有《文物保护法》，又有《保护条例》，造成了保护建筑范围重叠，管理职权交叉，法律适用各异。

在评估过程中，市规划局、房地局和有关区人大常委会建议将文管委纳入《保护条例》设定的管理部门，确立三家职能部门联合协调的管理体制。市文管委也提出了共同把上海的历史文化遗产保护好、管理好、利用好的意见。

目前，市政府已经建立了包括市规划局、房地局和文管委在内的历史文化风貌区和优秀历史建筑保护委员会，初步形成了联合保护的工作机制。为有利于对优秀历史建筑进行保护，建议从本市实际出发，按照"依法行政，各司其职，协调统一，形成合力"的原则，确立规划局、房地局、文管委三家联合保护的工作机制。同时，可以考虑对登记不可移动文物和优秀历史建筑的认定程序和法律责任做出协调性的安排。

（二）关于保护资金投入机制

资金投入问题是优秀历史建筑保护的关键问题。《保护条例》明确规定，"市和区、县设立历史文化风貌区和优秀历史建筑保护专项资金，其来源是：（一）市和区、县财政预算安排的资金；（二）境内外单位、个人和其他组织的捐赠；（三）公有优秀历史建筑转让、出租的收益；（四）其他依法筹集的资金。""专项资金由市和区、县人民政府分别设立专门账户，专款专用，并接受财政、审计部门的监督。"

在评估过程中，市规划局、房地局和有关区人大常委会普遍反映：专项保护资金没有完全到位。尽管个别区投入了一定的保护资金，但由于体制和财政预算等各方面因素的限制，设立专项资金、专项账户的机制至今没有得到落实；由于对捐赠给予鼓励的政策还不完备，境内外捐赠的渠道也不够畅通；公有优秀历史建筑转让、出租的收益尚未有效用于优秀历史建筑的保护与修缮，也未形成收益与保护、修缮的良性互动机制。

问卷调查数据显示，认为保护和修缮费用主要应由政府负担的市民占71.1%，认为应由政府和建筑的所有者、使用者共同负担的占25.1%。在回答"房屋因年久失修或受到损害，会不会出钱修缮房子"的问题时，37.1%的优秀历史建筑所有人（产权人）表示自己"会出钱"修缮房子，50.9%的人表示"自己愿意出一部分钱，但希望得到资金补助"。

从制度设计层面上分析，专项保护资金和投入渠道的设定是合理的、必要的。从法规实施层面上看，主要是贯彻落实的问题。2004年9月，市政府发布了《关于进一步加强本市历史文化风貌区和优秀历史建筑保护的通知》，规定市、区县两级财政要抓紧建立专项保护资金，具体办法由市财政局和相关部门共同商定。为此，建议各级人民政府和有关职能部门加大对《保护条例》的贯彻力度，抓紧落实市政府通知的要求。同时要探索多元化、多途径、市场化的投入机制；制定具体的鼓励措施，吸引民间资本投入到保护工作中来。国外一些吸引民间资本投入的激励政策，如税收减免、资金补助、容积率转移和建立周转资金等措施可以借鉴。

（三）关于公有优秀历史建筑使用权的调整

《保护条例》第三十二条关于公有优秀历史建筑使用权调整的问题是当初立法的焦点问题。市政府提出的《条例（草案）》规定，公有优秀历史建筑需要搬迁承租人并解除租赁关系的，出租人应当补偿安置承租人，补偿安置的标准可以参照房屋拆迁的规定协商确定；协商不成的，当事人可以向房地部门申请裁决；裁决做出后，当事人不履行的，房地部门可以申请法院强制执行。

对《条例（草案）》这一规定，常委会审议时焦点是两个：一是对承租人搬迁进行补偿安置的标准如何确定，二是承租人和出租人对补偿安置数额协商达不成一致意见时的救济途径如何安排。

1. 关于搬迁补偿安置标准的确定问题

在《条例（草案）》审议过程中，不少常委会组成人员认为，公有优秀历史建筑承租人的租赁权具有物权性质，对承租人的补偿安置标准不宜参照一般的房屋拆迁补偿标准。市人大法制委员会于2002年4月18日就《条例（草案）》召开了立法听证会。听证参加人中的居民认为，公有优秀历史建筑解除租赁关系后的补偿安置数额应当"高于"而不是"参照"本市的房屋拆迁补偿标准。

根据各方面的意见，为充分体现对承租人合法权益的保护，《保护条例》第三十二条规定，补偿安置应当高于本市房屋拆迁补偿安置的标准。市政府可以根据优秀历史建筑的类型、地段和用途等因素制定补偿安置的指导性标准。具体补偿安置的数额，由出租人和承租人根据指导性标准协商确定。

根据《保护条例》的要求，市政府于2003年2月制定了《关于本市公有优秀历史建筑解除租赁关系补偿安置指导性标准》，规定在执行拆迁补偿安置标准的基础上，非居住房屋提高10%，居住房屋中的花园住宅提高15%、新式里弄（公寓）提高10%、旧式里弄提高5%。

在实际工作中，对搬迁补偿安置标准，各方认识差异较大。据有关部门反映，目前搬迁补偿安置费用已经相当高昂，居民的财产权已得到保护，但在补偿安置工作机制上还缺乏公开透明的标准。问卷调查数据显示，在已搬迁的居民中，有20.2%的人对补偿安置数额表示"满意"，表示"不满意"和"很不满意"的分别为27.3%和10.1%。补偿安置标准与市民的心理预期之间仍有一定差距。

关于搬迁补偿安置数额的确定方式，受访市民中有53.2%认为应"由出租人和承租人平等协商"确定；在已搬迁出历史文化风貌区或优秀历史建筑的住户中，有90.0%的住户是双方协商一致后搬迁的。因此，可以认为，《保护条例》规定在市政府指导性标准的基础上，由出租人和承租人协商确定补偿安置数额的原则是比较合适的。

2. 关于补偿安置数额协商达不成一致意见时的救济途径问题

在《条例（草案）》审议过程中，常委会组成人员提出，不宜采取由区县房地部门行政裁决的办法要承租人搬迁，更不宜强制执行。在立法听证会上，听证参加人中的专家、律师和法官认为，租赁关系的变更是一种民事关系，不宜用行政裁决方式来解决，更不宜采取强制措施。

市人大法制委员会就该问题提出了两个修改方案。第一方案建议，出租人和承租人就补偿安置数额协商不成的，可以申请区、县人民政府裁决；对裁决不服的，可以依法向人民法院提起行政诉讼。第二方案是建议不对救济途径做规定。2002年7月，市十一届人大常委会第八十九次主任会议表决通过了第一方案。常委会审议通过的《保护条例》采纳了主任会议通过的第一方案。

《保护条例》实施过程中，有关职能部门反映《保护条例》设计的救济途径较为单一，居民搬迁工作难度大。为了解决这个问题，法工委于2005年4月就市房地局关于如何理解与实施《保护条例》第三十二条的询问做出答复，明确对补偿安置数额协商不成的，除了不服政府裁决可以向法院提起行政诉讼外，也可以不经裁决，直接向法院提起民事诉讼。这一答复，如果经实践证明可行，在修改《保护条例》时可以研究是否予以采纳。

可以认为，《保护条例》第三十二条关于公有优秀历史建筑使用权调整的制度，如何完善、如何更有操作性，仍是各方关注的焦点。在评估过程中，有的部门建议，用租售结合的方法包括廉租屋政策妥善解决居民的搬迁安置问题，进一步明确因保护需要解除租赁关系的法律程序，同时建议进一步研究和细化公有优秀历史建筑租赁权的调整、回购等措施。有的部门建议，重新考虑和论证《条例（草案）》中关于优秀历史建筑内部结构改造采取三分之二多数决的制度设计。有的部门和区人大常委会建议，在现有基础上适当提高补偿安置标准。有的代表和专家提出，要进一步探索符合各方利益的补偿安置方式，切实维护承租人利益。我们认为，这些意见对完善《保护条例》都是积极的，可以在修改《保护条例》时再进行深入的调研和论证。

（四）关于保护对象

市政府提出的《条例（草案）》将保护对象确定为历史文化风貌区和优秀历史建筑。常委会审议通过的《保护条例》维持了市政府议案所设定的保护对象。

随着对历史文化遗产保护认识的发展和深化，2004年，市政府在有关通知中提出了保留建筑的概念，要求妥善保留1949年以前建造的、尚未列入优秀历史建筑保护范围、具有历史文化价值的花园住宅、大楼、公寓、成片的新式里弄等建筑物、构筑物，以及建成30年以上、符合有关规定的优秀建筑。

从目前城市改造和建设的实际情况看，这部分保留建筑的维修、装修、改造、调整使用、买卖、出租、拆除等十分频繁，矛盾突出，直接影响着历史文化风貌区内的风貌留存。因此，在评估过程中，有的部门建议，在将来修改《保护条例》时，可建立历史建筑的分类保护制度，明确保留建筑的法律地位，在此基础上实施分类管理。也有的部门认为，是否将保留建筑纳入《保护条例》的保护对象要慎重考虑。问卷调查数据显示，有74%的市民认为在保护建筑外扩大保护范围"很有必要"和"有必要"。北京、天津等地也建立了对历史建筑分级分类保护的制度。

因此，从本市实际情况出发，可以考虑在现有的保护制度基础上，结合历史文化风貌区的保护，建立历史建筑分类保护的制度，区分不同类别的历史建筑，确定不同的保护措施。

此外，在评估过程中，有关部门和区人大常委会还提出了一些问题，例如优秀历史建筑保护性修缮管理的问题、在保护工作中运用市场机制的问题、扩大保护的公众参与度以及制定《保护条例》配套实施细则等问题。这些问题还有待于进一步调查研究、总结经验，在实践的基础上予以妥善解决。

三 评估工作对于提高地方立法质量的几点启示

立法后评估工作是立法工作的有机组成部分。立法后评估的主要目标，是在分析法规制度设计的基础上，为法规的立改废提出建议，并对完善以后的立法活动寻求规律性的东西，以达到提高立法质量的目的。通过本次立法后评估，有以下几点启示：

（一）立法要把握好与上位法的衔接

制定地方性法规要坚持不同宪法、法律和行政法规相抵触的原则。在工作安排上，地方立法要与已经出台和正在制定、修订的上位法相衔接。《保护条例》关于管理体制的设定，虽然不存在合法性问题，但在实际管理和执法上出现了矛盾。因此，地方立法在立法时即应对上位法及相关法律的立法情况有深入的了解，对上位法即将出台的，地方法规要把握好出台时机。同时，还要注意与相关法规之间的协调。

（二）立法要注重实施的可操作性

地方立法应当强调可操作性，在法规制定过程中，对一些重要问题要进行必要的论证和协调。《保护条例》规定要建立多元化的资金投入机制，但由于相关配套措施未能及时完善，使得资金引入渠道不畅，制度设计的初衷在实践中难以完全实现。因此，需要在立法中加强调查研究，对涉及资金、预算的问题，要进行充分的论证和协调，以增强法规的可操作性。

（三）立法要处理好关系各方利益的重大问题

《保护条例》在审议过程中，对于公有优秀历史建筑使用权调整这一涉及承租人利益的重大问题，专门召开立法听证会，广泛听取社会各方的意见。在此基础上，常委会和主任会议比选方案、审慎决策，较好地处理了社会公共利益与公民合法权益的关系，政府权力与政府责任的关系。《保护条例》立法过程中，对关系群众利益的重大问题的慎重把握，对于今后的地方立法具有借鉴意义。

（四）立法要根据客观情况的变化适时做出调整

法律具有相对稳定性，面对经济和社会的发展，难免出现某些滞后。《保护条例》的各项制度设计主要是针对立法当时已经出现的情况和认识比较一致、做法相对成熟的问题作出规定，没有明确有关保留建筑保护等问题。同时，各方面对立法所要调整的对象，也有一个逐步深化的认识过程。这也启示我们地方立法应当加强调查和研究，并根据客观事物的发展变化，适时对法规进行修改和完善。

通过立法后评估工作来检验立法效果是提高立法质量的重要途径。本次立法后评估工作是本市提高地方立法质量的一次有益探索。建议市人大常委会建立立法后评估的长效机制，将立法后评估工作逐步制度化、规范化，同时要充分运用立法后评估的成果。本次立法后评估中，各方面对《保护条例》的有关内容已提出了一些修改和完善的意见，建议有关部门在此基础上，进一步深入调研论证，适时提出《保护条例》的修改议案。

5.《上海市住宅物业管理规定》立法后评估研究报告[*]

引言：研究目的、方法及主要内容

物业管理作为房地产业的消费环节，是房地产综合开发、销售的延续和完善，物业管理行业不直接提供实物形态的劳动产品，而是向业主和使用人提供无形的产品——专业化的管理与服务。物业管理的法理依据在于建筑物区分所有权，它是一种包括专有所有权、共用部分共有权以及成员权的复合性不动产物权，于19世纪为各国民法典所确认。我国2007年通过的《中华人民共和国物权法》正式确立了建筑物区分所有权制度。建筑物区分所有权产生的原因有二：一是基于经济原因，城市化引起住宅需求增大，尤其是利用有限土地建造高层住宅的需求激增；二是基于技术原因，建筑技术发展使楼房不断增高成为可能。对于公寓楼这个在物理上不可分割的整体建筑物而言，建筑物的业主之间对建筑物形成这样一种关系：对单元套房的内部空间是"专有"关系，对土地使用权、公共楼道空间、设施等建筑物公共部分是"共同共有"关系；业主基于共同关系而产生的作为建筑物的一个管理团体组织的成员而享有权利与承担义务的"成员关系"。对物业管理的内涵，国务院《物业管理条例》做了界定："物业管理是指业主通过选聘物业管理企业，由业主和物业管理企业按照物业服务合同约定，对房屋及配套的设施设备和相关场地进行维修、养护、管理，维

---

[*] 此报告由上海市立法研究所撰写并提供，系该所2008年度重点研究课题。课题组主要成员有：张凌（上海市人大法制委员会主任委员）、吴勤民（上海市人大常委会法工委副主任）、史建三（上海社科院法学研究所研究员）、郑辉（上海市立法研究所执行副所长）、阎锐（上海市人大常委会法工委立法二处处长）、刘晓明（上海市立法研究所秘书长）等。

护相关区域内的环境卫生和秩序的活动。"从这一法定定义，我们可以归纳出该条例所称的物业管理是由两个主要的主体，即业主和物业管理企业，依照物业服务合同的约定，维修、养护、管理相关物业区域的活动。

因为建筑物区分所有权本身的复杂性，加之物业管理范围的逐步扩大，物业管理涉及的利益主体日益增多，近年来本市物业管理矛盾和纠纷时有发生。住宅小区物业管理存在的矛盾和纠纷，不仅仅是物业管理服务问题，从中也折射出城市管理中许多深层次的社会矛盾。市委、市政府对物业管理工作非常重视，将其作为关注民生、情系群众、执政为民的大事来抓，市人大常委会也将物业管理作为立法和监督的重点。1997年，市人大常委会审议通过了旨在调整住宅小区物业管理的地方性法规《上海市居住物业管理条例》，根据条例的要求，本市积极推进物业管理机制转换，业主自主管理取得进展，物业服务行业管理力度有所加大。2003年国务院出台《物业管理条例》（以下简称《物业条例》），统一了全国物业管理的基本规范，确立了七项最基本的物业管理制度，包括业主大会制度、业主公约制度、物业管理企业的招投标制度、物业的承接验收制度、物业企业的资质制度、专业人员的职业资格制度、住房专项维修基金制度。根据《物业条例》的规定，市人大常委会适时对原有条例进行修改，于2004年审议通过了《上海市住宅物业管理规定》（以下简称《上海物业规定》）。该规定的立法过程备受各方关注，法规草案公开征求意见时收到的意见创上海市人大常委会公开征求意见历年来之最，历经常委会三次会议审议才慎重付诸表决。该规定共分6章49条，根据《物业条例》并结合上海实际，分别对物业管理的体制、业主大会的组建与运作、物业服务规范、物业的使用与维护、法律责任等做了规范。2006年市人大常委会又组织对该规定的实施情况进行执法检查，重点对业主大会的组建与运作、专项维修资金的筹集和使用、擅自改变物业使用性质等三个问题的贯彻执行情况进行了检查。

2007年3月，全国人大审议通过了《中华人民共和国物权法》（以下简称《物权法》），对业主的建筑物区分所有权做了规定，国务院于2007年8月根据《物权法》对《物业条例》做了局部修正，修改了条例中与《物权法》不一致的内容。有鉴于此，在《上海物业规定》实施四年多之际，根据实践中反映出的问题以及上位法的变化，对法规的实施效果进行评估，考察其是否达到了立法的预期目标，是否还存在一些不尽完善之处，本市物业管理领域是否还存在其他一些需要规范的问题，就显得尤为必要。按照常委会领导的要求，我们组建了实务部门与专家学者结合的课题组，邀请华东政法大学、上海社会科学院、市房地局、徐汇区房地局和市人大城建环保委办公室的同志共同参加，分工开展研究。几个月来，课题组采取实地走访、召开座谈会等形式，就《上海物业规定》实施几年来物业管理行业的情况听取各方面的意见建议，还对市人大常委会2006年开展《上海物业规定》执法检查的相关资料以及部分兄弟省市的物业管理法规进行了梳理和比较分析。为了使情况反映得更加充分，课题组还委托上海社会科学院、华东政法大学社会学系共同组织了问卷调查，问卷分别向市人大代表发出816份，区人大代表发出200份，有关管理部门发出750份，业委会成员、业主发出4200份，共计5966份；回收问卷3837份，去除空白问卷和问题问卷等无效问卷，实际有效问卷3816份，其中市、区两级人大代表421份，有关管理部门544份，业委会成员、业主2851份。这些问卷的统计数据为课题研究奠定了比较扎实的基础。

本报告的写作分为四个部分。第一部分是对《上海物业规定》的实施情况的概括评价。第二部分是对《上海物业规定》中若干具体制度的较详细的评估和分析，第三部分是对2007年《物权法》以及国务院新修订的《物业条例》的分析，目的在于对照上位法，检查《上海物业规定》需要与之对应完善之处；第四部分是对推进本市物业管理领域规范有序运作的思考，并就《上海物业规定》的修改提出了初步建议。

一　对《上海物业规定》实施效果的基本评价

物业管理涉及人民群众安居乐业，是关系民生的基础性工作之一。提高物业管理服务水平，有利于改善人居环境、促进社区和谐、维护社区稳定、提升城市管理水平。《上海物业规定》自2004年11月1日实施以来，对规范本市住宅物业管理活动，维护业主和物业公司的合法权益等方面发挥了积极作用。总体看来，本市在贯彻落实住宅物业管理法规方面做了大量的工作，取得了一定的成效。

第三章 立法后评估报告

(一) 积极开展法规宣传和培训、制定相关配套规范性文件

上海市政府、市房地资源局制定了一系列配套规范性文件,[①] 初步形成了由地方性法规、政府规章、规范性文件等构成的上海市物业管理法规框架。同时,加大政策法规的宣传力度,制作宣传资料,[②] 分发至物业管理企业、业主委员会、居委会和部分业主,帮助广大群众了解、熟悉住宅物业管理政策法规,依法维护权益,自觉履行义务。问卷调查表明,经过这个阶段之后各群体对该法规的知晓度超过了90%（见图1）。

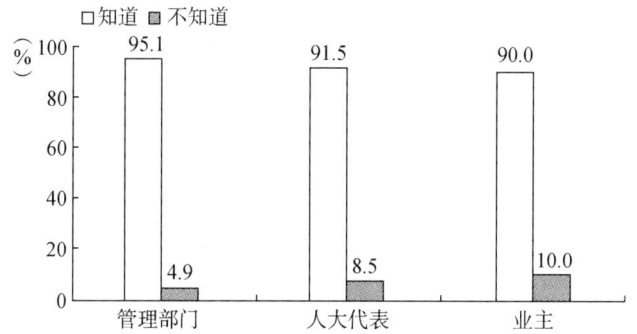

图1　各群体对物业管理法规的知晓程度

(二) 业主大会组建率、住宅物业服务覆盖率较高

本市共有住宅小区10800余个,建筑面积约4亿平方米。全市实施物业管理的小区7817个,其中,商品房住宅小区4561个,售后房和公房住宅小区3256个。本市从事物业管理活动的物业服务企业2426家（本市企业2412）,其中一级资质企业60家（本市企业50家）,二级资质企业289家（本市企业288家）,三级资质企业2077家（本市企业2074家）。全市已经成立业主大会的小区有6114个,占符合成立条件的住宅小区总数的83%。[③]

---

① 《关于实施〈物业规定〉的若干意见》、《加强住宅物业业主大会建设的若干规定》、《上海市住宅物业管理服务分等收费管理暂行办法》、《关于前期物业管理招投标的若干规定》、《业主大会议事规则》、《业主公约》、《物业管理服务合同》示范文本、《上海市商品住宅维修资金委托财务管理暂行规定》等。

② 编印了30000册《物业管理政策法规选编》、图文并茂的30万册《图解手册》和8000套《上海物业规定》宣传挂图等。

③ 数据来自市房地局的统计。

(三) 加强了住宅维修资金的归集和监管措施

截至 2008 年 6 月，全市归集的商品住宅维修资金 240.58 亿元，已纳入信息系统监管的业主大会 3818 个，已有 2496 个业主大会正常使用维修资金 9.32 亿元。为强化维修资金管理，形成了"两级政府、三级管理"的架构，① 市区两级房地产管理部门分别设立维修资金管理中心，负责商品住宅维修资金归集、使用的监管和信息管理工作。在售后公房维修资金监管上，以市公积金中心为主，银行为辅，并将监管措施贯穿于维修资金整个存续期内。

(四) 逐步开展对违法搭建、擅自"居改非"等的综合整治工作

几年来，市房地资源局不断加大行政执法力度和政策法规的宣传，根据《上海物业规定》的有关规定，对擅自搭建违法建筑的行为做出行政处罚和发出责令限期改正 2000 多起，对近万处附有违法建筑并结构相连的房屋在房地产登记部门予以注记并限制其产权抵押和转移登记。

(五) 物业管理市场化改革不断推进

从 1991 年至 2008 年 6 月底，上海物业管理企业从无到有，发生了较大变化，到 2008 年 6 月底，本市取得物业管理企业资质的公司实际为 2426 家，其中本市企业 2412 家，外省市企业 14 家（详见表 1）。1998 年 8 月，上海开始建立物业管理企业资质等级制度；2004 年 5 月，上海市房屋土地资源管理局按照建设部《物业管理企业资质管理办法》规定，对全市物业管理企业又重新进行了审核、发证。② 截至 2008 年 6 月底，在 5500 个商品房住宅小区中，95% 以上都是由市场化运作的专业物业管理公司在管理。

---

① 即市房地资源局负责全市维修资金管理政策的制定以及政策执行的监督管理；各区（县）房地局负责本行政区域内维修资金的监督管理。房地办事处负责各自责任区域内物业小区的维修资金使用和再次筹集的指导和检查监督。

② 此次评审中，全市获得一级资质的物业管理企业 13 家；二级资质的企业 132 家；三级资质的企业 2202 家；暂定三级资质的企业 457 家。签订合同一年以上从业人员 15.35 万人，其中保洁、保安、维修、绿化养护等操作人员 13.08 万人，占上海市物业管理企业全部人员的 85.2%。

表1 上海物业管理企业历年发展情况

单位：个

年份	企业数量	年份	企业数量	年份	企业数量
1991	1	1997	1960	2003	2563
1992	8	1998	2087	2004	2804
1993	86	1999	1989	2005	2904
1994	269	2000	2315	2006	3189
1995	817	2001	2552	2007	2863
1996	1540	2002	2316	2008.6	2426

在肯定成绩的同时，我们也应当承认，本市物业管理领域还存在着一些不足。从2002年起，物业管理行风纳入全市行风测评范围。从市纪委纠风办2002年至2007年来连续针对本市房地部门与物业行业所进行的行风测评来看，该行业的群众满意度一直偏低。经过几年的努力，行风测评的成绩有所提高，2004年摆脱了倒数第一的被动局面，2005年进一步巩固了2004年取得的成果（见图2）。

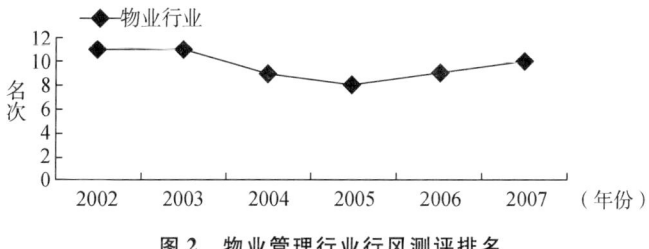

图2 物业管理行业行风测评排名

行风测评结果反映的是民意。测评成绩上不去，说明群众对物业行业的一些工作还不尽满意。这就需要我们认真查找问题，对立法、执法、守法等各个环节进行反思。从问卷调查情况看，当问及物业管理领域存在问题的主要原因时，有43.2%的人认为是"法规执行不到位"，有35.4%的人认为是"业主自我管理意识不强"，还有18.7%的人认为是"立法质量不高"（见图3）。也就是说，受访者将执法不到位作为物业管理领域出现问题的最主要原因，认为立法质量不高的仅为少数。

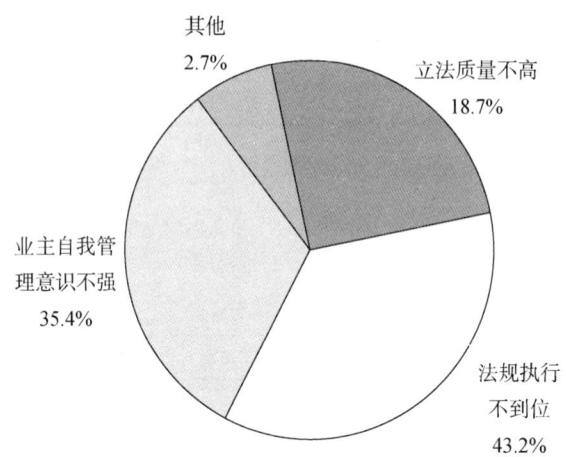

图 3 物业管理中存在问题的主要原因

二 《上海物业规定》若干主要制度的分析与反思

尽管本次调查中认为立法质量不高的人并不多,但作为立法机关,仍应当全面总结物业管理领域出现的问题,适应新形势、新任务,探寻从立法角度进一步提高本市物业管理水平的切入点,完善相关制度,攻坚克难,着力解决群众反映强烈的物业管理方面的热点、难点问题。问卷调查显示,60%左右的受访者认为,《上海物业规定》有作用或者很有作用,但仍有25%左右

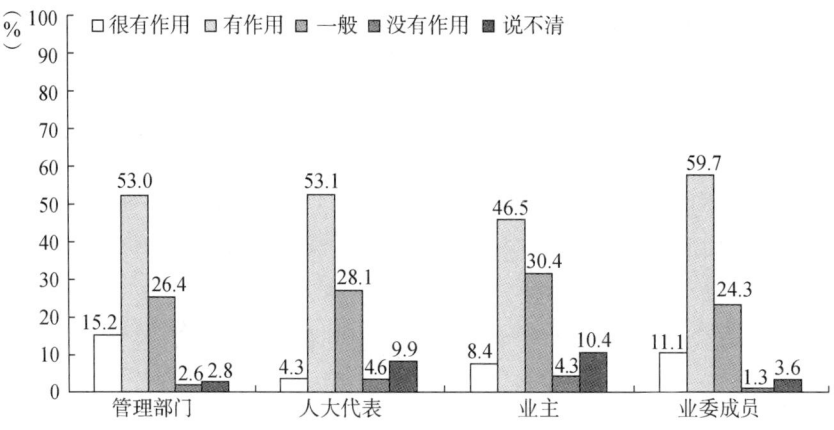

图 4 不同群体对《上海物业规定》作用度的认识情况

的人认为《上海物业规定》作用一般,甚至有个别受访者认为法规没有起到作用(见图4)。这就更需要我们思考法规本身是否存在不完善之处。根据各方反映比较集中的问题,课题组着重对以下制度设计进行了分析。

(一)关于业主大会、业主委员会组建和运作制度分析

《上海物业规定》第二章根据上海实际具体细化了业主大会以及业主委员会的组建和运作问题:(1)区(县)房地产管理部门应当和街道办事处(乡镇人民政府)组织业主推荐产生业主大会筹备组,筹备组应当在区(县)房地产管理部门和街道办事处(乡镇人民政府)指导下召开业主大会。业主大会履行制定、修改业主公约和业主大会的议事规则,选聘、解聘物业管理企业,决定专项维修资金的使用续筹方案并监督实施等职责。(2)业主大会的形式主要包括定期会议和临时会议。《上海物业规定》特别增加了业主代表制度。(3)首次业主大会会议选举产生业主委员会。业主委员会成员应当符合国务院《物业条例》规定的条件。业主委员会应当向区(县)房地产管理部门备案。业主委员会的职责包括召集业主大会会议,报告物业管理的实施情况,监督和协助物业服务企业履行物业服务合同、监督管理规约的实施等。(4)业主委员会任期届满,区(县)房地产管理部门和街道办事处(乡镇人民政府)应当指导业主成立换届改选小组,召开业主大会会议选举产生新一届业主委员会。根据《上海物业规定》,市房地资源局印发了《加强住宅物业业主大会建设的若干规定》,以及《业主大会议事规则》、《业主公约》的示范文本和业主委员会工作手册,明确了业主大会成立的筹备、分期开发项目的物业管理、业主投票权的计算、业主委员会的产生和选举等操作办法。

从实践情况看,本市业主大会和业主委员会在组建、运作方面还存在着如下一些问题,需要予以重视。

一是业主大会、业主委员会组建过程中的问题。从课题调研收集的资料看,目前的实际情况是,部分小区存在业主大会、业主委员会组建上的困难,区(县)房地局难以对业主委员会人选予以有效把关,部分业主委员会成员代表性不强,一些业委会成员尤其是负责人人选不当。对业主委员会人选把关困难,导致少部分住宅小区日常管理混乱,甚至引发矛盾和纠纷。另一方面,部分区(县)房地局都不同程度存在着对于某些符合条件的物业管理区域,未能及时给予指导组建成立业主大会,也有部分小区业主认为相关部门过多干预甚至操纵了业主大会、业主委员会的组建，一些小区在业主大会组建和业委会日常运作中拒绝接受居委会、房地办事处的指导帮助，工作遇到障碍时又无法依靠自身的政策水平和实践经验来妥善解决。

二是业主委员会运作中存在薄弱环节。业委会运作中各方面意见较集中的问题，包括部分业主委员会与居委会、物业管理企业关系不和谐，彼此在工作上缺乏必要的沟通和协调；个别业主委员会主任利用职权，在维修资金使用、选聘物业管理企业等环节谋取个人私利，损害了广大业主的权益；部分业主委员会对物业管理企业监督不力或者配合不足等，影响了物业服务工作的开展和物业服务质量的提高。调查显示，超过六成的受访者认为业主委员会工作不透明、工作不尽责，逾两成的受访者认为业主委员会工作能力较差（见图5）。

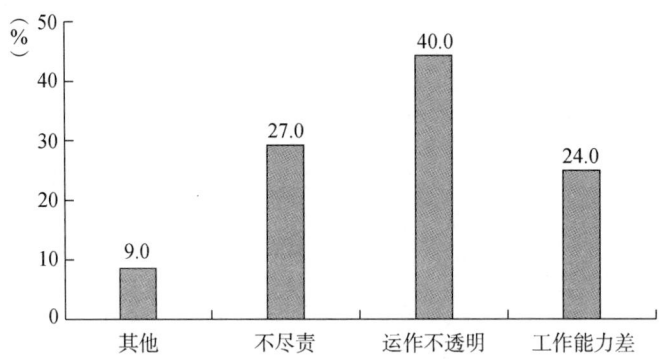

图 5　对小区业委会工作不满意的原因

三是业主参与业主大会等自我管理活动的积极性有待提高。问卷调查

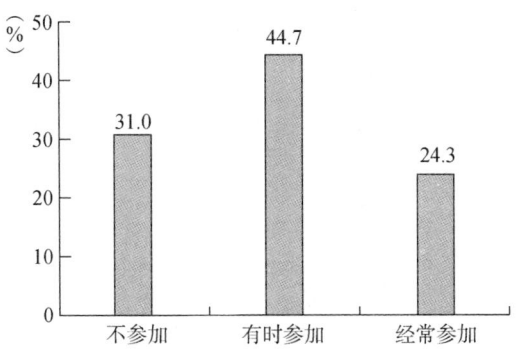

图 6　参加小区举办的民主管理活动情况

显示,受访群众中经常参与小区民主管理的业主不足30%,还有44.7%的群众有时参加民主管理,表示不参加的占了31%。而当被问及是否了解小区业委会成员的情况时,回答"不了解"和"不关心"的业主占27.8%,回答"了解一些"的业主占38.8%,真正了解的只占33.4%(见图6、图7)。这些因素都会影响业主大会的召集和议事效率。

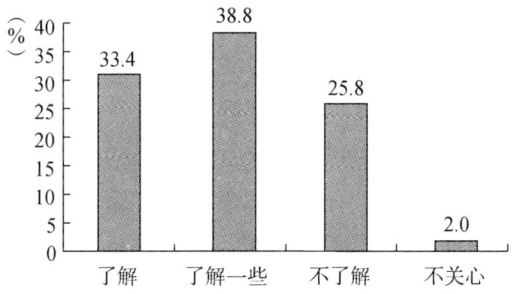

图7 居民对小区业委会成员了解情况

要寻找解决上述问题的对策,就要对相关制度的变迁过程进行回顾。在国务院2003年《物业条例》出台以前,各地采用的都是业主委员会制度。实践中由于业主委员会集决策和执行为一体,缺乏有效的监督,难以体现全体业主的利益,在总结经验教训的基础上,国务院《物业条例》确立了业主大会与业主委员会并存,业主大会决策,业委会执行的制度。关于业主大会、业主委员会的组建与运作问题,在2004年制定《上海物业规定》时就是常委会讨论的热点问题。常委会经过反复研究认为,规定由房地产管理部门为主,会同街道办事处、乡镇人民政府指导业主大会筹备成立及业主委员会换届改选,是合乎法律规定的。其理由,一是关于业主大会筹备工作,国务院2003年的《物业条例》只规定由房地产管理部门进行指导,建设部的规章中规定由房地产管理部门会同街道办事处、乡镇人民政府进行指导;二是业主大会是业主基于共同的财产权而组成的以民主协商、自我管理为原则的组织,由房地产管理部门为主对业主大会筹备成立及业主委员会换届改选进行指导,符合业主大会内在性质的要求。但是,街道办事处、乡镇人民政府确实具有熟悉地区情况的优势,在业主大会筹备组人选的选择等方面应当让街道办事处、乡镇人民政府发挥更多的作用。本市近年来的实践表明,充分发挥街道办事处、乡镇人民政府在业主大会筹备成立及业主委员会换届改选中的综合协调作用,对于及时成立业主大会，并选出"有公心、负责任"的业主委员会，具有重要的意义。为此，法规中做出了房地产管理部门为主、街道办事处参与的规定。

市房地局的有关意见认为，关于业主委员会的组建与运作，国务院条例、《上海物业规定》以及相关的规范性文件中，关于政府对业主委员会初选和换届改选的"指导"具体含义是什么，初选和换届改选的指导方式有什么差异，以及业主委员会备案的效力、条件等方面，规定得不尽具体，是导致近年来业主大会、业主委员会组建、运作中产生问题的主要原因。

课题组分析认为，对业主大会、业主委员会组建和运作的指导和监督，目前的焦点主要是应当由谁对业主大会、业主委员会的组建和运作进行指导监督，怎样指导监督。目前相关部门、行业以及专家学者对《上海物业规定》中业主大会的组建与运作方面的规定，围绕着"政府相关部门对业主大会组建和运作的指导权应当如何设计"这一问题，主要有两种修改意见。一种意见认为，政府部门应当加强对业主大会组建阶段的管理，尤其是要有相应的制度以确保业主委员会成员的政治素质和专业水平。因此，要积极发挥行业管理部门、基层政府的作用，条块结合给予指导监督。另一种意见认为，业主大会的组建应当充分尊重小区业主的权利，政府部门的指导应当偏重程序指导，即通过帮助组织筹备业主大会会议，派员列席业主大会，以及见证一些必要的选举程序等措施，来保证业主大会及业委会的组建程序符合《物权法》、《物业条例》以及《上海物业规定》关于业主自我管理小区物业的立法精神，因此，以房地产管理部门给予适度的业务指导为宜。

课题组认为，本市近年来的实践告诉我们，对业主大会、业主委员会组建和运作进行指导和监督，应当综合发挥房地产管理部门、街道办事处、乡镇人民政府的作用。但需要注意的是，政府各部门对业主大会、业主委员会的指导是为了帮助自治组织提高业务的熟练程度和科学程度；监督是为了防止这些机构的组成人员滥用委托者所赋予的权力为自己谋取利益。政府主管部门的指导和监督可以是程序性的，必要时也可以是实质性的干预，如撤销业委会做出的不正当的决定等。至于居民委员会对业主委员会的指导，课题组认为，业主大会是物业管理区域内全体业主行使建筑物区分所有权的一种形式，居民委员会的性质是居民自我管理、自我教育、自我服务的基层群众性自治组织。两者在性质、职能、人员组成、权力基础、议事规则、管理边界等方面，都存在根本性的差异。物业管理既是社区综合治理的内容，又是社区综合治理之中一个相对独立的元素，因此，居民委员会对业主委员会的独立性必须保持一定的尊重。但在实际工作中，尤其在社区建设中，两者存在着无法分开的联系，在职能上表现出一定程度的重合。国务院条例也规定相关居民委员会依法履行自治管理职责时，业主大会、业主委员会应当积极配合，支持居民委员会开展工作，并接受其指导和监督。居委会加强对业委会的指导，可以在组建、运作方法上等方面给予业主委员会帮助。因此，综合来看，上述两种意见均有一定的道理，各有关部门在业主大会、业主委员会组建和运作中如何把握合适的介入度，需要在法规修改过程中认真研究、论证。

此外，课题组认为，目前大部分业主对业主大会、业主委员会性质和作用的认识不足，参与程度和参与的主动性都有待提高，大部分的业主委员会还是以一种较松散的临时议事性组织的结构形式存在。而小区中相当多的人，特别是全日制工作、文化水平较高的人士不愿意或不积极参加业委会工作，一定程度上造成业委会的先天不足，这一问题需要在制度设计时予以注意。

（二）关于住宅物业服务企业问题分析

《上海物业规定》第三章对物业服务企业的相关问题做了规范。明确了前期物业服务的选择，物业服务合同的内容，物业服务收费的原则，并对物业服务企业应当遵守的服务规范作了原则性规定，即应当符合国家和本市规定的技术标准、规范，应当及时向业主、使用人告知安全合理使用物业的注意事项，应当配合居（村）民委员会做好社区管理相关工作，等等。

从实践情况看，近年来市场化物业服务公司是本市提供物业管理服务的主要企业形态。截至2008年6月底，本市5000余个商品房住宅小区，绝大部分都是由市场上成立的专业物业管理公司在管理，转制物业公司管理商品房的小区寥寥无几。特别是20万平方米以上的住宅小区，几乎都是由一级资质企业管理。一级资质物业管理企业的总数占上海市物业管理企业总数的20%左右，但管理面积却几乎占商品房住宅总面积的60%－70%（特别要说明的是，因为3000余个售后房和公房住宅小区的情况比较特殊，本报告将在下文对售后房和公房住宅小区的物业管理问题专节进行讨论）。这些市场化运作的物业管理公司为了赢得市场竞争，比较注重品牌建设、企业诚信和规范运作。例如通过积极导入 ISO9000 质量管理体系,[①] 从体系设计上着手,用制度确保公司规范运作;通过建立服务标准,制定详细作业规程,[②] 与质量关系体系相结合,做到宏观、微观都能控制其规范运作,为业主和使用人提供满意的物业服务;通过积极适应业主生活水平提高后的差异需求,探讨多元服务模式。

但是,课题组调研发现,这些企业在运作中依然存在一些问题,影响了本市物业管理整体水平的提高。

一是物业管理招投标中的问题。按照规定,新建住宅小区建筑面积在 5 万平方米以上的,应通过招投标方式选择"管家",否则,将不发放"商品房预售证"。从 1999 年开始,上海全面实施物业管理招投标。但是,物业服务企业招投标程序不规范,使得许多业主认为目前物业管理选聘存在许多问题。问卷调查发现,47.1% 的业主认为小区物业公司的选聘过程不透明;34.2% 的业主认为物业公司选聘程序运作不规范;11.2% 的业主认为物业公司的选择存在不公平(见图 8)。

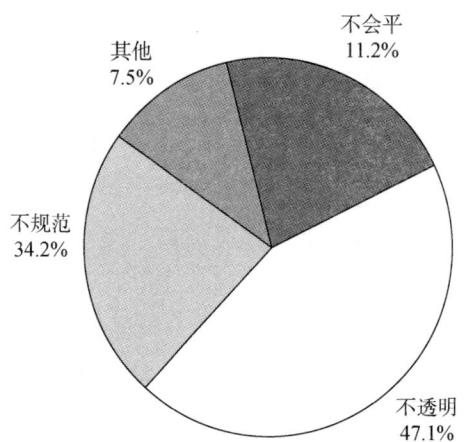

图 8 对小区选聘工作不满意情况

---

① 即贯彻实施 ISO9000 国际质量管理体系标准。上海最早通过第三方认证的企业是上海万科物业管理有限公司,时间为 1998 年 12 月。到目前为止,上海现有的 49 家一级资质企业,289 家二级资质企业中的 50% 以上,基本上都通过了 ISO9000 质量管理体系第三方认证。一些大型的物业管理企业,如上海陆家嘴物业管理有限公司、上海上房物业管理有限公司、上海上实物业管理有限公司等,还先后建立了 ISO14001 环境管理体系和 GB/T28001 职业健康安全管理体系标准。

② 如上海陆家嘴物业管理有限公司、上海明华物业公司、上海百联物业管理有限公司、上海复瑞物业管理有限公司、上海上实物业管理有限公司等,先后建立了企业的服务标准。

此外，由于部分物业企业不够注重内在综合实力的提高，导致物业管理市场的竞争趋于同质化，一味将竞争引向大打"价格战"。无论是开发商还是业主委员会也都希望选择的物业公司级别越高越好，物业管理费的收费标准越低越好。这无疑导致了一部分中小企业很难接到楼盘，大型企业则要么放弃一部分市场，要么降低收费标准（包括服务标准），形成恶性循环，其结果导致物业管理行业难以招聘到理想的人才，而许多在岗人员也选择了转行到其他条件相对好的行业。

二是企业的管理理念落后，服务不到位。目前仍有相当部分的企业服务理念落后，只收钱不服务，或多收钱少服务，日常服务不到位，服务接待不热情，甚至存在与业主对立的情绪等现象，使得居民多有怨言；也有部分企业有好的服务愿望，却没有相应的服务能力，在管理水平、服务技巧、礼仪礼节、突发事件处理、与业主沟通等方面存在着不足，其结果使得物业公司虽有付出，但业主不买账，怨言较多，矛盾不断上升，甚至激化。另一方面，业主对小区物业企业服务职能的理解也不够充分。问卷调查中就发现，居民对物业公司提供服务的具体内容很了解、比较了解的只占一半（见图9）。

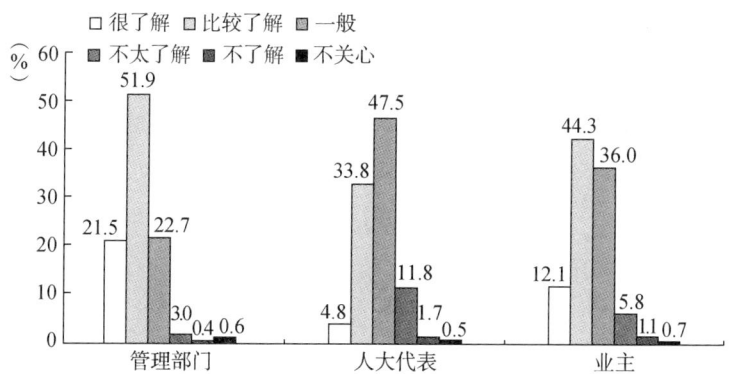

图9　不同群体对物业服务内容的了解情况

课题组认为，《上海物业规定》第三章对物业管理企业提供物业服务的有关技术标准、规范以及有关注意事项等问题做了规定，当前物业服务存在问题，很大一部分原因在于物业企业没有严格按照法规规定执行。作为服务行业的物业管理企业，在与业主乃至业主委员会的关系处理上，首先应从自身的工作查找问题。

至于物业管理招投标活动中不按规定的程序与规则操作、暗箱操作和行政权力过度介入的问题，课题组认为，这首先是有法不依的问题。对于有法不依，必须建立并落实完善的监督制约与惩罚机制，才能真正解决物业管理招投标中的程序公正问题。为此，可以考虑明确行政监督物业企业选聘的范围与职责，建立全面充分的信息披露制度，既包括行政监管过程的信息公开，也包括业主委员会与投标企业之间有关谈判信息的公开。通过制定完善的规则，使招投标过程能够选出名副其实的"价廉质优"企业，同时可以考虑制定完善的、强制性的"物业管理服务质量标准"，以此约束中标企业的后续管理服务行为，保证今后管理服务的质量标准，并以此作为企业资质评定的依据之一，对达不到管理服务质量标准且情节严重的，应当取消物业管理企业的资质。

从实践情况看，政府主管部门对物业企业的监管也存在一定不足。考虑到人民群众对物业管理行业需求层次的多样性，物业管理企业有必要形成不同的规模结构。因此，政府主管部门应对不同规模的物业管理企业实施有效管理，仅凭现行的资质管理办法按照注册资金、从业人员技术职称以及管理小区面积来核定企业资质等级，难以起到预期的作用，需要适当强化过程监管，对物业服务企业的服务活动给予全过程的指导、监督。

此外，相当一部分居民对物业公司服务职责的期望值过高、将物业公司的责任无限放大也是影响物业服务水平提高的原因之一。上海市房地产科学研究院曾对全市96个住宅小区约15000人做过一项调查，其中有一个问题是："假如把物业管理服务分成五个等级，五级最高，一级最低。你认为你所在小区的物业服务可以达到几级？你期望达到几级？"15000多人30%多的业主期望物业服务能达到五级。此外，调查也发现，许多居民将物业企业的责任不恰当地放大。住宅小区的管理涉及规划、园林、环卫、电力、通信、公用、市政、公安、城管监察等十多个主管部门，如果把小区里发生的事情责任全部推到物业公司身上，显然是不公平的。这一现实问题也需要在下一步法规修改时予以注意。

（三）关于住宅小区内"居改非"问题的分析

将居住房屋改变为非居住使用，从事办公、商业、旅馆、仓储，甚至生产等经营活动的行为，即社会上俗称的"居改非"。追溯起来，"居改非"这个问题在上海由来已久。80年代开始出现"破墙开店"，随着城市经济的发展，在公寓楼中开办小型公司的现象也逐渐增多。在立法层面，上海市1997年就在《上海市居住物业条例》中规定，住宅不得改变使用性质，仅在特定的程序下允许个别情况下的"居改非"。而与此同时，"居改非"引起的负面效应日益严重，成为引发相邻关系纠纷的重要起因。2004年立法时，常委会就"居改非"进行过深入的讨论，经过反复研究、修改，《上海物业规定》第二十八条最终规定"业主、使用人应当按照规划管理部门批准或者房地产权证书载明的用途使用物业，不得擅自改变物业使用性质"，并在"法律责任"一章中对擅自改变物业使用性质的行为规定了法律责任，即由房地产管理部门责令其改正并处以罚款。

《上海物业规定》实施4年多来，擅自"居改非"的现象在本市仍比较严重，表现形式主要是未经规划部门或者房地产管理部门批准，业主或使用人擅自将居住房屋用于办公、商业、旅馆、仓储，甚至生产等经营活动。例如，2004年立法听证会上极力反对"居改非"的何女士所居住的位于长宁路969号的兆丰花园内，地处闹市中心，交通便利，当时249户中的43户业主自己在家里办公或将房屋出租给公司。目前，个别小区或大楼的"居改非"率超过了80%。尤其是沿街底层房屋"居改非"的现象更为普遍。由于擅自"居改非"表现形态呈多样性及隐蔽性，造成对擅自"居改非"的认定和统计比较困难。据工商部门不完全统计，全市无证、无照经营的"居改非"达5.2万余家。问卷调查显示，有近50%的受访业主反映，在自己的小区内存在此类情况（见图10）。

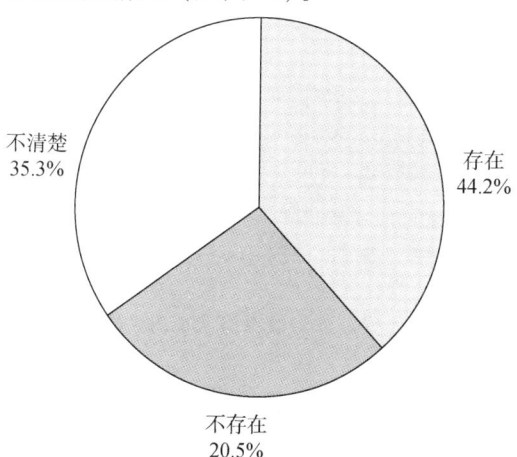

图10 贵小区是否存在损害房屋承重结构、擅自改变物业使用结构等情况

关于"居改非"的立法方向，2004年立法时主要有两种意见，一种意见认为，"居改非"是一个综合性问题，涉及相关人员生活保障及非正规就业等重要的社会问题，本次立法应当慎重对待。建议采取"堵"与"疏"相结合的方式，如提高"居改非"的成本，对业主的行为给予正确引导等。对那些日常生活有困难的人，政策上应当从宽，但要增加一定的限制条件。另一种意见认为，对"居改非"要严格禁止。"居改非"的实质是城市规划能否严格贯彻实施的问题，建议将解决"居改非"问题与城市规划的严肃性结合起来考虑。常委会经过认真审议认为，住宅物业是经过规划确定，为了居住这一特定目的而建设的，如果擅自对住宅物业的使用性质加以改变，是对城市规划的破坏，也影响了其他业主的居住利益。因此，应当严格予以禁止。至于实践中确需改变住宅物业使用性质的特别情况，应当由市、区两级规划管理部门从城市规划的角度统一进行考虑，这方面的内容，在《上海市城市规划条例》中已有原则性规范，即"建筑物的使用应当符合建设工程规划许可证核准的使用性质。需要变更建筑物使用性质的，必须报原审批的市或者区、县规划管理部门批准"。为此，法规中做出了上述规定。从本次调查情况看，各方对"居改非"的态度仍倾向于常委会审议的第二种意见，即持否定态度的超过七成（见图11）。

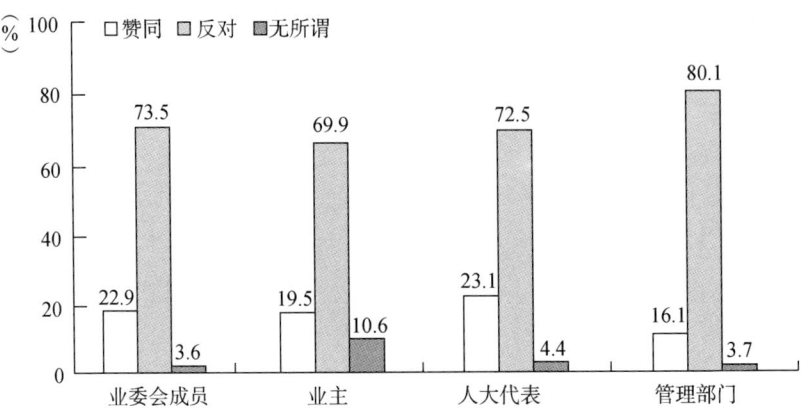

图11　不同群体对改变房屋使用性质的态度

但从法规执行情况看，本市禁止擅自"居改非"的规定并未得到很好的贯彻落实。执法部门对擅自"居改非"的，也没有切实按照法规规定处理。市人大2006年组织的执法检查发现，对"居改非"房地产管理部门直接执法的情况不多,做出的行政处罚更少,而是多依靠街道牵头进行集中整治。而治理之后这类违法行为很容易卷土重来,导致社会上部分群众产生了误解,以为政府已不再管擅自"居改非"了。[①]

对此房地产管理部门认为,对擅自"居改非"的执法工作面临着一系列的困难:(1)房地产管理部门行政管理执法缺乏强制手段。主要表现为:调查取证难,在执法检查时,业主不让进门检查;行政处罚执行难,即使做出行政处罚,不少业主不理不睬;执法力量有限,擅自"居改非"不仅面广量大,而且形式多样,单靠房地产管理部门现有的执法力量很难加以全部解决。(2)对擅自"居改非"执法没有形成合力。"居改非"审批和相关经营证照审批分属规划、工商、劳动、卫生、公安等部门,但是,由于管理衔接不够,难以从源头上对擅自"居改非"予以控制。

课题组分析认为,"居改非"的立法决策是市人大常委会2004年在对不同意见反复比较、研究的基础上经过集体讨论后做出的。如前所述,目前大多数意见仍赞成常委会所做的立法决策。因此,市政府有关部门首先应当严格按照法规规定执行,加大对"居改非"的整治力度,各相关部门应当协作配合,形成工作合力,严格控制本市新增"居改非",对原有的"居改非",应当分情况分类别,有步骤地予以整治。

另一方面,课题组认为,对2004年立法决策进行一些反思也是必要的。"居改非"的成因无非以下几种:(1)受利益驱动,因租赁商品住宅小区内的居住房屋与租赁办公用房相比,住宅租金及其使用费用低廉,加上有些小区交通便利,适应了一些小型私营企业降低经营成本的需要;一些业主因"居改非"的房租收益翻番,吸引力大;此外,还有些居民通过"居改非"欲达到提高房屋动迁补偿安置费用的目的。(2)为维持生计,售后公房和公房小区内的"居改非",主要是下岗工人、回沪知青、刑满释放人员等弱势群体,出于生计或为了改善生活,纷纷利用沿街或者底层住宅开设日杂店、水果店、理发店、棋牌室、五金店等增加收入。(3)规划用途不清晰,一些早期开发的楼盘在过去销售时就定性为商住两用房,以至于业主购房后利用该房屋办公经营。如嘉汇广场,房屋性质集商业、居住和办公为一体,产证上也注明了商住两用,后调整为公寓性质,现688户中除

---

① 参见2006年上海市人大常委会执法检查组《关于检查〈上海市住宅物业管理规定〉实施情况的报告》。

55 户还用于居住外，其余都已"居改非"，当中有 188 户以该房屋为注册地取得了营业执照。（4）一些街道为了解决低收入家庭的就业问题，对部分路段沿街（路）底层房屋"破墙开店"统一进行装饰，造成了事实上的"居改非"。

这几种"居改非"的需求中，既有不合理的部分，也有合理的部分。对因合理需求提出变更物业使用性质的，《上海物业规定》设计的审批程序是依《上海市城市规划条例》的有关规定办理。① 但实践中规划部门难以对一个居住单元、一间房屋需变更使用性质的情况予以许可，这就需要我们从立法角度考虑如何进一步增强法规的可操作性。

（四）关于住宅小区内的违法搭建和损坏房屋承重结构问题分析

随着本市房地产开发市场的稳步持续发展，大量新建小区陆续交付使用，有效改善了居民的生活环境。然而，不少居住小区的业主在装饰装修时，擅自在天井、庭园、平台等部位搭建违法搭建物和构筑物，擅自占用公共部位，如有的业主、使用人擅自在房屋平台搭建阳光屋，甚至加层、改建、扩建、开挖地下室。这些违法搭建行为，不但违反了规划和物业管理的规定，而且严重破坏了小区的整体规划与和谐的环境，损害了住宅小区的公共利益，影响相邻业主、使用人的日常生活，引发物业使用矛盾和纠纷。为此，《上海物业规定》第四十二条对违法搭建行为规定了三种递进式的处理，即违反本规定第二十六条第二项规定，违法搭建建筑物、构筑物的，由区（县）房地产管理部门责令限期拆除，可处罚款；当事人逾期未拆除的，区（县）房地产管理部门可以申请区（县）人民政府组织强制拆除。对正在实施违法搭建的，应当责令立即停止施工。附有违法建筑并结构相连的房屋，房地产登记机构不予办理房地产转移、抵押登记。《上海物业规定》第二十六条明确禁止损坏房屋承重结构的行为。第四十一条规定，违反本规定损坏房屋承重结构的，由区（县）房地产管理部门责令立即改正，恢复原状，可处一万元以上十万元以下的罚款；情节严重的，可处十万元以上二十万元以下的罚款。

---

① 《上海市城市规划条例》第五十条已有明确规定，建筑物的使用应当符合建设工程规划许可证核准的使用性质。需要变更建筑物使用性质的，必须报原审批的市或者区、县规划管理部门批准。

从实践情况看，本市违法搭建情况仍比较严重。以2007年度为例。全市19个区（县）新增违法搭建1781件，处理1122件，处理率63%。各部位分布情况见表2。

表2 新增违法搭建各部位分布情况统计表

违法搭建部位	2007年度	
	数量	比例（%）
屋顶	180	10.11
阳台	564	31.67
天井	539	30.26
底楼以上外墙开窗	51	2.86
其他	447	25.10
合计	1781	100.0

课题组认为，违法搭建等问题屡禁不止的根源首先在于法规未能得到很好的执行。从法规规定看，房地产管理部门肩负对物业小区违法搭建进行处理的首要责任，对违法搭建应当依法及时、有效制止和处理。相关管理措施不力也是造成这一现象屡禁不止的重要原因之一。

从违法搭建的执法情况看，据房地产管理部门反映，一方面，现行《上海物业规定》对违法搭建行为明令禁止，但在违法建筑认定、执行等方面缺少相应的操作性规定，如违法搭建类型日趋多样化，包括加层、占地扩建、改建等，缺乏相应的认定标准，增加了房地产管理部门执法的难度。而另一方面，目前的相关执法线索，很大程度上要依靠物业公司及其工作人员对小区的日常巡视，为了确保违法搭建的行为能较早地被发现，《上海物业规定》第二十九条也专门规定："物业管理企业发现业主、使用人在物业使用、装饰装修过程中有违反国家和本市有关规定以及业主临时公约、业主公约行为劝阻、制止无效的，应当在二十四小时内报告业主委员会和有关行政管理部门。"但实际情况是，相当多的物业企业及其工作人员都不愿直接面对业主，对制止小区违法搭建缺乏责任心，缺乏必要的应急预案，错失了处置违法搭建的最佳时间，增加了行政执法难度。问卷调查印证了这种说法，在问到物业公司是否履行了报告违法行为的义务时，33.9%和

41.9%的受访群众认为物业公司履行和部分履行了报告义务,还有7.2%的物业公司没有履行该义务(见图12)。

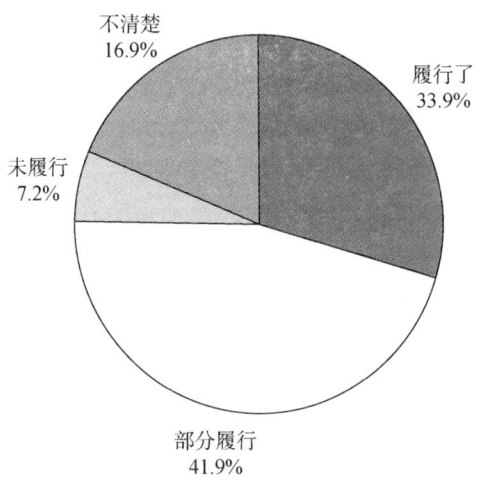

图12 物业服务公司是否履行了报告劝阻制止违法行为情况

在部分业主委员会工作人员中,也存在不愿直接面对业主,怕"得罪人"的心理。只有24.0%的业委会履行了劝阻义务,36.3%的业委会部分履行;还有18.6%的业委会没有履行该劝阻义务(见图13)。如何督促物业企业、业主委员会履行相关义务,协助做好查处违法搭建,需要在今后立法时做进一步研究。

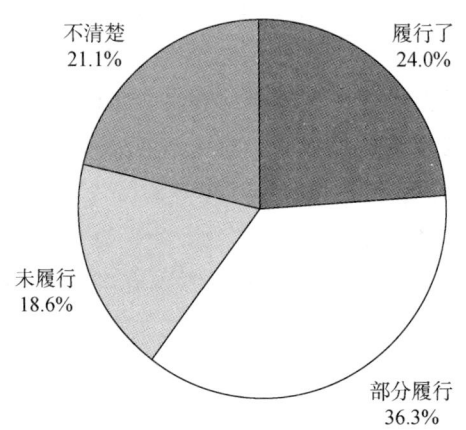

图13 业委会是否履行劝阻业主改变物业行为情况

需要注意的是，近年来，本市擅自损害房屋承重结构的现象发生也比较频繁，仅2007年，市房地产管理部门接到举报新增的私自损坏承重结构的，就有620户之多。这一违法现象发生在成套建筑内部，有一定的隐蔽性，给房地产管理部门的执法带来了一定的困难。因而实际操作中，有意见认为应当多方采取措施，在各个环节对这一现象展开综合整治。2008年，常委会在审议《上海市房地产登记条例》时，就损坏房屋承重结构是否应当限制其房地产登记进行了深入研究。综合房地产登记制度的意义和作用、房地产管理和执法的现状等多种因素，常委会最终在条例中将"修复损坏房屋承重结构"的证明规定为房地产转让登记申请中的必须提交的文件。课题组认为，虽然房地产交易登记环节增加了相关威慑、制止损坏承重墙的措施，但这一措施毕竟只在房地产交易环节发挥作用，因此，房地产管理部门仍应当按照《上海物业规定》积极执法、严格执法，履行相应的处罚权，力争将破坏房屋承重结构消灭在萌芽状态。

（五）关于住宅小区内的"群租"问题分析

"群租"是指将独立成套房屋分割成若干独立居住空间出租或转租给多个自然人或家庭居住。这种现象的产生，主要是由于房屋租赁行为不规范，一方面出租人为牟取高额租金收益，不顾他人的权益是否受损；另一方面部分来沪务工人员迫切的住房需求与该群体较低的房租负担能力之间的矛盾，为"群租"现象的产生提供了空间。"群租"行为破坏了房屋的设计功能，增加了房屋承载负担，在房屋使用寿命、社会治安、小区卫生、消防安全等问题上都存在着相当的负面影响。在房地产管理部门进行的调查中发现，本市一些小区"群租"现象比较严重。以"中远两湾城小区"为例，在整治"群租"前，"群租"户总计达1298户，占总入住率12%。"群租"面积超过15万平方米，1298套房屋被分隔成5000多个小间，"群租"人口达13000多人。

"群租"问题不仅是关系市民工作、生活和安全的社会问题，同时也涉及广大来沪人员的居住问题。治理"群租"被列为本市加强住宅小区综合管理三年行动计划的一项重要任务和上海平安建设的实施项目。目前，整治工作已经取得了一系列阶段性成果。市房地产管理局前期掌握的10000多套"群租"房屋中，经过整治，已有6600多户改正了其"群租"行为，占调查总户数的60%，有200多个住宅小区基本消除了"群租"

隐患。其中全市经教育劝阻自行整改的 4000 余户，约占整治户数的 70%。去年普陀、闸北、闵行、徐汇、杨浦等区共组织联合执法行动近百次，出动执法人员 2000 多人次，整治群租户 2000 余户，约占整治户数的 30%。但是，由于缺乏有力的法律、法规支撑，适合来沪务工人员租住的房屋严重不足，再加上业主自我维权意识比较淡薄等问题，"群租"整治仍然任重道远。

课题组分析认为，"群租"问题对整栋房屋的使用以及相邻的居民的利益存在一定的侵害，各方对于"群租"现象产生的原因认识比较统一，即一方面是目前的房屋租赁管理机制不规范，导致个别出租人只顾赚取高额的租金收益，不顾他人的权益是否受损。另一方面是来沪务工人员的住房需求量大与他们的租金支付能力低之间的矛盾。这也反映了相关政府部门在提供相应保障性住房上的不足。从政府主管部门反映的情况看，造成这些体制性问题的原因也有缺乏有力的法律、法规支撑的因素，例如对建立适合来沪务工人员租住的保障性房屋的体制缺乏必要的法律、法规的指导。

对于"群租"的立法规范方案，目前各方面意见还不统一。一种意见认为，"群租"的确存在一些安全隐患，但它本质上还是租赁关系，是由于《上海市房屋租赁条例》中缺少相应的规范，导致了目前无法可依，因此亟待通过在本市有关租赁行业的法规修改时予以明确。还有意见认为，"群租"不利于物业管理秩序的维护，危害了相邻业主的合法权益，它发生在物业的使用领域，物业法规不能不予涉及。课题组认为，这几种意见对解决"群租"问题都有一定的代表性，"群租"行为客观上会对物业管理秩序造成影响，选择怎样的立法模式值得认真思考。

（六）关于住宅专项维修资金制度分析

《上海物业规定》第三十二条、第三十三条规定了住宅专项维修资金的问题，包括专项维修资金的缴纳、专户管理、按幢立账。从实施情况看，住宅专项维修资金管理中还存在如下问题：

一是维修资金的"滥用"与"惜用"现象。维修资金滥用仍是目前本市居民对物业管理行业投诉的焦点之一，如在维修工程预决算时高估冒算，将电梯设备保养、水箱清洗等属日常养护的费用违规在维修资金中支出等做法，既损害了业主的切身利益，又影响到小区的和谐稳定。少数住宅小区存在着物业公司对同一部位短期内重复修理、重复分摊维修资金等滥用情况。部分业主对维修资金的使用还存在思想认识上的偏差，认为维修资金最好不用或者只用利息不用本金，课题组调查发现，有41%的受访者认为维修专项基金少用为好，20%的小区还存在没有使用过维修基金的现象，而在没有使用过维修基金的小区中，有37.5%是因为业委会未批准使用（见图14、15、16）。

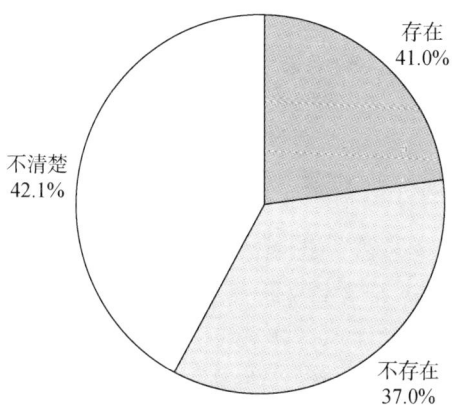

图14　小区是否存在不希望使用专项维修资金的现象

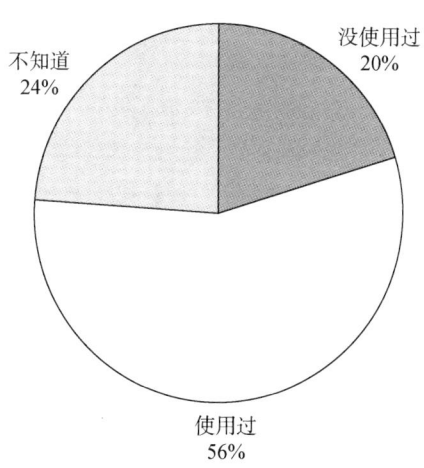

图15　贵小区是否使用过专项维修资金

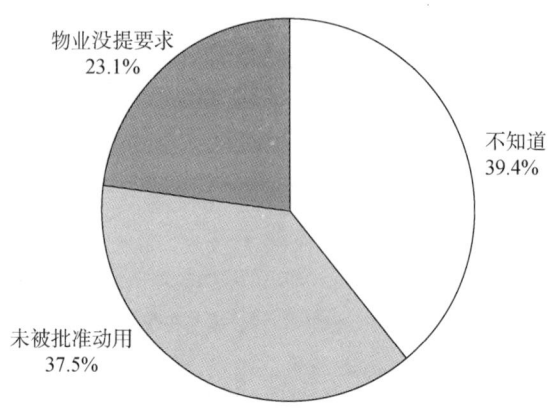

图 16　小区没有使用专项维修资金的原因

二是维修资金续筹存在一定困难。根据市政府颁布的《上海市商品住宅维修基金管理办法》，维修基金余额不足首期交存额 30% 时，业主委员会应当组织业主再次筹集。在实际操作中，小区做出再次筹集维修资金的决定后，如果部分业主拒绝缴纳，由于缺乏有效的制约措施，无法保证决定得到落实。问卷调查显示，大部分的业主表示愿意支付维修资金，但也有 21.9% 的业主因为各种原因不愿缴纳续筹基金（见图 17）。

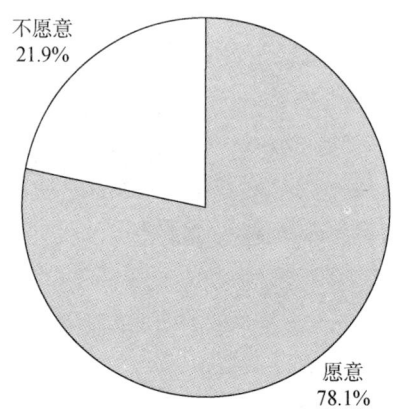

图 17　是否愿意支付筹措专项维修资金

课题组认为，物业专项维修资金监管手段的滞后是造成维修基金运作中漏洞颇多的原因之一。为此，政府有关部门应当加强对维修基金使用的监管，严格规范维修资金使用决策程序。在具体运作上，可以考虑引入网络平台，定期检查维修资金使用情况，提高对不规范行为发现、纠正、解决的效率。同时,应当及时对维修资金使用、账目进行公布引入阳光监督。从制度角度看,《中华人民共和国物权法》和国务院《物业管理条例》出台后,本市原有的《商品住宅维修基金管理办法》已略显滞后,在进一步理顺商品住宅与公有住宅售后维修资金管理体制、业主大会成立前维修资金的使用程序、维修资金使用范围和再次筹集维修资金的方式、公积金补充维修资金的渠道、维修资金审计监督、维修资金增值的方式等方面都有待完善。

对于维修资金惜用问题,考虑到这笔资金从性质上说属于业主共有,课题组认为,法规应当尊重业主自我管理资金的权利。但是,当小区物业的整体安全存在隐患时,或者小区物业对周边公共安全存在威胁时,若这种隐患、威胁在短期内不迅速处置,就会造成对公共利益的巨大危害,这种情况下,应当建立维修资金的应急使用制度。《上海物业规定》第三十七条对类似情况已有涉及,但未明确具体的操作程序。目前对建筑物外墙体老化存在脱落隐患,高层建筑中电梯超年限服役等隐患,往往是由房地产管理部门先行组织抢修,由于先行抢修没有通过业委会讨论和投票,致使此后动用维修基金环节往往存在很多难度。法规修改时可以对此问题予以进一步明确。此外,任何维修资金的动用都需要经过三分之二以上业主同意,确实存在一定难度。《上海物业规定》对单幢房屋动用维修资金做了变通处理。

维修基金的续筹直接关系到住宅小区的长久维护,从短期看初次筹集的资金足以应付一段时间的维修保养,但从长远看,越是到了维修基金需要续筹的时候,住宅小区的维修越是迫在眉睫。若当前不把基金续筹的制

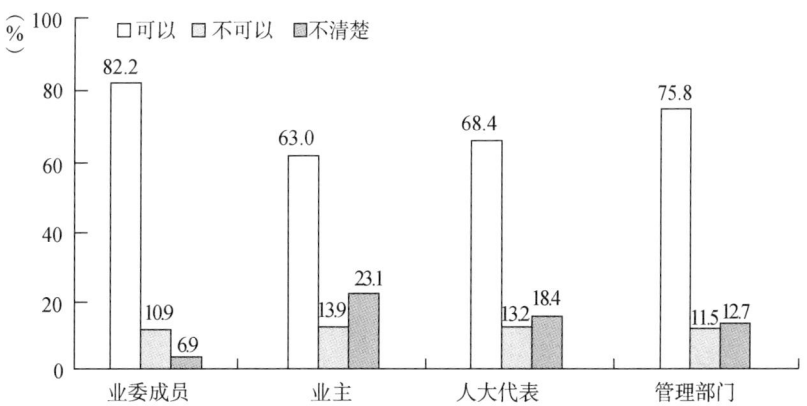

图18 业委会是否可以通过特别程度授权物业服务公司动用物业专项维修资金

度理顺，会给将来埋下巨大的隐患。目前本市个别小区中暴露出来的维修资金缺乏的问题，也印证了我们的担心。课题调查显示，相当多的业主并不是反对维修基金的使用和续筹（见图18），而是希望建立一些更加灵活的机制解决维修资金的使用问题，许多业主都希望采取分期支付等方式（见图19）。建设部、财政部近期出台的《住宅维修资金管理办法》对上述问题都有相当多的规定，在法规修改时有必要考虑、借鉴。

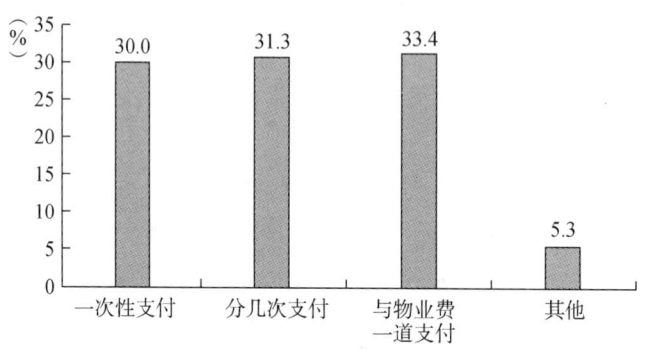

图19　愿意支持筹措维修资金的方式

（七）关于公房和部分售后公房小区的物业管理制度分析

随着土地制度和住房制度改革，部分公有房产转移为私有房产，形成了房屋产权多元化，原来房管所的体制及管房办法已不能适应新的形势。本市自1990年起，开始对房管所按"政企分开"的原则实施改制，把房管所承担的行政职能分离出来，房管所仅承担公房的经营管理职能，以解决公房和售后房的管理问题。1997年底，本市全部152家房管所转制为物业管理公司。目前，我市共有公房和售后公房小区5300余个，其中实行物业管理的小区3256个，市房地产管理部门一直着力改善这些转制物业公司的经营质量。但本次课题研究发现，对于转制物业管理公司所管理的公房或者售后房，转制公司的人员有这样的描述："招标没人投，送出无人要，不管也得管，管也管不好。"具体而言，本市公房小区和部分售后公房小区物业管理上存在以下一些问题。

一是售后公房物业管理费过低，公房长期实行低租金和租金减免制度。1995年，上海市房屋土地管理局和上海市物价局共同下发了沪房地物

〔1995〕522号文,规定了公有住宅售后管理服务费。① 这期间,上海最低工资经历17次调整,从每月210元调整为960元,增长到约4.6倍(见图20),但公有住宅售后的管理费却纹丝不动。据上海市物业行业协会调查,目前,本市售后公房物业服务收费标准平均为0.21元/月/平方米,而售后公房物业服务全市平均实际费用,2004年就达到了0.54元/月/平方米,预计2008年将达到0.92元/月/平方米。

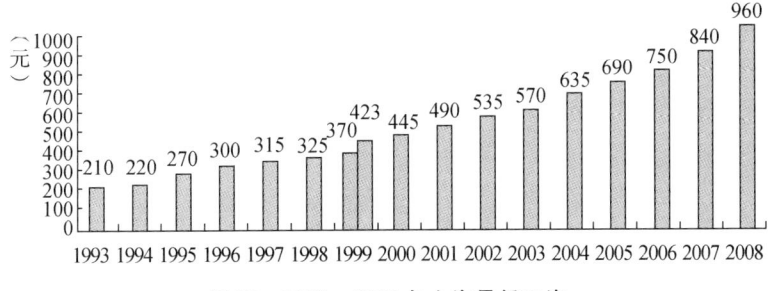

图20　1993—2008年上海最低工资

至于公房,政府从20世纪90年代开始,为照顾部分低收入者、烈属、特等及一等伤残军人等群体,长年实行"低租金"和租金减免制度,使同样大小一套商品房的物业管理费是公房租金的4—5倍。据徐汇区徐房集团反映,自1999年至2007年,该企业管理下的公房中,仅租金减免一项就使企业收入减少8588万元,每年近1000万元,享受租金减免的居民房屋修理却不能"减免"。这些因素使得一旦某个物业公司辖区内存在相当数量的此类房屋,则整个公司的现金收入会受到相当大的影响。

二是公房长年欠修,维修资金不足,续筹困难。房管所转制物业管理公司所管理的房屋,95%以上都是二十年以上的老房、旧房,或设备设施不配套的不可售公房,这些老房屋管道破旧、电线老化、路面不平、绿化杂乱,尽管政府在这方面每年也做了不少投入,但毕竟不能从根本上解决问题。从2003年起,政府对老住宅小区进行综合整治,资金由政府出一点、

---

① 多层住宅每户每月3—5元,高层住宅每户每月5—10元。除此之外,保洁、保安服务费分别为每户每月3—6元。1996年,两局又联合下发了沪价房〔1996〕第219号文,调整了公有住宅售后管理费。调整后的公有住宅售后管理费为:多层住宅每户每月4.5—7.5元,高层住宅每户每月5—10元,保洁、保安服务费收费标准仍按沪房地物〔1995〕522号文规定执行。

业主出一点、物业公司出一点。业主方面是从维修资金里出，但老小区的维修资金毕竟有限，以 2004 年为例，当年直管公房维修资金的收入为 55650 万元，支出 56952 万元，年末收支结余为 -1302 万元。此外，本市现有近 2 万户售后公房的维修资金已不足首次归集额的 30%，按规定应当续筹，但续筹时来自居民的反对声较大。所谓"巧妇难为无米之炊"，公房和售后公房管理比商品房的管理难度要大得多。

三是业主拖欠费用。房管所转制的物业公司，总有一部分业主不缴管理费和租金，特别是动迁小区，收缴率大都在 30%—50%，使本来就捉襟见肘的公房和售后公房管理更加雪上加霜。一些企业只能缩减员工、降低服务标准以减少开支，有的物业企业甚至一走了之。

课题组分析认为，公房和售后公房小区物业管理暴露出的问题，有许多历史遗留因素的作用。许多公房的物业管理，名为由房管所转制的物业公司进行管理，实际上这些公司仍部分沿用房管所的管理模式和管理思路。由于公房小区的居民多是一些年老退休人员或是低收入家庭，物业收费的提升空间有限，若完全按照市场规律对于这部分人员提高物业管理费标准，容易引发新的社会矛盾。从源头看，这些小区是在我国住房体制改革前，作为职工住房福利的形式存在的，具有保障性质，体现了计划体制下政府对职工的"隐性承诺"。房屋体制改革时通常的做法是，政府在启动房屋体制改革时，拿出一笔资金来作为维修基金的启动资金，此后则从业主的租金和物业管理费中提取部分资金来累积，并进行市场化运作。但从客观情况来看，政府不能忽视自己对这批房屋的所有权造成的瑕疵，而应当通过建立长效机制来保证对这些小区的持续投入。部分区（县）房地产管理部门的同志就提出，可以通过健全和完善住房保障体制的方式，将售后房的物业管理费和公房的租金纳入住房保障内容的一部分，由政府通过保障体制的方式来建立和健全政府对公房的补贴制度，既解决了物业管理企业亏损的现状，也不增加低收入家庭的困难。

三 国家《物权法》颁行、《物业管理条例》修改对《上海物业规定》的影响

2007 年 3 月《中华人民共和国物权法》公布，国务院依据《物权法》对《物业管理条例》做了修订，并于 8 月 26 日公布。两部上位法的出台，

对地方物业管理制度产生了较大影响。

第一,关于物业管理的法理基础。《物权法》中在第六章规定了"业主的建筑物区分所有权",对业主所享有的权利和承担的义务做出了明确规定。这一章运用了民法上的建筑物区分所有的理论来区别业主对于建筑物的住宅、经营性用房等专有部分享有所有权,对专有部分以外的共有部分——建筑区划享有共有和共同管理的权利(《物权法》第七十条)。明确了业主基于对建筑物共用部分的共同所有权当然地产生了对共有部分物业的管理权,体现了物业权利人对特定物业的直接支配和排他支配的权利。这对于物业管理的认识是一种巨大的改进。物业的管理实质上就是业主行使权利的过程,业主是物业管理发动者、最终责任人;在委托专业企业管理的情形下,物业企业基于委托实施管理。在肯定业主是物业管理主要责任人的情形下,两部上位法对建立业主自我管理的组织做了新的规定。

第二,关于政府有关部门与物业管理的关系。从理论上讲,上述物业管理法理基础意味着,政府的物业管理部门与物业服务企业都应当以业主的物权(建筑物区分所有权)作为进行物业管理活动的前提,充分尊重业主的权利。但是,物业管理不仅仅管理物,而且还管理人,管理社区,民生和社会稳定是政府当然的义务。在政府与业主、与物业管理企业关系方面,在《物权法》出台之后,需要重新界定政府责任。该是政府的职责,政府应当承担,不推卸责任;对于不是政府职责的,要为业主提供行使权利的条件或帮助。新修订的《物业管理条例》对此做了新的规定,增加"街道办事处、乡镇人民政府"为成立业主大会、选举产生业主委员会的指导部门,突出了基层管理,对业主、物业公司的指导更直接。

第三,《物业管理条例》对投票表决的方式进行了修改,采取统一的按照建筑面积与业主人数进行表决的方式。《物业管理条例》第十条规定了业主大会的成立方式,删去了第二款的规定,即"业主在首次业主大会会议上的投票权,根据业主拥有物业的建筑面积、住宅套数等因素确定。具体办法由省、自治区、直辖市制定"。而且在下面的第十二条中也没有提及通过投票权来进行表决,这说明修订后的《物业管理条例》取消了投票权的概念。而是一律采用建筑面积与业主人数的双重标准,来作为通过决议的条件。业主大会的决定事项,也不必然采用表决的方式,这在《物业管理条例》第十一、十二条中也有所体现,将原来的表决通过决议事项改为了"同意"。做出这样的改动,说明了业主大会可以自行决定重要事项的决定方式，并不一定以投票方式进行表决，当然具体的操作办法可以由地方性法规做出规定。放宽重要事项的决定方式，标志着业主大会自主决定范围的扩大。

第四，扩大了业主大会自行决定事项的范围，把原来必须由物业服务企业执行的事项也纳入到业主自治的范围中来。《物权法》第七十六条对此业主共同决定的事项做出了规定。《物业管理条例》第十一条第一款据此增加了两项条文，修改了两项条文。其中增加了"制定和修改管理规约"和"改建、重建建筑物及其附属设施"的决议事项。将"决定专项维修资金使用、续筹方案，并监督实施"修改成了"筹集和使用专项维修资金"。而把第五项的"制定、修改物业管理区域内物业共用部位和共用设施设备的使用、公共秩序和环境卫生的维护等方面的规章制度"与第六项的"法律、法规或者业主大会议事规则规定的其他有关物业管理的职责"合并为第七项"有关共有和共同管理权利的其他重大事项"。这些变动体现了物权作为物业权利的基础，把业主共同决定的事项定位成有关共有和共同管理权利的重大事项，而不是原来所表述的"物业管理的职责"。在业主自主决定的事项中甚至包括了改建、重建建筑物及其附属设施这样的权利，也就是说只要经过绝大多数（建筑面积和人数都达到三分之二以上）业主同意，业主大会就可以自主决定完全改变建筑物的形态和物理特征，当然这还需要符合城市建设规划和其他建设许可。业主大会还可以自行决定管理规约，这是基于《物权法》第八十一条第一款的规定"业主可以自行管理建筑物及其附属设施，也可以委托物业服务企业或者其他管理人管理"。就是说业主可以不委托物业服务企业管理建筑区划内的物业，而是进行自行管理，或者委托其他管理人管理，以此实现意思自治，这无疑是一种新的物业管理模式。业主大会对此当然可以通过自己的决议来制定与之对应的管理规约。对于专项维修资金，第十一条明确规定由业主大会自行决议筹集和使用方法，并有具体的使用决定权。而不是由物业服务企业来使用，业主大会仅仅起到监督的作用。

第五，采取了新的表决救济机制，业主大会更加容易通过各个事项的决议，业主也可以采取诉讼的方式维护自己的权益。《物业管理条例》第十二条对业主大会的表决方法做出了全新的规定。第一款规定参加集体讨论的人员需要有"有物业管理区域内专有部分占建筑物总面积过半数的业主且占总人数过半数的业主参加"。第三款对于表决的方式也确定需要有面积总数和所占人数都达到三分之二和二分之一同意才能通过。这些都是为了保护所占面积较小的业主的利益。对于制定和修改业主公约、业主大会议事规则及选聘和解聘物业管理企业的决定，原来需要三分之二以上投票权的多数同意才能通过，现在规定仅需要所占面积与人数一半以上的业主通过即可。原来这些重要决议的通过条件与一般决议事项相同，扩大了业主大会自行决定事项的能力。本来业主大会无法决议的事项"筹集和使用专项维修资金"和"改建、重建建筑物及其附属设施"，在业主大会上占建筑面积和业主人数三分之二以上的同意也可以通过。该条还增加了第五款的规定："业主大会或者业主委员会作出的决定侵害业主合法权益的，受侵害的业主可以请求人民法院予以撤销。"这也是为了同《物权法》第七十八条第二款相吻合，对于业主大会做出的对其不利的决议，相关业主直接被赋予请求法院撤销该业主大会决议，同样是为了保护建筑面积较小业主的利益。

第六，充分强调了业主的物业管理义务，在临时管理规约中作为必须事项列明。《物业管理条例》第二十二条第一款增加了临时管理规约中应当规定"业主应当履行的义务"，这是根据《物权法》第七十二条第一款的规定而来："业主对建筑物专有部分以外的共有部分，享有权利，承担义务；不得以放弃权利不履行义务。"强调业主在共有和共同管理的事务范围内必须按照管理规约承担相应义务，以维护全体物业权利人的利益。

《上海物业规定》作为地方性法规，应当以上位法的颁布、修改为基础，结合上海实际，具体细化补充更有地方特色、更具有可操作性的办法，使国家关于物业管理的法律、行政法规能够在上海得到切实的贯彻实施。具体而言，《上海物业规定》第九条关于投票权的计算方法、第十一条关于业主大会召开的条件、第三十五条关于房屋修缮的决定办法、第三十九条对于业主滥用物业权利的限制等条文都需要对照上位法做出修改。

四 推进本市物业管理有序化治理的思考与建议

住宅物业管理关系千家万户，居住环境作为社会环境和城市环境的重要组成部分，其质量好坏不仅直接关系到人民群众的生活质量，而且影响着人民群众的心态和行为规范。与物业管理密不可分的另一个问题是社区综合治理。社区综合治理包括社区公共安全、社区环境卫生、社区平安建设等诸多内容,以化解矛盾、处置突发性群体性事件、平衡社区生活中的各种利益等为重点。社区整体秩序包含了物业管理的秩序,但因为物业管理的权利来源于业主对自己所享有的建筑区分所有权,物业管理秩序又是一个相对独立的部分,两者之间既有联系,又有相对清晰的边界。社区综合治理需要在基层政府的积极支持帮助下,依靠居委会这一居民自治组织作为实施治理的核心平台。物业管理需要以业主大会、业主委员会等业主自治组织为实施治理的核心平台。因此,我们分析物业管理领域的问题,既要注意社区综合治理领域的问题,又要适当考虑物业管理领域本身的问题。

从本次课题研究情况看,课题组认为,《上海物业规定》实施中遇到的一些问题,有相关部门执法不力的原因,有相关配套文件不够完善的问题,也有规定本身制度设计的原因。因此,我们应当以《上海物业规定》后评估研究为契机,通过加大执法力度、宣传教育、法规修改、制定配套文件等工作,使法规的制定、执行体现广大基层群众的利益,推进本市物业管理有序化治理。

(一) 加大《上海物业规定》的执法力度,落实执法责任

从本次课题研究的情况看,本市物业管理中的一些问题都与执法不力有关。因此,房地产管理等政府相关部门要进一步加强执法力度,强化在物业管理中的职责,解决本市物业管理方面存在的问题。

首先,关于业主大会、业主委员会组建与运作过程中的问题。政府有关部门应当及时对业主大会、业主委员会的组建与运作给予指导和帮助,加强对业委会的监管。在目前物业管理市场机制未成熟完善的情况下,应积极主动地采取更多有效的监管方式,例如设立社区物业管理调解委员会、推广物业管理联席会议制度等,并加强对业主大会、业主委员会运作中违法行为的处罚力度。基层政府的派出机构——街道办事处,可以协助核实候选人的情况,指导业主行使自我管理的权利,协调物业管理公司和业主的关系,维护辖区内的正常生活秩序。房地产管理部门还可以组织开展经常性的培训工作,一方面,对业委会成员(包括业委会筹备组成员)进行全员培训,通过宣传政策法规、讲授财务知识、交流工作经验、剖析典型事例,提高业委会成员的专业素质和业务水平,并探索实行业委会成员持证上岗、年度考核等制度,切实加强对业委会的业务指导和工作监督。另一方面,全市各街道房地产管理办事处工作人员是贯彻落实相关法规的基础性力量,而目前的实际情况是,有部分基层房地产管理办事处的工作人员业务素质和法规意识还不高,对辖区内业委会的指导方式不够有力,导致了小区物业管理中一些不必要的矛盾冲突。因此,只有提高这批工作人员的法规意识和业务素质,才能夯实我市物业管理行业的基础,房地产管理部门要有计划地对这些基层工作人员开展轮训。

其次,房地产管理部门应加强对物业服务企业的监管。应当根据物业管理公司服务能力和既往服务水平,严格物业管理准入机制,加大监管力度,建立企业信用档案,将企业诚信与物业管理招投标、物业企业资质核定、物业项目评优等挂钩,促进物业管理企业不断改进服务,为业委会选聘物业公司提供信息。尽快规范物业企业的接管、撤管、移交程序。进一步将服务标准量化,使业主和物业管理公司更加明确各自的权利和义务。

再次,政府部门应当加大对维修基金使用和筹集的监管力度。政府主管部门应加强对业主委员会和业主大会的指导,完善有关专项维修资金使用方面的业主规约,逐步引导业主大会、业主委员会成为使用维修资金的审核、审价、审计等方面的中坚力量。同时,应当积极扶持社会中介机构参与维修资金使用的监督,帮助业主把好维修资金审核关。此外,政府部门应当加强宣传,增强业主对房屋定期进行维修养护的意识。

复次,政府部门应当加大对居改非、违法搭建等违法现象的处理力度。在擅自居改非、违法搭建、破坏承重墙等问题的管理和执法上,政府有关部门要按照现有法规规定,严格执法,加大力度,积极作为,形成合力。对于正在实施的居改非、违法搭建和破坏房屋承重结构行为,要加强网格化管理,通过物业管理企业,加强劝阻和制止力度;对于已经存在的违法行为,要加大城管、房地、规划、公安等部门的执法力度,双管齐下及时预防以及快速处置这些行为。

最后,对于"群租"问题,政府有关部门应当加强对房地产经纪机构的监管,明确各经纪门店应及时向街道(乡镇)上报房屋租赁业务情况,由街道(乡镇)组织相关职能部门定期进行实地核查,违反规定的,迅速会同工商部门进行查处。同时,可以因地制宜,改善来沪人员居住条件,推进闲置非居住房屋改建工作,遏制"群租"蔓延。

(二) 加快配套规范性文件的制定、修改工作

从本次课题研究反映出的情况看,还有一些问题的产生与实施中配套规范性文件、标准不完备、不完善有关。

首先，有些可以具体细化的内容，政府部门可以依照规范性文件制定权，对具体应用问题提出指导意见。如对业主委员会初选和换届改选指导的具体程序，业主委员会备案的条件，对选聘物业管理的相关程序、物业服务企业的市场准入标准和竞争规则、物业服务企业资质评定、物业服务企业的退出机制等方面，有关实施细则可以更加具体，并且应当规定更严格的标准。此外，有关部门还要加快明确相关违法搭建的界定标准和处理程序。

其次，有的配套规范性文件应当适时进行修改。如《上海市商品住宅维修基金管理办法》可以根据建设部、财政部近期出台的《住宅专项维修资金管理办法》对维修基金的收取标准、灵活的筹集方式和动用方式等，在有关配套性文件中进一步完善。再如《上海市住宅物业服务分等收费管理暂行办法》在2005年颁布实施之初，对规范前期物业服务收费，解决服务乱收费现象起到了一定的作用，但近几年企业服务成本上升很快，收费标准未进行及时调整，使分等服务收费办法的价格指导严重偏离了实际成本，应当根据本市经济社会发展状况对物业收费标准、方式等进行调整。

最后，有些规程、标准方面的空白也应当加紧探索制定。如公房和售后公房物业管理的服务标准、收费方式等，可以根据实际情况，探索制定较全面的管理办法。

（三）根据不同小区物业管理的特点，分类指导，统筹兼顾

鉴于本市商品房小区和公房小区等不同性质的住宅小区在房屋性质、质量、历史等方面的不同，课题组认为，本市在物业管理制度设计或者具体操作时，应当根据不同小区物业管理的特点，分类指导，统筹兼顾。

首先，对于实行了市场化运作物业管理模式的商品房小区，政府的指导和帮助，一方面，要加大对业委会的投入力度、加强对业委会成员的培训。各级政府在重视居委会建设的同时，应当关注业主委员会这个新生事物。通过加大政府投入，正确引导，培育业主自我管理意识、自我管理能力，防止社区民意被一些借业主自治来攻击社会主义民主制度的不良思想倾向所挟持，发展成社会不稳定因素。[①] 另一方面，对于商品房小区的物业

---

① 这种现象在一些城市和本市的一些社区已经有所显现。

服务收费，建议实行市场价或市场价与政府指导价相结合的模式，根据物价消费指数、劳动力成本等与物业服务成本相关的各类要素的变化，建立常态的物业服务价格调整机制，从根本上改变价格与成本严重背离、政策制约行业发展的局面，以保证企业的正常经营和行业的健康持续发展。

其次，公房和售后公房小区的物业管理，是我国住房体制改革阶段的特殊问题，政府必须要在其中发挥作用。一是逐步加大对这些小区的日常维护费用和维修基金的投入，建立和健全政府对售后房物业管理费的补贴制度。如可以采取制定基本物业服务标准与收费标准，并由政府对物业服务企业进行适当补贴的保障性措施；可以在实施公房分等收费的同时，对月收入低于本市城镇居民最低生活保障标准且符合特困条件的家庭，减免部分物业费。闸北区在此问题上先行先试，取得了一定的成效。区政府通过区属北方集团和不夜城集团对全区70个直管公房和售后公房小区的物业服务企业，制定两种服务达标标准，即一体化服务标准和保障化服务标准，在管理达标的基础上，实施差额补贴。按计算结果，平均补贴额为每平方米每月0.22元。补贴方案实施后受到居民普遍欢迎，物业服务水平有了显著提高。二是逐步推进这些社区物业管理的企业市场化运作，建立住宅小区的综合管理体制，解决物业管理从业人员专业化程度低、服务技能弱、缺乏系统职业培训等问题。三是逐步带动居民参与管理的程度，加大物业管理的透明度。

再次，可以按照《物权法》的规定，探索公房和售后公房小区物业管理新模式。《物权法》确立了三种物业管理模式，即业主自我管理、业主委托服务企业管理和业主委托专业人员管理，[①] 企业化的物业管理并不是唯一的管理模式。本市实施企业化物业管理之前，也曾由居委会组织的小区管理就类似于委托他人管理的模式。本市可以在这方面做些探索，由政府鼓励有条件的小区先试行。问卷调查也显示，在受访的业主中，有22.9%的人喜好自我管理和业主托管，业委会成员中则有19.6%的人喜好这两种模式，说明它们还是有一定的市场需求（见图21）。实践中，徐汇区湖南街道对于老式里弄小区推出的弄管会模式取得了较好的效果。具体的做法是充分发挥街道社区居委会的力量，共同协助做好物业管理工作。由街道社区

---

① 《物权法》第八十一条规定，业主可以自行管理建筑物及其附属设施，也可以委托物业服务企业或者其他管理人管理。

负责小区的保安、保洁，并负责对保安保洁人员的使用和管理，同时由居委会帮助收取保安保洁费。物业企业负责承担小区的房屋、公共区域的维修任务。类似的做法值得在实践中推广。

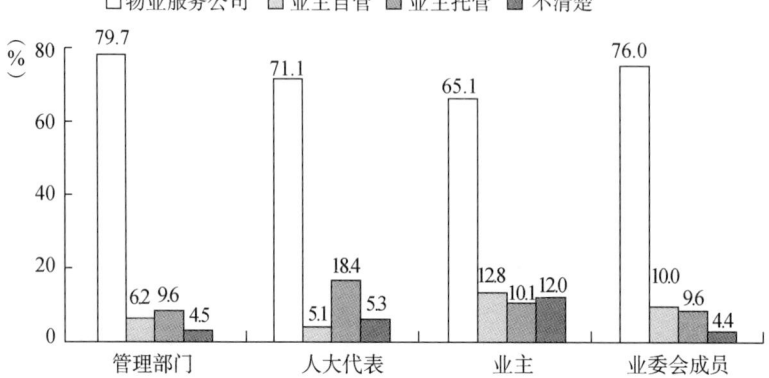

图21　不同群体对物业服务模式的喜好情况

此外，当前正在各区（县）有序推开的廉租房和经济适用房建设是市政府的一大惠民工程，这类住宅小区租金、销售价格受限，若没有一个专门配套的物业管理机制、维修基金筹集机制，必然影响到业主们的长久利益，课题组认为，有关部门应当对此问题做前瞻性的思考。

（四）进一步完善《上海物业规定》的初步建议

从各方反映的意见来看，《上海物业规定》中也存在一些应当修改完善之处，对此，课题组认为，有必要及时启动修改《上海物业规定》的相关工作，积极开展法规修改前的调研工作。

法规的修改应坚持以下指导思想：一是坚持以人为本，以科学发展观指导《上海物业规定》；二是应当按照法制统一的原则，借鉴兄弟省市的立法经验，以发展眼光和求实精神，调整目前的制度设计；三是注意法规、配套实施细则和业主自我管理之间的互动，区分以下几种不同情况：原有法规存在不足，需要修改法规时认真考虑完善的；法规具体实施中的问题，不宜在法规中太过细化，可以由执法部门制定实施细则予以明确；属于业主自治的范畴，可以交由业主大会自行讨论决定，但需要相关部门通过制定一些示范性的文件予以指导。根据上述指导思想，课题组提出以下方向性建议。

1. 关于业主大会的组建以及运作的机制

课题组认为，规范业主大会的组建与运作，关键是要正确处理物业主管部门与街道、乡镇政府以及居民委员会之间的关系，明确业主大会和业委会的监督、指导权限。兄弟省市的立法中对该问题的回应，主要分为两种立法例。一种是多数省市的做法，由区（县）主管部门为主，街道配合。例如2006年颁布的《浙江省物业管理条例》（简称《浙江条例》）。另一种则是由街道承担起具体的协调、组织工作，区主管部门给予相应的指导。如《深圳经济特区物业管理条例》。[①] 北京市建委近期出台了《北京市住宅区业主大会和业主委员会指导规则》，将物业区域划分和业主委员会成立备案的执导监督职能下放给街道办事处、乡镇人民政府。

课题组认为，在不同的政府机构以及群众自治组织之间的分工上，由于街道和乡镇作为基层政府，居委会作为深入社区的群众自治机构，它们在发挥对业主委员会组建方面的指导作用时，有一定的"地利"优势。国务院2007年对《物业管理条例》进行修订时也注意到了这一问题，增加了街道办事处、乡镇人民政府对业主大会、业主委员会组建的指导职能，并且采用的是房地产管理部门"或者"街道办事处给予指导的表述。因此，课题组建议，本市法规修改应当体现"条块结合"的精神，根据调研发现的问题，结合"三年行动计划"的实施，妥善做出可操作性的制度安排，注重制度设计的可操作性，有效整合各方面在业主大会组建运作方面的力量，更进一步明确各部门对业主大会成立的指导权限及其行使方式。

值得注意的是，课题调研显示，有43.2%的受访者认为，街道、居委会应当直接参加业主委员会筹备组，有52.8%的受访者则认为，他们应当列席业委会筹备组（见图22）。这些意见有一个共同点，那就是认为街道、居委会等机构应当在业委会的筹备阶段加强对业委会的指导，这与一些政府部门工作人员反映的意见非常契合。目前我市业委会成立阶段的"人选把关"问题，是影响整个业委会后期良好运转的关键。因此，相关政府部门以及居委会在小区业委会成立前期，在业委会候选人的把关问题上对小区业主的指导和帮助相当重要，目前法规中的相关规定还可以进一步完善，

[①] 该条例第四条明确了区物业行政主管部门对辖区内物业管理的监管职责；但第五条把协调、组织业主大会成立、业主委员会的选举及监督其日常活动的职责赋予了街道办事处，区主管部门则起到指导作用。

以增强操作性和实效性。

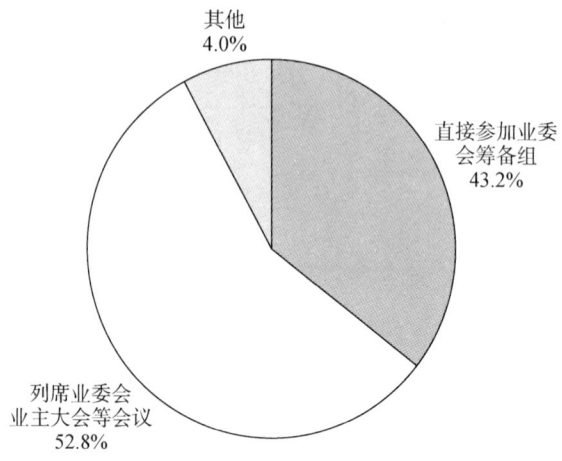

图 22　街道、居委会应如何指导工作

2. 关于"居改非"的规定

《上海物业规定》第二十八条禁止了擅自"居改非"的行为，但对特殊情况下的"居改非"，由规划部门按照规划条例的规定处理。实践中，规划部门在法规实施后并没有实际审批过特殊情况下的"居改非"。

课题组认为，从本次问卷调研情况看，各方对"居改非"的态度仍倾向于常委会审议的第二种意见，即不赞成"居改非"的比例超过七成。因此，对"居改非"总体上仍应严格把关，但是，对个别合理的"居改非"需求，如果没有可操作性的审批程序，恐不是最佳的立法选择。为此，在下一步修改法规时需要审慎考虑"居改非"，禁止为主，适当开口，明确特殊情况下允许"居改非"的条件和情形，同时要按照《物权法》的规定，注意引入业主自我管理制度，对违法"居改非"现象进行监督，发挥好"利益相关业主"对"居改非"的监督作用。从问卷调查情况看，绝大部分的受访居民、管理部门以及人大代表都认为，地方立法中应当对"居改非"的批准程序做出规定（见图23）。

3. 关于维修专项基金的规定

课题组认为，《上海物业规定》中可以考虑体现维修基金筹集的"政府指导与业主自治相结合"的原则以及"不同小区不同标准"的原则，确保维修基金收取的标准符合本小区业主的收入水平和消费预期。在筹集方式

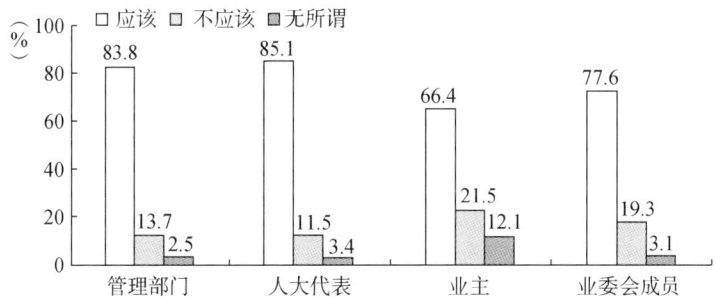

图 23 对改变房屋性质是否应经过邻里同意、政府有关部门批准等程度的认识

上则可以考虑多种方式，例如分期支付等。维修基金动用的事项、基金使用的程序、基金监管的具体方式等方面的规定可以在法规中进一步完善，并在法规中适当增加鼓励引入社会中介组织参与基金监管的规定。此外，维修基金的应急抢修使用程序也很重要，《上海物业规定》第三十七条有所涉及，但地方立法中应当事先明确可以列入抢修范围的具体情况或者判断标准，并且除对于确属紧急的情况外，还是应当充分尊重业主委员会的自主权，抢修费用的冲销也不能仅凭房地产管理部门出具的书面文件，而应当引入适当的审计、监督机制。课题组比对了一些兄弟省市的立法，发现各地都有对应急抢修机制的规定，这些经验值得法规修改时参考。

4. 关于与相关法律、法规的衔接问题

如前所述，《上海物业规定》首先应当对照《物权法》、国务院新修订的《物业管理条例》，对不一致之处做相应的修改。此外，还应注意与本市其他法规的衔接，如对于"群租"，既可以结合对《上海市房屋租赁条例》的修改，一并考虑对"群租"的治理问题；对于发生在住宅物业小区内的"群租"，也可以在《上海物业规定》中增加相关规定，如完善业主临时公约和业主公约，增加相应的规范或制约性条款，增加物业服务企业依照业主公约的授权对"群租"行为采取一定的限制措施等规定。关于违法搭建，由于职责交叉，各部门在执法过程中相互推诿导致执法效果不佳的现象依然存在。这涉及《上海物业规定》与《上海市拆除违法建筑规定》的衔接问题，鉴于本市正在对后者着手研究修改，建议该法规修改时注意与《上海物业规定》的相关规定保持衔接。

结　语

　　以小区物业管理问题为核心的城市社区治理问题,是每一个现代城市的治理者必然面对的问题。上海市处于我国改革开放和经济发展的前沿,生产力发展水平的领先,使广大上海市民先于国内其他许多城市的市民,享受到了一些物质文化成果,同时也使我们先于国内其他许多城市面临了一些问题。物业管理领域暴露出的各种治理难点,牵扯的利益复杂,有待整合的社会资源量大而琐碎,亟待理顺的管理机制较多。我们必须以科学发展观为指导,积极整合各方面、各层次的力量,抓紧完善地方立法、切实加强执法、稳步推进社区综合治理,紧紧依靠广大市民,努力创造安定、祥和、有序的社区生活环境。

6.《重庆市产品质量监督管理条例》立法后评估报告[*]

根据市人大常委会2012年工作安排和《重庆市人大常委会办公厅关于印发〈地方性法规后评估工作方案〉的通知》（渝人办发〔2012〕7号）的要求，为把握《重庆市产品质量监督管理条例》（以下简称条例）的立法质量，了解实施效果，掌握其中的重点制度设计是否科学、合理、可操作，能否达到预期目的，并为常委会建立立法后评估制度进行探索，市人大常委会法工委于2012年3月—9月开展了对条例的立法后评估工作，现将主要情况报告如下。

一 后评估工作情况

根据项目任务分工，成立了由市人大常委会法工委、市人大财经委、市政府法制办、市质监局相关人员和常委会立法咨询专家、市人大代表、行业专家组成的后评估项目一组，制定了详细的实施方案，经常委会后评估领导小组审定通过后，按照实施方案周密部署，精心组织实施。评估工作主要围绕条例设立的六项重点制度（附件1）的实施情况进行调研，以对条例的实施效果进行分析评估；此外，从法制统一性等五个方面（附件2）对条例的文本质量进行分析评估。

项目一组于5月下旬先后召开市级相关部门和部分区县人大常委会座谈会、质监系统座谈会、行政相对人座谈会、专家学者人大代表政协委员消费者代表座谈会，听取了各方面对条例的评价以及意见建议。5月中旬至6月中旬，通过质监系统、工商系统、人大系统在全市范围内开展了针对质量监督管理部门与其他相关行政机关、质量检验机构及相关中介组织、管理相对人、普通公众的四类问卷调查，共回收问卷3931份，其中有效问卷

---

[*] 此报告由重庆市人大常委会法工委立法后评估项目一组撰写并提供。——编者注

3850份。6月中旬，项目小组会同市质监局、市工商局分赴渝中区、北碚区、綦江区和璧山县随机抽查了两系统根据条例规定办理的行政处罚案件29件（质监17件、工商12件），并逐一进行了评查，同时听取了执法一线同志就条例实施情况、存在问题、修改建议等方面的意见。5—7月，委托渝中区、渝北区、江津区、忠县人大常委会在其辖区内开展了条例实施情况的调研。4—7月，收集整理、分析研究了与条例有关的文献资料和信息，包括条例与上位法和其他相关法律法规及相关规范性文件的关系、外地立法情况等。8月起草后评估报告初稿。9月上旬组织对文本质量进行量化评分。9月中旬组织召开了有常委会后评估领导小组成员、行业专家、法学专家参加的评审会，对评估报告草案进行了评审、修改。

二　条例的基本概况

条例于1997年9月13日经市一届人大常委会第三次会议审议通过，2002年3月27日市一届人大常委会第三十九次会议修订，2010年7月根据法规清理结果进行了第一次修正，2011年11月根据行政强制法的规定进行了第二次修正。条例的制定具有较强的时效性、科学性，对提升我市产品质量总体水平、促进经济社会发展发挥了重要作用。一次修订、两次修正也是从我市经济社会发展和产品质量监督管理的实际需要出发，按照法制统一的要求进行，体现了立法的与时俱进。本次评估以条例的六项主要制度和文本质量评价为切入点，达到掌握和评价条例整体质量状况的目的，做到了评估重点突出、内容全面真实、结果客观公正。

（一）总体评价

总体上，条例的立法质量较好，达到了立法预期目的。立法当时注重了法制统一性和实际需要，制度设计较为合理，权力责任权利义务配置较为得当，内容具有较强的针对性、适应性和地方特色，名词术语界定较为清楚，规范的行为模式较易辨识，符合立法技术规范的要求，可操作性较强。条例实施十多年来，在落实产品质量责任，加强产品质量监督管理，保护消费者合法权益，维护市场经济秩序，提高产品质量的总体水平，促进我市经济持续健康发展等方面发挥了积极作用，取得较好的社会效果和法律效果。2011年，我市产品质量合格率为91.85%，较"十一五"初提升了14.57个百分点,创历史新高;制造业质量竞争力指数为85.19,居全国第九位,连续七年保持西部第一。

(二) 六项主要制度及其实施效果评价

条例在产品质量法的基础上对六项制度结合重庆实际进行了细化和补充,具有较强的针对性和可操作性,能够达到产品质量监督管理、落实产品质量责任、保护消费者合法权益、促进经济社会发展的目的。体现在以下几个方面:

1. 条例明确了质监部门的职责及相关部门的权责配置,既为行政机关依法履职提供了依据,又规范了其执法行为。条例第四条规定了质监部门负责本辖区内的产品质量监督管理工作,其他有关行政管理部门在各自的职责范围内负责产品质量的监督管理工作。第十五条细化了质监部门和工商部门查处涉嫌违法行为的职权和程序,法律责任一章细化了监管部门及其执法人员、检测机构及其检测人员违法行为的法律责任。问卷结果显示,55.09%的人认为部门职责划分清晰、明确、合理,54.23%的人认为执法主体的责任明确、匹配。这一制度受到执法机关和相对人的肯定。市质监局依据条例授予的职权和程序,开展农机、公租房建材、液化石油气、食品添加剂等专项执法打假100余次,查办案件2300多件;查处强制性产品认证领域的违法违规案件1000余件;开展频炉炼钢、砖瓦等重点产品区域整治10余次;强化重点区域、重点行业、重点企业的日常监管巡查;开展基层行政执法大检查5次。全市工商系统自2002年条例修订以来,共适用条例查处案件300余件,涉案金额556万余元,查办了重庆万家福燃气有限责任公司销售掺入二甲醚的液化石油气案、重庆医药璧山医药有限责任公司销售伪造厂名产地的"奥天"系列保健食品等涉案金额较大、较为典型的案件。

2. 条例规定的监督检查制度结合了重庆实际,较为合理且具有较强的可操作性,能够有效保护消费者权益。条例第七条细化了产品质量的监督检查制度,包括监督抽查、统一监督检验、定期监督检验三种方式,其他相关条款进一步规定了监督检查结果的处理、检验费、检测机构及人员、样品提供及抽取、检验异议与复检程序等。问卷结果中,有50.02%的人认为这三种监督形式合理并可操作。监督检查制度一方面有利于监管部门每年依法组织对重要生产资料、危及人体健康和人身、财产安全的产品,需要重点监管的其他产品进行监督检查,保护消费者合法权益;另一方面也提高了生产企业的产品质量检验和控制意识，有利于保障我市的产品质量安全和经济社会健康发展。市质监局历年来重视对日用消费品、建筑装修装饰材料、工业生产资料、农业生产资料等工业产品的质量监督抽查。以2011年为例，全年共计抽查25757批次，合格23658批次，合格率91.85%，创历史新高；全年共发布农机具、服装、烟花爆竹等产品质量监督抽查公告67期。加大强制性认证产品质量监督抽查工作，每年监督抽查1000个批次的强制性认证产品质量状况。通过监督抽查，曝光了不合法企业，震慑了违法行为，维护了消费者权益。

3. 条例规定的生产标准及备案制度，能够有效引领企业的标准化体系建设和生产管理，达到产品质量控制、提升企业竞争力的目的。条例第二十条规定了生产标准及备案制度，在上位法的基础上结合标准化法实施条例增加规定了企业在没有国家标准、行业标准、地方标准的情况下，应当制定企业标准并备案，具有较强的可操作性。同时，在法律责任一章中设置了相应的罚则。57.64%的生产者、销售者知道产品应当具有标准且企业标准应当备案。市政府于2006年设立重庆市产品标准奖以来，共有138家企业的193个产品标准获奖，涵盖了汽摩、装备制造、电子信息、材料、化工、能源、消费品等我市支柱产业。2011年，获得重庆市产品标准奖的28个企业，共获得申报产品相关专利授权664项，主导制定或修订相关国家标准、行业标准、地方标准327项；获得中国标准创新贡献奖11项；12家企业获得国家3A级以上"标准化良好行为企业"称号。这些企业将标准化工作渗透到产品生产、企业管理等各个环节，并在节能降耗、产品质量、市场占有率、顾客满意度、经济效益等方面取得了明显成效。

4. 条例规定的销售者进货检查（验）和保持产品质量制度有利于从销售环节保障产品质量，防止不合格产品流入市场，保护消费者合法权益。条例第二十一条在上位法的基础上细化了销售者检查验收的内容，并延伸规定销售者不能确定产品质量状况时可以申请专门机构进行检验。62.11%的人认可该制度。从实践看，多数销售企业严格执行这一制度，履行查验和保持产品质量的义务，对产品在运输和仓储保管环节维持应有质量也能起到一定的约束作用，同时还有利于划清生产、销售、物流、仓储的责任界限。

5. 生产者、销售者应当承担的其他产品质量责任和义务内容较为全面，能有效保护消费者利益。条例用大量篇幅从产品质量应当符合的要求、标识要求、禁止性行为等方面在上位法的基础上进行了细化和补充，并设定了相应的法律责任，能有针对性地解决实际问题，更具操作性，较好地保证了产品质量和维护消费者权益。60.25%的人认为对生产者、销售者课以这些责任和义务是合理和可行的。实践中，绝大多数生产企业、销售企业能自觉执行条例的相关规定，走以质取胜道路，保证和提升产品质量，争创名牌。截至2011年，共有12家工业企业获得市长质量管理奖，全市拥有驰名商标40件、地理标志保护产品11个、重庆市著名商标635件、重庆市名牌产品1662个。全市产品质量的整体水平得到较大幅度的提升，有效地维护了消费者利益。

条例规定的六项主要制度虽然总体上实施情况较好，但随着时间推移和国家出台一系列新的行政法规和产品质量监管工作的新变化、新要求，也出现了一些不能适应实践需要的问题：

1. 部门职责不够明确，权责配置不够合理。条例虽然在其他条款规定了工商部门的强制措施权和行政处罚权，但不能完全涵盖工商部门根据国办发〔2001〕57号和国办发〔2008〕88号文件（这两个文件都是国务院办公厅印发的国家工商行政管理总局三定方案）履行的流通领域产品质量监督管理职责，在一定程度上影响和制约了工商部门职能作用的发挥。此外，条例规定的执法主体的权责不够匹配，遇到行政相对人拒不签字盖章，拒绝提供发票、台账等情况，监管部门往往束手无策，导致调查取证工作难以展开。第四十二条对质监和工商的行政处罚职权规定过于笼统、原则。第四十六条有关质量技术监督行政执法人员、监督检验人员行政责任的追究，是以给生产者、销售者、消费者造成损害为前提，对承担特定公职的人员来说不应以结果来定责任；同时，本条指向的违法主体没有包括工商等其他行政管理部门的执法人员。

2. 监督检查制度不够完备，不能适应现实需要。一是对三种监督检验形式没有规定各自的适用条件和程序，不能保证行政相对人的知情权，也导致监督检验的随意性较大，一定程度上形成重复检验，会影响企业的正常生产经营活动；二是实践中存在大量现场即时抽样检验，这一检验方式在条例中未涉及；三是越来越多的企业采取来料加工、配套生产、订单生产的方式组织生产，无法抽取样品进行监督检验；四是条例规定区县的监督抽查计划报市质量技术监督行政管理部门备案，但实践中早已取消这一备案制度。

3. 产品质量检验费不够科学。一是检验费不明确。根据第十条规定，只有监督抽查不得收取检验费，而统一监督检验和定期监督检验需要收取检验费。由于第七条没有对三种监督检查形式及其适用做明确区分，导致实践中一般情况下都按照统一监督检验和定期监督检验收取费用。二是检验费不合理、不公平。70%的生产者、销售者和消费者认为检验收费不合理。监督抽查和统一监督检验、定期监督检验都是质监部门依职权主动开展的，前者不得收取检验费，后两者要求收取检验费，增加了企业的负担，造成事实上的不合理、不公平。

4. 生产标准及备案制度，有些规定已经和实际工作不符，有些规定待完善。一是第二十条规定，生产者执行的国家标准、行业标准、地方标准，应当向质量技术监督行政管理部门备案。但实践中早已取消这三种类型的备案管理。二是对应罚则第三十五条不够周延，对经警告、罚款仍继续生产无标准的产品的行为没有涉及，对不按规定制定企业标准的行为、不按规定进行备案的行为也没有涉及，同时罚款幅度过大。

5. 生产者、销售者的产品质量责任，有的规定已不符合实际工作的需要，有的规定与相关上位法相冲突。一是条例第二十四条规定了地方准产证制度。在国家统一实行工业产品生产许可证制度后，地方性准产证在我市范围内早已取消，与其对应的罚则第三十七条同样不应该继续存在。二是有些概念和提法已经因国家相关制度的改变或行政法规的废止而不存在或修改了。如第二十九条中的"免检标志"，因国家已于2008年取消免检产品制度而不存在这个概念；"原产地地域产品保护标志"，已经因《原产地域产品保护规定》被废止，取而代之的是《地理标志产品保护规定》，这种提法也已不存在。三是相关法律责任中多以"货值金额"为基准计算罚款数额不够科学。实践中，有的案件不能确定违法生产、销售产品的货值金额导致难以处罚；还有的性质恶劣理应重处，但因货值金额不大而起不到应有的威慑和惩戒作用。四是相关法律责任与后来出台的相关行政法规不一致。如第三十七条对生产、销售按规定应取得而未取得生产许可证、准产证产品的罚则规定（责令停止生产、销售，处以违法生产、销售产品货值金额百分之十五至百分之二十的罚款，其违法生产、销售的产品按照国家有关规定处理）与2005年《工业产品生产许可证条例》第四十五条规定（责令停止生产，没收违法生产的产品，处违法生产产品货值金额等值以上三倍以下的罚款；有违法所得的，没收违法所得；构成犯罪的，依法追究刑事责任）不一致；第三十八条对生产、销售未经强制性认证或者强制性认证不合格的产品的罚则规定（责令停止生产、销售，处以违法生产、销售产品货值金额等值以下的罚款；有违法所得的，并处没收违法所得）与 2003 年《认证认可条例》第七十六条的规定（列入目录的产品未经认证，擅自出厂、销售、进口或者在其他经营活动中使用的，责令改正，处五万元以上二十万元以下的罚款，有违法所得的，没收违法所得）不一致。五是对销售者进货检查（验）和保持产品质量的义务没有设置对应的罚则，执行主要靠销售者自律；同时，因检测能力和费用的限制，销售者要履行好"产品内在质量检验"具有一定难度。

（三）条例的文本质量评价

在对条例六项重点制度进行分析评估的基础上，项目一组按照实施方案确定的文本质量评估要素标准，于 9 月上旬组织市人大、市质监局、市工商局、市政府法制办的相关处室负责人及业务骨干对条例的文本质量进行量化打分，共发出评分表格 37 份，回收 27 份，有效表格 24 份，总平均分为 87.58 分。此外，忠县人大常委会在调研过程中也组织相关人员对文本质量进行了量化打分，得分为 88 分。量化打分表明条例的文本质量良好。具体如下：

1. 法制统一性方面，满分 20 分，得分 17 分。条例在立法当时注重了法制统一性，与相关法律、行政法规的基本原则及具体条文规定不抵触，设置的行政事业性收费、行政许可、行政处罚和行政强制措施合法，条文内部之间不冲突。

2. 权力责任权利义务配置方面，满分 25 分，得分 21.46 分。条例明确了质监部门的产品质量监督管理职责，对质监、工商的具体执法权限和程序进行了设定和规范，设定的执法主体自由裁量权幅度及范围较为合理；对所有管理相对人做到了平等对待，无歧视性条款；没有超越权限限制或剥夺管理相对人的合法权利或者增加管理相对人的义务；设置的救济渠道合理有效；对违反禁止性规定和绝大部分限制性规定的行为有相对应的处罚。

3. 地方特色方面，满分 15 分，得分 13.17 分，得分较高。条例属于实施性地方立法，对各项制度细化和补充了产品质量法的相关规定，更加有利于上位法的实施；对样品的抽取、检验、退还程序规定等创制性规定符合本地实际，能有针对性地解决问题。

4. 可操作性方面，满分 25 分，得分 21.75 分。条例中的名词术语界定较为清楚，规范的行为模式较易被辨识，细化了违法行为和行政处罚的情形，提倡性、号召性、宣示性条款较少；市质监局及时出台了《产品质量监督抽查管理办法》等17个配套规范性文件。

5. 立法技术规范方面，满分15分，得分14.17分，得分最高。条例名称准确、结构合理，条文表述准确、严谨、简明、基本无歧义，条文间逻辑关系清楚，条文用语规范、统一，标点符号、数字表述符合国家语言文字规范。

同时，条例的文本质量存在以下问题：一是与相关行政法规不一致；二是未明确工商部门对流通领域产品质量的监督管理职责，同时对执法主体的权责规定不够匹配、完整；三是对监督检查制度的程序规定不够完备；四是对某些义务性规定没有设定相应的法律责任；五是某些行政收费和行政处罚不够合理、科学；六是条例第四十九条有对"违法收入"的释义，但在条例全文中从未使用过"违法收入"这一概念。

三 几点建议

（一）对条例进行全面修订，使之更加适应现实需要

条例修订的总体思路是：进一步明确产品质量监督管理职责，更好地服务于各类市场主体，做到市场监管与服务并重，一方面要落实企业对产品质量的主体责任，另一方面要为质量兴企、质量兴市打造良好的发展环境，同时更好地与相关法律、法规进行衔接，做到法制统一。修订的主要内容包括：

1. 调整范围。条例应明确自己的调整范围，对产品、成品、半成品等概念做出明确的界定。同时，适应经济社会发展的需要，应对一些介于生产和销售之间行为所涉及的产品进行规范。如建筑工程中使用的建筑材料、建筑构配件、设备以及装饰材料等；租赁等服务行业在服务过程中使用的产品。此外，还要明确与食品安全法、农产品质量安全法的关系。条例的上位法是产品质量法，产品质量法与食品安全法是普通法与特别法的关系，食品是相对于一般产品的特殊产品，因此，对食品安全的监督管理直接适用食品安全法及相关的行政法规、规章，只有在食品安全法没有规范、产品质量法也没有规范而条例又做了相关规定时才适用条例。产品质量法与农产品质量安全法是同一位阶的法律，没有从属关系，各自的调整对象不同，前者调整的是经过加工、制作用于销售的产品（主要指工业品），后者调整的是来源于农业的初级产品，二者调整的法律关系不同，产品和农产

品必然适用各自对应的法律法规。

2. 产品质量监督管理主体及其执法权责配置

一是按照上位法的规定，明确各级地方政府对产品质量安全负总责，否则容易导致个别地方对产品质量工作不够重视，影响工作的开展和有效性。二是明确质监部门和工商部门分别负责辖区内生产加工领域和流通领域的产品质量监管职责，明确它们的具体分工和职责，同时明确在产品质量监管行政执法过程中，公安、税务等部门的配合义务。三是明确企业的产品质量主体责任，特别要明确生产企业是产品质量的第一责任主体，对生产企业必须具有的检测责任进行细化。四是合理配置执法机关的执法权限与责任，细化行政执法程序，给予必要的行政强制措施权和行政处罚权，但要符合行政强制法和行政处罚法的规定，既能达到查处违法行为的目的，又能做到规范执法、严格执法、公正执法。

3. 产品质量监督检查制度。要结合工作实际和现实需要完善现有的监督抽查、统一监督检验、定期监督检验三种制度，细化各自的适用条件和程序，并对监督检验的产品范围和种类、样品抽取方式、样品受损的补偿、样品退还的程序和方式、检验报告及其公布等诸多环节做出规范。同时，要明确工商部门对流通领域的商品进行监督检查的职责，其是否仍然采取这三种监督检验方式可以作进一步深入调研。此外，对这三种方式以外的其他方式如现场即时抽样检验是否纳入条例规范，也可以进一步调研论证后再确定。对采取来料加工、配套生产、订单生产等方式组织生产的企业，如何进行监督检验，是否需要其他的制度设计也需要深入调研后再确定。

4. 检验费。要在既达到监管目的，又能减轻企业负担，还能体现企业的主体责任之间找到一个平衡点，尽量明确收费与不收费的检验，结合实际，对统一监督检验和定期监督检验分情况制定收费管理办法，并随财政收入的增长逐渐缩减检验项目的收费范围。如东莞市从2012年下半年起停止向企业收取定期监督检验费，该项经费全部纳入市财政预算，每年将为企业减负上千万元。

5. 生产者、销售者的产品质量责任。一是建立缺陷产品召回制度，明确生产者和销售者的相应责任。生产者发现其生产的产品存在安全隐患，可能对人体健康和人身、财产安全造成损害的，应当主动召回产品，销售者接到停止销售通知后，应当立即停止销售该产品；销售者发现销售的产品因设计、制造等方面的原因，在某一批次、型号或者类别中存在着危及人体健康和人身、财产安全的不合理危险时，应当停止销售并向有关产品质量监督管理部门报告。二是完善现有的一些制度，如明确销售者应当建立产品进货台账。三是增加对销售过期产品的禁止性规定。

6. 强化政府及其部门的公共服务责任，强化产品质量的社会监督。一是建立面向社会的产品质量服务信息平台；二是建立优质产品、优质企业、优质品牌的评价、奖励、宣传、扶持制度；三是建立投诉、举报制度，鼓励、支持和保护媒体、公民、法人及其他组织对产品质量进行监督，对举报有功的个人和单位实施奖励。

7. 法律责任。本着处罚与教育相结合，同时与相关法律法规衔接、一致的原则拟定法律责任。一是完善对违反禁止性规定和义务性规定的行为的相应处罚，细化违法行为；二是增设经营"三无"产品的法律责任；三是合理确定罚款幅度，对无法计算货值金额或货值金额太小而性质恶劣的行为，直接规定罚款数额；四是对监管部门及其人员的法律责任进行细化。

（二）将条例的修订纳入市四届人大常委会五年立法规划，并创造条件列入2013年度立法计划审议项目

条例于2002年修订至今已10多年，很多内容已不适应目前产品质量监督管理工作的需要。产品质量关乎大众的生命健康安全，是重要的民生问题，在全社会对产品质量安全高度关注的今天，进一步加强产品质量安全监管，完善相关制度，是政府及其相关部门和立法机构的责任。虽然上位法于1993年通过，2000年修正后至今再未作修改，但是我们不能等待上位法修改后再行修订，否则工作会陷于被动。另外，国家近年来颁布了食品安全法、特种设备安全监察条例等一批法律、行政法规，广西壮族自治区人大常委会于2012年7月修订通过了产品质量监督条例，这些都能对修订我市条例起到借鉴和参考作用。建议以此次后评估工作为契机，充分运用好后评估成果，成立条例修订草案起草小组，就修订草案需要规范的主要问题、重点制度进行深入调研，着手进行修订草案的起草工作，争取早日拿出修订草案文本。市人大常委会相关工作部门即将开始编制下一届五年立法规划草案和2013年度立法计划草案，建议市人大法制委、常委会法工委和市人大财经委、市政府法制办、市质监局协调配合，积极工作，按照我市地方性法规立项若干规定的要求，努力工作，创造条件，争取将条例的修订纳入五年立法规划和2013年立法计划审议项目，并按期提请审议。

（三）建议市人大常委会 2013 年听取和审议市政府关于产品质量监督管理工作的专项报告

如果条例的修订列入 2013 年市人大常委会立法计划审议项目，为便于常委会组成人员全面、深入、细致地了解该项工作，更好地就修订草案提出审议意见，建议由市人大财经委提出计划，将听取和审议市政府关于产品质量监督管理工作的专项报告纳入 2013 年常委会监督计划，将监督工作与立法工作相结合，也是创新人大工作的一个举措。同时，通过听取和审议产品质量监督管理专项工作，审议产品质量监督管理条例修订草案，也同时是进行产品质量监督管理的普法宣传活动，必将大大提高产品质量监督管理工作及其法律法规在公众中的知晓度和了解度，掀起全社会都来重视、关心、支持、监督产品质量安全的良好氛围。

附件 1：《重庆市产品质量监督管理条例》六项重点制度
附件 2：《重庆市产品质量监督管理条例》文本质量评估要素表

附件 1：《重庆市产品质量监督管理条例》六项重点制度

序号	制度名称	评估关键点
1	部门职责与权责配置	1. 部门职责划分是否合理、明确；执法权力和责任是否配置得当，是否具有可操作性； 2. 各部门的理解、认知和执行情况； 3. 管理相对人的认知情况； 4. 问题和建议。
2	监督检查	1. 抽查、统检、定检三种监督检查制度的实施情况，是否达到了产品质量监督检查的目的； 2. 三种监督检查制度对经济社会的影响； 3. 公众对三种监督检查制度的认知情况； 4. 三种监督检查制度是否科学、合理、可操作； 5. 问题和建议。
3	检验费	1. 检验费的设置是否科学、合理、可操作； 2. 公众（包括生产者、销售者、消费者）的认知情况； 3. 问题和建议。

续表

序号	制度名称	评估关键点
4	生产标准及备案	1. 生产标准的制定、实施、备案情况； 2. 公众的认知情况； 3. 对经济社会的影响情况； 4. 该制度是否科学、合理、可操作； 5. 问题和建议。
5	销售者进货查验和保持产品质量	1. 销售者执行该制度的情况； 2. 违法行为及处理情况； 3. 公众的认知情况； 4. 对经济社会的影响情况； 5. 该制度是否科学、合理、可操作； 6. 问题和建议。
6	生产者、销售者的其他产品质量责任	1. 该制度的实施情况； 2. 违法行为及处理情况； 3. 公众的认知情况； 4. 对经济社会的影响情况； 5. 该制度是否科学、合理、可操作； 6. 问题和建议。

附件2：《重庆市产品质量监督管理条例》文本质量评估要素表

序号	评估要素	具体评估内容	分值（100分）	
			分值	分值
1	法制统一性	法规条文与相关法律、行政法规的基本原则及具体条文规定不抵触	6	20
2		设置的行政事业性收费、行政许可、行政处罚和行政强制措施合法适当	6	
3		与相关地方性法规相互衔接、协调	4	
4		条文内部之间不冲突	4	
5	权力责任权利义务配置	执法主体的权力责任明确、匹配	5	25
6		执法主体的自由裁量权幅度及范围合理	5	
7		对所有管理相对人平等对待，无歧视性条款	4	
8		没有超越权限限制或剥夺管理相对人的合法权利或者增加管理相对人的义务	4	
9		设置的救济渠道合理有效	4	
10		对违反禁止性规定和限制性规定的行为有相对应的处罚	3	

续表

序号	评估要素	具体评估内容	分值（100分）	
			分值	分值
11	地方特色	细化上位法的规定有利于上位法的实施	5	15
12		创制性规定符合本地实际	5	
13		条款内容能有针对性地解决实际问题	5	
14	可操作性	法规中的名词术语界定清楚，没有歧义	5	25
15		规范的行为模式容易被辨识	4	
16		部门职责划分清晰，没有遗漏	4	
17		各项制度有完善的程序规定	4	
18		细化了违法行为和行政处罚的情形	4	
19		提倡性、号召性、宣示性条款较少	2	
20		及时出台实践需要的配套规范性文件	2	
21	立法技术规范	法规名称准确	4	15分
22		法规结构合理，条文间逻辑关系清楚	4	
23		用语规范、统一	3	
24		条文表述准确、严谨、简明、无歧义	2	
25		标点符号、数字表述符合国家语言文字规范	2	

计分规则：未满足评分要素标准的，每发现一例扣1分，至该项扣完为止。

7.《重庆市公路路政管理条例》立法后评估报告[*]

为全面了解《重庆市公路路政管理条例》（以下简称条例）的贯彻执行情况，以及条例中重点制度设计的科学性、合理性，促进地方立法质量的提高，按照市三届人大常委会第六十一次主任会议审定的《地方性法规后评估工作方案》和条例后评估实施方案，立法后评估项目二组在市人大常委会立法后评估领导小组的指导下，于2012年3月至10月，对条例进行了立法后评估。现将有关情况报告如下：

一 条例后评估工作的开展情况

本次后评估围绕实施方案提出的以法制统一性、制度设计和权利义务配置、地方特色和可操作性、技术规范、实施效果为评估要素的指标体系，除按评估要素对条例进行全面评估外，重点对条例设定的公路和公路用地及附属设施管理、公路建筑控制区管理、超限运输管理等三项主要制度进行评估。围绕评估内容，采用文献研究、制度比较分析、专题访谈、实地调研和（抽样）问卷调查等方式开展了以下几方面工作：

3—6月，项目小组组织人员收集已经出台的公路路政管理方面的法律、行政法规、规章以及条例制定、修订和三次修正的档案资料；对近五年来湖南、黑龙江、吉林、青海、北京等十余个省市制定的路政管理方面的地方性法规进行比较分析，梳理、归纳了各种文献中科学、合理、操作性强、适应行业发展需要的制度规范。

4—7月，深入基层开展专题访谈和实地调研。专题访谈对象包括区县交通局（委）领导4名，路政（公路）管理机构（含综合执法机构）负责人25

---

[*] 此报告由重庆市人大常委会法工委立法后评估项目二组拟定撰写并提供。——编者注

名，收费公路经营业主、物流企业、燃气公司、水泥厂等涉路社会企业10家。同时，选择了19个区县开展实地调研。主城区选择九龙坡区、北碚区、渝北区、巴南区及市公路局下属市公路养护管理段，渝西片区选择合川区、大足区、潼南县、铜梁县、璧山县，渝东北片区选择万州区、忠县、开县、云阳县、奉节县，渝东南片区选择黔江区、涪陵区、秀山自治县、酉阳自治县、彭水自治县。共组织召开专题座谈会4场，近70人参加了讨论。

针对区县路政（公路）管理机构、各类涉路企业及个人、公路沿线居民、一线执法人员等不同的调查对象，设计了三套调查问卷。对路政（公路）管理机构和一线执法人员的调查问卷，采取定向发放，由单位组织填写报送的方式；对涉路企业及个人、公路沿线居民，采取委托基层执法单位分重点走访、发放并回收问卷的方式；同时还通过市交委、市公路局网站开展网络问卷调查。本次问卷调查，共涉及25个路政（公路）管理机构（含综合执法机构）、2550名不同行业的服务对象和750名基层执法人员，累计发放问卷5000份，收回问卷4984份，有效问卷4883份，有效问卷回收比例为97.66%。

前期调研中了解到，占我市公路总里程90%的农村公路存在管理、养护严重滞后的现象，针对这一问题，7月中旬，项目小组专门赴铜梁县、潼南县补充调研农村公路管理体制问题。8月，对前期调研过程中形成的数据资料进行梳理、汇总、分析，并委托西南政法大学的法学专家撰写了三项主要制度比较分析、问卷调查及专题访谈分析两个分报告。在此基础上，形成了立法后评估总报告，邀请部分立法咨询专家和相关行业管理专家召开座谈会，对照后评估要素体系对条例评分，并对总报告提出专家咨询意见。

二 条例总体评价和实施效果

条例于1998年3月28日经重庆市第一届人民代表大会常务委员会第八次会议通过，2002年3月市人大常委会对条例进行了修订，2010年7月、2011年11月、2012年5月三次对条例进行了修正。总体来看，条例在立法技术上比较规范，各项行政处罚、行政许可、行政收费、损害赔偿的规定内容合法、适当，对路政管理机构实施行政管理权有较好的法律规制，主要制度的规定比较合理，是一部具有较强实用性和地方特色的法规。

条例颁布后，为做好普法宣传，每年5月份被定为"重庆路政宣传月"，一年一个主题，通过《中国交通报》《重庆日报》等报刊进行专版宣传。各区县通过"送法上门""送法下乡"活动,采取咨询讲解、散发资料、张贴图片、悬挂标语、广播电视等形式,宣传路政法律法规,增强群众、企业法律知识和守法意识。开展"路政宣传月"活动以来,全市共出动宣传人员3.9万人次,宣传车辆4392多台次,悬挂横幅标语6555余幅,发放宣传资料116万多份,接受群众咨询6.3万多人次,逐步形成了重庆路政宣传的特色,提升了路政管理的社会认知度。本次后评估对服务对象开展网络问卷调查的结果显示,88%的受访对象对条例有一定程度的了解,广泛的知晓度为条例的实施打下了良好基础(见表1)。

表1 管理相对人对条例的知晓度

单位:%

选项	比例
认真学习过条例	27
仅仅看过条例	40
听说过条例	21
完全不知道	12

从实施效果看,条例在促进本市公路事业发展,规范公路管理,保护路权路产和行政相对人的合法权利,保障公路运输秩序等方面发挥了重要的作用。主要表现在:

(一)公路供给总量增加,路网结构不断优化

直辖之初,全市公路总里程2.7万公里,路网密度为32.82公里/百平方公里,等级公路占总里程的62%。到2011年底,全市公路总里程达到了11.86万公里,路网密度达到143.9公里/百平方公里,仅次于沪、豫、鲁、苏四省市,居全国第五位。同时,"二环八射"高速公路网提前10年建成通车,实现92%的区县连通高速公路,二级及以上公路近1万公里,已实现所有区县有一条高等级公路相连接。按行政等级分,现有国道3109公里、省道8153公里、县道12134公里、乡道15240公里、专用公路553公里、村道79373公里。按技术等级分,现有高速公路1861公里、一级公路565公里、二级公路7522公里、三级公路5191公里、四级公路68476公里、等外公路34948公里,等级公路占总里程的70.5%。条例实施十多年来,公路供给总量、技术等级和通行状况得到了显著改善。

（二）实现和支撑了公路路产路权保护

条例通过设置行政许可、行政强制、行政处罚、路产损害赔（补）偿等制度，对非法占用、挖掘、损坏公路、公路用地及公路附属设施的违法行为做出了明确规定，为进一步加强路产路权保护提供了有力的支撑。近五年来，执法机构累计查处损坏公路及附属设施案件13115件，清理整治违法建筑2.5万处、51万平方米，清理违法占用32301处、46万平方米，拆除非交通标志1559块，全市路政案件平均查处率98.7%、结案率97.2%。

（三）整顿和规范了路政管理秩序

条例明确了路政管理机构在执法权限、程序、行为方式等方面的职能职责，也对服务对象，其他公民、法人和组织的权利义务予以了规范，有力地保障和规范了本市正常的公路路政管理秩序。问卷调查结果显示，99%的执法人员认为条例处罚设置的适应性较好，其中，47.5%的执法人员认为条例中行政处罚的种类、幅度、范围是适应管理需要的，51.5%的执法人员认为部分适应，仅有1%的人认为不适应管理需要；在进行服务对象对全市路政管理机构和执法队伍的行为规范性调查时，问卷结果显示，83%的受访者认为执法行为较为规范或基本规范，4%的受访者认为不规范，13%的受访者认为严重执行不力。

（四）保障和维护了服务对象的合法权益

条例对路政管理机构实施行政许可、行政处罚等做出了明确规定，有利于保护服务对象的合法权益。为强化依法治路意识，路政管理机构开展了"依法行政、文明执法、树立形象"专项教育培训活动，在公路法颁布十周年之际，举行了"全市路政管理法律法规知识竞赛"，增强了路政人员的法律素养和综合素质。服务对象在问卷调查中被问及"您的合法权益在执法过程中是否受到侵犯？是否采取过救济途径？"时，1359人选择未受到侵犯，占受访人数的74.9%，在合法权益受到侵犯时，有62.9%的管理相对人选择申请行政复议、行政诉讼等救济途径。

10月下旬，项目二组组织召开了专家评审会，评审组成员对照实施方案评估要素标准对条例进行量化打分，共回收有效评分表15份，总平均分为94.2分（见表2）。

表2　条例后评估内容的要素计分

序号	评估要素	具体评估内容	权重	得分
1	法制统一性（25分）	与相关法律、行政法规的基本原则及具体规定不抵触	7分	6分
2		与其他地方性法规相互衔接、协调	5分	5分
3		设置的行政事业性收费、行政许可、行政处罚和行政强制措施合法适当	7分	6.8分
4		条文内部之间不冲突	3分	2.9分
5		法规授权政府和政府部门配套的规范性文件均及时制定	3分	2.5分
6	制度设计和权利义务配置（25分）	三项制度设计的科学性、合理性及前瞻性，内容的针对性	6分	5.8分
7		管理主体的职责权限明确	3分	2.5分
8		概念界定明确清晰	3分	2.7分
9		公民权利义务的配置合法、平衡、适当，未创设超范围的义务	6分	5.9分
10		管理相对人的权利是否得到充分保障，受侵害时是否可以根据法规得到有效救济	4分	3.9分
11		行政赔（补）偿收费标准、程序、资金管理等配套规定健全，执行情况合法规范	3分	2.8分
12	地方特色和可操作性（20分）	符合我市当前公路路政管理体制，能有针对性地解决行政管理中的问题	5分	4.9分
13		设定的行政许可必要，条件合理、程序便民	5分	4.3分
14		行政处罚、行政强制措施的条件描述明确、公开	5分	4.8分
15		行为模式与法律责任相配套，违法行为有相对应的处罚规定	3分	2.9分
16		违法行为和行政处罚的情形予以了细化，设定的自由裁量权幅度及范围合理	2分	1.7分
17	实施效果（20分）*	条例的实施对公路事业的影响	4分	3.9分
18		违法行为是否得到有效处理	4分	3.6分
19		管理活动是否有效规范，行政权力是否得到有效约束	2分	1.8分
20		管理相对人对管理要求的知晓度	2分	1.8分
21		管理相对人对管理要求的认可度	4分	3.9分
22		管理相对人对管理要求的遵守情况	2分	1.6分
23	技术规范（10分）	法规名称是否准确	2分	2分
24		法规结构是否合理，逻辑关系是否清晰	3分	2.9分
25		用语表述是否严谨、规范、准确、无歧义	3分	2.9分
26		标点符号、数字的表述符合国家语言文字规范	2分	2分
合计			100分	94.2分

*本项各子项合计18分，原报告设计有误。

综合分析量化评分的情况，各要素体系评估中扣减分较多的子项存在以下几方面情况：

一是法制统一性中第一项和第五项。原因：公路建筑控制区的规定范围，条例与上位法《公路安全保护条例》规定不相符合；条例第二十九条规定公路需变更权属关系或改变用途的情况，由市人民政府制定相应办法，目前未出台相应规范性文件。

二是制度设计和权利义务配置中第一项、第二项、第三项。原因：公路建筑控制区管理制度设计与重庆市市情还有不相适应的地方；农村公路管理主体职责需要进一步明确；公路用地、公路附属设施等概念还有待进一步界定。

三是地方特色和可操作性中的第二项和第五项。原因：超限运输许可在条例中缺乏具体明确的程序规定；条例第三十一条至三十四条规定的行政处罚幅度过高。

四是实施效果中的第二项和第六项。原因：目前仍存在片面理解社会维稳、地方经济发展和路政管理工作之间的关系。诸如三峡移民在公路建筑控制区内建房，部分区县行政干预治超等问题，从而使违法行为无法有效处理；部分偏远区县路政法规宣传还不够深入，管理相对人对管理要求的遵守情况不太理想。

评估小组认为，条例作为一部对全市经济和社会发展有重要影响的行政管理类法规，应当更充分地体现保障行政相对人的合法权益，完善路政管理相关程序性规定，进一步提高行政效率、增强管理的有效性。

三　对条例重点制度的评估情况

（一）公路、公路用地和公路附属设施管理制度

1. 制度目的

公路、公路用地及附属设施管理作为条例的核心制度设计，其目的在于保障完好、安全、畅通的公路交通运输环境，有效维护路产路权。

2. 评估情况

从制度普及情况看，65.56%的服务对象对于公路、公路用地的概念比较了解，76.63%的服务对象对公路附属设施比较熟悉。对条例规定的不准

擅自占用、挖掘、损坏公路、公路用地及公路附属设施的认可度进行分析，80%的受访者认为这项规定有必要，服务对象对管理要求的认可度较高。

从对服务对象和执法人员的问卷调查和访谈结果分析制度的执行情况，87%的服务对象认为管理比较到位，擅自占用、挖掘、损害的现象较少，96.86%的执法人员认为该项管理制度基本有效，条例设定的行政许可总体上能够保证管理工作的正常进行，有利于维护路政管理秩序。访谈中，部分执法人员提出市财政局和市物价局《关于我市交通部门行政事业性收费标准的通知》（渝价〔2000〕386号）中关于公路路产赔偿收费标准过低，在物价日渐上涨的趋势下无法恢复被损坏的路产，从而影响路政管理机构对路产路权的保护。

通过比较分析，评估小组认为条例所列的在公路、公路用地范围内的禁止性行为比较适当，与上位法无冲突，与同位阶的法规无重复。需要占用、利用、挖掘公路、公路用地及公路附属设施的许可条件适当，设置合理，程序也比较高效、便民，与上位法相一致，符合我市目前经济社会的发展；行政处罚比较合理，能较好遏制违法行为发生，也赋予了当事人合理的救济渠道。

3. 存在的问题

一是条例对于公路、公路用地及公路附属设施提出了相关管理要求，实践中，由于绝大部分的公路、公路用地的土地使用权属不清晰，也未办理土地使用权证，部分公路用地甚至并未履行征收手续，导致路政管理机构实施路产路权管理时存在较大障碍。

二是随着经济社会的不断发展，原本属于公路管理范畴的道路可能因为城市建设与规划的变化不再适宜被划入公路范围。如因城市扩建，原内环高速公路已变为城市快速道路；因产业规划调整，原有公路处于企业厂区内部，从而变成企业专用道路。而条例目前缺少对公路属性变更的条件、程序、权限等问题的规范。

三是水、电、燃气、市政工程等基础设施建设和公路建设不能统筹进行。公路开挖通常被作为个案办理，交通主管部门整修公路有时未能及时有效公示，因缺乏统筹规划而导致重复开挖，造成公共资源的极大浪费，也降低了公路的正常使用效率。

（二）公路建筑控制区管理制度

1. 制度目的

公路建筑控制区是指公路两侧规定范围内禁止修建建筑物和构筑物的范围。随着国民经济快速发展，为满足公路的改造、升级需预留一部分土地。同时，为克服公路街道化、公路市场化，减少视线障碍，满足安全通行要求，也需要在公路沿线一定范围内对建筑物和构筑物实施必要的管控。

2. 评估情况

从服务对象对公路建筑控制区的了解情况来看，39.33%的受访者对该制度的具体情况不清楚，与公路、公路用地和公路附属设施的制度普及情况比较，差异度在10个百分点左右。访谈过程中，路政管理机构人员普遍认为对公路建筑控制区的管理存在难题和困惑。问卷调查结果显示，仅有24.21%的执法人员认为公路建筑控制区管理有效。

调研中了解到，公路建筑控制区制度执行状况不佳。随着地方经济社会的持续发展，公路周边各种开发建设规模不断扩大，同时，群众生活居住、集镇、市场大都习惯分布在交通便利的公路沿线，使得公路建筑控制区的管理面临新挑战。

条例中关于公路建筑控制区的行政许可事项共三处，70.5%的受访者认为设定行政许可是必要的，但访谈中也有意见认为，行政许可仅是事前对行为进行控制，如果许可后监管不力，仍可能出现违法行为，因此需要同时强化事中、事后的监督和控制。对于该项制度的核心条款第二十三条关于"禁止在公路、已规划的公路、正在建设中的公路两侧的建筑控制区内修建建筑物和地面构筑物"的规定，有87%的受访者认为有必要。同时，访谈对象也提出从增强该项规定的有效性出发，路政管理机构需建立与国土、规划部门的沟通协调机制。

3. 存在的问题

一是条例关于公路建筑控制区的规定与上位法不一致。《公路安全保护条例》第十一条规定，公路建筑控制区的范围从公路用地外缘起，而条例第二十三条对公路建筑控制区的范围规定从"公路边沟（坡脚护坡道、坡顶截水沟）外缘起"。而公路用地是指公路两侧边沟（或者截水沟）及边沟（或者截水沟）以外不少于一米范围的土地，因此条例对公路建筑控制区的划定与公路用地范围存在重叠，这也是基层调研中反映较多的问题之一。

二是公路建筑控制区特殊的法律属性使得实施管理困难。公路建筑控制区内所有人权利的行使受到行政机关约束，如何处理好实施管理过程中公权和私权的关系是困扰行政机关的一大难题。例如，路政管理机构在依法保护和管理公路建筑控制区过程中，面临着公路沿线群众或相关单位的土地使用权问题，国土部门和规划部门行使行政管理职权与公路建筑控制区管理需求的协调等多方面的压力和困难。

三是现有的公路建筑控制区的范围划定缺乏可操作性。条例第二十三条规定"建筑控制区的范围，从公路边沟（坡脚护坡道、坡顶截水沟）外缘起，国道不少于二十米，省道不少于十五米，县道不少于十米，乡道不少于五米，高速公路不少于三十米，高速公路立交桥匝道不少于五十米"。该项制度设计的出发点是保护公路路产和保障公路运输安全。但是，从现实情况看，我市地处西部山区，辖区内多丘陵，除渝西部分区县外，其余地区（特别是渝东北、渝东南地区）多为山岭重丘地形，要按照法律法规的相关规定划出建筑控制区，不太具有可操作性。评估中，社会公众普遍认为公路建筑控制区的相关规定不切合实际情况，路政管理机构难以执行上述规定。

四是有关行政许可的设定缺少程序规定。条例第十七条规定，因抢险、防汛需要修筑堤坝、压缩或者拓宽河床的，应当事先报经市交通主管部门会同市水行政主管部门批准。因涉及两个互不隶属的单位且没有相应的程序规定，从而不利于管理相对人办理相关行政许可。

（三）超限运输管理制度

1. 制度目的

超限超载运输严重破坏公路路面及其桥梁设施，容易引发道路交通事故，因此近年来超限运输治理成为当前公路路政执法管理的一项重要内容。制度设定旨在保护路产路权及人民群众的生命财产安全，维护近年来公路建设成果，营造良好的通行环境。

2. 评估情况

评估中了解到，我市近年来关于超限运输的制度和机制建设日趋完善。《重庆市车辆超限超载长效治理工作责任制实施办法》（渝办发〔2010〕171号）、《重庆市超限运输行政处罚自由裁量权实施标准（试行）》（渝交委法〔2010〕18号）、《高速公路超限运输监督管理协作规则（试行）》和《重庆市公路超限检测站信息联网管理实施意见》等一系列规范性文件的出台，有力地推进了路政治超工作。

为推动建立治超工作长效机制，我市完成了《重庆市超限检测站布局规划（2009—2020）》，在全市推广治超信息管理系统，实现了市级、区县、治超站三级联网治超数据信息互通。截至去年底，全市共建成固定超限检测站75个，设置流动检测点139个，查处超限超载车辆164.42万台次，卸载超限超载车辆54.8万台次。二级公路取消收费后超限超载车辆猛增的状况得到根本扭转，挽回路产损失近3亿元；全市干线公路货车超限超载率从"十五"末的10%下降到目前的4.32%。

3. 存在的问题

条例制定和修改时，超限运输问题并不突出，条例中对于超限运输仅有一条规定。近年来，超限运输治理已成为全国路政管理工作的重点，得到全社会的普遍关注。而条例对超限运输管理的原则规定已远远不能满足日益严峻的治超形势需要。

一是超限运输车辆"跳秤"，严重干扰治超检测秩序。一些超限车辆为了逃避路政管理机构的监督，通过对车辆进行非法改装，违法安装有关设备使得路政管理机构在对超限车辆进行称重时无法准确检测出车辆的实际重量，严重干扰了检测秩序，妨碍了路政执法工作的正常开展。这类行为在条例立法时并未出现，因此路政管理机构在处理时缺乏法律依据。但是如果不能及时制止和处罚这类规避公路管理的行为，公路运输安全和路产保护将受到严重影响。

二是各部门之间沟通配合力度不够。在国家和我市关于治理超限运输的文件中明确规定，治理车辆超限运输工作应当由发展改革、公安、工商、质检、安监等多部门各司其职，共同开展，而从我市的执行情况看，各职能部门之间配合的情况不理想，影响了治理超限运输的效果。

三是条例中对于超限运输的具体审批操作程序无详细规定，关于超限运输的许可程序仅在路政管理机构的内部工作流程中规定，不利于保护行政相对人的合法权益，也不利于监督行政机关规范实施许可，严格依法办事。

四 有关建议

为使条例更好地适应不断发展变化的经济社会形势,特提出以下建议。

(一) 修改条例中与新的上位法、新形势、新情况不相符的规定

1. 2005 年我市交通领域实行综合行政执法试点,按照政策制定职能与监督处罚职能相对分开的原则,组建了市交通行政执法总队。目前,有 18 个区县成立了交通综合行政执法机构,承担了原路政大队的监督处罚职能,其余区县仍是由具有独立执法主体的路政管理机构履行路政管理职能。因此,条例第八条、第九条中的相关规定需根据《重庆市人民政府关于在全市交通领域实行综合行政执法试点工作的意见》做出相应调整。

此外,由于交通部明确未来建设以收费公路为主的高速公路网和以非收费公路为主的普通公路路网,2009 年重庆取消政府还贷二级公路收费后,目前已无地方收费公路,而高速公路的经营管理交由高速公路经营单位进行管理,市交通行政执法总队下辖的有关高速公路支队行使监督处罚职责。条例第八条第四款"收费公路的路政管理职责由公路路政管理机构的派出机构、人员行使"的规定已不符合目前收费公路管理实际,建议修改。对地方公路的路政管理仍按照条例第八条第二款的规定由各区县公路路政管理机构管理,高速公路的路政管理仍按照条例第八条第三款的规定由市交通行政执法总队高速公路支队(即高速公路综合执法机构)管理。

2. 随着我市城乡统筹实验区和新农村建设的加快推进,村道占公路总里程的比重以及在国民经济中所发挥的作用日益增大,有必要对其进行规范化管理。由于条例第二条规定的适用范围仅限于国道、省道、县道、乡道,建议将村道一并纳入公路管理范围。其次,实践中出现了一些新的公路附属设施如超限检测站、公路服务区等,需要在条例修改时进一步拓宽公路附属设施内涵。

3. 建议根据《公路安全保护条例》关于公路建筑控制区的规定对条例的相关条款进行修改。同时,对公路建筑控制区需深入研究如何创新管理方式,努力提高管理水平。

（二）进一步完善各项重点制度设计

1. 尽快解决公路、公路用地的权属确认问题

公路和公路用地的权利归属问题，是评估工作中基层路政执法部门反映的焦点问题之一。公路确权是指公路管理机构对辖区内新建或者原有公路，依照公路法有关规定向当地土资源部门申请丈量确认，将公路的里程、路面、路肩、绿化带、水沟、留地宽度、公路总占地面积，用文字和数字的形式确切地表达公路产权状况。从其他省市开展公路确权的实践看，通常分为颁发土地使用证书和只确权登记不颁发证书两种方式。

从现实情况分析，公路及公路用地权属有以下几种情况。第一，公路国有，公路用地国有。指国家出资修建公路（主要是国道、省道、部分县道），使用的是国有划拨的土地。第二，公路集体所有，公路用地集体所有。指农村集体按照村民事务"一事一议"的办法，由所在辖区内的乡镇（街道）、村委会调整解决公路用地（主要是部分县道、乡道、村道）。第三，专用公路。厂矿、企业自己出资修建，主要用于为企业生产服务，未纳入交通主管部门管理的公路。但是，目前有关的公路法律、法规都没有对以上三类公路和公路用地的确权做出明确规定，导致其权属问题不清，不利于公路的路政管理和路产保护。建议借鉴开展公路确权试点工作较早的四川省自贡、德阳等地的做法，按照简化程序、提高效率的原则在条例中明确公路和公路用地确权的基本原则和方法。确权方案可以有两种选择，第一是政府筹集专项资金办理公路和公路用地产权；第二是由市级相关部门联合对公路进行确权。鉴于公路确权问题的复杂性，可以首先对产权明晰的国道、省道和县道进行确权，然后再选择适当的时机对乡道和村道进行确权。

2. 增加公路属性变更的规定

对于公路权属变更问题，条例第二十九条做了授权性规定："公路扩建、改建以及渡口改桥后，原公路、公路用地、公路附属设施仍由交通主管部门管理，任何单位和个人不得破坏、损坏或者非法占用。需要权属产权关系或改变用途的，由交通主管部门向土地管理部门依法申请变更。具体办法由市人民政府制定。"但是，本条例实施十余年来，与条例配套的政府规章始终未能出台。目前，公路属性变更最普遍的情况是公路变更为城市道路，主要涉及公路主管部门、城市规划设计部门、土地管理部门。若是公路变更为专用公路还会涉及道路变更后拥有所有权的主体。因此，建议在现有规定的基础上由市人大常委会督促市人民政府尽快出台相应的政府规章，或者依照物权法与城乡规划法的相关规定，在拟制定的公路条例中对公路属性变更的条件、程序及权限做出更为具体的规定。

3. 根据实际情况调整公路建筑控制区的相关管理规定

《陕西省公路路政管理条例》根据该省特殊的地理环境在第八条规定："公路建筑控制区的范围由县级以上人民政府根据保障公路运行安全和节约用地的原则，自公路两侧边沟外缘起，按照下列规定划定：国道平川地区不少于二十米，山区不少于十五米，临矿、临江河路段一般不少于十米；省道平川地区不少于十五米，山区不少于十米，临矿、临江河路段一般不少于五米；县道平川地区不少于十米，山区不少于五米，临矿、临江河路段一般不少于三米；乡道平川地区不少于五米，山区不少于三米，临矿、临江河路段一般不少于二米。"这种结合当地实际情况做出客观合理规定的做法值得借鉴。由此，建议根据重庆的地形特点，对公路建筑控制权的范围确定从总体上区分平川、山川和临江地区。对于平川地区可以按照现行条例的标准执行，对于山川和临江地区，则需结合我市特殊的地理条件和经济社会发展对公路的需求两方面情况合理确定公路建筑控制权范围。

4. 进一步完善超限运输管理制度

一是依照《公路安全保护条例》、《超限运输车辆行驶公路管理规定》以及交通运输部及国家相关部委联合制定的《关于在全国开展车辆超限超载治理工作的实施方案的通知》（交公路发〔2004〕219号）等规范性文件细化超限运输管理的相关规定。

二是总结近年来治超工作的经验，对超限车辆通过避站绕行、短途驳载、加装悬浮轴等方式逃避路政管理机构监督的违法情形进行规范。对于超限车辆避站绕行，建议条例根据《公路安全保护条例》和现行政府有关设置固定超限检测站的规定，明确规定固定超限检测站的设置。同时授权路政管理机构可以根据路网发展的要求和公路管理的实际需要合理设置流动检测点。

三是进一步加强各相关部门之间的配合，坚持路面执法与源头监管并重，形成治超长效机制。从治理车辆非法改装、加强原材料基地源头管理、对非法超限运输车辆及驾驶人实行扣分等源头开展治理。建议条例修改时进一步明确各相关部门的职责。

（三）进一步完善农村公路乡、村道的管理体制

农村公路（包括县道、乡道和村道）是公路网的有机组成部分，关系到农民群众的生产、生活和农村经济社会发展。近年来，我市农村公路总量不断攀升，其中乡、村道已占到公路总里程的80%。截至2011年底，全市855个乡镇通畅率100%，8737个行政村通达率100%、通畅率68.9%。然而，与之相对应的农村公路管理养护水平却没有同步提升，乡、村道管理主体不明确，责任不落实，直接影响了农村公路事业的可持续发展。

公路法第八条第三款规定："乡、民族乡、镇人民政府负责本行政区域内的乡道的建设和养护工作。"但未明确乡道的管理责任主体。法律、法规规定乡镇人民政府对乡道进行建设和养护，却没有授予其管理权，导致乡镇政府不能对其辖区内的乡道进行管理，而作为法律上管理主体的区县路政管理机构则囿于执法的人财物等条件，事实上又无法对乡道进行有效管理。《公路安全保护条例》第七十五条对村道的管理做了规定："村道的管理和养护工作，由乡级人民政府参照本条例的规定执行。"但是，村道多由村民委员会按照村民自愿、民主决策、一事一议的方式调剂建设用地，目前的原则规定没有体现作为集体土地上的村道和国有土地上的其他公路在管理方式上的特殊性。

经过调研，评估组认为，考虑到农村交通网络的特点，乡、村道管理体制应当既体现政府的宏观管理，又体现乡镇的主体作用和交通部门的监管职能，充分发挥交通部门行业管理和乡镇街道属地管理的优势。按照责、权、利一致的原则，明确乡镇人民政府作为乡、村道的管理主体。综合实际调研情况和各方面意见，从适应和规范乡道、村道公路里程不断增加的管理需要出发，评估组梳理了以下三种乡、村道管理模式：一是由交通行政主管部门参照公安部门设立派出机构的模式，根据各乡镇路网分布状况设立片区管理机构；二是针对农村道路交通安全隐患突出的问题，在各乡镇、街道成立综合交通管理机构，履行交通行业管理和安全管理的职责，将部门监管责任延伸到基层。三是在乡镇人民政府内部增加内设机构交通管理站进行属地管理，明确专职人员，保障工作经费。县交通行政主管部门履行行业管理职责，在业务上对交管站实施指导和监督。这种模式有利于全市各类公路在管理政策和行为上的统一性，也可以帮助乡级人民政府对乡道和村道规范地实施管理。

（四）逐步形成和完善符合我市经济社会发展需要的公路管理制度体系

目前，关于公路的上位法主要有《中华人民共和国公路法》《公路安全保护条例》《收费公路管理条例》等法律、行政法规，涉及公路规划、建设、养护、管理、安全等各个方面，而我市关于公路的地方性法规仅涉及路政管理一个方面。为适应我市经济社会发展对公路事业发展的新要求，实现到2015年公路基本建成国家公路运输枢纽，形成总量适应、内畅外联的公路基础设施网络的"十二五"规划目标，充分发挥好公路交通作为经济社会发展的基础性作用，迫切需要加强在公路规划和计划、公路资金监管、公路建设、公路管理和公路养护等方面的制度建设。建议除了对本次评估涉及的《重庆市公路路政管理条例》进一步修改完善之外，各有关方面还应当以完善公路行政管理体系、公路建设养护体系、公路财产管理体系等方面为主线，加强对我市公路事业法制建设的调研，逐步形成以交通部门正在起草的《重庆市公路条例》为基础，以高速公路、农村公路、国省道公路建设、管理、养护等为内容的政府规章或者以公路规划、公路建设、公路养护、公路管理等政府规章为第二层次，再以若干规范性文件为第三层次的公路管理制度体系，为我市公路事业发展提供坚实的制度支撑和法制保障。

8.《重庆市城乡居民最低生活保障条例》立法后评估报告[*]

为全面了解《重庆市城乡居民最低生活保障条例》(以下简称条例)的贯彻实施情况及条例设计的各项制度的科学性、可行性,为进一步提高立法质量提供实践依据,立法后评估项目三组在市人大常委会立法后评估领导小组领导下,按照市三届人大常委会第六十一次主任会议审定的《地方性法规后评估工作方案》,于 2012 年 3 月至 9 月,对条例进行了后评估。后评估遵循客观公正、科学规范、公众参与、注重实效的原则,采取文献研究、实地调查、比较分析、问卷调查等方法,从条例的实施绩效、文本质量、公众接受程度、修改完善方向等方面进行了定性和定量分析。为做好后评估工作,项目小组先后赴 5 个市级部门、14 个区县、25 个乡镇(街道)和 64 个村社开展调研,与 130 余名低保居民代表、240 余名基层干部(含 46 名低保工作人员)、16 名人大代表进行了座谈,深入 28 个低保家庭对保障情况进行实地考察,并委托万州区、秀山自治县人大常委会对本行政区域贯彻落实条例的情况进行了调研。有关调查人员共走访 110 多个村社、1300 多个家庭,发放和收回了调查问卷 1140 份。后评估报告形成初稿后,项目小组组织专家和有关部门进行了反复论证修改,数易其稿,最终形成了本报告。现将有关情况报告如下:

一 条例贯彻执行情况及实施绩效

条例自 2008 年 10 月 1 日施行以来,市政府及时制定配套规范性文件,进一步明确和落实了条例中有关收入核算、标准制定及调整等规定。有关职能部门采取以会代训、分片区培训、专题辅导等形式,组织执法人员以

---

[*] 此报告由重庆市人大常委会法工委立法后评估项目三组撰写并提供。——编者注

及乡镇（街道）的基层低保工作人员进行业务培训，先后开办培训班60多个，培训3000余人次。民政等部门围绕各级政府和部门的职责、申请条件、申请程序等内容，编印条例重点难点问题解答等宣传材料100多万份，印制条例单行本4万册，向全社会免费发放，并利用电视、广播、报纸、网络、墙报、公开栏、标语等各种媒体，宣传条例内容，营造良好工作氛围。各级财政加大资金投入，确保低保金按时足额发放。同时，为确保条例执行到位，市政府和有关主管部门加强监督考核，建立城乡居民最低生活保障工作明察暗访制度，并在每年年底组织各区县交叉检查，将检查结果作为考核的重要依据，及时督促整改存在的问题，严肃处理违法行为。总体而言，条例的各项规定得到了较好执行并取得了良好的实施绩效。主要表现在五个方面：

第一，政府责任明显强化，城乡居民最低生活保障工作体系和工作机制进一步健全。条例出台以后，市、区县（自治县）政府认真落实城乡低保区（县）长负责制度，由分管领导亲自抓并列入政府重要工作内容。民政等有关职能部门依照条例规定认真履行综合管理、指导监督及保障对象管理审批等职责。有关部门按照条例规定在各自职责范围内开展低保工作，并加强合作，整合经办力量，推动信息共享，为低保工作形成部门合力做出了努力。各级政府实行城乡低保资金安排年度计划制度，将低保资金列入财政预算，逐步加大投入，并积极解决人员编制、工作经费等实际问题，低保工作队伍建设不断加强。全市基本形成了"政府主导、多部门合作、全社会参与"的低保工作格局，城乡居民最低生活得到保障。

第二，城乡居民最低生活保障的管理工作得到有效规范，保障对象的资格认定更加科学准确。条例的颁布，使我市城乡困难群众的基本生活有了法律保障，城乡低保工作有了法律依据。市政府按照条例第十六条规定，及时制定了《重庆市城乡居民最低生活保障家庭收入核算办法（试行）》。各区县也相应制定了收入核算办法实施细则，保障对象的资格认定更加科学准确。为贯彻执行条例，相关部门出台了低保资金管理办法、档案管理办法、申请审批规程、动态管理规范、分类重点救助办法、低保金银行代发制度、低保统计制度等一系列规范性文件。各区县结合本地实际，出台了城乡居民最低生活保障具体实施办法，探索建立了社区（村）低保听证评议制度、有劳动能力的低保对象参加社区公益活动制度、低保金财政直发制度等具体管理制度。全市以条例为核心逐步建立了城乡居民最低生活保障制度体系。各级民政部门按照条例及有关规定，全面推行城乡低保申请审批的"户主申请、审查受理、调查核实、听证评议、张榜公示、乡镇（街道）审核、区县（自治县）民政局审批、张榜公布、发放低保证和低保金"九步流程，大大提高了规范化水平，基本实现了救助政策、办理程序、资金运行、动态监管和基础工作"五个规范"。

第三，保障标准确定制度依法建立，保障水平不断提高。市政府严格执行条例设定的保障标准确定制度，出台了《重庆市人民政府关于规范社会救助标准制定和调整工作的意见》《重庆市社会救助和保障标准与物价上涨挂钩联动机制实施办法》等规范性文件，进一步明确了条例有关标准制定和调整的规定。2008年以来，我市城乡居民最低生活保障标准经4次测算、3次调整，城市平均保障标准由2007年底的178元/月人提高到目前的329元/月人，增长了85%，位居全国12位、西部第4位；农村平均保障标准由2008年初的66元/月人提高到目前的184元/月人，增幅达179%，位居全国10位、西部第2位。从补差水平看，2012年9月全市城市低保月人均补差223元，比2008年初增长87元，增长64%，从2008年初的全国第11位上升至目前的第9位，从西部第4位上升到第2位；全市农村低保月人均补差99元，比2008年初增长76元，增长高达281%，从2008年初的全国第24位上升至目前的第10位，从西部第6位上升到第2位。

第四，城乡居民最低生活保障的统筹安排稳步推进，城乡保障差距逐步缩小。条例的施行，使我市低保工作在全国率先实现城乡统筹。2008年，市政府明确农村低保标准按不低于城市低保标准的50%同步调整；2011年，市政府要求城乡居民最低生活保障标准逐年缩小差距，到2015年差距缩小到1.5倍以内。为统筹使用保障资金，市财政部门会同民政部门根据条例第十条出台了《重庆市城乡居民最低生活保障资金管理办法》。该办法明确规定城乡居民最低生活保障的保障资金可以统筹调剂使用，以提高保障资金的使用效率。2012年起，我市农村低保由按季发放调整为与城市低保同步按月发放。在申请审批流程方面，对全市城乡低保申请均按"九步流程"进行审核、审批，实现了申请审批流程的统一。

第五，保障和改善了困难群众基本民生，社会满意度大幅提升。一是保障标准更加合理。2011年，我市采用基本生活费用支出法对城乡居民最低生活保障标准进行了科学测算，使我市低保保障标准更加合理，既能满足低保家庭基本生活，又防止了标准过高导致"养懒汉"现象发生。二是保障标准与经济发展同步。我市建立了社会救助保障标准与经济发展水平和物价上涨"双联动"机制。城乡低保标准根据上年度城乡居民人均消费支出增长幅度同步调整,标准调整周期内,若遇食品价格上涨,启动价格临时补贴联动机制,向城乡居民最低生活保障对象发放临时生活补贴。三是保障重点更加突出。2009年,我市将分类重点救助对象从城市"三无"、重病和一、二级重度残疾三类人员,扩大到城市"三无"人员、城乡居民最低生活保障中70岁以上老年人、重病人员、残疾人员、学龄前儿童和在校学生六类人员,分类救助标准相应提高。四是资金发放更加及时。我市全面推行国库集中支付和通过金融机构代发低保资金,目前已有90%的区县实现了低保资金社会化发放,确保了低保资金运行安全和按时足额发放。据市委组织部公布的民调数据(见图1)显示,城乡低保工作的社会满意度大幅度提升。城市低保工作2009年得55.48分,2011年得67.30分,两年相比提高了11.82分;农村2009年得66.20分,2011年得71.58分,两年相比提高了5.38分。

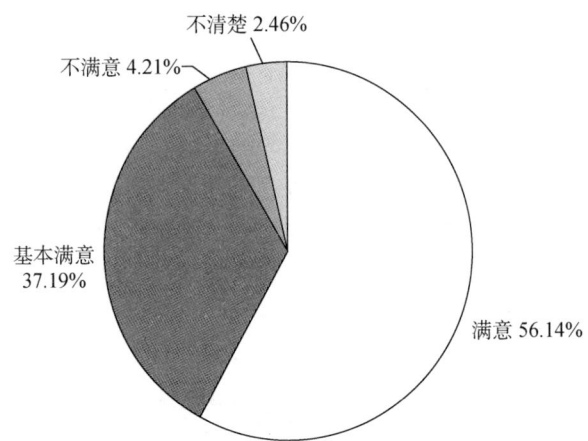

图1 群众对我市城乡低保条例执行情况的满意度

二 条例的文本质量

(一)法制统一性

条例旨在针对最低生活保障制度实施以来,我市低保工作实践中出现的诸如低保家庭收入难核实、审批程序不具体、监督处罚难落实、享受低保难退出、分类救助不明显、低保工作人员权利义务不明确、骗保现象在一定范围内存在等问题,通过地方立法进一步完善我市城乡居民最低生活保障制度,为建立城乡统筹的、长期有效的城乡居民低保工作体制提供法制保障。

对照城乡居民最低生活保障方面的法律、行政法规,通过对条例设定的法律规范进行分析,评估小组认为,条例的制定较好地坚持了法制统一原则。主要表现在以下方面:一是地方立法权限行使合法。城乡居民最低生活保障事项不属于国家立法专属事项,条例的制定程序符合立法法和本市地方立法程序的规定,地方立法权限的行使不违法。二是条例内容与上位法不抵触。条例以《城市居民最低生活保障条例》为依据,并参考了《国务院关于在全国建立农村最低生活保障制度的通知》的主要精神,其内容与行政法规的立法宗旨、基本原则及具体条文规定不抵触。三是与相关地方性法规做到了相互衔接。目前,全市地方性法规中共有2件涉及城乡居民最低生活保障,涉及条文2条。经研究,条例与这些法规及条文的规定均不冲突,较好地注意了法规之间的协调。四是设置的行政处罚合法适当,符合法律、行政法规的要求。条例对7种违法行为设置了行政处罚,均符合行政处罚法的规定,与上位法有关行政处罚的规定也不抵触。五是条文内部各章节、条文之间不冲突。

(二) 制度设计的合理性

条例根据《城市居民最低生活保障条例》,结合重庆实际,在对城市居民最低生活保障制度进行细化、补充和扩展的基础上创设了城乡居民最低生活保障制度。从文本来看,该制度框架设计合法、合理、科学、可行。第一,主要制度及配套制度设计科学合理。条例设立的城乡居民最低生活保障执法体制、保障标准确定制度、保障对象认定制度等主要制度,既符合上位法的立法精神和宗旨,又充分考虑了重庆实际,其实行的条件和程序可行。同时,为保证主要制度的贯彻落实,条例设计了保障资金预算管理制度、最低生活保障金发放制度、鼓励就业制度、保障统计制度、法律责任制度等配套制度。第二,条例对公民权利和义务的配置合法且基本平衡、适当,没有给保障对象创设超范围的义务。条例有针对性地向保护公民权益倾斜,注重引导教育,而不是一罚了之。第三,行政权力配置较为合理。民政部门等执法主体的权责具体，对可能存在职能交叉的部门权力配置的规定较为明确；救济渠道的设置合理有效；设定的执法自由裁量权幅度及范围合理；行为模式与法律责任相配套，违法行为有对应的处罚规定。经过评估，我们认为，这些制度的设立没有超越上位法的规定，符合法律制度的合理性要求，没有过度干预社会生活，权力配置合法得当，设置的法律手段规范。但是，条例对如何保证村社干部正确履行低保工作职责的制度设计存在不足。由于民政部门和乡镇的低保工作人员与保障对象的空间距离较村社干部远得多，在这种情况下，村社干部在低保工作中的地位和作用事实上远比条例规定的重要和广泛得多，村社干部的工作状况在很大程度上成为决定低保工作是否准确、公平、公正的关键。而条例对此考虑不够，如何保证村社干部勤勉尽职，使其责权相应，尚需从制度设计上进一步探索。

（三）立法技术的规范性

条例名称准确、规范；结构安排合理，内容要素齐全，层次分明，条文间逻辑关系比较清楚；条文规范、准确、严谨、简明，无歧义；用语较为规范、统一，标点符号、数字的表述符合国家语言文字规范。总体上符合地方立法技术规范要求。但也存在一些有待完善的地方，主要有以下方面：

1. 条例第一章第七条第一款规定"城乡居民最低生活保障资金，由市、区县（自治县）人民政府列入财政预算"，另外两款是对有关部门和单位职责的规定，而第二章是对保障资金和保障标准的专章规定。因此，如将第七条第一款合并纳入第二章，既避免了内容的重复，也使篇章结构更加合理。

2. 条例第三条规定了城乡居民最低生活保障的原则，第四条规定了城乡居民最低生活保障工作的原则。就立法技术而言，基本原则的表述应当简洁、明确，具有高度的概括性，并贯穿整个法规之中。此种表述方式不很适当且较为累赘。

3. 条例第二十三条、第二十八条、第二十九条中多处出现"管理审批机关"的称谓，但在总则或附则中都未做出界定，导致这一称谓的内涵不清楚。根据《城市居民最低生活保障条例》第四条第二款"县级人民政府民政部门以及街道办事处和镇人民政府（以下统称管理审批机关）负责城市居民最低生活保障的具体管理审批工作",“管理审批机关"应当是指区县民政部门和乡镇人民政府（街道办事处），建议在条例总则中予以明确。

4. 地方性法规中宜以双音节构词的常用词语，如"应当"“或者"“如果"“按照"等，条例多处使用了单音节词，如第十五条、第十七条第三款等。条例在第十三条、第十五条第二款和第十六条第二款分别使用了"制订"“拟订"来表述规范性文件的制定之义，二者可以统一。条例第二十三条第二款、第三十三条第一项中表述的"本条例第二十二条第（二）项"标点符号使用不当，项的序号不应加括号。

三 条例的针对性和可操作性

条例作为全国首部统筹城乡居民最低生活保障工作的地方性法规，在无立法经验借鉴的情况下，注重从我市实际出发，在地方特色方面狠下功夫，因而具有较强的针对性和可操作性。

（一）保障对象和标准体现了我市经济社会发展水平和城乡统筹的实际需要

在保障对象方面，条例立足城乡统筹实际，将农村困难群众纳入了最低生活保障范围。市政府2002年5月颁布的《重庆市实施〈城市居民最低生活保障条例〉办法》，对规范城市居民低保工作，完善城市社会保障体系起到了积极作用。但随着经济、社会的发展和城乡统筹综合配套改革的推进，特别是2007年国务院下发《关于在全国建立农村最低生活保障制度的通知》后，农村低保工作在我市全面推开，该规章已明显不能满足我市城乡低保工作的要求。在此情况下，提升我市最低生活保障的立法层级，并将农村最低生活保障工作一并纳入地方立法调整范围，探索建立统一的城乡最低生活保障体制和机制，充分体现了我市经济社会和城乡统筹的发展水平。

在保障标准方面，条例规定了我市城乡居民最低生活保障标准的确定及调整原则，即按照"维持城乡居民基本生活所必需的费用"确定保障标准，"并随经济发展、居民生活消费水平提高与基本生活必需品物价指数变动适时调整"。条例同时规定城市低保标准不得低于当地失业保险金标准，农村低保标准应当高于国家公布的贫困线标准。这些原则和标准的确定，坚持需要和可能的原则，统筹兼顾我市经济社会发展水平、财政承受能力和低保工作实际，具有较强的可操作性。

（二）条款内容具有针对性，提倡性、号召性、宣示性条款较少，能够解决实际问题

条例共 39 条，绝大多数条文具有较强的针对性，能够较好地解决实际问题。提倡性、号召性、宣示性的条文仅有 1 款，即第九条第二款。该款规定"鼓励公民、法人和其他组织为城乡居民最低生活保障提供捐赠、资助"，没有配套制度设计，操作性较差。

（三）没有小而全、大而全的重复立法，对上位法的原则规定、授权性规定和主要制度进行了细化

条例的立法依据是《城市居民最低生活保障条例》。该行政法规共有规定 17 条，条例无一条与之重复。即使是立法的通用条款，也根据本市实际和地方立法的特点，进行了细化或做出了新的规定。条例针对上位法关于低保标准的确定、低保待遇的申请条件、保障对象认定、法律责任等内容规定不细，操作性不强的客观情况，对这些规定做了细化、补充，并根据城乡统筹发展的要求将最低生活保障制度的覆盖范围向农村居民扩展。条例的各项规定较好地体现了重庆特色，基本满足实际工作的需要。

（四）行政许可的条件具体、公开，涉及时限的规定有具体时间

条例设定 1 项行政许可，即城乡居民最低生活保障审批。条例第十四条至第二十三条对该项行政许可进行了规范，在审批内容和程序上体现了公开、公正、公平的原则，所涉及的时限全部规定了具体时间。

四 条例主要制度分析

本次立法后评估重点对条例规定的城乡居民最低生活保障标准确定制度、保障对象确定制度两项主要制度进行了分析评价。

（一）城乡居民最低生活保障标准确定制度

1. 制度目的

保障标准是城乡居民最低生活保障制度中最基本的内容，也是区别于传统社会救济制度的重要标志。该制度旨在为认定保障对象的资格、确定保障范围和保障人数、预算所需保障资金数量提供法定的依据。条例对其设定的核心条款是第十二条、第十三条，主要内容包括城乡居民最低生活保障标准的确定依据、标准确定程序、标准公布制度、标准调整制度。

2. 实施情况

市政府及民政等有关部门主要从两方面落实该项制度：

一是制定有关测算和调整保障标准的配套办法。市政府按照条例第十二条规定，出台了《关于规范社会救助标准制定和调整工作的意见》（渝府发〔2011〕82号）。该文件对城乡居民最低生活保障标准制定和调整的时间、负责部门、基本原则、工作程序等做了较为明确、具体的规定。根据该规范性文件，每年8月底前，由市民政局会同市财政局、市物价局、国家统计局重庆调查总队，根据我市上年度城乡居民人均消费支出增长幅度拟订城乡居民最低生活保障标准调整方案，报市政府审定后公布，于每年10月1日起实施。当全市食品类消费价格月度同比涨幅连续3个月超过10%时，由市物价部门会同财政、民政、人力社保、统计等部门，根据市政府《关于印发重庆市社会救助和保障标准与物价上涨挂钩联动机制实施办法的通知》（渝府发〔2011〕77号）精神，及时提出启动联动机制的建议方案，报市政府审批后公布实施。

二是对保障标准进行测算并依法公布和组织实施。2009年以来，先后对保障标准进行了四次测算，做了三次调整。2011年10月，我市采用基本生活费用支出法对城市低保平均保障标准进行了重新测算，将渝西、库区及渝东南三个区域城市低保标准分别由每人每月290元、260元、240元调整为320元、305元、290元。按照条例规定的城乡居民最低生活保障标准调整联动机制，此次测算农村低保标准按城市的52%确定，三个区域农村低保标准分别由每人每月150元、133元、117元调整为170元、160元、150元，城乡居民最低生活保障标准差距缩小到1.9倍。2012年，根据我市上年度城乡居民人均消费支出增长幅度同步调整了城乡低保标准，将渝西、库区及渝东南三个区域城市低保标准分别调整为340元、330元、320元。三个区域农村低保标准分别调整为190元、185元、180元，城乡居民最低生活保障标准差距缩小到1.8倍。

3. 实施绩效

从总体上看，条例施行后，该项制度得到了良好执行，产生了较好的社会效果。首先，该项制度的设立使保障标准的确定更加科学合理。条例规定的保障标准，与过去单纯"以收定支"确定保障标准不同，不仅考虑了我市经济发展水平和维持困难群众基本生活需求，而且考虑了低保对象的发展性需求。从问卷调查结果来看，75%的调查对象认为现行低保保障标准能够或者基本能够满足困难群众的基本生活。其次，该制度的设立从机制上保证了保障标准与经济发展同步。为落实保障标准调整制度，市政府出台了配套规范性文件，并将调整周期确定为一年。从调整情况来看，我市自2010年以来，已连续三次调整城乡居民最低生活保障标准。根据重庆统计年鉴，2008年至2011年我市城镇居民家庭人均可支配收入从14368元提高到20250元，增长41%，农村居民家庭人均纯收入从4126元提高到6480元，增长57%。而同期城市低保平均保障标准增幅为84%，农村低保增幅为154%。数据表明，我市城乡居民最低生活保障标准增幅均高于城乡居民家庭人均收入和人均消费支出增长幅度。而社会救助保障标准与经济发展水平和物价上涨的"双联动"机制，进一步从制度上保障了我市城乡居民最低生活保障标准随经济社会发展和人民生活水平不断提高而同步增长，保障水平不因物价上涨而下降。第三，该制度的设立有利于根据本市财力状况统筹考虑保障标准的调整幅度。根据上年度城乡居民人均消费支出增长幅度（平均每年增幅在10%左右）同步调整城乡居民最低生活保障标准，不仅能够满足保障对象基本生活增长需求，也使城乡居民最低生活保障标准增幅符合我市财力状况。

4. 存在的主要问题

问卷调查表明，有23.5%的调查对象认为现行保障标准不能满足困难群众的基本生活需要。有的调查对象认为，随着经济的发展，应进一步缩小保障标准的区域、城乡差异。

（二）城乡居民最低生活保障对象确定制度

1. 制度目的

准确地确定救济对象，是依法、合理发放救济金的前提，也是决定救济效果的关键。因此，确定城乡居民是否属于最低生活保障对象，是最低生活保障审批乃至最低生活保障工作的关键环节和重要任务。保障对象确定制度的设立，增强了最低生活保障工作的规范性和权威性，也使救济工作能够实行民主化管理并接受人民群众的监督。条例对其设定的核心条款是第十四条、第十八条、第二十条和第二十二条,主要内容包括保障对象的范围、保障待遇落实、最低生活保障待遇的申请主体、最低生活保障审批程序等。

2. 实施情况

为落实该项制度,市政府及时制定了《重庆市城乡居民最低生活保障家庭收入核算办法(试行)》,各区县也相应制定了实施细则,对家庭收入计算方法、家庭人口核定、计入家庭收入项目和不计入家庭收入项目等做了详细的规定,增强了条例实施的可操作性。按照条例第二十二条规定,市民政局制定了《重庆市城乡居民最低生活保障申请审批规程》和《重庆市城乡居民最低生活保障动态管理规范》,在全市推行城乡居民最低生活保障申请审批"九步"流程,对低保家庭实行分类动态管理。2011年,市政府下发了《关于进一步做好城乡居民最低生活保障工作的通知》(渝府发〔2011〕81号),进一步明确了保障对象范围,强调要严格执行条例,不得把保障困难群众基本生活的低保制度当作化解各种社会矛盾的安抚措施,不得突破政策界限将一些应以其他方式解决的困难人员纳入低保。

3. 实施绩效

保障对象确定制度总体执行情况较好。一方面,保障对象较为准确。条例实施以来,我市先后开展了城乡居民最低生活保障"规范管理年"、"规范管理提升年"、低保对象核查清理、专项资金检查和审计等活动,切实加强了低保动态管理,及时将不符合享受低保条件的人员审核退出保障范围,并将符合条件的纳入保障范围,基本做到了"应保尽保,不应保坚决不保"。总体上看,城市低保人数呈平稳趋减状态,农村低保人数略有上升。截至2012年9月,全市有城市低保对象53.27万人,保障比例由2008年底的8.98%下降到4.17%,接近全国同期3.2%的平均保障比例;有农村低保对象80.34万人,保障比例由2008年底的3.31%上升到3.92%,及时将漏保人员纳入保障范围。从问卷调查结果看,50.09%的调查对象认为保障对象认定准确;44.39%的调查对象认为基本准确;仅有2.98%和2.54%的调查对象分别选择了不准确和不清楚。另一方面,操作管理比较规范。各级政府及有关部门严格执行条例设定的低保对象确定制度,并不断完善相关制度和配套政策,严格申请审批流程,加强动态管理,强化政策宣传,实施公示到户等,有效提高了我市城乡居民最低生活保障制度化、规范化管理水平,基本做到了管理有序、行为规范、阳光操作、公平公正,总体实现了困难群众"应保尽保"。从问卷调查结果来看，95.53%的调查对象认为现行城乡居民最低生活保障申请审批程序合理或比较合理；有95.96%的调查对象认为现行城乡居民最低生活保障评议做到了公平、公正、公开或较为公平、公正、公开；有95.17%的调查对象认为城乡居民最低生活保障管理规范或较为规范。调查结果显示，群众对我市城乡居民最低生活保障管理比较满意。

4. 存在的主要问题

该项制度在设立和执行中主要存在以下问题：一是部分设定保障对象范围的条款已不适应现实发展需求。2011年，我市建立了独立的城市"三无"人员供养体系，城市"三无"人员已从低保对象中分离出来。但有关方面并未及时提请市人大常委会对条例第二十五条做相应修改。二是设定的责任主体不够明确。条例第二十条、第二十二条规定的城乡居民最低生活保障申请审核审批办理程序，在申请受理、收入核查、审核审批等关键环节，责任主体、职责内容不够明确，导致低保申请受理权、调查核实权、审批认定权事实上集中体现在村（居）委会，乡镇审核和区县审批基本流于形式。三是家庭收入核实难。虽然我市配套制定了城乡低保家庭收入核算办法，对申请城乡居民最低生活保障家庭的收入项目、不计入收入的项目、计算方法等都做了明确规定，但由于民政等部门对申请家庭的车辆、房产、存款、工商、个税、营业税等财产方面的信息缺乏合法有效的核查手段，各级、各部门之间也缺乏信息共享平台，因此很难准确核定申请家庭的具体收入情况。

总之，评估表明，条例两项主要制度立法意图明确，条款设计合理、可行，很有必要，对于构建城乡居民最低生活保障制度框架，测定保障范围和保障人数，预算保障资金，确定保障对象，增强保障工作的科学性和规范性，起到了关键作用，总体实施效果是好的。同时，评估也发现，两项制度的部分规定在设定和实施中存在配套制度与工作机制不够完善，个别条款中有关内容有待细化或根据工作实际修改完善等问题。

五 条例的总体评价结论

（一）后评估要素计分

在对条例的实施绩效、文本质量、针对性和可操作性以及主要制度进行分析的基础上，项目小组组织各有关方面和专家学者按照条例后评估实施方案确定的要素计分标准，采取量化打分的办法，从法制统一性、制度设计的合理性、技术规范性、针对性和可操作性、实施效果等5个方面、26个子项对条例的立法质量进行了定量分析。法规质量的设计总分为100分，条例实际得分为96分（见表1）。

表1　条例后评估内容的要素计分

序号	评估要素	具体评估内容	权重	得分
1	法制统一性（20分）	条例与相关法律、行政法规的基本原则及具体条文规定不抵触	6分	5.9分
2		与相关地方性法规相互衔接、协调	3分	2.9分
3		设置的行政处罚合法适当	7分	6.3分
4		条文内部之间不冲突	4分	4分
5	制度设计的合理性（20分）	我市城乡居民最低生活保障制度的设计是否科学、合理	5分	4.8分
6		条例对我市城乡居民最低生活保障的其他规定是否可行	4分	3.9分
7		条例对公民权利义务的配置合法、平衡、适当	3分	2.7分
8		民政部门等执法主体的权责具体，对可能存在职能交叉的部门权力配置的规定明确	2分	1.6分
9		救济渠道设置合理有效	2分	1.9分
10		设定的执法自由裁量权幅度及范围合理	2分	1.8分
11		行为模式与法律责任配套，违法行为有对应的处罚规定	2分	1.9分
12	技术规范性（15分）	法规名称准确，结构安排合理，条文间逻辑关系清楚	8分	7.9分
13		条文规范准确、严谨、简明、无歧义	4分	3.8分
14		用语规范、统一，标点符号、数字的表述符合国家语言文字规范	3分	2.9分
15	针对性和可操作性（20分）	保障对象和标准体现了我市经济社会发展水平和城乡统筹的实际需要	8分	7.9分
16		条款内容具有针对性、提倡性、号召性、宣示性条款较少，能够解决实际问题	5分	4.8分
17		没有"小而全""大而全"的重复立法，对上位法的原则规定、授权性规定和主要制度进行了细化	3分	3分
18		法规中的名词术语界定清楚，没有歧义	1分	1分
19		行政许可、审批的条件具体、公开，涉及时限的规定有具体时间	3分	2.8分

续表

序号	评估要素	具体评估内容	权重	得分
20	实施效果（25分）	条例施行对保障对象的影响	7分	6.7分
21		条例施行对促进我市统筹城乡发展的影响	6分	6分
22		执法机关适用条例的情况	5分	4.8分
23		司法、仲裁机关适用条例审理、裁决案件的情况	2分	1.9分
24		条例第十三条、第十六条第二款授权部门制定、政府批准的配套规范性文件的制定情况	1分	1分
25		公民对法规的知晓度	2分	1.9分
26		公民对法规的认可度	2分	1.9分
		合　　计	100分	96分

（二）总体评估意见

按得分情况和当时的立法条件来衡量，项目小组认为，条例是一部质量较好的地方性法规。该法规符合上位法规定，立法目的明确，制度设计合理，可操作性较强，具有较好的针对性和适用性。评估结果显示，条例遵循责权利相一致的原则，科学界定各方的权利和义务，与法律、法规的规定相协调。条例颁布实施后得到了社会的普遍认可和广泛肯定，86.14%的调查对象对条例内容有一定了解，在困难群众中，表示基本了解和很熟悉的占相当高的比例。条例为我市城乡居民最低生活保障工作提供了法律保障，基本制度得到了比较全面深入的贯彻落实，对于保障城乡居民基本生活，促进城乡居民最低生活保障统筹发展，发挥了积极作用，实施效果良好，立法目的得以实现。同时，也存在一些缺陷和不足，主要是：条例对低保工作中出现的一些新问题预计不足，需要有针对性地加强规制；有的条款已不符合我市经济社会的发展实际，亟待修改；个别条文立法技术不够规范严谨。

六　关于条例修改的主要建议

根据条例后评估意见和各方面在条例后评估过程中提出的修改意见和建议，项目小组建议市人大常委会从以下方面适时对条例进行修改：

（一）取消条例中明显不适应经济社会发展要求的规定

1. 因国家已不设置绝对贫困线标准，且随着我市城乡统筹发展，农村低保标准已不再按年计算，建议取消第十二条第二款关于"农村居民最低生活保障标准应当高于国家公布的绝对贫困线标准"的规定，并将该款修改为城乡居民最低生活保障标准按月计算，其具体标准应当低于当地失业保险金标准。

2. 我市 2011 年建立了专门的城市"三无"人员供养体系，不再将城市"三无"人员列为低保对象。因此，建议取消第二十五条关于"对城镇无生活来源、无劳动能力、无法定赡养人、抚养人或者扶养人的家庭，按当地最低生活保障标准全额发放"的规定。

（二）进一步健全低保工作机制

1. 厘清村（居）民委员会、乡镇（街道办事处）及区县（自治县）民政部门的工作职责

调研过程中，有意见认为，虽然条例规定申请受理和收入核查的责任主体是乡镇人民政府（街道办事处），但其仅对材料进行初审和上报，而区县民政部门基本上是"见单签章"，村（居）委会成为事实上的审核主体。条例第六条、第二十二条规定了乡镇人民政府（街道办事处）对城乡居民最低生活保障申报有复核和初审的职责，但对申请对象可能申报不实的，第二十四条只规定了民政部门应当查证，未对乡镇人民政府（街道办事处）的查证责任做出规定，责权显得不统一。

建议对条例第六条做修改完善，明确乡镇人民政府（街道办事处）是审核城乡居民最低生活保障的责任主体，负责城乡居民最低生活保障申请受理、调查核实、保障对象定期复核、最低生活保障金发放管理等工作；居民委员会、村民委员会受街道办事处、乡镇人民政府委托，协助做好最低生活保障申请受理、调查核实相关工作和张榜公示、公布等日常管理、服务工作；区县民政部门是审批城乡居民最低生活保障的主体，其职责增加审查申请资料是否齐全规范、家庭经济状况核查程序是否到位，对家庭经济状况信息进行比对核查等内容。

2. 针对家庭收入核查难的实际，健全家庭收入核查比对机制

随着经济社会的发展，城乡居民的就业渠道和收入来源日益多元化，加之我国传统的现金支付习惯，对城乡居民的隐性就业和隐性收入难以核实。有些低保申请对象出于个人利益，故意隐瞒收入真相，而邻里之间不清楚或碍于情面不愿提供其经济状况，低保工作人员无法准确掌握申请家庭的收入状况。有的外出打工人员的收入只能依靠申报对象自报。这些因素都可能导致出现"错保"。

为破解居民家庭收入和财产核算难问题，建议在条例中增加建立家庭收入比对核查机制的内容。将"家庭收入情况"修改为"家庭实际收入、资产情况、消费水平等家庭经济状况"；健全收入核实结果的公示制度；增加一条，规定建立政府主导、民政牵头、部门配合、社会参与的家庭收入状况核查机制，明确各级各部门在家庭收入核查比对工作中的具体职责，实现车辆、房屋、存款、工商、税务、社保等方面信息共享。对不配合开展收入核查的相关部门，实行责任追究。

3. 加强低保工作能力建设

随着低保工作的不断深入，基层低保工作人员的业务量逐年增加，政策宣传、业务指导、复核审批、档案管理等需要更多的人力、财力支撑。从实践来看，基层现有低保工作力量薄弱的问题已十分突出。据统计，全市1012个乡镇（街道），仅有专职低保工作人员585人，人均承担了9000人次享受对象的审查审批工作量；10945个社区（村）仅有专兼职低保工作人员近12000人，其中，专职人员不足1000人，人均承担了对400人次享受对象每季度一次的调查核实、听证、公示、上报等工作。为进一步落实城乡低保的工作机构、工作人员和工作经费，除加大对现有工作力量的整合以外，建议将第五条修改为"城乡居民最低生活保障实行市、区县（自治县）人民政府负责制，建立健全城乡居民最低生活保障工作体系和工作机构，按照服务量一定比例落实工作人员和经费预算，明确工作职责，保障工作经费，统筹城乡居民最低生活保障工作"。

（三）进一步完善低保待遇申请审批程序，努力增强可操作性

1. 为简化申请程序、服务便民，建议将条例第二十条"符合本条例规定享受城乡居民最低生活保障待遇的家庭，由户主或者其代理人以户主的名义通过户籍所在地居民委员会、村民委员会向街道办事处、乡镇人民政府提出申请"，修改为"符合本条例规定享受城乡居民最低生活保障待遇的家庭，由户主或者其代理人以户主的名义向户籍所在地街道办事处、乡镇人民政府提出申请，也可委托居民委员会、村民委员会代为递交申请"。

2. 针对个别地方存在人户分离，把年老父母与子女分开，单独由父母申请农村低保，把法律规定本应由子女承担的赡养义务推向政府的实际情况，建议条例进一步明确"城乡居民家庭共同生活成员"的内涵，并对赡养、抚养、扶养义务人履行相关法定义务提出具体要求。

3. 为完善申请对象提交的证明材料，建议将第二十一条修改为"申请最低生活保障待遇，需出具共同生活家庭成员的户口簿、居民身份证、家庭经济状况证明等材料，并根据需要提供失业、求职登记、参加保险、伤残、退休、婚姻状况等证明材料。对申报家庭经济状况不实的不予受理"。同时，有关部门应当加强信息共享，尽量减少低保申请对象的负担。

4. 进一步健全完善城乡居民最低生活保障民主评议办法，规范评议程序、评议方法、评议内容和参加人员。

（四）强化低保申请人的责任，完善低保退出机制，促进低保对象积极就业

1. 强化低保申请人的责任

一些基层低保工作人员反映，条例对采取虚报、隐瞒、伪造等手段骗取享受低保待遇的处罚非常轻，仅为给予批评教育或者警告，追回其冒领的保障金，致使违法成本低，混吃、骗吃低保的情况难以遏制；条例要求低保对象其家庭收入、人员情况发生变化的，应主动向低保管理机关告知，及时办理提高、降低或者终止最低生活保障待遇手续，但在实际工作中，低保家庭人员就业、死亡、居住地等情况发生变化时大多不会履行告知义务，甚至一些已经死亡的人员仍然在享受低保；"两劳"释放人员、吸毒人员很难找到工作，绝大多数游手好闲已成习惯，拒绝就业，其采取暴力、威胁手段要求享受低保的情况较为严重，扭闹、殴打低保工作人员的事件屡屡发生。建议第二十四条中增加申请最低生活保障待遇时，申请对象必须如实申报并承诺家庭收入和财产状况属实，签订授权协议书，允许法定机构查询其财产、收入信息，对核查申报不实的不予审批且一定时期内不予受理申请等内容。对采取虚报、隐瞒、伪造等手段骗取享受低保待遇，或不履行告知义务的，强化责任追究，加大处罚力度。对"两劳"释放人员出台有针对性的低保政策，如原则上享受时间不超过两年。对采取暴力、威胁等手段强行要求享受低保待遇的，依法惩处，妥善保护低保工作人员

的人身安全。

2. 进一步健全低保退出机制

目前，低保对象在就医、升学、廉租房、医疗救助以及水、电、气等方面，享受一些特殊优惠政策，群众普遍看重低保金以外的其他利益，对形成正常的退出机制造成很大压力。建议在制定政策时，不将有关优惠政策直接与低保资格挂钩，应明确到符合条件的特定对象。条例第二十一条建议增加"有劳动能力尚未就业的申请人，应当提供户籍地劳动和社会保障机构出具的就业登记证、培训和推荐就业记录材料"的规定，以促进就业年龄内有劳动能力人员积极参加就业培训和推荐。从实践来看，低保就业补贴政策和运作方式也存在一定问题，对有劳动能力的低保对象的职业技能培训不足，就业创业能力有待进一步提高，因此条例第三十二条的操作性尚待加强。

3. 完善临时救助制度

低保针对的是收入性贫困对象，而现实中存在大量支出性贫困对象，加之各类优惠政策叠加，部分低保家庭生活水平高于低保边缘群体，引发了较多矛盾和问题。建议条例加强与其他社会救助制度的衔接，建立和完善临时救助制度，市级财政加大临时救助资金投入，解决好低保边缘人员家庭出现的临时性、突发性的困难。

（五）进一步加强立法规制，不断完善城乡居民最低生活保障制度

个别地方在执行条例的过程中，将低保政策作为化解各种矛盾的手段，扩大保障范围，将一些不属于低保范围的人群纳入低保范围，如对残疾人、征地拆迁、企业改制、移民等对象放宽低保政策；为减少和化解矛盾，保人不保户，或将家庭中的老年人、病人无条件纳入低保；有的村（居）委会在低保制度实施过程中，存在等额救助、轮保候保等现象，搞平均主义；少数干部法纪意识淡薄，存在"个人说了算"、"关系保"、"人情保"以及以权谋私等问题。这些问题都需要在条例修改时进一步有针对性地加强规范。

致　谢

　　本书《立法后评估的理论与实践》于 2012 年 5 月开始策划和编写，在各位编写人员的共同努力之下，并得益于各方面的大力支持和帮助，历时一年有半，终于付梓问世。

　　本书是各位编写人员共同努力的成果。各章节的撰稿人既有长期从事立法后评估研究的理论工作者，也有实际从事立法后评估工作的立法工作人员，还有身兼二职的学者型官员。集三方面的努力，本书的分析和讨论既有现实的针对性，又有理论的前瞻性。在此，我们作为本书的主编，谨向各位编写和撰稿人员的大力支持和精诚合作表示衷心感谢！

　　本书作为一项集体研究成果，在内容上具有统一性和整体性。虽然各位编写人员基于特殊的工作经历和知识背景，为本书撰写了不同视角、不同立场的文稿，但是本书的不同部分又统一于共同的主题，努力于共同的目标，即：面向近年来日益广泛开展的立法后评估工作实践，考察全国各个地方、各类机关开展立法后评估工作所进行的艰苦探索和创新经验，讨论立法后评估的职能定位、实施主体、启动条件、评价标准、评估方法等各种理论问题，并兼及了国外进行立法评估的经验和制度实践，借以深化对立法后评估的理论认识，推进立法后评估的常态化、规范化、制度化进程。

　　本书得以顺利出版，还要感谢各方面的大力支持和帮助：感谢中国社会科学院法学研究所的领导全力支持项目组各项研究工作的开展！感谢中国社会科学院哲学社会科学创新工程学术出版资助项目对本书的出版所给予的出版资助！感谢社会科学文献出版社的刘骁军主任对本书的策划、设计和统筹！感谢社会科学文献出版社的芮素平编辑对本书的精心编辑、校订！

由于本书编辑时间较紧,难免存在各种不足和问题,诚恳希望学界同人、立法工作者和广大读者提出宝贵的批评意见和建议,以便我们今后有机会改正和提高。

刘作翔　冉井富

2013 年 12 月 4 日

图书在版编目(CIP)数据

立法后评估的理论与实践/刘作翔,冉井富主编.
—北京:社会科学文献出版社,2013.12
ISBN 978-7-5097-5342-2

Ⅰ.①立… Ⅱ.①刘… ②冉… Ⅲ.①立法-评估-研究-中国 Ⅳ.①D920.0

中国版本图书馆 CIP 数据核字(2013)第 278676 号

立法后评估的理论与实践

主　　编 / 刘作翔　冉井富

出 版 人 / 谢寿光
出 版 者 / 社会科学文献出版社
地　　址 / 北京市西城区北三环中路甲 29 号院 3 号楼华龙大厦
邮政编码 / 100029

责任部门 / 社会政法分社 (010) 59367156　　　责任编辑 / 芮素平
电子信箱 / shekebu@ssap.cn　　　　　　　　　责任校对 / 李文明
项目统筹 / 刘晓军　　　　　　　　　　　　　责任印制 / 岳　阳
经　　销 / 社会科学文献出版社市场营销中心 (010) 59367081　59367089
读者服务 / 读者服务中心 (010) 59367028

印　　装 / 三河市尚艺印装有限公司
开　　本 / 787mm×1092mm　1/16　　　　　　印　　张 / 27
版　　次 / 2013 年 12 月第 1 版　　　　　　　字　　数 / 441 千字
印　　次 / 2013 年 12 月第 1 次印刷
书　　号 / ISBN 978-7-5097-5342-2
定　　价 / 98.00 元

本书如有破损、缺页、装订错误,请与本社读者服务中心联系更换
版权所有　翻印必究